Ch'ang Hon Taekwon-do Hae Sul
Aplicaciones Reales de los Patrones ITF
Por Stuart Paul Anslow

Edición en Español

CheckPoint
Press

Ch'ang Hon Taekwon-do Hae Sul
Aplicaciones Reales de los Patrones ITF
Por Stuart Paul Anslow

Edición en Español

Aviso

Este libro contiene técnicas peligrosas en las cuales podrían resultar en lesiones serias o la muerte. Ni el autor, publicador ni el traductor pueden aceptar alguna responsabilidad por ningún ejercicio, procedimiento enseñado contra ninguna persona o cuerpo como resultado del mal uso de información o técnicas descritas o detalladas dentro de este libro o ninguna lesión, pérdida causada por ello. Algunas de las técnicas y métodos de entrenamiento enseñados en este libro requieren alto nivel de habilidad, control, acondicionamiento físico y solo deben ser practicadas por aquellos que tenga buena salud bajo la supervisión de un instructor cualificado.

Ch'ang Hon Taekwon-do Hae Sul
Aplicaciones Reales de los Patrones ITF
Por Stuart Paul Anslow

Edición en Español

Fotografías por David Lane

Diseño de carátula y Gráficas de los capítulos por Dennis Potipako

Interiores por Stuart Anslow

Editado por Gill Nightingale

Traducido por by Llauger Castillo

Derechos ortorgados © 2015 Stuart Paul Anslow

Todos los derechos reservados

No parte de esta publicación podrá ser reproducida, rentada, o transmitida en ninguna forma por ningun motivo, electrónicamente, mecanica, foto copia, grabada u otra sin el permiso del dueño de los derechos otorgados.

Librería británica catalogación en datos de publicación
Registro de esta publicación disponible
en la Librería Británica

ISBN 978-1-906628-71-0

Publicado primero en 2015 por

CheckPoint Press, Dooagh, Achill Island, Co.Mayo, Republic of Ireland,

Tel: 00353 9843779   www.checkpointpress.com

Renuncia: Varias fotos e información relacionadas en la sección 'Introducción de Patrones' de este libro han sido investigadas con fuentes vía el mundo de la Red. Aunque muchas fotos estan en el dominio público y/o tienen derechos reservados expirados debido a los años, cada esfuerzo ha sido para obtener cualquier permiso necesario con referente a los derechos reservados del material, tanto ilustrativo como dicho; de haber algunas omisiones en este particular nos disculpamos y con placer haremos los propios reconocimientos o remover el material de futuras ediciones.

*'Para Chloe, Callum, Logan y Jorja..
Mi Ki'*

Ch'ang Hon Taekwon-do Hae Sul
Aplicaciones reales de los patrones ITF

'Dos caminos se desvían por un árbol, y tomo el menos caminado, y eso hace toda la diferencia'

Agradecimientos

Si he visto tan lejos, es porque me posicioné sobre los hombros de gigantes
-Isaac Newton

Escribir un libro de esta magnitud no sólo sucede, y estas páginas están dedicadas a los que me ayudaron a lo largo de la ruta a donde estoy hoy, así como los que ayudaron con el libro en sí.

Mi reconocimiento y admiración va a Mis primeros (y únicos) instructores en Taekwon-do, Sabum David Bryan, 6th grado y Sabum John Pepper, 2nd grado (ahora retirado de la enseñanza). Ambos, estos instructores los tengo en la más alta consideración y no importa qué grado llegue a alcanzar en el futuro, son y serán siempre mis instructores y mis mayores. Ellos Sentaron las bases de ambos, a mí mismo y en parte, a este libro y estoy eternamente agradecido por su paciencia y orientación mientras viajaba mi camino.

También me gustaría expresar mi aprecio y agradecimiento a mi compañero de entrenamiento original, John O'Conner, a quien he tenido en sesiones plenas de combate demasiadas veces como para darnos cuenta si las técnicas funcionan de verdad... él no toma prisioneros en el combate y es suficiente para abrir grietas en la armadura de cualquiera. John y yo nos hemos graduado de 1ro y 2do nivel juntos y él siempre ha apoyado cualquier movimiento que he hecho.

Muchas gracias, también van a mi buen amigo, Derrick Clarke, quien a pesar de ser un contable es un formidable exponente de Taekwon-do y me ha apoyado desde sus primeros días en nuestro club original y continúa haciéndolo, por lo cual estoy eternamente agradecido.

Este libro y mi conocimiento se ha mejorado enormemente a través de mis muchas conversaciones con mi amigo, compañero e instructor Taekwon-do Yi, Yun Wook. Durante muchos años ahora nos hemos intercambiado información sobre todas las facetas de Taekwon-do y aunque siempre afirma que es un camino de dos calles, siento que estoy más endeudado con él que él conmigo. Wook escribió el capítulo '*Ki*' en este libro, especialmente para mí, y muchos otros detalles en este libro han llegado directamente o indirectamente de él. Gracias a mi amigo.

Mi reconocimiento y agradecimiento va para David Lane, uno de mis estudiantes, que además de su dedicación al Taekwon-do, estuvo de acuerdo en tomar cientos de fotografías contenidas en este libro, así como aparecer en algunas de ellas. Gracias también a Dennis Potipako, por ayudar con el diseño de la portada y las "funky" imágenes que acompañan a los capítulos.

Por supuesto debo agradecer a todos los alumnos de la Academia de Taekwon-do Rayners Lane que accedieron a tomar parte en las sesiones de fotos para el libro. Para el registro son: Vikram Gautam (instructor asistente de la Academia Rayners Lane Taekwon-do), Farhad Ahmad, Parvez sultán, Dev Patel, Tomasz Kubicki, Lyndsey Sainsbury, Colin Avis, Latif Fayaz, Lloyd Lewis, David Lane, Priya Shah, tanque de Paaras, Lakhman personal, marca Kanai, Ben Clarke, Sharad Nakarja, Kate Barry, Vijay Sood, Abdi Yassin, Abhijay Sood, Saphaa Simab, Zuhayr Chagpar, Dennis Potipako, Saphwat Simab, Richard Simon, Marek Handzel, Joseph Lewis, Jammal Yassin, Qadir Marikar, Vikram Bakshi, Omid Sekanderzada y Simon Courtenage. Muchos de los cuales permitieron que las aplicaciones fueran realizadas en ellos de verdad para alcanzar la realidad que se puede ver en las fotografías.

Muchas gracias también a Karl Webb por el árbol genealógico que se encuentra en el capítulo 1, Andy Wright por su ayuda con información en cuanto a las katas de Shotokan, Iain Abernethy por su ayuda y asesoramiento en Karate y asuntos editoriales, Rick Clark por la sección de referencia de puntos de presión, Manuel Adrogue por apuntarme en la dirección de algunos grandes recursos y Ron Hartman por sus inestimables recursos respecto al texto introductorio de los patrones.

Mucho agradecimiento y apreciación a mi compañero Gill Nightingale, que apoya plenamente mis esfuerzos y aguantar mis muchas horas extras fuera de casa, trabajando en las fotos para el libro y muchas noches de soledad mientras escribía en la computadora, gracias por la prueba de lectura y ayudar a editar la versión final.

Por último pero por no menos, un gran GRACIAS a Llauger Castillo, por traducir este libro entero al español, algo que sé que no fue tarea fácil porque, como es el caso de traducir del inglés a otros idiomas no hay traducción directa a ciertas palabras o expresiones siendo una tarea mucho más difícil de lo que uno puede creer y la cual Llauger le puso todo corazón, para hacer que la traducción sea la mejor posible.

'Uno no necesita edificios, dinero, poder o estatus para practicar el arte de la paz, el cielo está ahora mismo donde tú te encuentras y ese es el lugar para practicar.'
- *Morihei Ueshiba*

Prólogo de Yi, Yun Wook

He conocido a muchos practicantes de diversas artes marciales desde que comencé en el Taekwon-do hace algunos 30+ años. Yo fui entrenado por algunos de los mejores de los instructores militares de Taekwon-do bajo los auspicios directos del General Choi, Hong Hi, fundador de Taekwon-do. Me di cuenta de lo que es excelencia en Taekwon-do de estos instructores: sólidos fundamentos básicos desde el principio. Se encuentra la fuerza que fluye en los movimientos básicos; en los tuls (patrones); en coreografía de tres pasos hasta múltiples atacantes en combate libre; en hosinsul (autodefensa); y técnicas de destrucción. El currículo de Taekwon-do estandarizado de conceptos básicos, patrones, combate, defensa y destrucción todos con igual peso. El currículo estandarizado fué ejecutado mediante la aplicación de la teoría distintiva del poder que sólo Ch'ang Hon Taekwon-do ofrece.

Destrucción: Dos x 5 cm (2 pulgadas) de ancho de concreto sin espacios entre ellos

Con los años, las cosas han cambiado. Gente optó por obtener el cinturón siguiente con menos esfuerzo. Montados en el mismo automóvil, sin escrúpulos *"maestros"* frecuente hacen una pronta venta para obtener beneficios de este arte marcial popular llamado Taekwon-do. Los instructores de calidad disminuyeron casi como instructores listos para sólo el beneficio monetario brincaron la esencia básica para la Fundación fuerte de Taekwon-do. Más estudiantes acudieron a los instructores de calidad menor para facilitar el esfuerzo. Excelencia en Taekwon-do se desvaneció como sólo *"toque de patadas"* se convirtió en lo último en la arena deportiva y menos cualificados instructores sin escrúpulos se unieron en la incursión de este mercado.

La filosofía de estos *"maestros"* de *"¿por qué molestarse en enseñar movimientos innecesarios que interfieren con las ganancias fáciles?"* permitió que técnicas básicas esenciales desaparecieran a un ritmo horrendo. Algunos *"maestros"* incluso hicieron *"La regla del no contacto"* en Taekwon-do (menos aseguradoras, más estudiantes y tasas de promoción rápida). En Taekwon-do tradicional, hay al menos 7 ataques de codos básicos basados en 3 dimensiones espaciales en diferentes ángulos y objetivos. Entrenas tus codazos una y otra vez en diferentes ángulos y objetivos con equipo de entrenamiento y compañeros. La misma capacitación se aplica a todas las otras técnicas de Taekwon-Do. Las técnicas eventualmente se convirtieron en parte de su instinto de supervivencia; la verdadera esencia del arte marcial.

La eficacia de este tipo de entrenamiento fué demostrado durante la guerra de Vietnam. Cinturones negros de incluso 3er grado y de más alto rango en un aguado Taekwon-do de la actualidad no sabrían cómo y cuándo aplicar qué codo. O peor aún, se han dado cuenta *"que muchos"* ataques de codo o que el entrenamiento de objetivo para cada codazo diferente, incluso existe. Otro punto desconcertante en la actualidad del Taekwon-do es falta de respeto hacia otras artes marciales. No hay ninguna arte marcial superior. Todas ellas complementan. Verdaderos practicantes de cualquier arte marcial respetan otras artes marciales. Falsos *"maestros de Taekwon-do"* se dieron a la tarea de faltarle el respeto a otras artes y eventualmente trajeron deshonra al Taekwon-do en sí.

Stuart Anslow, ha mantenido la tradición de excelencia con su currículo estandarizado de Taekwon-do. Su persistencia, perseverancia y pasión en Taekwon-do bien supera incluso el espíritu de algunos de los maestros pioneros coreanos del Taekwon-do que he conocido. Además, tiene la

Ch'ang Hon Taekwon-do Hae Sul
Aplicaciones reales de los patrones ITF

curiosidad insaciable de aprender como estudiante. Quiere nada menos que la excelencia al enseñar Taekwon-do. Practica lo que predica. Su actuación en torneos (¿cuántos instructores hoy en día realmente asisten a torneos para competir contra otros junto con sus estudiantes?), el desempeño de sus estudiantes en los torneos, su sitio Web y sus conversaciones conmigo durante los años bien dan fe de este hecho.

Este excelente libro, único en su tipo, revela lo que está oculto en Hon Ch'ang tuls y es un epítome del Sr. Anslow, en la culminación de la perfección y excelencia durante años. Muchas técnicas y aplicaciones en Ch'ang Hon Tuls se han desvanecido con la transición del Taekwon-do como un arte marcial militar en un arte marcial civil. Los únicos que todavía sabían las aplicaciones reales fueron pasadas a la primera generación de grandes maestros de Taekwon-do que estaban bajo el General Choi.

Este libro es una compilación de búsqueda del Sr. Anslow de las técnicas perdidas. Las técnicas y aplicaciones que tiene este libro son lo que la investigación del Sr. Anslow ha encontrado (junto con sus propios estudios) y obtenido, qué 1ra generación de numerosos grandes maestros coreano de Taekwon-do originalmente enseñaban, pero que han dejado de enseñar - las verdaderas aplicaciones. Son las *"técnicas perdidas"* de los grandes maestros de primera generación en Taekwon-do. En esencia este libro trae la *"herencia perdida"* de la Ch'ang Hon Taekwon-do de General Choi.

No sé de un occidental ni un autor coreano quien ha ido lejos para publicar un libro sobre análisis de tul/patrón de Ch'ang Hon Taekwon-do con tal pasión en Taekwon-do como el Sr. Stuart Anslow. Yo estoy ya deseando el volumen 2 con gran anticipación.

- 李演郁 (*Yi, Yun Wook*)

Sr. Yi, Yun Wook es un Instructor de Taekwon-do con más de 30 años de experiencia quien primeras lecciones recibidas de artes marciales fueron de su padre, un veterano retirado General de la guerra de Corea, que era un graduado de la Academia militar de Corea y estudió Judo, Karate Shito-Ryu, Karate de Okinawa y Tang Soo Do, también fue un instructor de Taekwon-do de los militares cuando se estaba elaborando y finalmente nombrando al "Taekwon-do".

Sr. Yi, Yun Wook ha entrenado bajo algunos de los más impresionantes y legendarios instructores de Taekwon-do (listados en orden de entrenamiento):

- Gran maestro Lim Won Sup de Suecia, ex instructor de Taekwon-do militar durante la guerra de Vietnam y miembro del grupo élite de instructores a Corea del Norte liderado por el General Choi. Líder de AMEA.[1]
- Master Nhumey Tropp de Seattle, Washington, EUA, entrenado por el gran maestro C. K. Choi, 1ra generación gran maestro de Taekwon-do.[2]
- Gran maestro Kim, H. J. de Boston, Massachusetts, EEUU, entrenado por el General Choi, fundador del Taekwon-do.[3]
- Gran Maestro Lee, Myung Woo ex instructor militar de Taekwon-do durante la guerra de Vietnam, ahora de Academia de cinturón negro de maestro Lee en Mill Creek, Washington, EE.
- Gran maestro Hee IL Cho de Honolulu, Hawaii, EE. Miembro de la 1ra clase graduanda de instructores militares de Taekwon-do por el General Choi para ser enviados a ultramar. Líder de AIMAA.[4]

---

[1] http://www.amea.nu/maineng.htm
[2] http://www.seattlemartialarts.com
[3] http://www.tkd-boston.com
[4] http://www.aimaa.com

Prólogo de Iain Abernethy

En los últimos años hemos visto un creciente número de artistas marciales reevaluar todos los aspectos de su formación. Considerando que antes que los practicantes jamás cuestionaban o analizaban la información recibida, artistas marciales de hoy quieren entender su arte. Quieren saber por qué se realizan las técnicas como son, quieren entender cómo aplicar correctamente las técnicas, quieren entender los orígenes y el desarrollo de su arte y quieren saber cómo juntarlos para hacer que el arte trabaje.

Este nuevo enfoque de cuestionamiento a las artes marciales ha traído innumerables beneficios a todas las artes marciales y sus practicantes. Para los profesionales de los sistemas tradicionales, un beneficio clave ha sido el creciente número de personas valorizando el papel de las Katas, formas y patrones. En muchas escuelas modernas las formas se utilizan como ejercicio físico, el arte por el arte, una búsqueda interna de la perfección, o incluso como un "refugio" para aquellos que desean evitar el lado marcial de las Artes. ¿Pero eso es todo lo que tienen que ofrecer? ¿Seguramente, como una parte clave de las artes marciales, deben tener una función combativa?

Como karateka, siempre me ha parecido evidente que debe haber una razón por qué los formuladores y programadores de karate insistieron que las katas eran la clave para el arte. Los formuladores de karate luchaban contra hombres que habrían tenido poco tiempo para actividades que directamente no mejoran la habilidad combate. Es mi opinión que las katas son enteramente acerca de métodos combativos almacenados y todos los otros "usos" para la kata – mientras tanto algunos de ellos pueden ser- moderno "demostrativo" y no para lo que fueron creadas las katas.

Mi propio entrenamiento e investigación me llevaron a la conclusión que es dentro de la kata que se encuentra el verdadero arte marcial. Estudio de la kata revela los ataques cercanos, ahogamiento, estrangulación, tirada, agarre, control de extremidad, bloqueos y toda una serie de métodos combativos que hacen karate un arte global y pragmático. Sin una comprensión de la kata, todo artista marcial moderno ha dejado una cáscara hueca del arte original y las técnicas del deporte moderno. Muchos otros han compartido mi experiencia y el interés en las aplicaciones combativas de las katas está creciendo todo el tiempo. Las personas simplemente ya no se satisfacen con practicar un «arte parcial».

He escrito cuatro libros sobre aplicaciones de katas y he hecho alrededor de 20 DVDs sobre el tema. Una de las grandes cosas sobre la producción de ese material es que me ha traído en contacto con muchos otros artistas marciales que han escrito, o que escriben libros para compartir sus enfoques para la aplicación de las katas. ¡Para mí, es realmente emocionante ver toda esta información gran abiertamente ser compartida y tan ampliamente disponible!

Debido al aumento en un enfoque de cuestionamiento a las artes marciales y la creciente disponibilidad de información, nunca ha habido un mejor momento para aquellos que practican las katas para entender el por qué se crearon y cómo la información almacenada en ellas puede extraerse y usada en combate.

Ch'ang Hon Taekwon-do Hae Sul
Aplicaciones reales de los patrones ITF

Mi propia experiencia marcial se basa firmemente en karate tradicional. Para los no iniciados, karate se considera un arte marcial único con una forma uniforme de hacer las cosas. Sin embargo, la realidad es que "karate" es un término general para una amplia gama de sistemas combativos procedentes de Okinawa. Mientras que los sistemas de karate tradicional tienen mucho en común, también tienen muchas diferencias.

Una de las diferencias claves entre los muchos sistemas de karate son las katas que utilizan y la forma en que se realizan esas katas. Afortunadamente, hay muchos karatekas experimentados, de una amplia gama de los estilos, explorando las aplicaciones de las katas. Esto ha significado que haya una buena cantidad de información de calidad sobre casi todos los sistemas de karate, las katas y sus muchas variaciones. Sin embargo, lamentablemente hay todavía relativamente poca información disponible sobre la aplicación de los patrones de Taekwon-do. Los practicantes de Taekwon-do que tienen un interés en las aplicaciones de los patrones a veces recurren a tener que adaptar las aplicaciones de karate para adaptarlas a sus formas. Esto obviamente no es ideal.

Karate y Taekwondo tienen algún terreno común (el sistema de karate Shotokan siendo una de las raíces del Taekwon-Do) y por lo tanto, la información disponible sobre la kata de karate tendrá cierta relevancia a los movimientos en las formas de Taekwon-do. Sin embargo, Taekwon-do tiene sus propias formas únicas y su propia manera única para realizar los movimientos que componen esas formas. Es por eso que los libros como este son muy importantes. Libros como este tienen mucho que ofrecer a practicantes de Taekwon-do como que les permitirá acceder a partes de su arte que de lo contrario permanecerían encerrado dentro de los patrones. Stuart Anslow merece ser felicitado por compartir su enfoque sobre los patrones de Taekwon-do de esta manera. Al hacerlo, él está haciendo un gran servicio a los practicantes de Taekwon-do y el arte en sí.

Lectura a través de las páginas de este libro deja abundantemente claro pensar cuánto pensar, tiempo y esfuerzo Stuart Anslow ha puesto en examinar los patrones de la ITF. No sólo tiene aplicaciones detalladas del libro para los movimientos dentro de estos patrones, también explora el fondo para cada formulario y, quizás lo más importante, también detalla el proceso de pensamiento que dio origen a las aplicaciones de muestra. Stuart tiene un claro y preciso estilo de escritura y el libro es presentado maravillosamente. Estoy seguro de que este libro tendrá a practicantes de Taekwon-do mirando sus patrones desde un nuevo ángulo y con renovado entusiasmo. *Ch'ang Hon Taekwon-do Hae Sul* deben estar en la biblioteca de todos los practicantes de Taekwon-do ITF. ¡Leer, aprender y disfrutar!

- *Iain Abernethy*

5th Dan Karate
(British combate Asociación e Inglaterra de Karate)

Sobre el autor

Stuart Anslow recibió su cinturón negro en el arte del Taekwon-Do en 1994 y ahora es quinto nivel.

Es Instructor a cargo de la famosa Academia "Rayners Lane Taekwon-do", que fue fundada en 1999 y tiene su sede en Londres, Reino Unido.

Durante su carrera de artes marciales, Stuart ha ganado muchos elogios en el terreno deportivo, incluyendo nacionales y títulos mundiales. Su Academia tiene mucho éxito en la competición deportiva, ganando muchas medallas de oro en cada Campeonato de artes marciales en la que sus estudiantes compiten, siendo esto un testimonio de sus habilidades como instructor.

En 2000, Stuart ganó una medalla de oro y plata en "Grandmaster Hee, Il Cho 1st AIMAA Open World Championships" en Dublín, Irlanda y en 2004 regresó con 14 de sus estudiantes al 2nd AIMAA Open Campeonato Mundial donde trajeron a casa 26 medallas entre ellas, 7 de ellos convertidos en campeones del mundo en su propio derecho, 2 llegaron a ser medallistas de oro doble del mundo, todo desde una sola escuela de Taekwon-do. En 2012 llevó 13 estudiantes al PUMA Mundial abierto y colectivamente sus estudiantes ganaron 28 medallas, de las cuales 6 fueron de oro, con un estudiante convirtiéndose nuevamente en medallista de oro doble del mundo.

En 2002, Stuart fundó la Internacional Alianza de escuelas de artes marciales (IAOMAS) que atrajo a artistas marciales de todo el mundo juntos, creciendo desde unas pocas escuelas a más de 400 en menos de un año. Esta organización sin fines de lucro es una ayuda en línea para estudiantes e instructores que da a los estudiantes la posibilidad viajar y entrenar en cientos de escuelas afiliadas en todo el mundo y es verdaderamente único en la forma en que opera.

Stuart ha sido regularmente un escritor para la prensa de artes marciales de Reino Unido, después de haber escrito numerosos artículos para revistas de *'Taekwon-do & Korean Martial Arts'*, *'Combat'*, *' Martial Arts Illustrated'* y *'Fighters'*, así como participar en entrevistas para algunas de ellas. Principalmente ahora escribe para la revista *'Totally Tae Kwon Do'*.[5] Sus numerosos artículos (que pueden encontrarse en el sitio web de la Academia[6]) cubren los muchos temas relacionados de las artes marciales desde entrenamiento a motivación, pero su principal amor es Taekwon-do. Además de su academia, Stuart es el instructor encargado de artes marciales para una escuela privada, que fue la primera escuela en el país para enseñar las artes marciales como parte de su plan de estudios nacional, así como ser el instructor de la estrella del cine Dev Patel (Slumdog Millionaire, el último Aire Bender etc.), a quien le enseñó desde principiante hasta cinturón negro.

En 2002, Stuart recibió un premio de Hikaru Ryu Dojo, una Academia de artes marciales en Australia, siendo presentado por su Instructor en Jefe y miembro del IAOMAS Colin Wee cuando visitó la Academia de Stuart en el Reino Unido. En el reconocimiento de la contribución de Stuart, Colin declaró (refiriéndose a IAOMAS) *"nada hasta la fecha ha sido tan eficaz como el trabajo de*

---

[5] www.totallytkd.com
[6] www.raynerslanetkd.com

Ch'ang Hon Taekwon-do Hae Sul
Aplicaciones reales de los patrones ITF

Stuart en el establecimiento de esta comunidad en línea mundial de artes marciales".

En octubre de 2003, Stuart fue inducido en el famoso Salón de la Fama de "Combat Magazine" por su trabajo en el campo de las artes marciales a nivel mundial. "Combat Magazine" es la publicación de artes marciales más grande del Reino Unido y de Europa.

En 2004 fue seleccionado como el entrenador asistente del escuadrón Harrow Borough Karate, para competir en los prestigiosos juegos juventud Londres, celebrados en el Palacio de cristal cada año. Esta posición lo ocupó durante cinco años antes de tener que renunciar debido a las limitaciones de tiempo con su trabajo en Taekwon-do. Durante el mismo año Stuart también recibió varios premios honoríficos por su trabajo en el ámbito internacional de las artes marciales. De los Estados Unidos recibió un premio llamado *'Yap Suk Dai Ji Discipleship '* por su trabajo innovador dentro de IAOMAS y *'T'ang Shou'* Premio de la sociedad para la promoción de las artes marciales a escala mundial.

En 2006 recibió con un *"certificado de reconocimiento"* de los miembros de IAOMAS Canadá que lee *'en reconocimiento a su contribución sin morir a la evolución de las artes marciales y su formación, inspirador e innovador de la Alianza Internacional de escuelas de arte marciales'.* Aunque sólo un humilde profesor o estudiante como se refiere a sí mismo, continúa a inspirar a otros, como otros artistas marciales lo han inspirado a través de su carrera hasta ahora.

También en 2006 publicó su primer libro referente a Taekwon-do; *' Ch'ang Hon Taekwon-do Hae Sul: Aplicaciones Reales de los patrones ITF Vol: 1'* que exploró las aplicaciones de técnicas de patrones contenidas dentro de los patrones Ch'ang Hon, lejos de lo que fue considerado la *'norma '* para aplicaciones en favor de técnicas más realistas (y en última instancia más beneficiosas). El libro fue muy bien recibido y se convirtió en un éxito instantáneo, visto como un 'debes tener' por los instructores y estudiantes en todo el mundo.

En 2009, su amor por el Taekwon-do y desilusión con la cobertura en las diferentes revistas de Taekwon-do lo llevaron a publicar su propia revista en línea *'Totally Tae Kwon Do'*; siendo gratuita sus primeros 40 ediciones para todos los estudiantes del arte. Apoyado por sus amigos de Tae Kwon Do, instructores y estudiantes de todo el mundo también se convirtió en un éxito mundial y continúa las delicias en educar a aquellos que estén interesados en Tae kwon Do con cada nueva edición que sale a la luz.

En 2010 editó 3 libros más titulados *'La enciclopedia de patrones de Taekwon-Do: Un recurso completo para los estudiantes de Taekwon-Do'* sobre los patrones de chan'g Hon, ITF y GTF donde aparecen todos los 25 patrones del General Choi, así como las del gran maestro Park Jung Tae y el patrón de cuchillo por el gran maestro Kim Bok Man, además los 3 ejercicios Saju una hazaña que nunca había sido publicada antes. Todos fueron ampliamente detallados de una manera que nunca se había hecho antes, un modelo de cómo se deberán hacer los futuros libros sobre patrones y kata. Estos libros recibieron la aclamación mundial también.

En 2012 lanzó el tan esperado volumen 2 º de *' Ch'ang Hon Taekwon-do Hae Sul: Real aplications a los patrones ITF'* que continua donde terminó el Vol. 1, explorando aplicaciones realistas para los patrones de 2 º Kup a segundo nivel.

En el 2013 publicó su 6to libro *'From Creation to Unification: The Complete Histories Behind The Ch'ang Hon (ITF) Patterns'* El cual es un estudio profundo de las grandes figuras en la historia Coreana que el General escogió para nombrar sus patrones.

Ch'ang Hon Taekwon-do Hae Sul
Aplicaciones reales de los patrones ITF

Stuart es bien conocido en el Reino Unido e internacionalmente y aparte de ser un instructor de tiempo completo de Taekwon-do, realizando cursos locales de defensa personal, escribiendo y publicando libros sobre el arte del Taekwon-do y publicación de la revista mensual *"Totalmente Tae Kwon Do"*, Y es el padre de cuatro hijos hermosos, quien apoya y aprecia,

Su trabajo en Taekwon-Do, tanto a través de la enseñanza del arte, así como sus artículos y libros, no sólo son altamente respetado por aquellos que practican el sistema Ch'ang Hon (ITF), pero también respetado por muchos en la WTF (Federación Mundial de Taekwondo), incluyendo su ex Presidente, el Dr. Choue.

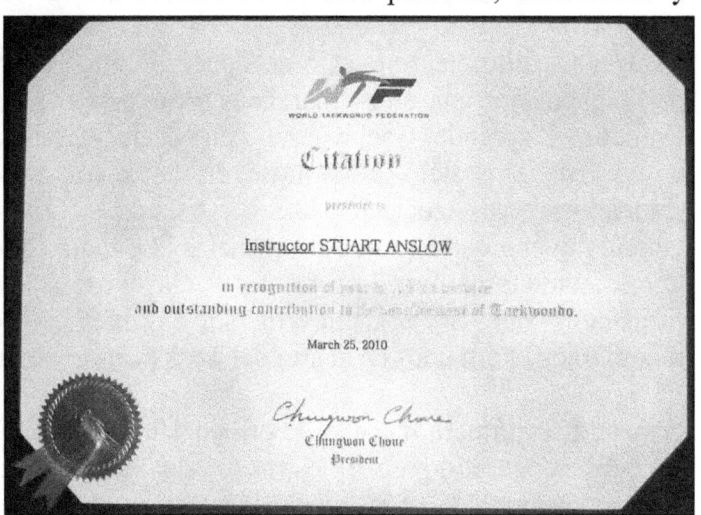

Chloe, Callum, Logan and Jorja Anslow

Sobre el traductor

Llauger Castillo Negrón nació en Ponce, Puerto Rico. Llauger ha participado en las artes marciales por cerca de 3 décadas. Comenzó a aprender Taekwon-do con Master Orlando Vega, uno de los pioneros del Taekwon-do en la región sur de la isla (fundador de la Asociación O.S.C. y sistema "OSC Hosinsool" también dueño de la cadena de escuelas "Oriental Sport Centre"). Otros instructores muy importantes y claves en la experiencia y formación del Sr. Castillo lo son Daniel y José Muñiz renombrados hermanos en el arte del Taekwon-do en la isla.

Ganando su primera medalla de oro en 1986, ya en 1996 Llauger se había convertido en el campeón de su categoría, ganando torneos nacionales, con muchas otras medallas en los años posteriores. Con los años, ha entrenado Taekwon-do, Jiu-jitsu, Shaolin Kung-Fu, Grappling y otros sistemas de autodefensa, incluyendo armas. Hoy tiene muchas certificaciones y premios de organizaciones internacionales como la ITF (Federación Internacional de Taekwon-do), IHF (Federación Internacional de Hapkido) KMAF (Federación Coreana de Artes Marciales) entre otras.

Llauger ha sido instructor en distintas academias de artes marciales dentro y fuera de su país. A sido miembro y capitán del equipo nacional de Taekwon-do de Puerto Rico, habiendo competido varias veces en Campeonatos caribeños, norte americanos, Panamericanos y mundiales visitando países como, República dominicana, Canadá, Argentina, Nueva Zelanda, Suecia, Reino Unido entre otros., así como dirigente de un equipo de demostración Panamericano con miembros de diferentes partes del continente como Puerto Rico, Estados Unidos y Canadá.

Llauger ha viajado a ambas Coreas (norte-sur) para continuar su formación en Taekwon-Do y capacitación con el fin de ampliar sus capacidades al máximo. También ha entrenado con muchos grandes maestros de primera generación y pioneros del arte por todo el mundo como Gran Maestro Rhee Ki Ha, Gran Maestro Kwang Sung Hwang, Gran Maestro Tran Trieu Quan, Gran Maestro James S. Benko, Gran Maestro Pablo Trajtenberg, Gran Maestro Héctor Marano, Gran Maestro William J. Bos, Gran Maestro Park Jong Soo, Gran Maestro Lee Krischbuam, GM Kim Suk Jin, GM Benny Rivera, GM Charles Sereff, GM Park Jung Tae, GM Choi Jung Hwa, entre otros.

En 2009 lo indujeron como *'Instructor del año'* por el salón de la fama de los premios mundiales del Budo. En 2010 Llauger Castillo fue inducido a las *'Leyendas de artes marciales de Puerto Rico'* que consta de personas que lleven más de 20 años de historia en las artes marciales exitosamente.

Hoy día Llauger Castillo sustenta el quinto nivel de cinta negra y está trabajando duro para seguir logrando sus objetivos tanto como competidor así como instructor, donde es responsable de los aspectos técnicos del Taekwon-Do tradicional bajo una de las organizaciones de Taekwon-Do en Puerto Rico. Es el Dueño de la cadena de escuelas ICAMPR (Instituto Castillo Artes Marciales Puerto Rico) y mentor de otras escuelas dentro y fuera de su país.

Su dedicación y disciplina ganan el respeto de sus socios, colegas y compañeros instructores compartiendo los conocimientos que ha adquirido a lo largo de los años y promoviendo el Taekwon-Do, con el fin de servir el arte de una manera positiva para todos.

Tabla de Contenido

Agradecimientos vii
Prólogo de Yi, Yun Wook ix
Prólogo de Iain Abernethy xi
Sobre el autor xiii
Sobre el traductor xvi
Introducción xxi
Por qué escribí este libro? xxiii

Capítulo 1: Dónde están las aplicaciones? 1
El propósito de este libro 5
La enciclopedia de Taekwon-do 6
Alimento Para El Pensamiento 6
La conexión Shotokan 8
La conexión de Kwon Bop 9
La conexión de Taek-Kyon 9
La conexión Tae Soo Do 10
El Nacimiento Del Taekwon-do 10
Taekwon-do en el campo de batalla 12
Formulación de los Tul Ch'ang Hon 14
Lineage de Taekwon-do 16

Capítulo 2: Desenmascarando Mítos del Taekwon-do 17
Taekwon-do es mayormente Patadas 18
Taekwon-do es sólo tocar 18
Taekwon-do no contiene patadas bajas 19
Taekwon-do no permite barridas 20
Taekwon-do no contiene técnicas de llaves 20
Taekwon-do no contiene tiradas 21
Taekwon-do contiene armas 21
Patrones en Taekwon-do son sólo para... (*Inserte aquí*) 22
Patrones de Taekwon-do son fines históricos 23
Entrenamiento de Patrones es entrenamiento muerto 23
Patrones no funcionan 24
Hacer que los patrones tomen vida 24

Capítulo 3: Diferencias en Taekwon-do 25
Aplicaciones científicas 26
Movimientos 27
La teoría del poder 27
    - Fuerza de reacción 27
    - Concentración 28
    - Equilibrio 28
    - Masa 28
    - Control de la respiración 28
    - Velocidad 29

Principios científicos no enlistados 29
- Intercepción 29
- Torque 30
- Enrollado de un resorte 30
- Movimientos de azotes 30
- Tensión múscular 30
- Movimiento Rítmico 30
- Principios de fuego y agua 31
- Ki 31
- Puntos origen en la cultivación del Ki 33
Diferencias técnicas con Karate 34

Capítulo 4: Encontrando las aplicaciones 39
El significado de 'Hae Sul' 40
창헌류 태권도 해설 40
Taekwon-do para la defensa Personal 41
Investigación de aplicación 41
- Kata original 42
- El factor militar 43
- Perdiodo de tiempo 43
- Influencias científicas 44
- Identidad Coreana 45
Conclusión de la investigación 46
¿Deberíamos mirar más profundó? 46

Capítulo 5: Utilizando aplicaciones 49
Ideas falsas comunes 50
En fin 51
Las propias aplicaciones 51
Cuando enseñar aplicaciones 53
Cuando las aplicaciones son aplicables a la auto defensa 54
Conocer las aplicaciones no es suficiente 56
Enseñando aplicaciones de patrones 57
Enseñando aplicaciones para los niños 59

Capítulo 6: Poniendolo todo junto 61
Modo operative 62
Lo que hice 63
Lo que no hice 63
Lo que encontramos 64
Pensamientos finales antes de seguir 65
- Aplicaciones del 6to sentido 65
- Alineación de nosotros mismos para el combate 66
- Ataques como primeros ataques 66
- Ataques o agarres 67
Capítulo 7 en adelante 68

Capítulo 7: Movimientos básicos 71
Movimientos y onda sinusoidal 72
Diagrama de los patrones 72
Posturas preparatorias 73
Posiciones 73
El puño 74
Mano/brazo de reacción 74
Aplicaciones de la mano de reacción en si 75
   - como escape 75
   - como agarre 76
   - para desbalancear 76
   - como ayuda de una aplicación 76
   - como ataque de codo 76
   - Tensando los musculos de la espalda 77
Posiciones Preparatorias 77

Capítulo 8: Saju Jirugi 79
Saju Jirugi - Paso A Paso 80
Saju Jirugi - Introdución 81
Aplicaciones de Saju Jirugi 83
Aplicaicones alternativas A Saju Jirugi 87

Capítulo 9: Saju Makgi 89
Saju Makgi - Paso A Paso 90
Saju Makgi - Introdución 91
Aplicaciones de Saju Jirugi 93

Capítulo 10: Chon-Ji tul 97
Chon-Ji tul - Paso A Paso 98
Chon-Ji tul - Introdución 100
Aplicaciones de Chon-Ji tul 102
Aplicaicones alternativas A Chon-Ji tul 109

Capítulo 11: Dan-Gun tul 111
Dan-Gun tul - Paso A Paso 112
Dan-Gun tul - Introdución 114
Aplicaciones de Dan-Gun tul 117
Aplicaicones alternativas A Dan-Gun tul 124

Capítulo 12: Do-San tul 129
Do-San tul - Paso A Paso 130
Do-San tul - Introdución 132
Aplicaciones de Do-San tul 135
Aplicaicones alternativas A Do-San tul 144

Capítulo 13: Won-Hyo tul 149
Won-Hyo tul - Paso A Paso 150
Won-Hyo tul - Introdución 152
Aplicaciones de Won-Hyo tul 155
Aplicaicones alternativas A Do-San tul 165

Capítulo 14: Yul-Gok tul 171
Yul-Gok tul - Paso A Paso 172
Yul-Gok tul - Introducción 174
Aplicaciones de Yul-Gok tul... 177
Aplicaicones alternativas A Yul-Gok tul 190

Capítulo 15: Joong-Gun tul 203
Joong-Gun tul - Paso A Paso 204
Joong-Gun tul - Introdución.. 206
Aplicaciones de Joong-Gun tul 210
Aplicaicones alternativas A Joong-Gun tul... 222

Capítulo 16: Toi-Gye tul 231
Toi-Gye tul - Paso A Paso... 232
Toi-Gye tul - Introdución.. 234
Aplicaciones de Toi-Gye tul 237
Aplicaicones alternativas A Toi-Gye tul... 258

Capítulo 17: En conclusión.. 267
Resumen rápido... 268
Repetitio Est Mater Studiorum.. 268
Exercitatio Est Mater Studiorum 270
La prueba de ácido 270
Manual de golpeadores 272
Para evolucionar debemos Des-evolucionarnos.. 273
Comercialismo 276
Trabajo físico 277
La realización de un cinturón negro 278
El futuro 280

Notas finales... 281
Sus pensamientos son bienvenidos 282
IAOMAS *Alianza Internacional de escuelas de artes marciales* 282
Rayners Lane Academy de Taekwon-do 288
Requisitos de ejemplo para 1st y 2nd grado clasificación en Rayners Lane........ 289
álbum de fotos 291

Apéndice.. 301
i. Técnicas de patrónes de Taekwon-do - *Cruz de guía de referencia* 303
ii. Guía de referencia de patrones/Kata 307
iii. Análisis de Kata 308
iv. Referencia de Puntos de presión 309
v. Qué es ki?... 313
vi. Patrones: *decir las cosas como es!* La onda senoidal 316
vii. El Batalla de Tra Binh Dong.. 326

Bibliografía 331

Introducción

Se estima que más de 50 millones de personas en el mundo practican Taekwon-do. ¡Todos los sistemas de Taekwon-do contienen patrones de uno u otro tipo, así se llamen tul, hyung, forma, pumse o kata todos siguen el mismo formato; una miríada de bloqueos, patadas y ataques y esto es la forma en que se ha mantenido desde el comienzo, *hasta ahora!*

Detalles de este libro completan aplicaciones para el conjunto de patrones Ch'ang Hon[7] como son enseñados por la Federación(es) Internacional de Taekwon-do y de diversas Asociaciones de Taekwon-do de todo el mundo hoy. Las formas ' *Ch'ang Hon*' o ' *casa azul* ' fueron las primeras formas coreanas de Taekwon-do y todavía se practican hoy día. Permanecen prácticamente igual que cuando primero fueron introducidas en la década de los 1950 a pesar de que han sufrido un número significativo de cambios desde sus inicios.

Taekwon-do es un arte marcial diseñado, desarrollado y primordialmente enseñado a una fuerza militar moderna activa, demostrado y probado en combate, en la arena más dura del mundo; el campo de batalla, donde el costo de saber lo que funciona y lo que no fue realmente la diferencia entre la vida y la muerte. Es una de las pocas artes que verdaderamente y legítimamente cabe el término marcial.[8]

Sin embargo, desde sus ilustres inicios en los años 1940's para su introducción al mundo en 1955, hasta este día de hoy, las cosas han cambiado. Taekwon-do ha pasado de ser un arte marcial asombrosamente eficaz (tan temido por el Viet Cong que le fue dicho a los soldados evitar el combate, incluso cuando soldados coreanos estuvieran desarmados, debido a sus conocimientos de Taekwon-do[9]), en un arte en crisis por la fragmentación, los "McDojangs" y la política, aunque a pesar de varios cambios, los patrones en sí permanecen en gran medida iguales que cuando se introdujeron por primera vez. En un volumen del '*Libro de récords Guinness* ' desde la década de 1970 Taekwon-do es descrito como ' *Karate coreano para matar* ' debido a su reputación de campo de batalla. Los tiempos han cambiado, Taekwon-do ha cambiado (aunque no siempre deliberadamente); de un arte marcial, a una manera marcial, un deporte marcial en algunos casos, ¿Pero que del original?

> (On the night of St. Valentine's Day, a North Vietnamese regiment of 1,500 men struck at the 254 man Korean Company.)
> It was knife to knife and hand-to-hand and in that sort of fighting the Koreans, with their deadly (a form of Tae kwon Do), are unbeatable. When the action stopped shortly after dawn, 104 enemy bodies lay within the wire, many of them eviscerated or brained. All told, 253 Reds were killed in the clash, while the Koreans lost only 15 dead and 30 wounded.
> —Time— 24 Feb 1967

'*Una semana salvaje'.* Time Magazine, 24 Febrero 1967

Hoy los Patrones se practican de manera similar, en una miríada de escuelas de Taekwon-do del mundo pero por razones diferentes. Muchos estudiantes no pueden relacionar sus patrones para defensa personal (Hosinsool), prefiriendo sentir que el deporte a base de combate está más cerca de

---

[7] A través de este libro uso el término 'Ch'ang Hon', otros usan el término 'Ch'ang Hun'. Ninguno es incorrecto porque Hon/Hun es 'Huhn' cuando se pronuncia en Coreano. El General Choi usó las letras 'Ch'ang Hon' en su libro de Taekwon-do en 1965'.

[8] Artes Marciales es un término compuesto de dos palabras, Marcial y Arte. Marcial es en nombre de la 'diosa de la guerra martes' así que marcial puede ser traducido al 'arte de la guerra' o 'guerra artística'. Por lo tanto, Donn Draeger, un notable estudioso e historiador marcial apunta que para el arte marcial sea propiamente nombrado así, el sistema habría tenido que haberse usado en batalla por una fuerza activa militar.

[9] 'El capturado Viet Cong ordena de inmediato y estipula que el contacto con los coreanos tiene que ser evitado a toda costa a menos que la victoria Viet Cong sea 100% asegurada. Nunca desafiar un soldado coreano sin discriminación, aun cuando no estén armados, porque ellos están bien entrenados en Taekwondo.' - Un extracto de Directiva enemiga capturada. - Julio 22, 1966

una situación de combate real. Muchos mantienen que no tienen ningún valor práctico por encima de ser solo un lazo histórico al lado tradicional del Taekwon-do; practican por tradición, no teniendo en absoluto ningún valor en los movimientos. Aún otros que lo valoran, lo colocan en el contexto equivocado, citando son por razones puramente técnicas como el desarrollo de la técnica. Esto además es alimentado por los elementos de patrones para la competencia, donde aspectos como dónde exactamente termina su mano son mucho más importantes que lo que la mano realmente necesita hacer.

Pero seguramente, los 24 patrones de Taekwon-do que estaban en desarrollo durante más de 40 años tienen más significado que sólo mantener la tradición, desarrollo de la técnica o como un medio para ganar medallas en torneos. Este libro busca explicar lo que falta desesperadamente en la práctica de hoy y el rendimiento de los patrones de Ch'ang Hon e intentos de recuperar una parte del elemento faltante que hizo Taekwon-do fuera tan temido en el campo de batalla.

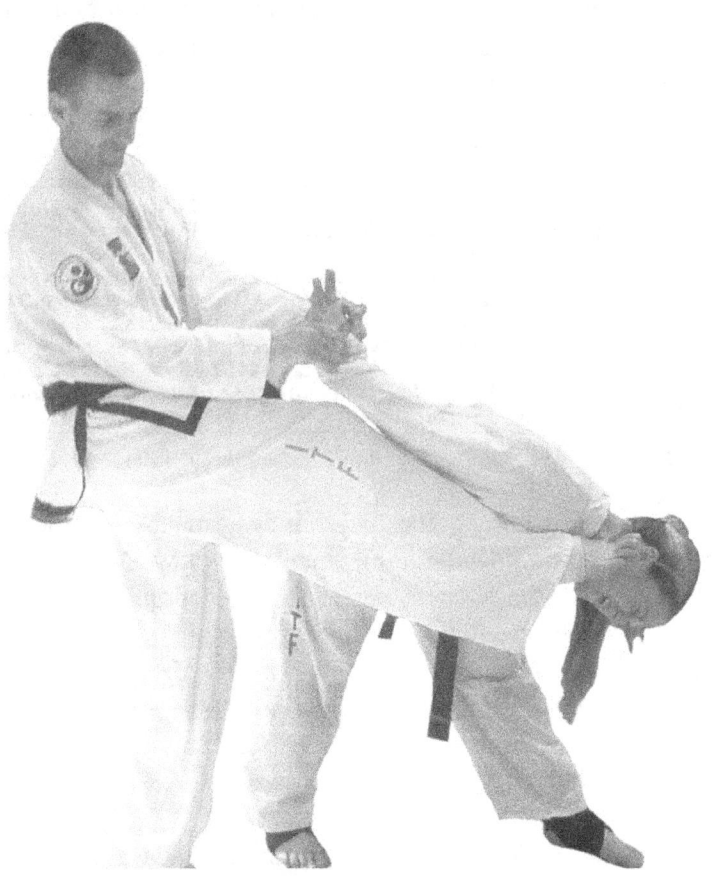

'Acción sin visión no tiene sentido,
Visión sin acción no tiene frutos,
Con visión y acción puedes cambiar el mundo'

¿Por qué escribí este libro?

'Sólo peces muertos nadan con la corriente'

Las razones detrás de la escritura de este libro han evolucionado con el pasar del tiempo. Originalmente sentí mucho de cómo se enseña, se muestra y se percibe por otros, hoy con escases en muchas áreas y quería transmitir lo que fue la intención original en estas áreas de Taekwon-do. Para resaltar qué partes han sido descartadas o dejaron de ser enseñada y lo que debe incluirse en el currículo estándar de todas las escuelas de Taekwon-do que profesan a enseñar el arte y cómo estas áreas fueron y deben ser entrenadas.

Por ejemplo, el 99% del combate de Taekwon-do hoy es simplemente deporte relacionado, no Barre, no patadas bajas y sin tiradas. Estudiantes visitantes a menudo quedan sorprendidos cuando visitan mis clases y no usan equipo para combatir o cuando son agarrados, tirados o barridos por uno de mis grados superiores. En muchas escuelas combate a un paso es robotizado, en lugar de utilizar la reacción y muchas personas aún no saben por qué practican el combate a tres, dos y un paso o parecen ignorar o simplemente no saben, la razón principal por que practicamos patrones (tul). Muy pocas escuelas hacen cualquier tipo de trabajo de acondicionamiento y tantas otras escuelas no enseñan a como lanzar al oponente que es ampliamente creído que las tiradas no existen en Taekwon-do, cuando de hecho si existen. Este libro fue, al principio, simplemente aclarar e informar a los estudiantes de tales conceptos erróneos que abundan dentro del mundo de Taekwon-do y que ojala llegaran a comenzar a practicar su arte como fue originalmente diseñado.

Una Tirada de Taekwon-do

Aunque sentí que mi primera idea sobre libro es necesaria, hay más demanda de un libro que explicase las aplicaciones reales en los patrones de Taekwon-do, paso a paso, y esto es a lo que me resigné a hacer. Esto surgió de las conversaciones con los estudiantes de Taekwon-do en torneos y foros de internet relacionados con Taekwon-do, después de ver las frases ahora inmortales, *'¿Para qué es este movimiento?'* o *'¿alguien puede explicar por qué hacemos esto en este patrón?'* etc., y otra vez, relativas a diversos movimientos dentro de un patrón de Ch'ang Hon.

Me sorprendió al principio, como muchas de las preguntas fueron lo que yo pensaba que originalmente fueron enseñadas en las aplicaciones estándar para todo el mundo. Me encontré aún más sorprendido cuando nadie parecía ofrecer respuestas, o inevitablemente las respuestas comenzarían con las palabras *tal vez* o *quizás*, por lo que terminé respondiéndome yo mismo. Sin embargo, lo peor es, que estas preguntas no siempre eran de estudiantes de baja graduación, sino de personas que enseñan este arte a los demás, los instructores.

Resolví escribir este libro cuando leí que un cinturón negro había sido *iluminado* sobre un movimiento que le había confundido durante años después de asistir a un curso de patrones con un experto de patrones de Taekwon-do! El movimiento fue de Juche, la técnica fue #42 Dar un golpe cortante alto hacia adentro con la punta de los dedos, el estudiante estaba extático pues él finalmente había resuelto el enigma que lo había confundido por tanto tiempo. ¡Le habían dicho que esta técnica ha sido diseñada para golpear y tumbarle las gafas a un oponente! ¡Y esto fue enseñado por el maestro (moderno) de alto grado! ¡Decir que me sorprendió es subestimar y fue cuando mi mente dijo, era hora de aclarar las cosas!

Ch'ang Hon Taekwon-do Hae Sul
Aplicaciones reales de los patrones ITF

Además de enumerar las aplicaciones más realistas, me he sentido consternado durante bastante tiempo en cuánto a patrones y de hecho la práctica de patrones tan ignorada en cuanto a defensa propia se refiere. He llegado a la conclusión de que el primer obstáculo era en aplicaciones que funcionaran y que fueran realistas en su enfoque. Sin embargo, incluso con el conocimiento y el diseño paso a paso de cómo hacerlo, el estudiante o el instructor necesitan el poder entender donde estas aplicaciones encajan en el marco actual de defensa propia, al comprender su relevancia el estudiante es capaz de saltar el segundo obstáculo – de entender su papel. Las técnicas y aplicaciones sólo conservan su valor si pueden utilizarse como deberían ser, por lo que el último obstáculo siendo cómo entrenarlos eficazmente, para que cuando se les necesite no sólo puedan usarse, pero también ser eficaces en su uso en el entorno correspondiente, que es por supuesto auto defensa de uno mismo, por lo que he enumerado también formas de entrenar los patrones para lograrlo.

Sin embargo, esta idea evolucionó aún más. Porque quería incluir un estudio de por qué habían cambiado las aplicaciones o por qué se diseñaron de la forma en que estaban. Hice algunas investigaciones y esto me llevó a formar otras opiniones, conclusiones y realizaciones que discutiré en el transcurso de este libro, así como ofrecer algunas alternativas útiles para mejorar la comprensión de todos en el Taekwon-do. Por último, originalmente tenía secciones pequeñas de introducción a cada definición de patrones. Sentí que eran un poco demasiado breves y así hice más investigaciones en esta área finalmente convirtiéndolo en un profundo estudio sobre los personajes históricos detrás de los nombres de los patrones, que siento, como yo, muchos encontrarán fascinantes.

El propósito de este libro es:

1. Ver el desarrollo de los patrones de Taekwon-do y cómo y por qué han evolucionado de la forma en que lo han hecho.
2. Aplicaciones detalladas que hacen mucho más sentido que muchas de las explicaciones estándar, originalmente en el arte. Encontramos esto viendo la historia del Taekwon-do, cómo los patrones se formularon así como el ADN del Taekwon-do (sus componentes genéticos).
3. Detalles de aplicaciones alternativas de técnicas comparando movimientos similares en artes marciales que fueron parte del desarrollo del Taekwon-do.
4. Discutir algunas de las aplicaciones originales que siguen confundiendo a muchos estudiantes en todo el mundo y aclarando algunos de los mitos comunes en los movimientos de patrones y aplicaciones.
5. Disipar algunos de los mitos que rodean continuamente al Taekwon-do.
6. Aprenda a utilizar el entrenamiento de patrones y hacer la transición de entrenamiento técnico, a técnicas realistas y eficaces de defensa personal .
7. Detallar una visión más profunda de los personajes históricos que llevan los nombres de los patrones.
8. Expandir nuestro conocimiento y profundidad del Taekwon-do y artes marciales en general.
9. Traer el Taekwon-do de regreso a ser el arte como fue diseñado a ser.

CAPÍTULO 1
Dónde están las aplicaciones

'Si todo lo que tienes es un martillo, todo parece un clavo'

Ch'ang Hon Taekwon-do Hae Sul
Aplicaciones reales de los patrones ITF

Creo fervientemente que el Mundo de Taekwon-do está literalmente añorando aplicaciones detalladas de sus patrones. Por muchos años, miles de estudiantes han aprendido cómo bloquear, donde bloquear, cómo atacar, donde atacar etc. pero ha habido siempre un persistente sentido de que hay más en ellos. ¿Seguramente un kup 9no (cinturón blanco) no fué enseñado a tener las mismas aplicaciones en sus patrones como 5to grado cinturón negro? – Esto no hace sentido.

El mundo de Taekwon-do tiene un detallado manual de técnicas de Taekwon-do, revisado y reeditado otra vez y ahora incluso está disponible en DVD. En sus formas anteriores que fue conocida como la Biblia de Taekwon-do, ahora es la enciclopedia, pero a pesar de sus 15 tomos se concentra más con cómo hacer el movimiento que para lo que es el movimiento. Hay literalmente cientos de libros sobre patrones de Taekwon-do, pero ninguno parece profundizar a fondo solo que un bloqueo es un bloqueo y un puño es un puño. En mi mente, de Taekwon-do, este es el primer libro *real* sobre el tema.

La enciclopedia de Taekwon-do, fue escrita por su fundador, el General Choi Hong Hi y es uno de los libros que he utilizado para análisis técnico. Estos libros cuidadosamente ilustran cada movimiento de cada patrón, así como realizar técnicas individuales como las diferentes patadas utilizadas en Taekwon-do además de muchas otras áreas relacionadas con el arte. El volumen completo, que son 15 tomos, (en lugar de la enciclopedia condensada de Taekwon-do) fue escrito en la década de 1980, pero el General Choi publicó otros libros mucho antes sobre Taekwon-do, tengo uno llamado simplemente 'Taekwon-do' que fue publicado por la compañía de publicación de Daeha de Seúl Corea en 1965.

Una aplicación real del bloqueo de figura 9

Desde esta enciclopedia de quince tomos, ocho de esos tomos se ocupan sólo en los patrones de Ch'ang Hon. Cada uno de estos ocho volúmenes cubre alrededor de 3 patrones y muestran diversas aplicaciones para los movimientos dentro de los patrones. Sin embargo, en poco tiempo estudiándolos parecen muy básicos y muchas aplicaciones parecen ser la misma para diferentes movimientos, por ejemplo bloqueo sección baja antebrazo exterior enseñado a un 9no kup (cinturón blanco, pta. amarilla) tiene la misma aplicación para el bloqueo más avanzado de figura 9, como se aprende en los niveles de cinturón negro.[10]

¡Cuando se preguntó sobre este aspecto, muchos cinturones negros altos dirán, porque para enumerar todos los movimientos aplicativos tomaría otros 15 tomos! Otros dicen que el Taekwon-do fue tan científicamente avanzado que no era pertinente en el momento que se ilustraran todas las aplicaciones, como que era demasiado para asegurar simplemente que los estudiantes estuvieran haciendo las técnicas técnicamente correctas.

Ninguno de estos argumentos soportan mucho peso. En primer lugar, el General Choi estaba buscando propagar el Taekwon-do en un nivel mundial y escribir un profundo manual *'de cómo'* fue una buena forma de asegurarse de que incluso con un océano entre ellos, los estudiantes de distintos continentes estuvieran realizando el mismo Taekwon-do. También encontró tiempo para escribir otros libros, como su autobiografía y sobre cultura moral, así que por qué no simplemente

---

[10] Volumen 8, página 123 (chon-ji) y volumen 11, página 209 (Ge-baek) de la Encyclopedia del Taekwon-do demuestra el bloqueo sección baja con el antebrazo externo y el bloqueo de figura 9 ambos defendiéndose de una patada frontal baja.

Capítulo 1: ¿Donde estan las aplicaciones?

tener un ' manual *de aplicaciones de Taekwon-do* si no encajaban en el libro original. ¡También tuvo una amplia gama de instructores altamente cualificados y altamente conocedores que podrían fácilmente haberlo hecho, pero no!

Él probó que Taekwon-do puede ser enseñado tan rápido como cualquier otro arte marcial por su rápido desarrollo en el servicio militar y una vez formulado adecuadamente, Taekwon-do fue enseñado fácilmente al estudiante dedicado. Sus libros también muestran detalles que debieron haberle consumido mucho tiempo, como las 30 páginas con gráficas para mostrar la relación de herramientas de ataques y puntos vitales.[11] Taekwon-do se elaboró con un montón de pensamientos, las enciclopedias son inmensas; Este no es el tipo de libro que dejas capítulos a mitad, para ser rellenado después. Tamaño, espacio o tiempo no eran cuestiones, ni la garantía de que todo esté totalmente correcto antes de movernos a otro tema relacionado.

Mucho cuidado y atención fue tomada asegurando cada movimiento fuera fotografiado apropiadamente para las enciclopedias, con numerosas fotos antes, entre y después adjuntas a la toma principal para mostrar cómo pasar de un movimiento a otro. Aplicaciones de los movimientos se muestran en las fotografías también – pero ¿por qué aparecen repeticiones para técnicas de nivel avanzado?

Aunque no aparecen en las secciones de patrones del General Choi o en otros libros de patrones de Taekwon-do, muchas de las técnicas llevan al estudiante a la sensación de que hay más posibilidad de profundidad de aplicaciones contenidas o escondidas dentro de los patrones, las aplicaciones que les gustaría ver y aprender. Después de todo, Taekwon-do tiene tiradas, bloqueos, ataques a puntos vitales, aplicaciones de punto de presión incluso, muchos de las cuales se demuestran durante la práctica de Hosinsool (auto defensa), pero ¿por qué no hay más de estas aplicaciones detalladas en los patrones?

En 2004 personalmente entrevisté uno de los instructores de primera generación del General Choi, Gran Maestro Kong Young III, 9no Dan, cuyas respuestas a algunas de mis preguntas echaron cemento a esta reclamación. Por ejemplo, pedí a Gran Maestro Kong *¿Tiene el Taekwon-do muchas aplicaciones ocultas, como esos del mundo del Karate que piensan que se ocultan en las katas?* " a la que respondió" *yo creo que no hay técnicas ocultas. Taekwon-do es un arte marcial muy preciso y cada acción es explicable por cualquier buen instructor.* "También le pregunté por qué el bloqueo 'W' que se encuentra en Toi-Gye se repitió tantas veces, Gran Maestro Kong simplemente dijo "*Porque el General Choi lo dijo!*" (Y rió).

Una pregunta más que le hice a Gran Maestro Kong fue: "*algunos instructores enseñan diferentes aplicaciones para la misma técnica, por ejemplo, el movimiento giratorio de manos en Yoo-Sin lo aprendí como una técnica de captura y también como una técnica de llave de muñeca, ¿Cuál es la correcta?*" A lo que el Gran Maestro Kong respondido "*en este patrón particular, nunca me quedó claro por el General Choi exactamente la aplicación de este movimiento (dentro del patrón). Sin embargo, esto ciertamente no significa que no puede utilizarse para muchas otras aplicaciones.*"[12]

Parece un poco extraño para mí, que estos instructores de alta calidad fueron enviados hacia adelante para la propagación del Taekwon-do en el mundo pero no les fuera enseñado los detalles más finos o internos, o la carne en el emparedado como he oído llamarlo. Créanme, Gran Maestro

---

[11] Enciclopedia del Taekwon-do, Volumen 2, páginas 100 a la 129

[12] La entrevista completa con el Maestro Kong que fue publicada en 'Taekwon-do y and korean arts magazine', Noviembre 2004 y 'Combat' Magazine, Enero 2005. La entrevista completa aún puede leerse visitando http://www.raynerslanetkd.com/ARTICLES_MASTERKONG.html

Ch'ang Hon Taekwon-do Hae Sul
Aplicaciones reales de los patrones ITF

Kong es un crédito al Taekwon-do, es muy apreciado y fue un miembro del equipo de demostración internacional de Taekwon-do, que viajó alrededor del mundo mostrando Taekwon-do (1963-1980). Tras las manifestaciones, hubo invitaciones abiertas al público para luchar contra cualquier miembro del equipo de demostración. Gran Maestro Kong luchó con artistas marciales de todo tipo en 127 países y nunca perdió un combate[13] – es un gran exponente de Taekwon-do como son todos los pioneros originales de Taekwon-do, esto está más allá de la controversia.

Aunque es difícil de creer, y pueden incluso hasta etiquetarme como un hereje, si nos fijamos en la historia del Taekwon-do, la respuesta es simple – ¡es porque el General Choi no las conocía! Sabía los movimientos, pero no los detalles afinados, pero antes de que golpee mi libro contra el suelo en disgusto, permítanme explicar más.

La razón de esto es que el Taekwon-do fue en parte al menos, derivado de los entrenamientos del general en Shotokan Karate, la sección de patrones del estilo obviamente tiene grandes influencias de la Kata de Karate que aprendió. Aprendió su Karate de un instructor que aprendió de Funakoshi (o incluso del mismo Funakoshi como se detalla más adelante en este capítulo) y a Funakoshi se le conoce de no habérsele enseñado detalles profundos aplicativos de las katas de su sistema por su propio instructor Itosu. Sabemos esto por uno de los estudiantes de Funakoshi, Choki Motobu, que ridiculizó públicamente a Funakoshi por no saber las explicaciones adecuadas de los movimientos de sus katas cuando Funakoshi introducía el Karate a Japón.[14]

Gichen Funakoshi
1868 - 1957
Fundador del Shotokan

Así como su instructor, Funakoshi, conocía el esquema básico, pero no los detalles (de los movimientos del patrón). Piense en eso como tener una ' imagen de *pintura por números*, sin los números! Quedaba al General Choi colorear la imagen el eligiendo, igual fue con los maestros de Karate, entrenados por Itosu, incluyendo Funakoshi, sin saber exactamente qué color debía ir donde, aunque era una bella imagen, no obstante.

Esto es por qué algunas explicaciones de movimientos parecen vagas o inapropiadas, estos maestros quedaron con conjeturas y no información detallada. Todos sabían cuáles eran las aplicaciones consideradas en el momento (que siguen existiendo hasta el día de hoy), eran lo que los alumnos aprenden en sus dojangs alrededor del mundo; que un bloqueo bajo es puramente para detener una patada frontal, una mano de cuchillo para detener un puñetazo, etc., a menudo estas técnicas parecen ligeramente inadecuadas, especialmente en los niveles superiores. Muchos de los movimientos de las katas ilustradas en el libro de 1965 del General Choi ' *Taekwon-do'* son exactamente iguales o muy similar a cómo están en los Tuls Ch'ang Hon, ¡así como el orden en que ciertas combinaciones

Sólo una metáfora, pero ¿Qué colores le hubieras añadido?

---

[13] http://www.ictf.info/biographies.html - Biografía del Gran Maestro Kong, Young Il, 9no Dan

[14] Antiguos artes marciales okinawenses, McCarthy, 1999, página 126

Capítulo 1: ¿Donde estan las aplicaciones?

de movimientos se ejecutan y especificaciones de técnicas siguen siendo vagas en aplicación hoy, igual como antes![15]

Estos pensamientos se confirman por los miles de estudiantes que han asistido a seminarios con el General donde preguntas sobre aplicaciones fueron dadas respuestas diferentes en diferentes ocasiones o simplemente ignoradas. Muchos de los instructores de hoy dan la respuesta a esto como *¿todo tiene que tener una razón '?* Cuando se trata de algo tan profundamente diseñado, enseñado y en cuanto se refiere a los aspectos técnicos, publicado, entonces siento que el estudiante de Taekwon-do merece una respuesta mejor que eso. Este libro aborda las respuestas que estamos buscando.

El propósito de este libro

Este libro no se ocupa de todo el arte del Taekwon-do, sólo en el área de patrones. Ya sabemos que es un gran arte, con muchas facetas diferentes y que los patrones son sólo una de esas facetas, una de las partes que hacen que el conjunto, a pesar de que muchas de estas otras partes ya no se enseñan adecuadamente tampoco.

Lo que estamos analizando son sólo los patrones y comentarios del gran maestro Kong que ciertamente implican que el conocimiento que se ha transmitido en los patrones no era tan profundo ni eran mucho más que las aplicaciones (bloqueos/ataques) básicos. Esto no quita nada del Gran Maestro Kong o cualquier otro exponente de Taekwon-do, tampoco le quita al General Choi o el arte que él ha desatado en el mundo. Sólo nos dice que en las aplicaciones de los patrones la mayoría de nosotros *siente* que existen, no fueron enseñadas o pasadas y esto es porque no se les enseñó al General Choi y otras aplicaciones encontradas para reemplazar los elementos faltantes.

Debe recordarse que los patrones tienen un papel diferente en Taekwon-do que las katas tienen en Karate. En Karate se ven como la columna vertebral o el corazón y el alma del arte, Considerando que en Taekwon-do son vistos como parte del todo, pero no más importante que las otras facetas de básicos, fundamentos, combate, destrucción, hosinsool etc... Se podría, en teoría al menos, concluir que la razón para esto fue debido a la falta de profundidad de aplicaciones enseñadas al General Choi que él había asumido similar, así que sintió la necesidad para las demás áreas a ser entrenadas suficientemente para compensar (tal vez la razón para practicar hosinsool aparte) y es todo esto junto que hace Taekwon-do sea... Taekwon-do.

---

[15] Véase página 73 (Postura preparatoria) para ejemplos

La enciclopedia de Taekwon-do

¿Si la enciclopedia no da la historia entera o más profunda es una pérdida de tiempo? Ciertamente no, la enciclopedia es una referencia profunda del arte. Aparte de las guías para patrones paso a paso, abarca muchas otras áreas incluyendo todos los tipos diferentes de combates, básicos, fundamentos, acondicionado, materiales de entrenamiento, cultura moral, puntos vitales y otras áreas relacionadas con el Taekwon-do.

En relación con las propias aplicaciones de los patrones que están dentro de las enciclopedias, prefiero pensar en ellos como muestras de aplicaciones básicas que el estudiante puede visualizar, no importando si es buena o mala. Esto les permite realizar la técnica completa y como veremos más adelante, esto es de vital importancia para las aplicaciones más avanzadas o profundas. Si esto fue la intención original o puramente mi propia versión romántica está abierta para el debate, pero es una manera útil de utilizar esta parte de las enciclopedias por encima de solamente el aprendizaje de los pasos. Da a cada estudiante una aplicación instantánea, fácilmente de notar, recordar y visualizada a utilizar durante la práctica de patrones, y asegurando que realizan cada técnica en su totalidad. Además, no todas las aplicaciones son aplicaciones malas, solo hay mucho más por ellos que se muestra en ella.

Como parte de mi investigación sobre los patrones, profundizo en algunas de las aplicaciones poco conocidas o incluso no conocidas que se encuentran dentro de los patrones, como el infame de San Makgi *(Bloqueo W)*. Simplemente iba a enumerarlas, pero he decidido incluirlas dentro del texto del capítulo pertinente, ¡no todo es como parece!

Alimento Para El Pensamiento

Si estás leyendo esto como 2do nivel cinturón negro o por encima, piensa cuando pasaste a tu nivel de 2do. Quitarte todos tus libros de artes marciales, quitarte el internet para referencias, sólo depender de lo que te enseñaron en tus clases regulares de Taekwon-do (¡oh y borrar cualquier pregunta que usted pueda tener ya que esto no era aceptado en las artes marciales hace años!). ¿Ahora pregúntese, te sentirías capaz si te solicitan en forjar un arte marcial no para el público en general, no para una sola escuela, sino para las fuerzas militares de los países, ¿Quizás de tu propio país?

Piensa qué tan grande era la tarea hace más de 60 años atrás. El hecho es, General Choi hizo un trabajo asombroso teniendo en cuenta las herramientas que tenía disponible en el momento, que ocupó en su imagen metafórica *'pintura por números'* muy, muy bien. Su arte se ha extendido a nivel mundial a millones de estudiantes dedicados, y las preguntas sin respuestas, las secciones de la imagen sin números, se han llenado de una forma u otra. Pero años después, con el conocimiento que tenemos disponible tal vez hoy, ahora podemos ver que no todos los colores fueron los correctos. En ese entonces se veían bien, pero ahora podemos ver las cosas más claramente que nunca, tal vez ese azul debería haber sido un morado y el verde parece más como debería haber sido rojo!

General Choi fue el Picasso de sus día dentro de las artes marciales, altamente venerado, pero como los tiempos cambian, las pinturas son todavía grandes, obras maestras de hecho, pero al igual que los trabajos de Picasso, algunos pueden verlos un poco extraño y que incluso pueden verse un poco mejor con colores diferentes en ciertos lugares.

Capítulo 1: ¿Donde estan las aplicaciones?

¿Qué colores le hubieras añadido a estas técnicas?   ¿Esto?...   ó ¿Esto?

Como se mencionó anteriormente, algunos movimientos siguen siendo vagos acerca de cómo o por qué se realizan y son verdaderamente exportados directamente del aprendizaje del General Choi de las katas de Shotokan. Ejemplos tales como: colocar las manos en las caderas en el codazo doble lateral (Toi-Gye), bloqueos de presión con las palmas en moción lenta(Joong-Gun), el puño en ángulo, pasando por la línea central (Joong-Gun), los movimientos lentos luego rápidos después del ataque de canto de mano doble al comienzo de Kwang-Gae y muchos más ejemplos de movimientos que diferentes instructores ofrecen diferentes razones para – con ningún razonamiento exacto acerca de por qué son realizados de esa manera o una aplicación decente para apoyarlos! La posición preparatoria parece seguir una tendencia similar.[16]

Finalmente, si todo lo que he mencionado anteriormente no te convence de que hay mucho más en los patrones que lo que actualmente se ofrecen o está representado en numerosos libros, te ofrezco este simple pensamiento.

Si se nos muestran 5 bloqueos para detener un puño, llamémoslos # A al # E y todos ellos hacen el trabajo hasta cierto punto pero # A es ligeramente mejor que # B, # B ligeramente mejor que # C y así sucesivamente hasta # E. Si # A es *mucho* mejor que # E, así que ¿por qué seguir enseñar # E a todos si # A y #B son mucho mejores? ¡Simplemente no tiene sentido enseñar algo que es mucho menos eficaz que otra cosa, cuando intentamos enseñar de la manera más eficaz y eficiente de hacer algo, en este caso bloqueando un puño! Así que debe haber otra razón para la enseñanza de todos estos bloqueos y la razón es porque no son bloqueos, por lo menos no en su objetivo principal.

Concedido, todos *pueden* ser bloqueos, pero muchos bloqueos en realidad son empleados a menudo mejor como algo más, dejando al estudiante entrene las técnicas como originalmente se enseñan a detener un puño, en lugar de aquellas que no son. Mientras que el entrenamiento de técnicas para sus otro usos específicos como técnicas de bloqueo, es un mejor uso del tiempo de entrenamiento, que perder el tiempo entrenando para hacer algo cuando ya existe una técnica mejor para ello! Por supuesto hay variaciones a este tema, generalmente basado en la distancia o ángulos, pero en general, la mayoría de los bloqueos tienen diferentes propósitos o intenciones en cuanto a aplicaciones se refiere.

---

[16] Véa capítulo 7

La conexión Shotokan

Shotokan Karate tuvo una gran influencia en el desarrollo del Taekwon-do, el General Choi fue impartido por el instructor de Karate[17] sin nombre en el sistema enseñado por el legendario Funakoshi a sí mismo y obtuvo un rango de negra 2do nivel en Shotokan. Entonces, 2do nivel (dan) era un nivel bastante alto para obtener y por lo tanto una buena base para cuando el General Choi volvió a Corea para iniciar el desarrollo de Taekwon-do. Por sus propias palabras[18], el General Choi era adepto al Shotokan.

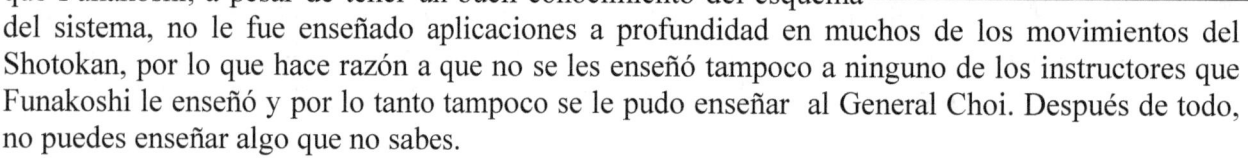

Shotokan clásico[19]

Como se mencionó anteriormente, en los círculos de Karate, se sabe que Funakoshi, a pesar de tener un buen conocimiento del esquema del sistema, no le fue enseñado aplicaciones a profundidad en muchos de los movimientos del Shotokan, por lo que hace razón a que no se les enseñó tampoco a ninguno de los instructores que Funakoshi le enseñó y por lo tanto tampoco se le pudo enseñar al General Choi. Después de todo, no puedes enseñar algo que no sabes.

Así que cuando General Choi estaba por desarrollar el arte marcial para Corea, unificando las Artes existentes (como Kwon Bop), las escuelas existentes (kwans) y agregar una identidad coreana, tuvo algunas herramientas que enseñar a los demás por su entrenamiento del Shotokan, pero no el total conocimiento de cómo funcionaban.

---

[17] En esta autobiografía, General Choi estipula que Mr. Kim lo llevó a la Universidad de Doshisna (Japón) dónde el presenció el Karáte siendo practicado y decidió empezar pero nunca mencionó el nombre de su propio instructor. El también menciona que Mr. Kim era 'un buen aprendiz karateka entrenado' pero nunca de hecho menciona que era su instructor. Por lo tanto en la revista "Taekwondo Times" en una entrevista (Enero, 2000), General Choi estipula que aprendió directamente bajo Funakoshi. Pero aprender la kata Ro-Hai aparenta demostrar una duda sobre esto - Véase apéndice iii

[18] Muchas de las habilidades del General Choi en Karate se cuentan en su autobiografía 'Taekwon-do and I'

[19] Foto cortesía por Sensei Andy Wright, 5to Dan

Capítulo 1: ¿Donde estan las aplicaciones?

Sin embargo, Taekwon-do nació y desde 1955 explotó en todo el mundo, con pequeñas mejoras o modificaciones realizadas a lo largo del camino.

La conexión de Kwon Bop

Influencias chinas obviamente se difundieron ampliamente y no fueron simplemente en Okinawa (donde nació el Karate). Kwon Bop fue un desarrollo de los sistemas chinos, pero en Corea. A pesar de que su patrimonio es chino y contiene la influencia budista de China encontró su camino en las cortes reales de Corea. El nombre de Kwon Bop se deriva del significado del kanji (Hanja en coreano) *'ley del puño '* o *'Kempo'* (*' Chuan Fa'* en chino) y puede considerarse la versión coreana del desarrollo de Karate. Ha desarrollado líneas similares en Okinawa, pero con un énfasis diferente. Como tal incluye muchas técnicas circulares que no se encuentra en el Shotokan de hoy pero aún se encuentra en los estilos chinos y de Karates que no se desarrollaron directamente a través de Itosu como el Shotokan lo fue. Se Generarón muchas artes diferentes con diferentes nombres (como Soo Bahk Do, Kwon Bop, Soon Do, Kong Soo Do, Tae Soo Do y Kang Soo Do), pero en esencia todos son derivados de la misma manera.

Todos los países desarrollaron artes marciales durante sus historias beligerantes, Corea tuvo muchas de sus propias Artes así como Kwon bop, como T'ang-su y Taek Kyon (a menudo referido como Subak), además de su historia de Hwarang-do, que se remonta a más de 5.000 años a la formación del Reino Kochosun (desde donde se desarrollaron los Hwarang-do). Cuando finalmente Taekwon-do fue formado y nombrado, la necesidad de un arte marcial coreano unívocamente significaba que todas estas artes se incorporaran y en una u otra manera posiblemente tuvo influencias en el desarrollo final de lo que ahora llamamos como Taekwon-do. Y este es otro de los elementos que hacen único al Taekwon-do, en que en una u otra forma tiene influencias de artes marciales chinas y japonesas que fueron adoctrinadas en sistemas coreanos o 'tal cual' o modificadas para adaptarse.

Cabe señalar, algunas artes coreanas son todavía enseñadas como estaban o a través de linaje directo, pero como esto es acerca de Taekwon-do, es suficiente decir que jugaron un papel en su desarrollo.

La conexión de Taek-Kyon

Aunque se desconocen sus raíces reales, Taek-Kyon (significando técnicas de pie) originalmente fue simplemente una actividad recreativa (lo que nosotros podríamos llamar un deporte). En el curso de la historia de Corea, se convirtió en un arte marcial más formidable para los beneficios de salud y defensa propia en la nación, que incluía no sólo el de común folclor del tiempo, sino también de los militares y realeza Coreana. Taek-Kyon tuvo períodos donde floreció pero eventualmente paulatinamente con la introducción de armas de fuego en la guerra terminó siendo practicado sólo por la gente común hasta la invasión japonesa en 1910, que se prohibió toda práctica de artes marciales. Es sin embargo interesante observar

que fue y es visto como un arte distintivamente coreano y se cree que ha incluso influenciado en las Artes Chinas, en lugar de la habitual historia revertida donde las Artes chinas influyen en otros.

Cualquiera que sea el caso, durante la historia de Corea Taek-Kyon fue considerado exclusivamente coreano y esta fue su principal conexión con Taekwon-do y uno que llevó al eventual nombre que usamos hoy día (¡observe las similitudes!)

En 1945 cuando Corea fue liberada de los japoneses, resurgieron muchas escuelas de Taek-Kyon, donde en una fue enseñado el General Choi (entonces subteniente). General Choi aprendió Taek-Kyon de su maestro de caligrafía Han II Dong[20], quien consideraba que era buen entrenamiento para construir el cuerpo frágil del entonces joven Choi Hong Hi, esta fue la segunda conexión de Taek-Kyon con el Taekwon-do.

Presidente Syngman Rhee
1875-1965

Corea formó oficialmente sus fuerzas armadas en 1945, sus fuerzas militares modernas. En 1952 durante la guerra de Corea, el Presidente Syngman Rhee vio una manifestación de los maestros de artes marciales coreanas militares. Quedó tan impresionado que ordenó que se enseñara a todo el personal militar y esto empujó las artes marciales coreanas hacia adelante como un cohete. General Choi es conocido por haber enseñado las artes marciales a su 29va División de infantería en la Isla de Jeju en 1953, su escuela, conocida como Oh Do Kwan (gimnasio de mi camino) fue vista como un catalizador para la formación de Taekwon-do. General Choi estaba enseñando a los soldados su Taek Kyon y Karate, y al mismo tiempo formulando el Taekwon-do, aunque todavía no se había nombrado.

La Conexión Tae Soo Do

En 1955 se decidió fusionar las diversas artes coreanas en un arte único, con una identidad nacional. El nombre *'Tae Soo Do'* fue aceptado por los muchos kwans (escuelas) de la época. Sin embargo, *'Tae Soo Do'* significa *'Camino de la mano China'* así, como su influencia creció, General Choi sugirió el nombre de *'Taekwon-do'* como sonaba similar al arte marcial único de Corea, Taek-Kyon, y así añadiéndole la identidad nacional de Corea. También describe el arte con mayor precisión como denotan en técnicas de la mano y el pie que se encuentra en el arte, a diferencia de Taek-Kyon, lo que significaba simplemente técnicas de pie.

El Nacimiento Del Taekwon-do

Aunque esto no es un libro que abarca todos los aspectos del Taekwon-do, es de alguna forma para ayudarnos a entender o evaluar los patrones si nos damos cuenta de lo que pudo haber influenciado al Taekwon-do y cómo difiere de Karate y otras artes marciales. Como sabemos, Taekwon-do nació oficialmente en el 11 de abril de 1955. Sin embargo, a pesar de la denominación del arte por una única persona (era General Choi, quien sugirió Taekwon-do), la formulación de una forma única Coreana de arte marcial fue diseñada por muchos diferentes artes, estilos e influencias y dado mi investigación, hay una fuerte posibilidad de que partes de estas artes fueron infundidas en cierto

---

[20] Como se menciona en la autobiografía del General Choi, "Taekwon-do and I"

Capítulo 1: ¿Donde estan las aplicaciones?

grado en la creación de Taekwon-do.

Aunque el afirma que se utilizó Karate y Taek-Kyon simplemente como estudios de referencia, se encuentra la razón de la influencia de Taek-Kyon mucho debido a las patadas dinámicas de Taekwon-do, y es fácil ver influencias del Karate.

Como una nota personal, he leído entrevistas con el General en 'Combat Magazine' (una publicación de artes marciales de R.U.) desde los años 70, los 80 y principios de los 90, con este cambio de opinión cada vez. Aunque ya no tengo las revistas

Fotografía de la reunión cuando el Taekwon-do fue nombrado, muchos maestros de artes marciales estuvieron presentes. General Choi puede verse sentado a la cabeza de la mesa. Circa 1955

recuerdo una entrevista de los años 70, cuando se le preguntó sobre la influencia del Karate General Choi dijo algo a lo largo de las líneas de "*que sin Karate no hubiera existido Taekwon-do*", en la entrevista de los años 80 su opinión cambió ligeramente a lo que declaró en las enciclopedias, a lo largo de las líneas de que "*Karate era simplemente una herramienta de referencia que ayudó a*" y en la entrevista de los años 90, dijo algo como "*Karate tuvo sólo un menor o ningún impacto en Taekwon-do*" o incluso "*el Karate no tiene nada que ver con el Taekwon-do*" (no recuerdo exactamente ahora).

Cualquiera que sea su opinión, sólo tenemos que mirar las katas de Shotokan para ver su fuerte influencia en Taekwon-do. En las fotografías de abajo y en la siguiente página podemos ver claramente las partes de la kata Sokugi Taikyoku Shodan realizada por Gichin Funakoshi que alguien igual o superior a 6th kup debería reconocer que estas combinaciones son las mismas que Won-Hyo tul.

Lo que establece Taekwon-do aparte de Karate y Taek-Kyon, es que el General Choi agregó muchos principios científicos a su arte emergente, particularmente las teorías de las leyes de física de Newton. Patrimonio cultural coreano fue añadido en diversas formas, desde los nombres de patrones a los uniformes que vestimos (doboks) así como las tácticas militares. Influencia personal del general Choi también puede observarse en algunas de las '*posturas preparatorias*' de los patrones. Taekwon-do también acabó con los movimientos principalmente lineales de Karate y reintrodujo muchos movimientos circulares para sus elementos de potencia añadida, aunque incluso estos fueron revisados. El *'Do'* o *'Camino'* se destacó más, sobre todo en cuanto a lo que se conoce como *'Cultura Moral'*. Eventualmente Taekwon-do evolucionó sus raíces y se convirtió en arte único en su propio derecho.

Taekwon-do en el campo de batalla

Como se mencionó en la introducción de este libro, Taekwon-do, es un arte marcial coreano que ha sido probado en campo de batalla. Esto no puede ser más evidente que en el uso del Taekwon-do en la batalla de Tra Vinh Dong de Vietnam[21] en 1967. En un artículo de LtCol James F. Durand de '*la batalla de Tra Vinh Dong y los orígenes del programa de artes marciales Coreanas de los Marines de Estados Unidos*'[22], en la sección *'Lecciones aprendidas y epílogo',* Taekwon-do y su uso en la batalla fue discutido y el artículo tuvo esto que decir:

> La batalla de Tra Vinh Dong es estudiada por profesionales militares a lo largo de Corea, y sus lecciones se imparten a todos los Marines. El cuerpo de Marines de ROK (ROKMC) cita cuatro factores críticos a la victoria de la compañía 11: el liderazgo de combate distinguido de los comandantes de compañía y pelotón, la dura lucha por todos los Marines en la unidad, el uso eficaz de apoyo de fuego y la audacia del contraataque.
>
> El papel de entrenar las artes marciales en la batalla ha sido un tema de discusión durante casi cuatro décadas. En la Conferencia de prensa después de la batalla, Capt Jung fue firme en su opinión que tae kwon do contribuyó enormemente a las habilidades de combate y lucha contra el espíritu de los Marines de Corea, ambos, enlistados y oficiales. En una descripción gráfica, el *tiempo* señaló que el entrenamiento en artes marciales fue crítico para la victoria:
>
>> *Fue de cuchillo a cuchillo y de mano a mano, y en ese tipo de lucha contra los coreanos, con su mortal tae kwon do (una forma de kurate), son inmejorables. Cuando la acción se detuvo poco después del amanecer, 104 cuerpos enemigos desplazados por toda la línea, muchos de ellos eviscerados.*[23]
>
> Cuando se le pide que proporcione comentarios para este artículo, ambos poseedores de medallas Taeguk declararon que significativamente el entrenamiento en las artes marciales contribuyeron a la victoria de los Marines. LtCol Jung, ahora jubilado vive en Seúl, hizo hincapié en dos áreas en que tae kwon do había influenciado su infantería de Marina:
>
>> *En primer lugar, el enemigo de repente abrumado en nuestras trincheras y amontonados continuamente hasta el grado que no pudimos usar fusiles y bayonetas como armas. Hubo muchos casos en los que nos estábamos empujando y tirando entre sí dentro de las trincheras. En ese momento, Tae Kwon Do se convirtió en el arma de la infantería de Marina coreana y por golpear al enemigo en sus puntos vitales, le trajimos bajo nuestro control.*

---

[21] Descripción paso a paso de esta dramática y heroica batalla puede encontrarse en apéndice vii

[22] Republicado con permiso del Cuerpo de la Marina Gaceta

[23] 'Una semana salvaje', "Time Magazine", 24 Febrero 1967

Capítulo 1: ¿Donde estan las aplicaciones?

En segundo lugar, puede verse que el valor de tener miedo frente a su enemigo fue entrenado a través de Tae Kwon Do. Aunque no teníamos un camino de retirada y teníamos que permanecer en nuestra posición, la fortaleza para luchar valientemente mientras expuestos al enemigo llevó a la victoria en la batalla de Tra Vinh Dong.[24]

Ex MajGen Shin Won Bae, que más tarde comandaba la unidad de "Blue Dragon" (ahora la División de Marina ROK 2d) había proporcionado ideas similares, señalando:

A pesar de que la táctica nos dice cambiar de bayonetas a fusiles durante estrechos para neutralizar al enemigo, nuestra arma en el momento, el rifle de M–1, no era un arma que podría ser ejercida rápidamente. En situaciones de urgencia, la Marina en la parte delantera atacaría ferozmente la cara del enemigo y partes vitales mediante el Tae Kwon Do, haciéndole perder momentáneamente su voluntad para luchar. Luego un segundo marino acabaría con el enemigo usando el rifle. Además, golpear al enemigo con una herramienta fue altamente eficaz en la destrucción de la voluntad de lucha entre los principales elementos del enemigo. Mientras que el Tae Kwon Do demostró su eficacia en el campo de batalla, más importante, el entrenamiento en las artes marciales infundió la confianza necesaria para derrotar al enemigo en cada marino. Creo que se trata de la mayor importancia de la formación del Tae Kwon Do.[25]

Aún LtCol Jung es cuidadoso de subrayar la importancia del apoyo de fuego en la batalla, observando que los fuegos de artillería y morteros impidieron los vietnamitas del Norte enviar refuerzos a las tropas comprometidas con los Marines de Corea.

Como para subrayar la fortaleza del programa de artes marciales de ROKMC, el equipo coreano de marinos ganó el Campeonato Nacional de Tae Kwon Do en noviembre de 1967, el mismo año que la batalla de Tra Vinh Dong. Al año siguiente la sede ROKMC comenzó a incluir el tae kwon do con calificación de puntería y pruebas de aptitud física como medidas de preparación para combate. (Tae kwon do es ahora parte de la prueba de aptitud física de ROKMC).

Para los Marines americanos, la historia temprana del programa de artes marciales coreanas y la batalla de Tra Vinh Dong proporcionan cuatro lecciones importantes. En primer lugar, desarrollar y establecer el programa tomó tiempo y exigió la dedicación de líderes y comandantes. Tardó más de una década desde las primeras manifestaciones a la adopción de las normas y objetivos de entrenamiento. En segundo lugar, porque muchos de los beneficios iniciales del programa eran psicológicos, eran difíciles de medir. De hecho, es imposible cuantificar cómo mejoraron la confianza y la capacidad de combate de soldados e infantes de Marina a través de tae kwon do o el número de veces unidades vietnamitas del Norte o Viet Cong anularon unidades coreanas. En tercer lugar, entrenamiento en las artes marciales resultaron fundamentales en el combate. La capacidad de los Marines de corea para prevalecer contra abrumadoras probabilidades en combates cuerpo a cuerpo en la batalla de Tra Vinh Dong es un testamento a los beneficios del entrenamiento de tae kwon do. Por último, entrenamiento en artes marciales es una de muchas habilidades de combate necesarias. Apoyo de fuego oportuna y precisa, liderazgo excepcional de combate e innumerables actos individuales de coraje todos contribuyeron a la victoria de la compañía 11.

Cincuenta años después MG Choi comenzó a abogar por las artes marciales de formación de soldados coreanos, tae kwon do ha crecido mucho más allá de sus raíces militares. Es el arte marcial nacional de Corea, practicado por millones de personas en todo el mundo y ha sido un deporte de medalla olímpica desde el año 2000. A su vez, el crecimiento de tae kwon do como deporte ha fortalecido aún más el programa de artes marciales del ejército coreano. La mayoría de los hombres que entran a la milicia ya han recibido entrenamiento significativo en alguna forma de artes marciales. Debido a su enfoque en el desarrollo de las destrezas físicas, aptitud

---

[24] Carta personal del Col. Jung Kyung Jin, ROKMC(Ret) a Lt Col James F. Durand
[25] Carta personal del Mayor Gen. Shin Won Bae, ROKMC(Ret)

combativa y disciplina mental para el combate, es improbable que el MCMAP estimulara una revolución similar en el deporte. Sin embargo, el MCMAP ha sido un éxito rotundo en la mejora de los combates, habilidades y espíritu Guerrero de los Marines. Al comentar sobre su aplicabilidad a los conflictos actuales, notas GEN Shin, *"Para el cuerpo de Marines, que se encontrarán con campos de batalla en diversos países en la guerra contra el terrorismo, entrenamiento de Tae Kwon Do en forma regular es recomendable."* Si en las bases en sus países de origen o Marines desplegados al extranjero, estadounidenses y coreanos deben continuar entrenando en las artes marciales, trabajando para defender el ideal de que los Marines son los más respetados y temidos adversarios en el campo de batalla.

Formulación de los Tul Ch'ang Hon

Contrariamente a la creencia popular, todos los 24 patrones de Taekwon-do no estaban aún formulados cuando Taekwon-do fue introducido al mundo en 1955. En su libro de 1965 llamado simplemente 'Taekwon-do', el General Choi enumera los siguientes patrones: *Ch'on-Ji, Tan-Gun, A San, Wŏn-Hyo, Yul-Kok, Chung-Gŭn, Toi-Gye, Hwa-Rang, Ch'ung-Moo, Gwang-Gae, P'o-Ŭn, Kae-Baek, Yu-pecado, Ch'ung-Jang, Ul-Ji, Sam-Il, Ch'oi-Yong, Ko-Dang, Se-Jong y T'ong-Il.*[26]

La introducción de estos patrones dice: *Ch'ang Hon o 'Casa azul' es el seudónimo del autor. El sello distintivo de esta escuela es la combinación de movimientos rápidos y lentos, livianos y contundentes junto con un trabajo extenso de pie. El nombre, el número de movimientos, así como la representación diagramática de cada patrón tiene un significado específico que simboliza su nombre o relevancia al mismo y/o acontecimiento histórico.*[27]

En el mismo libro, enumera las siguientes Katas de Karate: *Hei-an, Bat-Sai, En-Bi, Ro-Hai, Kouh-Shang-Kouh, Tet-Ki, Jit-Te, Han-Getsu y Ji-en.*[28]

La introducción de estas kata describe los sistemas Sho-Rin y Sho-Rei que vienen de, Sho-Rin siendo caracterizados como livianos y veloces y adecuados para una persona liviana y el Sho-Rei como lentos y contundentes para el desarrollo muscular y favorecido por un estudiante de marco más pesado. Observe cómo los patrones de Ch'ang Hon son una mezcla (en definición) de ambos, por lo tanto General Choi escogió lo que él pensaba era bueno de ambos y los combinó en los Tul de Ch'ang Hon.

Es una idea falsa popular que los patrones de Ch'ang Hon fueron creados en orden, desde Chon-Ji. Los primeros patrones de Ch'ang Hon oficiales ideados fueron realmente Ul-Ji (4to grado), Choong-Moo (1er kup) y Hwa-Rang (2do kup).

Otros patrones se desarrollaron para un total de 20 y alrededor de la década de

---

[26] La deletreación probablemente fue cambiada de nombres fonéticamente mas universales. Cuando estos cambios usualmente ocurrieron, no he tenido forma de verificar.

[27] Esto no es un error de escritura, pero la forma en que está escrito en realidad.

[28] Véase apéndice iii

Capítulo 1: ¿Donde estan las aplicaciones?

1970 General Choi agregó los restantes cuatro patrones: Eui-Am, Moon-Moo, Yong-Gae y So-San que trajo el total de los patrones en el sistema de Ch'ang Hon a veinticuatro, como permanece hoy en día.

Las katas de Karate dejaron de ser imprimidas en sus libros, desde cuando entonces Taekwon-do rompió realmente sus raíces, como hasta este momento, muchos instructores bajo el General seguían siendo de ambos conjuntos de aprendizaje.

Oficialmente, en la década de 1980 General Choi consideró que sus patrones perdieron algunas técnicas importantes, que el instituyó en el conjunto sustituyendo Ko-Dang tul con Juche tul.[29]

General Choi Hong Hi
1918 - 2002
Fundador del Taekwon-do

El orden de los patrones ha cambiado con el tiempo, con algunos instructores enseñando patrones en diferentes niveles a lo que se establece hoy en día. Esto es porque esta es la manera que los aprendieron. Esto también puede notarse cuando leas los libros del renombrado maestro de Taekwon-do, Hee Il Cho, que sólo llega hasta veinte patrones en total, como dejó el General antes de que los cuatro patrones finales fueran añadidos, y los libros nunca se han actualizado. También es interesante notar que originalmente, todos los patrones fueron nombrados después de famosas figuras históricas coreanas excepto el primero y el último. El primer patrón, *'Chon-Ji'* representa la creación del mundo, por lo tanto, la creación de Corea y el último patrón, *'Tong-il '* representa la reunificación del Norte y Corea del Sur, el principio y el final por así decirlo. Con el reemplazo a *'Juche'* sin embargo, esto cambia la ecuación ligeramente, pero siento que los nombres del primer y último patrón del conjunto fueron altamente significativos para el General Choi, patrimonio coreano y sus ideales.

En una entrevista realizada en 1999 al General Choi se le preguntó cuánto tiempo tomó la investigación de sus patrones, a lo que él respondió *"comencé mi investigación en marzo de 1946 en lo que iba a ser nombrado Taekwon-do el 11 de abril de 1955. Mi investigación terminó en 1983. Los patrones representan mi estudio del arte en este período."*[30]

General Choi falleció el 15 de junio de 2002, dejando un arte para ser disfrutado, practicado y estudiado por millones de estudiantes de todo el mundo – simplemente soy uno de ellos!

---

[29] Otra razón común mencionada para el cambio de Ko-Dan a Juche es que el General Choi estaba tratando de conseguir fondos o ayuda (o ambas) del gobierno de Corea del Norte así que esto fue cambiado para agradarles. El significado de este patrón puede ser interpretado casi en su totalidad al ideal comunismo nor-coreano, pero como la guerra fría aún estaba en pie, y con la disputa entre corea del norte y corea del sur la línea oficial fue mucho más aceptable. Este patrón también ha sido re-nombrado (en 2005) debido a su conección nor-coreana, por una organización de Taekwon-do.

[30] Entrevista por Maria Heron, (The Times), 1999

Ch'ang Hon Taekwon-do Hae Sul
Aplicaciones reales de los patrones ITF

Lineage de Taekwon-do

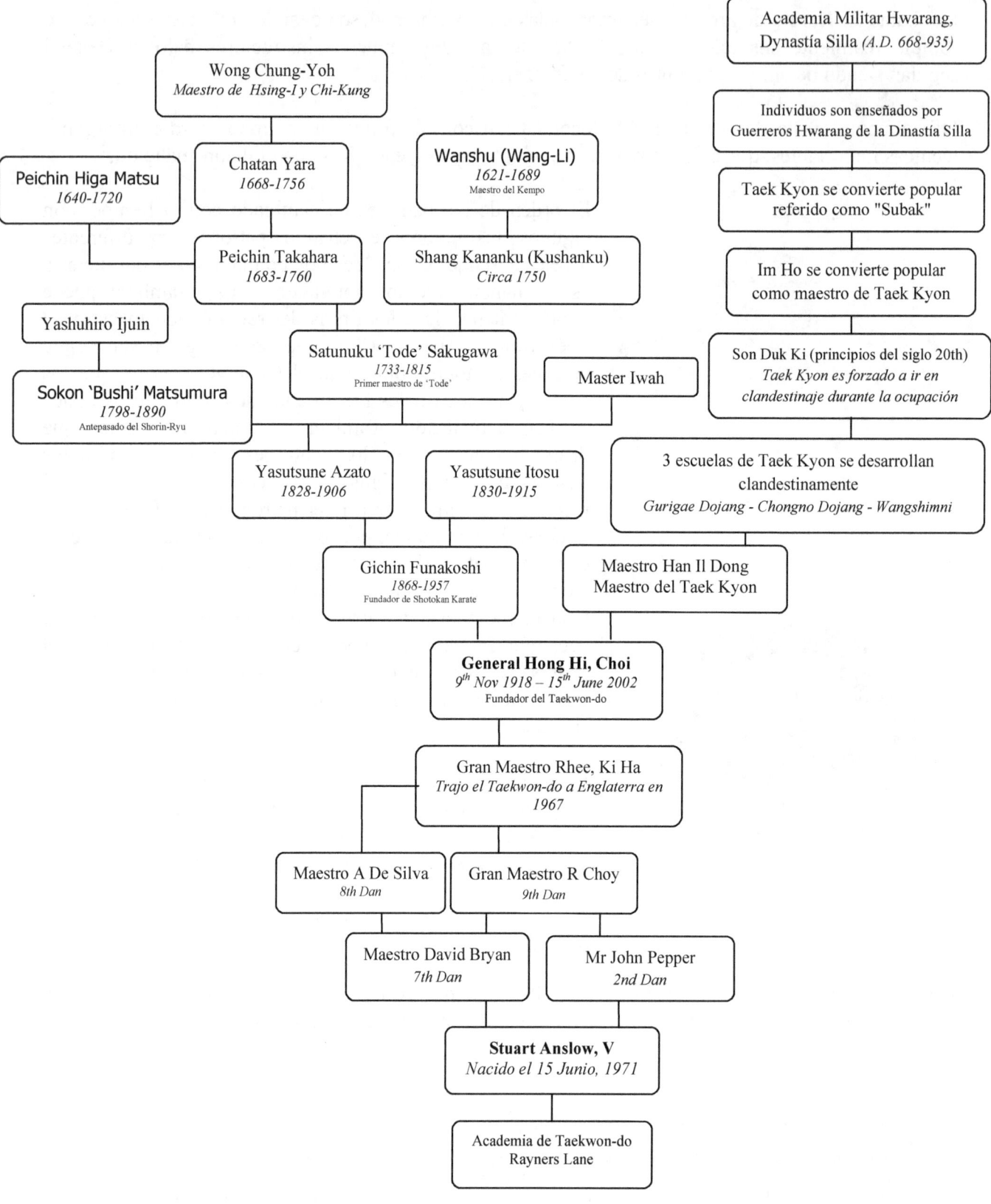

CAPÍTULO 2
Desenmascarando mitos del Taekwon-do

'Una historia crece por el relato'

Hay muchas ideas preconcebidas sobre lo que es y lo que no es parte del sistema Ch'ang Hon de Taekwon-do. Estos son producidos por instructores o asociaciones que enseñan qué y cómo lo quieren, que no es en sí malo, pero confunden a veces al estudiante. Aquí algunos de esos mitos, así como el listado de lo que lo hace diferente a otros estilos, especialmente de su arte paternal, el Shotokan Karate.

Taekwon-do es mayormente Patadas

Taekwon-do es citado a menudo como siendo principalmente un arte de patadas, pero en realidad tiene muchas más técnicas de mano que de patadas en una suposición que diría que las técnicas de mano sobre pasan las técnicas de piernas por aproximadamente 8 a 1 (una vez leí que existen más de 2000 técnicas de mano, pero no he contado nunca realmente para comprobarlo).

Competencias dieron un alza a el Taekwon-do con reputación no merecida como un arte de patadas solamente

Taekwondo W.T.F. (World Taekwondo Federation) ayuda a proliferar este argumento, con su puntuación en solo técnicas de pateo que prácticamente es su formato de la competición. Competencias I.T.F. hacen lo mismo, aunque anotan más fácilmente las técnicas de manos, puntuación de patadas valen más a medida que se consideran más difíciles de realizar. Concursos de I.T.F. desean promover este lado espectacular del arte, ya que a menudo se ve mejor que un Festival de puñetazos usando sólo las manos y muestra parte de los conocimientos técnicos y la gracia que tienen muchos intérpretes de Taekwon-do. No hay nada malo en esto y en general estoy de acuerdo con cómo se ejecutan las competiciones I.T.F. como también de disfrutar de ver realizar las patadas. Sin embargo, esta _es_ la competencia y muchos estudiantes y especialmente aquellos que no entrenan en Taekwon-do no diferencian 'esto es _competencia_ ' de 'esto es _Taekwon-do'._ Otras connotaciones acerca del Taekwon-do abundan, debido a su lado del deporte, principalmente de otros artistas marciales mal informados, pero si no hacemos nada para cambiar sus puntos de vista, incluso a través de nuestros métodos de entrenamiento y ellos no ahondar más que lo que ven en una revista o en un video, esta tergiversación persistirá, es responsabilidad de los instructores no de los estudiante.

Taekwon-do es sólo tocar

Esto es una falacia nacida de la forma semi-contacto de competición de la ITF que se basa. En competencia de combate ITF, el contacto se supone sea controlado, aunque en muchos de los concursos como cinturón negro, he estado en los niveles de contactos que han variado entre medio, pesado y en ocasiones pleno contacto. La diferencia es la normativa. La normativa actual para el estado de competencia ITF '_contacto liviano_ ' y es realmente el juez que impone su cumplimiento. Nunca he ido a una pelea en un torneo basado en ITF y pasado deliberadamente con contacto pesado. El problema se deriva de los árbitros en no imponer reglas correctamente y por lo tanto, si un oponente pega pesado sobre mí y el árbitro no hace nada, entonces yo no tengo ninguna opción más que dar como todo lo que tengo.

Capítulo 2: Desenmascarando mitos del Taekwon-do

Aquellos fuera del Taekwon-do simplemente ven competencia ITF, con dos oponentes controlando hábilmente sus técnicas (un oponente hábil puede combatir rápido e intensamente y todavía controlar sus técnicas, pero los menos calificados dependen simplemente de su fuerza bruta) y resumir que esto representa Taekwon-do en su conjunto. El hecho de que en muchos dojangs, combate de competencia es el único combate, ayuda a promover esto.

Mi buen amigo polaco, Piotr Bernat, me ha dicho que las competencias de combate polacas son pesadas y de completo contacto y a diferencia de combate WTF, permite puñetazos a la cabeza (competidores usan el mismo equipo de protección como en cualquier torneo ITF base estándar) por lo que incluso en competencias, no es estrictamente cierto.

Competencia a un lado, en entrenamientos he tenido muchas sesiones de contactos fuertes con compañeros cinturones negros. Rangos altos en mis clases combaten de liviano a medio y pesado contacto y también se les permite utilizar tiradas, barridas, patadas bajas, proyecciones y lanzamientos al mismo tiempo, dependiendo del tipo de entrenamiento que estemos haciendo.

"Hosinsool" a menudo se realiza con técnicas a plena potencia, pero detenemos a tiempo para evitar lesiones. Obviamente uno no ataca a contacto pleno a un punto vital que causaría grandes daños a un compañero de clase, sin embargo los ataques son lanzados a toda velocidad y la intensidad y bloqueos son a menudo utilizados cerca de plena potencia a menos que golpees un punto vital o articulación.

Las aplicaciones de patrones muestran el estado completo de contacto de Taekwon-do. Las Técnicas están diseñadas para mutilar, matar o destruir a un adversario y sin plena potencia, esto no puede lograrse, por lo tanto la razón práctica de patrones y más patrones, práctica con la visualización, es tan esencial para el mantenimiento de este elemento.

Taekwon-do no contiene patadas bajas

orientados a pensar siempre debe patean arriba de la cintura. Y mientras que esto es un buen criterio para niños, principiantes y estudiantes de grado menor, debido a su falta de habilidades y control, no es un tema tan importante para un estudiante más calificado que puede elegir cuando golpear duro, donde atacar y cuando tirar de una técnica de seguridad. El problema existe y muchos clubes estos días son sólo de competencia orientada que nunca permiten florecer en esta área que es vital para un completo arsenal redondeado de técnicas. Los patrones propios contienen patadas bajas, por lo que los estudiantes deben permitir la libertad de formar en el área que se superponen. Patrones, combates y

"hosinsool" (defensa personal) todos se superponen sobre otras formando lo que realmente es Taekwon-do, como cada uno por su cuenta son sólo partes del conjunto.

Taekwon-do no permite barridas

De nuevo, otro mito perpetrado por la competencia y más aplicadas por las escuelas que se concentran sólo en competencia de combate. Barridas es tanto una parte de Taekwon-do como patear. Nuevamente, incluso en combate controlado, barridas pueden ser practicadas por los estudiantes de más alto nivel. Nuevamente, los patrones incorporan técnicas de barridas, algunos de los cuales son evidentes y otras que no son tan obvios.

Taekwon-do no contiene técnicas de llaves

Taekwon-do contiene muchas llaves (y roturas) Si estudiamos debidamente. Temprano en su desarrollo, Taekwon-do había incorporado elementos de otro arte coreano, Hapkido, incluyendo muchas de sus llaves de articulación. Sin embargo, alguien consideró que gran parte de ellas son demasiada largas, demasiado complicado o no instantáneamente suficiente por lo que fueron descartadas y aquellas que se mantuvieron son por ser rápidas aplicadas o provocando una ruptura y no sólo una llave. Muchas técnicas de llaves pueden encontrarse dentro de los patrones.

El autor explica llaves de articulaciones básicas a los estudiantes

---

[31] Mucha de las llaves de articulaciones simplemente tienen que ser ejecutadas con mucha mas fuerza o de seguido cambiarlas de una llave de articulacion a una rotura de articulación.

Capítulo 2: Desenmascarando mitos del Taekwon-do

Taekwon-do no contiene tiradas

La enciclopedia de Taekwon-do, publicada por el General Choi contiene una sección entera sobre lanzamientos y caídas. Esta sección contiene tiros como tiros con la cadera, tiradas de cuerpo, incluso el lanzamiento de la clásica tirada interna con el muslo. Si no se enseña al estudiante, no es porque no es parte de Taekwon-do. Una inspección más profunda de los patrones también revela muchas técnicas de lanzamiento como usted descubrirá.

Taekwon-do contiene armas

Contrariamente a lo que puede ver en algunas escuelas de Taekwon-do, Taekwon-do no contiene armas. No hay armas de entrenamiento y no patrones de armas. Estas son piezas extras traídas desde el exterior por instructores, algunos como un medio para mejorar sus conocimientos de los estudiantes en las artes marciales, pero a menudo como un medio de ocultar su falta de conocimientos más profundos y a menudo, como es el caso de estos días, simplemente para cargar a los estudiantes más dinero.

Taekwon-do es un arte diseñado para los soldados y soldados llevan pistolas. Taekwon-do estaba allí si no podían utilizar su arma (rifle o bayoneta) por una razón u otra, no llevar palos y bastones en caso de que cayeran sus fusiles. Sin embargo, Taekwon-do contiene a lo que me gusta llamarle entrenamiento y técnicas de *'anti-armas'*. Estas son técnicas y aplicaciones diseñadas específicamente contra las armas como cuchillos, varas, palos, postes, ataques de bayoneta e incluso contra pistolas. Muchas aplicaciones de 'anti-armas' se encuentran dentro de los patrones de cinturón negro, aunque el estudiante gana una introducción involuntariamente tan pronto como en Joong-Gun tul.

Todos los anteriores *'Taekwon-do no contiene...'* mitos son debido a la falta de conocimiento en ciertas áreas por instructores o simplemente porque instructores dejaron quienquiera con quien estaban antes de ganar un reconocimiento pleno del arte. Muchos libros modernos de Taekwon-do siguen apoyando este mito por no mostrarlo y ni siquiera mencionarlas.

---

[32] El libro 'Taekwon-do', publicado en 1965 por General Choi se refiere a la defensa personal *'en contra de pistola'* como Tae kwonch'ong

Patrones en Taekwon-do son sólo para...
...(*Inserte aquí*)

Muchos estudiantes son conducidos a creer que los patrones son simplemente una forma de practicar equilibrio, condición física, poses, técnica, suavidad y otras razones, desconociendo totalmente los aspectos de defensa propia. Aunque cuando se pregunta la definición de *Tul* (patrones) felizmente dicen *"Tul es una serie de movimientos ofensivos y defensivos en una secuencia lógica contra uno o más a oponentes imaginarios"*. ¡Esta es la definición estándar de patrones que dan casi todos los estudiantes, pero todavía se ignora! ¡Una *serie de movimientos ofensivos y defensivos* suena como defensa personal para mí! ¡La palabra *'opositores'* implica también la misma!

En la enciclopedia, General Choi dice: *patrones son varios movimientos fundamentales, la mayoría de los cuales representan técnicas de ataque o defensa, establecer una secuencia lógica o fija*'. Además pasa a mencionar los otros beneficios de practicar patrones, pero antes los beneficios extras, se afirma que los patrones representan técnicas de autodefensa, enunciados lógicamente a la práctica de los estudiantes, lo que significa que el propósito principal de los patrones es ayudar a la práctica de defensa personal. ¡Además, alguien realmente cree que alguien podría pasar más de cuarenta años desarrollando un sistema de equilibrio, balance etc. y a través de muchos ejercicios (es decir, los patrones de 24)!

Puedo ver cómo algunos pueden formar la conclusión de que hay poco valor de autodefensa realista en la práctica de patrones. Los motivos pueden ser como sigue:

1. La falta de variedad en cada movimiento en cuanto a su uso real
2. La falta de cualquier aplicación más allá de bloquear y golpear (con algunas excepciones)
3. Los movimientos de patrones y posturas aparentemente estáticas
4. Las aplicaciones básicas a menudo se muestran
5. La forma en que los patrones no parecen correlacionarse con el combate
6. La forma en que se imparten en las clases regulares (como solos movimientos)
7. El énfasis en la excelencia técnica para competiciones
8. Las opiniones de su instructor, grupo o asociación, de compañeros o de otros artistas marciales.

Esto se complementa por instructores y organizaciones, especialmente en lo que respecta a la competencia y el énfasis puesto en mérito técnico para ganar medallas de oro. También la difusión de Taekwon-do, todo el mundo tiene un papel que desempeñar en este, como la primera preocupación del General Choi fue *uniformidad* y de esta manera impartiendo seminarios de patrones realizados en todo el mundo, con poco o ningún tiempo para el valor de defensa personal.

---

[33] Encyclopedia de Taekwon-do, Vol 1: Patrónes (Tul)

Capítulo 2: Desenmascarando mitos del Taekwon-do

Patrones de Taekwon-do son fines históricos

Aparte de la definición de Tul, que establece claramente que los patrones son una forma de autodefensa, realmente no puedo creer que el General Choi pasó más de cuarenta años creando algo sólo con fines históricos. En relación con lo anterior, muchos se sienten irreales y estas razones han llevado a la conclusión por algunos grupos o instructores que el uso y la práctica de patrones son para fines históricos, que no supere lo que les permite dedicar menos tiempo y más tiempo de preparación para los torneos etc... Como nota, General Choi se opuso a torneos como sintió que no muestran el Taekwon-do en su luz adecuada y que las piezas del arte tienen que ser cambiadas o retenidas para garantizar la seguridad de los participantes y en gran medida tenía razón. ¡Actuaciones de Patrones realmente muestran sólo la cáscara y que nadie, puede decir si el huevo es bueno o malo, o incluso si tiene yema o no! El punto focal de los patrones de entrenamiento de hoy es sobresalir en los torneos y lo mismo es cierto con respecto a combates siendo totalmente basado a torneos en muchos clubes – ¡es de extrañar que los beneficios más subyacentes de patrones han sido casi eliminados!

Personalmente, he tenido una buena carrera de torneos y la sensación es agradable y beneficiosa para los estudiantes. Incluso contienen unos elementos que se superponen a la lucha o auto defensa y son beneficiosos para esta área, así como la confianza y la administración de adrenalina. Pero, combate de competencia no es lucha real y entrenamiento de patrones exclusivamente a la competición asegura que el estudiante pierda el verdadero propósito de los patrones y no permite al estudiante desarrollar esta área más allá de la etapa 1 de patrones de formación, como se indica en los próximos capítulos.

Entrenamiento de Patrones es entrenamiento muerto

Algunas artes marciales que no colocan ningún valor en la práctica de patrones también ayudan a propagar esta falacia señalando el anterior y el reclamo:

- **Entrenamiento de patrones son rígidos, estáticos y muerto, ya que no hay ninguna resistencia a opositores**

¡Bien son si ellos son mirados de esa manera y no tienen ningún valor de defensa personal por encima de aprender técnicas y a distribuir energía en ellos, pero como se verá en los próximos capítulos, esta no es la forma que debería ser, iba a ser, o tiene que ser!

- **Cuando usted combate no utiliza las técnicas y movimientos como en los patrones**

Aunque esto es discutible dependiendo de lo que llamen combate, como en gran parte se basa en la suposición de que todos los combates de Taekwon-do se realizan como combate de competencia. También pretende a confundirse el combate con pelea o defensa personal, pero como le dirá cualquier instructor de autoprotección, combate de competencia se basa lejos de la autodefensa o peleas.

Combate de competencia es sólo eso: para la competencia. Combate Tradicional *'todo incluido'* permite un mayor uso de los movimientos de patrones, especialmente los que figuran en este libro y es más similar a la lucha que la competencia, pero todavía no es el ambiente exacto donde los patrones se verán más adecuados. Esto también es discutido en profundidad en los próximos capítulos.

Patrones no funcionan

Hace algunos 2000 años, Cicerón, un orador romano enlista el *' 6 errores del hombre'*. Número 3 fue *' insistiendo en que una cosa es imposible, porque nosotros no podemos lograr esto'* Por lo tanto, es factible que aunque algunos pueden ver poco o ningún valor en el entrenamiento de patrones podría ser simplemente porque no pudieron hacerlos trabajar para ellos o más probable, no estaban dispuestos a invertir tiempo y esfuerzo para hacerlo, decide *salir de* práctica de patrones a concentrarse en áreas que sentían que eran más beneficiosas. Esto no quiere decir que estaban equivocados, era su camino, es sin embargo mal a denunciar algo sólo porque *usted* personalmente no ve ningún beneficio, incluso cuando otros lo tienen. Otros simplemente *'hablan lo escuchado'* de sus instructores sin nunca realmente saber por ellos mismos comenzado un arte que tiene un carácter distintivo.

La Historia, sin embargo, habla por sí misma, en cuanto a cada instructor creíble que denuncia que los patrones no funciona o como entrenamiento muerto, hay cientos o más maestros reconocidos y apreciados estudiantes que los han seguido, que lo vieron como todo lo contrario, entusiasmados por sus beneficios y entrenando a los extremos, muchos de estos maestros son leyendas en la historia de las artes marciales, otros aún viven y respiran, poniendo en práctica cotidiana los beneficios de sus patrones de sus Artes o kata, de hecho, uno de los entrenadores superiores de policía en Okinawa es un experto en aplicaciones de kata y esto es cómo enseña a los oficiales bajo su mando.

Todavía tengo que escuchar de un maestro altamente capacitado de forma o kata, de repente denunciando el entrenamiento de ellos y si lo hicieran, esto llevaría mucho más peso en mi mente que alguien que nunca ha colocado un esfuerzo concertado en el estudio de patrones o esfuerzo entrenado en esa zona en primer lugar. ¡Sólo aquel que tiene un profundo conocimiento de algo en primer lugar puede denunciarlo como inútil!

Hacer que los patrones tomen vida

El problema es que a menudo, debido posiblemente a las razones mencionadas anteriormente, que los patrones no están estudiados o tomados a la profundidad de entrenamiento que tendrían que ser. Estudiantes alcanzan 1ro o 2do dan y sienten que están avanzados, Considerando que 1er dan es solo el comienzo de la formación, lo que significa que el estudiante tiene una buena comprensión de los conceptos básicos. El estudiante entonces siente que los patrones son repetitivos, y pregunta ¿Cuál es el punto de simplemente aprender nuevos conjuntos de movimientos sin fundamento? y se desplaza hacia la competencia o combate y finalmente sienten que son un desperdicio de tiempo y esfuerzo, haciéndolo simplemente porque son un estudiante en una clase de Taekwon-do, para prepararse para torneos o para pasar el siguiente nivel de dan. Para algunos estudiantes, esto es a menudo corta vida a lo que deciden que su tiempo podría ser mejor servido en otras áreas de entrenamiento. Todo esto puede corregirse siguiendo los métodos de entrenamiento que se detallan en el capítulo 5 y una nueva apreciación de los patrones puede brillar, cuando los beneficios reales del patrón se hacen evidentes.

---

[34] Como visto en la serie del canal "National Geographic" 'Artes Mortales" con Josette Normandeau, ahora disponible en DVD

CAPÍTULO 3
Diferencias en Taekwon-do

'*Donde no hay diferencia, sólo hay indiferencia*'
- Louis Nizer

En este capítulo se detallan algunas de las cosas que son exclusivas de Taekwon-do y las diferencias en el Taekwondo de hoy en lo que respecta a sus raíces en Shotokan.

Aplicaciones científicas

General Choi, al formular y refinación del Taekwon-do Miró las cosas con una perspectiva científica. Esto es considerado una de las principales diferencias entre Taekwon-do y otras artes marciales, aunque muchas artes, como Ed Parkers Kempo, por ejemplo, emplean algunos de estos principios de una manera u otra. Sin embargo, Taekwon-do emplea estos principios más *a granel* y a menudo se aplican a cada movimiento individual, más que como una teoría general, y a menudo se dice que el Taekwon-do es un arte basado en *'energía cinética '* que es la energía del movimiento. El General Choi emplea a menudo principios de Newton y estas *'leyes* jugaron gran parte de cómo cambiaron los movimientos para ser *'más científico '* y por lo tanto, agregar más potencia o velocidad etc.. Sin embargo, en retrospectiva, aunque esto ha aumentado la eficacia a partes específicas del arte, también ha hecho algunos daños a la eficacia del arte en sí.

Sí, los principios aumentan potencia, velocidad y otros atributos, pero también han causado tres problemas principales:

1. La mayoría de los principios se aplican a golpear y a movimientos y obstaculiza otras aplicaciones tales como solturas, tiradas e incluso patadas.

2. Los instructores tienen tanta información disponible sobre estos principios que a menudo toman más el principio básico del arte marcial; que lo que debería ser una forma eficaz de autodefensa.

3. Debido a lo anterior, muchos creen que cada principio enumerado debe ser aplicado en cada movimiento, cada vez que se ejecute, e incluso si realiza una técnica en relación con la defensa personal.

Me parece que los principios científicos en lo principal deben ser incorporado donde convenga, y descartados cuando no – de esta manera tenemos lo mejor de ambos. Podemos aumentar el poder de nuestras técnicas y la dinámica de nuestro arte cuando sea necesario, pero nos permite utilizar libremente las aplicaciones adecuadas cuando las aplicaciones necesarias en lugar de instituir esa costumbre simplemente porque se ven obligados a ajustarse a los principios científicos.

Por el momento que el estudiante sea realmente capaz de utilizar una técnica para defensa personal, muchos de los principios deben ser arraigados; no en la cabeza de los estudiantes, pero en su cuerpo y en su técnica, ya que es la única manera que pueden activamente utilizarse con respecto a la defensa personal. Por ejemplo, un estudiante de Taekwon-do debe perforar para protegerse, el movimiento de caída, denominado onda sinusoidal debe ocurrir naturalmente o no en lo absoluto, no debe forzarse si no es natural, hará el estudiante demasiado lento. Es el mismo en el uso de la masa y la velocidad, ambas partes de la teoría del poder, sabes cómo utilizarlos o no lo usas.

Capítulo 3: Diferencias en Taekwon-do

Lo mismo se aplica a todos los principios tales como mantener el equilibrio, concentrando en el ataque etc.. Sin embargo, hay uno que debe utilizarse siempre y que no debería. Control correcto de la respiración debe utilizarse con cada movimiento, pues además de regular la respiración, ayuda a proteger el cuerpo contra impacto y agrega potencia a las técnicas. El único que realmente no necesita aplicarse es el principio de la mano de reacción, como esto se atribuye a una igual y opuesta reacción como se hace al realizar patrones en solitario, pero al golpear a un oponente, el igual y reacción opuesta tiene lugar dentro del cuerpo del oponente y el halar hacia atrás a la cadera ya no es necesario para proporcionar esto. Ahora sabes lo que significa cuando el instructor dice técnica básica lleva la mano a la cadera para la reacción pero no luchamos como este, aunque no explica por qué... ¡es por esto! Sin embargo todo este entrenamiento no es perdido pues es utilizado en otras formas y como parte de las muchas aplicaciones que se verán.

Movimiento

Un ejemplo clásico de una diferencia importante es la forma en que un estudiante de Taekwon-do se mueve desde una posición a la siguiente. En Karate la cabeza se mantiene a nivel durante todo el movimiento (onda horizontal), donde como el General Choi introdujo la moción original de la onda sinusoidal (aunque no era llamaba onda sinusoidal – *ver Apéndice vi*), donde el cuerpo naturalmente se levanta y cae en el movimiento, por lo tanto agregar peso extra de impulso y el cuerpo, aumentar la potencia

total de una técnica. Como onda sinusoidal ha tomado diferentes formas en la última década, muchos se refieren a esto como movimiento natural, pero bien ejecutado, son la misma cosa.

La teoría del poder

Onda sinusoidal originalmente no estaba catalogada como una de las secciones del General Choi de la '*teoría de poder* ', aunque más tarde fue incluido (mucho más tarde). Incluso sin que se hiciera referencia de ello al principio, se enseñaba a cierto un grado (no por su nombre) y era evidente en cualquier movimiento de un buen instructor o patrón. Otros principios que el utilizó respecto al Taekwon-do se enumeran en sus libros en la sección que se refieren como la '*teoría de poder* ' y fueron las siguientes:

• Fuerza de reacción

Se trata básicamente de causa y efecto, su golpe, más el movimiento o la velocidad del atacante aumenta la potencia del ataque, así que incluso si fuera a lanzar un golpe ligero en un atacante corriendo hacia usted, su golpe liviano, además del impulso igualaría igual a un golpe de fuerza muy grande. Esto también es practicado por el uso del brazo de reacción (de ahí el nombre). Por ejemplo, todos los

puños contienen el movimiento de la mano de reacción. Al practicar una técnica dentro de un patrón (individual), nos enseñan a traer la mano enfrente de la cadera, creando así una igual y opuesta reacción. Sin embargo, cuando ejecutas un puño a un agresor, podemos utilizar la mano de reacción para tirar de ellos en el puño. Si tirando de ellos hay movimiento creando una fuerza de 50 Newton y nuestros puños crean una fuerza de 100 Newton, al punto de impacto, hay una fuerza total de 150 Newtons regresadas en el oponente. En consecuencia, de un golpe sin utilizar la mano de la reacción, la fuerza de reacción es entregada en el oponente, por lo tanto, por qué la mano de reacción se usa sólo para golpes básicos en lugar de en la calle o en un verdadero escenario de defensa personal a menos que sea una agarradera o liberación.

- ### Concentración

Concentración se refiere a la atención de la fuerza a una pequeña superficie que ayuda a concentrar la fuerza del golpe y aumentar su efecto. Por ejemplo, al centrar su ataque en los dos primeros nudillos en lugar de todo el puño delantero, aumentar la fuerza del ataque y así crear más daño. Fuerza es esparcida sobre grandes superficies, General Choi utiliza una buena analogía de esto con un par de zapatos de nieve que distribuir el peso de la nieve o por el contrario la analogía de la utilización del orificio de una manguera de agua, que haciendo el agujero donde sale el agua sea menor el chorro es más concentrado y poderoso. Sólo dos de los nudillos utilizamos en nuestro puño, la hoja o el filo de nuestra mano o pie etc. Estas son las formas en que un estudiante de Taekwon-do se enseña a concentrar su fuerza.

- ### Equilibrio

Mantener un cuerpo equilibrado a lo largo de cada movimiento es primordial para técnicas efectivas. Posturas de Taekwon-do están diseñadas para mantener el equilibrio, por lo que el peso está distribuido uniformemente cuando se ejecuta una técnica. Algunas posturas de trabajo distribuyen el peso entre ambos pies, por ejemplo: posición para caminar, otros distribuyen el peso a través del centro de un pie en una postura que tiene más peso sobre una pierna, por ejemplo: postura de L-corta. Nuestro centro de gravedad debe mantener una línea recta en el centro de este punto.

- ### Masa

Aprender a emplear su masa corporal en sus movimientos es crucial para poderosas técnicas. Esto es evidente cuando se considera la diferencia entre el daño causado en un accidente de coche con el accidente de un tren. Por ejemplo, un puño usando sólo el peso de los brazos es mucho menos efectivo que un puño respaldado por la masa de todo el cuerpo. En Taekwon-do, los estudiantes se les enseña a aumentar su propia masa o utilizar el uso de la misma mediante giro de cadera, velocidad, y ejecutando posturas así como la masa aumenta cuando se viaja en movimientos hacia abajo.

- ### Control de la respiración

En Taekwon-do se pone énfasis en la adecuada respiración. Esto no sólo le impide la fatiga prematura, pero también aumenta su poder por tensar los músculos abdominales y puede incluso minimizar el dolor si somos atacados así como aumentar la potencia en los golpes. Estudiantes de Taekwon-do no sólo son enseñados a exhalar fuertemente en movimientos sino también para disimular la

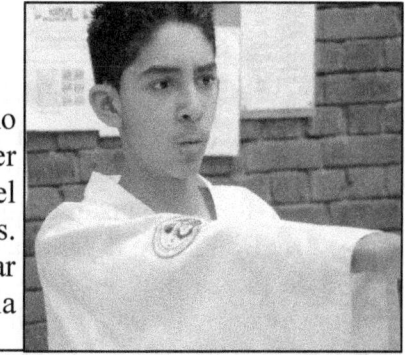

respiración cuando sin aliento, para no dar a nuestros atacantes una señal de que estamos cansados, que puedan utilizar para su ventaja. Como una nota, se introdujo la respiración audible en los patrones alrededor de mediados de los 80, así que originalmente no era parte de ellos.

• Velocidad

Artistas marciales coinciden en que la velocidad es un factor determinante en la eficacia. La teoría del poder muestra que un aumento en la velocidad influye mucho en la potencia de las técnicas. Energía = masa x velocidad^2, por lo que la velocidad es un requisito necesario en la formulación de la masa, de hecho es probablemente el aspecto más importante, como sin ella, no importa cuán pesado seas no se le podría pegar al destino y así, técnicas que no se pueden realizar con velocidad son redundantes.

Principios científicos no enlistados

General Choi enlistó los principios anteriores en la sección de la ' *teoría de poder* ' y se aplicaron a cada movimiento para aumentar su efecto. Sin embargo, otros principios científicos fueron adheridos o aplicados a ciertos movimientos y estos no se mencionan en la lista pero si se encuentran dentro de Taekwon-do.

Estos son:

• Intercepción

Esta es una de las áreas más olvidadas con respecto a las aplicaciones de Taekwon-do, pero también uno de los más fundamentales y es un simple precedente. Cuando se utiliza un bloqueo como un bloqueo, no debería impactar con el blanco cuando este se encuentre en su pico lleno de energía, sino se debe interceptar. Por esta razón que en casi todas las técnicas de bloqueo realizados en los patrones de colores, utilizan un paso adelante o un movimiento de tipo avance (pivote). Interceptar una técnica significa que haces contacto *de impacto* antes de que la técnica de ataque esté permitida a llegar a plena potencia, lo que significa que es menos potente cuando usted la intercepta, aumentando su técnica de dañar al oponente, por ser su fuerza más fuerte.

Bloqueo básico

Bloqueando usando el principio de interceptar

• Torque

Técnicas como la patada reversa girando (*Bandae Dollyo Chagi*) utilizan torque. Torque es la forma en que se produce la rotación y la patada de giro inversa es un excelente ejemplo de cómo se enrolla desde la cabeza hasta los hombros, el pecho y la cintura causando la pierna y el pie girar redondo con una tremenda cantidad de fuerza, pero todos realizados en un instante.

• Enrollado de un resorte

El resorte de enrolla y, luego, se dispara con una tremenda cantidad de fuerza. Lo mismo debe aplicarse a las mociones similares en Taekwon-do, técnicas como patada de espalda (Dwit Cha Jirugi) trabajan sobre estos principios, enrollamos toda nuestra fuerza, luego desatar *el resorte cuando se* patea.

• Movimientos de azotes

La mayoría de las aplicaciones de ataque utilizan este método. Patrones de competencia han hecho que los estudiantes piensen que está bien mantener en posición sus extremidades para permitir que los jueces puedan ver su patada lateral perfecta, pero en realidad esto sería una práctica muy peligrosa. El movimiento de latigazo está diseñado para transferir la energía desde la herramienta de ataque, en lugar de simplemente *empujando* la técnica en él y depender de la masa para hacer el trabajo. Además permite al estudiante a retraer técnicas rápidamente y permite seguimiento de técnica más fácilmente. Buenos ejemplos de esto son ataques con el reverso del puño y el tercer y sexto movimiento de Won-Hyo donde nos posicionamos en posición de L peso Repartido mientras que el puño repentinamente transfiere la energía de nuestro puño a nuestro oponente.

• Tensión muscular

Incluso dentro de los patrones hay ejercicios de tensión muscular específica y técnicas de bloqueos que ayudan al desarrollo. Tensión muscular trabaja como una banda elástica que se extiende sólo hasta donde puede, y se detiene repentinamente. Una técnica es relajada hasta que se utiliza completamente y luego se tensan los músculos. Un buen ejemplo es el bloqueo circular en Won-Hyo. También se enseñan a los estudiantes de Taekwon-do a tensar los músculos cuando hay impacto, esto se refiere no sólo a los músculos del brazo etc., sino también el abdomen para aumentar la potencia total mediante la utilización de estos grandes grupos musculares.

• Movimiento rítmico

Patrones de Taekwon-do están destinados a realizarse con un movimiento rítmico entre movimientos que permite un flujo continuo de energía procedente de una jugada a la siguiente. Tan pronto se haya completado una técnica, otra comienza. He escuchado la razón de esto basándose en

Capítulo 3: Diferencias en Taekwon-do

la concepción taoísta de continuidad universal y eterno cambio, aunque es igualmente válido señalar que un estudiante necesita fluir casi perfectamente entre técnicas en orden para que funcionen correctamente, porque como usted verá, así es como muchas combinaciones de movimientos trabajan, con muchas técnicas utilizando o aprovechando la próxima en muchos casos.

• Principios de Fuego y agua

Los estudiantes son enseñados a menudo que los bloqueos, tras la finalización, son sólidos (al menos hasta el próximo movimiento). Por ejemplo, si tuviéramos que utilizar una mano de cuchillo como bloqueo para bloquear por ejemplo un agarre, el bloqueo golpeará el punto de impacto y será sólido (a través de tensión muscular) con el fin de desviar o destruir la extremidad atacante. Sin embargo, en cinturón negro nos enseñan a fluir, significa que utilizamos el principio de fluyo de agua continuamente en un movimiento circular. Esto es cómo Taekwon-do puede ser utilizado contra más difíciles objetos como palos. La mano simplemente no está diseñada para tener el impacto masivo que causaría un bloqueo directo de un objeto inanimado, sí podemos romper el palo, o podemos desviar golpeando a un ángulo en lugar de directo como en (Chookyo Makgi – bloqueo ascendente) pero probablemente romperíamos nuestra mano o el brazo. El principio de agua mantiene el movimiento de energía (del palo) entrante y por lo tanto menos energía es absorbida directamente en el impacto entre nuestro brazo o la mano y el palo en sí. Por ejemplo, la mano de cuchillo golpearía el palo, pero el seguir fluyendo en un movimiento circular, redirigiendo a gran parte de la energía del ataque. Los bloqueos duros aprendidos como cinturones de colores así pueden denominarse parte del *'principio de incendio'* y los mismos bloqueos utilizados como se describió anteriormente forman parte del «*principio de agua*». Como la formación de "Hosinsool", estos principios fueron posiblemente conservados de la exposición del General Choi con el Hapkido, o traídos por uno de los instructores con experiencia del Hapkido.

• Ki

Contrariamente a la creencia popular, el Ki fue originalmente parte del entrenamiento de Taekwon-do. Si analizamos algunos de los viejos libros de referencia sobre patrones verá secciones donde se incluyen kihaps, y estos son el entrenamiento básico para el Ki. Por alguna razón dejó de ser estándar, aunque todavía muchos de los maestros de la 1ra generación incluyen los puntos del Ki (o kihap). ¿Por qué cayó? Posiblemente porque como Taekwon-do fue para soldados y necesitan técnicas instantáneas, el cultivo del Ki era visto como inútil cuando su tiempo de entrenamiento podría aprovecharse mejor con el lado físico de entrenamiento de combate.

Sin embargo, mi primera asociación no enseñaba los atributos del Ki y su linaje era directo de un maestro pionero de Taekwon-do, y aunque desde entonces han aprendido algunos "Dan Jun Ki" básicos, (ejercicios de respiración) yo sabía que el Ki *fue* parte de la historia temprana de Taekwon-do, sentí prudente buscar otra opinión por qué el Ki no se enseña abiertamente o como una parte oficial de Taekwon-do.

Mi buen amigo y compañero instructor de Taekwon-do Yi, Yun Wook[35] está de acuerdo y dijo que era parte del Taekwon-do original y ofrece los siguientes:

> Ki aún se usa en Taekwon-do, el movimiento más evidente del *ki* en Taekwon-do es la posición de *"joon bi"*. Cuando se ejecuta correctamente, usted exhala como haces con el

---

[35] Yi, Yun Wook es instructor de Taekwon-do, con más de 30 años de experiencia en el Taekwon-do. Ha entrenado, como estudiante, debajo de 4 primeras generaciones de pioneros del Taekwon-do Ch'ang Hon. Su padre entrenó artes marciales en corea en el tiempo que Taekwon-do fue oficialmente nombrado.

창헌류 태권도 해설　　　　　　　　　　　　蒼軒流 跆拳道 解說

puño hacia el centro de su punto de respiración llamado "*dan yun*". Este es un movimiento básico en el aprovechamiento de la energía universal para su centro de energía en ejercicios chinos de *ki*. Si usted inversa la ingeniería, la única diferencia está en los movimientos de las manos. El movimiento original era mano abierta empujando hacia abajo, Taekwon-do usa puños cerrados.

Al igual que en artistas marciales trabajando con sus espadas o lanzas como extensiones de su *ki*, el llamativo movimientos o patadas en Taekwon-do son también extensiones de *ki*. Siempre estuvo allí en Taekwon-do. Sólo la parte de la conciencia de *ki* no se explica. Artistas marciales entrenados pueden ajustar el nivel del *ki de* salida o entrada. El propósito del ajuste de nivel varía en situaciones. El concepto es similar a un escudo de fuerza como se encuentra en la ciencia ficción. Grandes maestros *Bona fides* de Taekwon-do siempre sabían esto. ¿Nunca se ha preguntado por qué algunos de los grandes maestros de Taekwon-do utilizan su técnica con plena fuerza de contacto, pero no te duele?

En suaves y circulares artes marciales como el Aikido, Jujitsu, Hapkido o Kung Fu; el oponente ki se utiliza para redirigir/desviar para derrotar al oponente. Grandes maestros Bona fides de Taekwon-do también utilizaran esta técnica. Pero ki también puede utilizarse para fines de curación o resucitación.[36] Maestros de Taekwon-do bonafides utilizan técnicas para revivir usando el ki en sus estudiantes que las necesiten.

Ki no se enseña abiertamente por una serie de razones. Una de las principales razones es que General Choi no quería enseñar técnicas de Taekwon-do o conceptos que no podían explicarse con la ciencia. Por lo tanto ki permaneció como una de las técnicas místicas intactas en Taekwon-do. Llegamos al concepto de ki abiertamente en Taekwon-do, la más cercana es "técnica de respiración" o " ejercicio de respiración " como ejecutar las técnicas. La mayoría de viejos maestros bona fides de Taekwon-do reconocen la existencia del ki. Los viejos grandes maestros lo enseñan como técnicas de respiración y enseñan técnicas avanzadas de ki confiando a cinturones negros mayores.

La segunda razón principal es, que Taekwon-do tiene partes de su fundamento basado en Karate japonés, especialmente el estilo Shotokan. Pero también el fundador de Shotokan Gichin Funakoshi, no enseñaba acerca del ki. O bien, él no sabía sobre el componente del ki en el arte chino original o sabía sobre ello pero no lo enseñaba. De cualquier manera, no se enseña formalmente en los currículos de Shotokan regulares.

La tercera importante razón es que usando el *ki* con entrenamiento es una técnica peligrosa. *Ki* puede utilizarse para buenas o malas intenciones. Buen positivo *ki* puede ser desarrollado a través de muchos años de entrenamiento y de la sinceridad del corazón. Mal *ki* proviene usando el *ki* con tu ego. Con cuánto sabes, intimidas a otros sin entender el sentido completo de energía *ki* es totalmente peligroso.

Algunas otras razones ¿por qué *Ki* no se enseña abiertamente en Taekwon-do son:

1. Depende del instructor: algunos lo saben pero prefieren no enseñarlo porque anula el propósito cuando el precio está etiquetado en algo natural. Sería similar que cobrar dinero a la gente por respirar.

2. Algunos instructores de hoy en día son totalmente ignorantes al *ki* porque nunca le

---

[36] Véase Apéndice v

Capítulo 3: Diferencias en Taekwon-do

enseñaron en primer lugar.

3. Se supone que sea enseñado como autorrealización- así como nos damos cuenta que un día teníamos dominado la patada de costado. La realización del *ki* viene como si un foco de luz y se recomienda como propio-descubrimiento.

Para leer más sobre artes marciales en general, Yi Yun Wook ha escrito una pieza que puede encontrarse en el apéndice v.

El artículo *'Ki'* fue escrito antes de que este libro fuera completado (ahí Wook no había leído los capítulos anteriores) y la segunda razón que Wook afirma más arriba, también parece muy de acuerdo con las aplicaciones de patrón o falta real de, que a menudo son enseñados por las raíces del Shotokan en Taekwon-do. El Ki fue trasmitido en las artes marciales coreanas antes de que el Taekwon-do se formara y probablemente fue introducido por maestros de otras artes que se fusionaron en Taekwon-do durante su formulación.

Puntos origen en la cultivación del Ki

Para el registro, los puntos de cultivo originales del Ki en los patrones son los siguientes:

- **Chon-Ji:** En el último puño hacia adelante antes de finalizar el patrón. Usted kihap cuando ejecuta.

- **Dan-Gun:** En el último puño alto derecho de la serie de tres y en el último bloqueo alto de las tres series de bloque alto.

- **Do-San:** En el ataque con la punta de los dedos y en el último movimiento (ataque de cuchillo-mano derecha).

- **Won-Hyo:** En ataque con punta de los dedos y en la segunda patada lateral (pierna derecha).

- **Yul-Gok:** En el segundo ataque de codo y en el golde con el reverso del puño con salto de mano izquierda en postura X.

- **Joong-Gun:** En los puños gemelos invertidos. Sólo hay uno aquí.

- **Toi-Gye:** En el agarre de cabeza y ataque de rodilla y último movimiento (puño).

- **Hwa-Rang:** En el desplazamiento de ataque de codo derecho. Sólo hay uno aquí.

- **Choong Moo:** En el paso de patada voladora de lado y el último puño alto (mano izquierda)

- **Kwang-Gae:** En el puño gemelo. Sólo aquí.

- **Po-Eun:** En doble puños laterales. Uno a la izquierda. Uno a la derecha.

- **Ge-Baek:** La patada lateral saltando después de la patada circular con el pie derecho. Y en el salto en postura de X con el bloqueo de antebrazos dobles

Ch'ang Hon Taekwon-do Hae Sul
Aplicaciones reales de los patrones ITF

Diferencias técnicas con Karate

Muchas técnicas que parecen haberse exportado directamente de Karate al Taekwon-do han sufrido algunos cambios para una u otra razón. Aquí tenemos una lista de algunas de ellas:

- **Posturas han sido cambiadas para hacerlas más móviles, pero aún conservan la solidez**

Por ejemplo, lo que se llama postura frontal en Karate se llama posición para caminar en Taekwon-do. Fue acortada para la movilidad, pero no tan corta que no fuese sólida. Esto también es cierto en la posición de L (llamado posición trasera en Karate).

- **Técnicas Circulares reintroducidas para poder**

Técnicas de Karate son lineales en movimiento. Por ejemplo un bloqueo frontal, lo que en Taekwon-do es denominado bloqueo de antebrazo interior, proviene de posición hacia adelante, mientras que la versión de Taekwon-do viene desde el lado, en un movimiento circular. Vea también la posición intermedia abajo. Otros ejemplos son circulares (patadas redondas en Karate) y patada de giro de talón (vuelta redonda en Karate)

- **Preparación de bloqueos cambiaron**

En consonancia con la reintroducción de las técnicas de bloqueos circulares, han cambiado las posiciones preparatorias. En Karate, aunque los bloqueos son lineales en movimiento, la preparación es profunda debajo de la parte superior del brazo o axila. En Taekwon-do, la posición preparatoria de los bloqueos está justo por encima de la muñeca, en el antebrazo. Con la ruta circular del bloqueo significa que tarda más tiempo en alcanzar la meta pero gana más poder por que transmite un arco más amplio, la posición de inicio más adelante significa recortar parte de ese tiempo, pero todavía obtener el aspecto de potencia añadida.

Capítulo 3: Diferencias en Taekwon-do

- **Bloqueo con Mano de cuchilla cambió**

Este es un cambio de técnica importante de la versión de Karate. El bloqueo de guardia de mano de cuchilla en Taekwon-do prepara ambas manos en la parte trasera para aumentar su poder, mientras que la versión de Karate prepara por cruzar las manos y una tira hacia atrás y ora hacia adelante. Esto significa que no se puede utilizar cualquier aplicación para la versión de Karate en Taekwon-do.

- **Ataque con la punta de los dedos**

Aunque originalmente se usaba esta técnica desde la cadera (como sacando una pistola de una funda donde tus dedos son la pistola) como en Karate, ahora comienza con ambas manos fuera a cada lado, palmas hacia arriba, con la mano que bloquea viajando en una fracción de segundo antes que la que ataca con los dedos.

Ch'ang Hon Taekwon-do Hae Sul
Aplicaciones reales de los patrones ITF

- **Doble bloqueo de antebrazo cambió**

En el Karate, la mano de apoyo secundaria apunta hacia el brazo de bloqueo, casi en forma de 'L', con el puño sobre o muy cerca de la articulación del codo. En Taekwon-do el brazo secundario está a lado del brazo que bloquea casi paralelamente, aunque ligeramente hacia atrás por el desplazamiento de los hombros.

- **Técnicas gemelas cambiaron (antebrazo gemelo y mano en cuchillas gemelas)**

Las técnicas gemelas arriba son diferentes como en Karate los brazos son sencillos lanzados hacia arriba y afuera, donde como en Taekwon-do, se cruzan y se tensan los músculos del cuerpo antes de que se disparen utilizando el principio de resorte espiral.

- **Posición en una pierna flexionada preparatoria cambiada – no pie de descanso**

La postura lista plegada en Karate es utilizada por descanso el pie de la pierna levantada realmente en la otra pierna. En Taekwon-do, la pierna esta en una posición preparatoria, no toca la otra pierna, en la preparación de una patada, aunque el pie todavía cubre la rodilla para protección. Como una nota, la protección es por medio de la dispersión de energía, en lugar de detener un golpe real al pie mismo.

- **Patada lateral chasqueada eliminada**

Patada lateral chasqueada es una de las primeras técnicas de patadas que un estudiante aprende en Karate. En Taekwon-do, aunque sigue ahí, un cinturón de color no la practicará como en ninguno de los patrones de color la enseña (como en los grados inferiores de Shotokan kata Heian Nidan) ni usualmente se enseña como una técnica básica de patadas en Taekwon-do.

Capítulo 3: Diferencias en Taekwon-do

- **Bloqueo circular cambiado ligeramente: dos puntos de impacto**

El bloque circular en Taekwon-do se enseña a tener dos puntos de impacto, donde como en Karate sólo tiene uno y no parece ir tan bajo como la versión de Taekwon-do. El bloqueo circular de Taekwon-do (*Dollimyo Makgi*) incorpora también la tensión muscular y el resorte de rodilla para aumentar su eficacia en la aplicación.

- **Patada circular cambiada**

Patada circular (llamada como "roundhouse kick" en Karate) ha experimentado cambios en no sólo la ejecución de la patada, pero también la herramienta de ataque. En Karate, el "roundhouse kick" es comúnmente empleado en línea recta y rápidamente se mueve hasta el final para golpear con el empeine. Otra versión que he visto que es similar a la del Taekwon-do

es girando la patada y arqueándola más, pero el cuerpo del pateador se encuentra bastante adelante, donde como en Taekwon-do, la patada comienza recogida en la parte trasera y viajando a lo redondo se extiende en el último tercio de la técnica.

Aunque el empeine se utiliza como una herramienta de ataque en Taekwon-do, el énfasis principal de convertir la patada es golpear con la bola del pie. En cuanto soy consciente, Taekwon-do fue la predecesora de utilizar la bola del pie como la herramienta primordial de ataque, esto podría ser debido a la ciencia que se usó para la formulación de técnicas de Taekwon-do (por ejemplo, la utilización de concentración de la fuerza). Sin embargo, podría fácilmente sido implementado debido a una premisa simple... que soldados al llevar botas y botas del ejército no permiten que el empeine sea enderezado por completo. ¡Quizás fue una combinación de los dos! El cuerpo del pateador de Taekwon-do también es mas recto en la ejecución de la técnica, donde como un estudiante de Karate tiende a terminar en forma de arco.

- **Bloqueos ascendentes inician más arriba con poco o ningún giro**

Los bloqueos ascendentes en Taekwon-do ahora contienen sólo un mínimo giro o ninguno en absoluto, ya que se consideró más vital para permitir que el alumno cubrir su cabeza rápidamente desde un ataque descendente, sea la arma que usaran (mano, palo, etc.), ya estando cerca de la cabeza para pegar, se necesitaba una respuesta más rápida.

- **Bloqueo de gancho de palma**

Durante la investigación de este capítulo del libro pedí a Muchos karatekas de Shotokan si la Sonbadak Golcha Makgi (bloqueo de gancho de Palma), como se encuentra en Joong-Gun, es encontrado en katas de Shotokan. Todos Ellos respondieron que aunque hay técnicas similares (manos cuchillo, enganchando los puños etc.) el bloqueo actual, como es realizado y ejecutado en Taekwon-do no se encuentra en ninguna de las katas de Shotokan. Tan pronto como nivel kup $5°$, nos encontramos con técnicas exclusivas de Taekwon-do y más tarde se discute por qué!

- **Otros / Tuls de cinturón negro**

Patrones de cinturón negro en Taekwon-do también contienen técnicas que no se encuentran en Karate, especialmente las técnicas de patadas como las encontradas en patrones como Juche. Técnicas como invertir patadas girando, como Patadas de perforación, patadas de gancho y patadas de giro no existían en el Karate japonés hasta mucho después de los setenta u ochenta y se exportaron de Taekwon-do después de pioneros, como gran maestro Hee Il Cho había utilizado con gran éxito en los torneos de Karate abiertos de los años 70 y 80. Mi amigo, Yi, Yun Wook me dice que su padre le ha dicho que a finales de los 50 y comienzos de los años 60 instructores japoneses de Karate solían negarse la idea de exponer su espalda al enemigo en combate cuando entrenaba con chicos de Karate Okinawense.

Por supuesto, esta lista es de ninguna manera exhaustiva ya que necesitaría haber estudiado Karate, o específicamente Shotokan Karate durante un tiempo razonable para una comparación al 100%. También se debe recordar que esta comparación es en realidad entre un estilo de Karate y que otros sistemas realmente pueden incluir algunos de los anteriores, pero el General Choi no estudió todos los sistemas de Karate, sólo uno – Shotokan, de ahí la base para la comparación..

CAPÍTULO 4
Encontrando las aplicaciones

'Los problemas significantes que enfrentamos no pueden resolverse en el mismo nivel de pensamiento en que estábamos cuando les creamos'
- Albert Einstein

Ch'ang Hon Taekwon-do Hae Sul
Aplicaciones reales de los patrones ITF

El significado de 'Hae Sul'

Si usted no habla coreano, te estarás preguntando sobre el título de este libro – '*Ch'ang Hon Taekwon-do Hae Sul*'; así que voy a explicar cómo el título surgió brevemente aquí.

El nombre del sistema a que este libro se refiere es conocido como el sistema de '*Ch'ang Hon*' de Taekwon-do. '*Chang Hon*' fue el seudónimo del General Choi, Hong Hi y los patrones o tuls de este sistema se denominan ' *Ch'ang Hon tuls*'. Esto les distingue de otros patrones que se enseñan en otros sistemas de Taekwon-do, por ejemplo; las formas de Taeguek, las formas de Palgwae o los patrones de cinturón negro de Taekwondo WTF/Kukki.

La enseñanza de las aplicaciones a las técnicas de Karate contenidas en las katas es conocida como '*Bunkai*', el equivalente coreano es la palabra/s '*Boon Hae*' o '*Boonhae*'. He encontrado un par de definiciones de la palabra '*Bunkai/Boon Hae*', estos son:

- Dividir y explicar
- Desarmar y desmantelar

Originalmente el título iba a leer ' *Chang Hon Taekwon-do Boon Hae* ' o dividiendo / desmontando y explicación de los patrones de Ch'ang Hon/ITF.

Sin embargo, '*Boon Hae*' es simplemente una traducción directa de '*Bunkai*' (si los mismos caracteres hubiesen sido usados por los coreanos) pero el significado coreano para '*Boon Hae*' es distinto al sentido japonés de '*Bunkai*'. '*Boon Hae*' significa literalmente *'caer o romperse*' donde como '*Hae Sul*' significa '*análisis detallado*', en otras palabras una crítica detallada o un estudio a fondo de los patrones de ' *Ch'ang Hon* ' – que es lo que realmente es este libro. No es sólo un caso de desarmar los movimientos dentro de los patrones y dándoles un significado o interpretación, sino que también dándole un estudio a fondo de por qué se establecen en el camino, cómo esto surgió y un examen detallado de cada movimiento, las técnicas y cómo ellos y sus interconexiones, con respecto a las aplicaciones en sí. Por supuesto, después de leer el libro, aprender y luego enseñar, o demostrar las aplicaciones, ellas serán o podrán denominarse *'Boon Hae'*, o la enseñanza de aplicaciones.

창헌류 태권도 해설

En la portada del libro (y en la parte inferior de los capítulos) puede verse "Hangul" coreano. Por supuesto esto es el título del libro en coreano, sin embargo, para aquellos que puedan estar interesados, se desglosa así:

창 헌 류	태 권 도	해 설	- Korean/Hangul
Changjón	**TeKwon Do**	**Je Sol**	- *Español*
Chang Hon Ryu	**Tae Kwon Do**	**Hae Sul**	- *English*
蒼 軒 流	跆 拳 道	解 說	- *Chinese/Kanji*

Capítulo 4: Encontrando las aplicaciones

Las letras chinas es para otros lectores asiáticos que no puedan leer inglés, coreano o español como a pesar de que la mayor parte del texto está en español, los patrones y sus aplicaciones son universales y por lo que con la forma en que esta el libro, su contexto puede ser beneficioso para todos, independientemente de su raza.

¿Pero por qué el Ryu (류)? Bien, *Ryu* significa *estilo* y en coreano, el término '*Chang Hon Tae Kwon Do*' no se usa ampliamente refiriéndose a, o describiendo el Taekwon-do del General Choi, es siempre '*Chang Hon Ryu Tae Kwon Do*'.

Taekwon-do para la defensa personal

Taekwon-do es principalmente un arte marcial de impacto. En general, la mayoría de los aspectos de defensa vienen de ataques. General Choi declaró simplemente que si eres agarrado, existen tres opciones principales:

1. Realizar un movimiento de liberación
2. Realizar un movimiento de ruptura (para romper la articulación)
3. Realizar un ataque

De los tres, la más sencilla de realizar es el ataque y la más directa, así que resoluciones a muchas situaciones pueden encontrarse con un ataque bien colocado. Por ejemplo una persona agarra su brazo - en lugar de intentar una técnica complicada para liberar o bloquear al atacante, simplemente ataque con la mano opuesta, si ambas manos están atadas, usa las piernas – en muchos casos, realmente es así de simple. Instructores de defensa personal Moderna hacen hincapié en el principio "KISS" (**k**eep **I**t **s**imple **s**tupid), o en español mantenerlo simple y estúpido esto es lo mismo que el General Choi hizo en aquel entonces, por lo que en realidad estaba adelantado a su tiempo.

Los principios científicos que el General Choi agregó al Taekwon-do convirtiéndolo en lo que es, mejoró enormemente los efectos de ataques y otras técnicas. Sin embargo, como se verá, hay más que simples aplicaciones de bloqueos o ataques contenidas dentro de los patrones de Taekwon-do, aún estas estaban destinados a ser o no.

Usted puede mantener la práctica de técnicas de patrones de Taekwon-do de la manera que siempre se han demostrado si así lo desea, pues incluso de esta manera, el entrenamiento de Taekwon-do ofrece muchas soluciones en situaciones de defensa personal, pero Taekwon-do también ofrece mucho más si decide profundizar un poco más y encontrar aplicaciones en patrones que no sean estrictamente Taekwon-do (aunque podrían haber sido originalmente), pero todavía se derivan a través de los patrones de una manera u otra.

Investigación de aplicación

Al principio simplemente iba a detallar todas las aplicaciones que yo había aprendido de los diversos movimientos dentro de los patrones y la investigación del por qué General Choi habría elegido alterar las técnicas que aprendió de su formación previa.

Ch'ang Hon Taekwon-do Hae Sul
Aplicaciones reales de los patrones ITF

Cuando comencé enlistar las aplicaciones, me topé con ciertos movimientos y me di cuenta que algunas aplicaciones no parecían encajar. La enciclopedia tenía una aplicación que a menudo era muy básica o simplemente tenía pocas posibilidades de funcionar. Aunque incluso había entrenado aplicaciones diferentes para el mismo movimiento que hacían más sentido, cuando me fui más profundo, me di cuenta incluso estas necesitan ser investigadas un poco, que es lo que hice.

Así, además de detallar las aplicaciones de ciertos movimientos que suelen confundir a los estudiantes, también vamos a añadir profundidad extra y dimensiones a lo que ya sabemos (o pronto sabrán). Mediante una fórmula, podemos encontrar incluso más aplicaciones que las que posiblemente pudiera incluir en este libro, así que después de haber agotado estos, puede continuar y buscar aún más.

Para aquellos que no podían determinar inmediatamente, podemos hacer suposiciones basadas en la investigación sobre lo que puede utilizarse siendo distintas a los de la enciclopedia, porque son a menudo repetidas o absurdas, que a menudo es el caso, me temo.

Para encontrar las aplicaciones no inmediatamente aparentes (o incluso a lo que estábamos pensando primeramente) en los patrones de Ch'ang Hon de Taekwon-do tenemos que mirar una serie de fuentes, además de una serie de influencias.

1. Las Katas que tuvieron su papel en la formulación de los patrones de Taekwon-do
2. El Factor militar
3. El período de tiempo
4. Influencias científicas
5. La identidad coreana

Kata original

Los patrones de Ch'ang Hon, se derivan en gran medida de las katas de Shotokan, que en sí, son derivados de las Katas de Okinawa. Sin embargo, esto no es toda la historia, como katas de Okinawa se derivan de formas chinas de Kung Fu, pero sufrió un cambio radical en su historia, resultando en dos conjuntos de katas, que, aunque similar en técnicas, variadas y difieren en la aplicación. Diferentes maestros de Karate enseñan los conjuntos diferentes dependiendo de sus instructores y linaje.

Así que podemos mirar a las fuentes de Ch'ang Hon tul en dos lugares.

1. Katas de Okinawa o japonés
2. Formas chinas

General Choi habría aprendido la kata de Okinawa que se había modificado y adaptado que le fue enseñado a Funakoshi, pero nosotros también podemos utilizar las aplicaciones originales chinas, que incluía muchos más punto de presión, así como aplicaciones de lanzamientos, llaves y retención. Estos nos dan dos puntos de partida básicos para otras aplicaciones y un punto para futuras interpretaciones para agregar a nuestro arsenal.

Capítulo 4: Encontrando las aplicaciones

El Factor militar

El factor militar habría jugado un papel importante en la formación o el cambio de muchas técnicas o aplicaciones. Como General Choi fue dado a la tarea de enseñar defensa personal al ejército da razón a las aplicaciones que reflejaría, de ahí el énfasis en *'un solo golpe, una muerte'*. General Choi claramente añadió tácticas militares para Taekwon-do, posiblemente refiriéndose a Taekwon-do como un todo, pero tenemos que preguntarnos cuánta influencia esto habría tenido al formular los patrones.

En la sección de la enciclopedia titulada "*composición del Taekwon-do*" él enumera las diversas facetas involucradas en el arte para mostrar sus fuerzas militares equivalente.

1. Movimientos Fundamentales = básico del soldado Individual
2. Dallyon = mantenimiento de equipo
3. Patrones = Tácticas de pelotón
4. Combate = ejercicios de campo en condiciones de combate simuladas
5. Defensa Personal = combate real

Podemos ver las percepciones militares generales y cómo ellas se enfusieron en Taekwon-do en su conjunto. ¿Se refiere a patrones como tácticas de pelotón, esto hace referencia a los movimientos individuales o el patrón completo? Personalmente, en estudiar los patrones no puedo ver ninguna relevancia a '*Tácticas de Pelotón* ' que como un ejercicio de entrenamiento de grupo, aunque no soy ningún soldado, por lo que alguien desde un fondo militar puede bien hacer. Personalmente, creo que General Choi se refería simplemente a cómo entrenar a mucha gente (un pelotón) al mismo tiempo, en lugar de unos pocos y cómo los entrenamientos de patrones se ajustan a los criterios.

Período de tiempo

Debemos recordar que el Taekwon-do se estaba formulando durante y justo después de la guerra de Corea. Esto le dio una visión única de lo que sí y no funcionó, ya que estaba siendo probado en el campo de batalla y fue modificado para adaptarse a. Básicamente, fueron los tenientes del General Choi, quienes abrieron el camino para afirmar lo que sí y no funcionaba, aunque la aprobación final para lo que fuese y lo que no era dejado probablemente bajó el General. Inevitablemente, diferentes tenientes (futuros instructores de 1ra generación) tendrían aplicaciones diferentes para el mismo movimiento, dependiendo de su preferencia. Muchos instructores hoy pierden el punto importante cuando se refieren a los manuales, aunque es comprensible.

Aparentemente, hay registros de la guerra de Vietnam de lo sucedido cuando Viet Cong se enfrentó con soldados coreanos en combate. Hubo un lado brutal de esto, de una fuente confiable estoy informado que algunos soldados coreanos realmente habían probado sus técnicas sobre el enemigo capturado, aunque algo vicioso, descubrieron los efectos de ciertos ataques en ciertos lugares e incluso para ver qué técnicas serían de causa rápidas, sangrado internos, mutilar o incluso matar a un enemigo al instante. La guerra fue brutal de hecho en muchas áreas.

Debemos tener en cuenta que durante el período de tiempo de cuando se formuló el Taekwon-do el General Choi fue un oficial militar en servicio, llegó de una academia militar y por lo tanto, su palabra tenía mucho más peso que un oficial o soldado inferior, por lo que otros pueden haber tenido el conocimiento de ciertas aplicaciones pero a menos que no fuera *aprobado* por el General, simplemente no era llevado hacia arriba o establecido como la aplicación *aprobada*.

Taekwon-do en primer lugar se formuló para y con los soldados en la mente, para ser utilizado en el campo de batalla (y ha sido muy exitosamente en numerosas ocasiones). Esto puede verse claramente cuando se refiere a diferentes versiones de los manuales de Taekwon-do, donde técnicas anti-bayonetas son frecuentes en las primeras ediciones y, como Taekwon-do se hizo más popular en la sociedad civil, estas fueron retiradas. Otras áreas aun posiblemente fueron también retiradas debido a uso militar, como los elementos del Ki mencionado anteriormente.

¡Al tiempo, los años de 1940 a 1950, la información no estaba ampliamente disponible como está ahora, no había internet, pocos libros y los estudiantes rara vez cuestionaban lo aprendido! Además, un soldado no tiene entonces necesidad de técnicas de sujeción complicadas como cuando es agarrado, necesita resultados rápidos, simplemente tienes que destruir al enemigo lo antes posible y avanzar, esto explica por qué un ataque se da a menudo en lugar de una técnica de lanzamiento complicada.

El Taekwon-do evolucionó, la evolución puede verse de técnicas militares a civiles, pero evolucionó antes que eso, de lo que el General Choi aprendió a lo que el sentía era necesario enseñar a los soldados. Esto abre mucha más cobertura, desde los movimientos más complicados, a otros conceptos como el Ki (chi) etc... Podrían incluso haber sido originalmente parte del Taekwon-do, pero luego pudieron ser dejadas atrás o descartándolas como las técnicas de anti-bayoneta lo fueron, después de todo, un soldado necesita técnicas instantáneas con sólida confiabilidad detrás de ellas.

Influencias científicas

También debemos considerar que las influencias científicas del General Choi agregan a las técnicas individuales o grupos de técnicas y movimientos, especialmente cuando un movimiento o técnica claramente cambia a ser exclusivo de Taekwon-do. Por ejemplo cómo ejecutamos un bloqueo de guardia de mano de cuchilla. Los más comunes naturalmente están ilustrados en las enciclopedias bajo la sección *'teoría de poder'*. Fuerza de reacción, concentración, equilibrio, masa y velocidad son las mencionadas, pero como se mencionó anteriormente, Taekwon-do también utiliza impulso, movimientos de cadera, el uso de torques y la mecánica natural del cuerpo para mejorar sus movimientos. Algunos movimientos en los patrones no tienen ninguna aplicación de combate principal en lo absoluto (aunque a menudo una aplicación secundaria puede incorporarse fácilmente), su papel fue aumentar la comprensión de los principios científicos y capacitar el cuerpo de los usuarios de cierta manera, como movimiento del cuerpo en el aire.

Capítulo 4: Encontrando las aplicaciones

Identidad Coreana

Por último, debemos tener presente la 'identidad coreana'; General Choi quería formular una forma de arte única de Corea, que mantiene y apega a su patrimonio, de ahí la denominación de los patrones de Taekwon-do a famosas figuras históricas coreanas, sus raíces a Taek-Kyon, etc.. Con la excepción de dos (ahora tres con tul Juche), todos los patrones de Ch'ang Hon se nombran de famosos personajes históricos de coreanos. Infundido en los patrones las referencias o elogios para ellos. Lamentablemente, sin un conocimiento profundo de la historia coreana podríamos perder estos gestos sutiles en totalidad.

Un buen amigo mío, Colin Wee (Instructor en jefe, Hikaru Ryu Gendai Budo, en Perth, Australia Occidental) Becario analizador de patrones, ofrece la perspectiva de que los nombres de muchos de los patrones de Ch'ang Hon nombrando famosas figuras militares coreanas nos dan una idea de los elementos tácticos involucrados en cada patrón separado según la personalidad del individuo en sí mismos.

Por ejemplo, escribe:

- **Choong-Gun** (Joong-Gun)

"Un patriota coreano que asesinó al primer gobernador general japonés de Corea"

Según Breen, "en 1905, el ejército japonés ocupó Corea. Aparentemente, ellos fueron a 'rescatar' a Corea de las tropas franceses y rusas que entraron a la parte norte de Corea durante la agitación en Asia alrededor de la revolución en China a comienzos del siglo. Sin embargo, su motivo ulterior fue el uso de Corea como un trampolín para su posterior expansión imperialista en China y Manchuria. Hirobumi Ito, un viejo estadista japonés, forzó al Gobierno coreano a firmar un 'Tratado de protectorado', invitando a las fuerzas japonesas a permanecer. Sin embargo, esto no refleja los deseos de la población coreana. Ahn Choong-Gun dejó Corea para ir al sur de Manchuria, donde formó un ejército guerrillero, atravesando la frontera para hostigar a los japoneses. El éxito de esto y grupos similares provocaron una respuesta militar japonesa en la región de Kando al Norte de Corea, donde muchos de los ataques tuvieron lugar, y los japoneses vendieron la región a China. Fue esta acción, de vender parte de su país, que manejó Choong-Gun su plan de asesinato del gobernador general. Cuando Choong-Gun disparó a Ito en una estación de tren en 1909, lo hizo en el pleno conocimiento de ser capturado, torturado, y muerte le esperaba. Se dice que a lo largo de cinco meses de tortura viciosa anteriores a su ejecución, su espíritu nunca rompió"(p11 de 2001).

Choong-Gun es inmediatamente sobre la tenacidad, la valentía y el compromiso. Sin embargo, aparte de las cualidades de, que la forma alude, Choong-Gun es perseverancia y endurecimiento ante la opresión y la restricción física. Choong-Gun sabía que iba a ser capturado. Sabía que iba a ser encarcelado. La forma esencialmente tiene que reflejar tales confines, y el luchador necesita reflexionar sobre la forma de obstrucción en un encuentro físico. Ataques de brazos y piernas son obstrucción, agarres es una forma de obstrucción, el entorno puede ser una forma de obstrucción. Así que un estudio de maniobras combativas es parte del éxito de la preparación.

En la idea de distancias, Choong-Gun también provoca uno a pensar sobre la interacción entre la distancia y alcanzar. Distancia siendo la separación física entre usted y su oponente y llegar a ser cuánto necesita estirar o extender con el fin de ofrecer la fuerza correcta sobre tu oponente.[37]

---

[37] Tomado de la versión borrador del manuscrito titulado 'Combatiendo el cielo y la tierra: Exponiendo los secretos de las artes marciales através de la interpretación' por Colin Wee

¡Como nota añadida a las ideas de interpretación de Colin, en 1984 General Choi introdujo la práctica de pedir el nombre del patrón al completar cada patrón y que el estudiante intentara agregar algunos de las características del patrón en su desempeño, tomada de cada definición de patrones y referencia histórica a su nombre, por lo tanto las ideas de Colin no están tan lejos de la verdad en lo absoluto!

Conclusión de la investigación

Si no saben una aplicación directa de una técnica o desea analizarlo porque realmente no tiene sentido, podemos mirar si dicho movimiento se encuentra en cualquiera de las katas de Karate y si es así, ¿es diferente de una que encontramos que similar? ¿Entonces tenemos que preguntar por qué es diferente? Fue modificado/cambió para adaptarse al personal del ejército, un principio científico fue agregado a lo que puede modificarlo o simplemente fue cambiado para reconocer a Corea de alguna manera.

Cuando queremos más de lo que ya tenemos, podemos mirar a la kata original que general Choi aprendido y las fuentes de katas, directamente relacionadas con aplicaciones de Taekwon-do que debemos tener en mente los aspectos militares, los principios científicos y la herencia coreana.

Muchas de las aplicaciones de patrones pueden encontrarse simplemente estudiando las secciones de "Hosinsool" de libros del General Choi, esta es otra forma de entrenamiento de Taekwon-do que difiere de otras artes; ¡la manera en que de las partes de un conjunto son separadas y luego reincorporadas! Otro ejemplo es práctica de pateo, donde se practican fuera de los patrones muchas patadas, pero se incluyen en los niveles superiores.

Por último, mientras el estudiante pasa de cinturón de color a nivel de cinturón negro, nuevos conceptos entran en juego. Conceptos como mínimo movimiento, flujo, principios de fuego y agua e incluso varios efectos de punto de presión.

¿Deberíamos mirar más profundó?

¿Si General Choi quería que el Taekwon-do fuera un arte marcial con bases científicas, debemos buscar más fondo significados o aplicaciones en los patrones? Taekwon-do han experimentado un cambio similar al Karate cuando fue introducido en el sistema escolar en Japón.[38] Como Taekwon-do se convirtió en lo más convencional, quizás menos adaptaciones de técnicas letales fueron usadas con el fin de garantizar que pareciera 'ingenioso' y no 'motero' y así ganó mejor aceptación como un 'arte para todos'. Está claro que ciertas técnicas militares fueron retiradas, como las técnicas de anti-bayoneta que ya no se encuentra en cualquiera de los manuales, pero quizás esto era de más alcance que lo que muchos consideran.

Como la mayoría de los estudiantes de hoy no son soldados, destruir totalmente los oponentes no es siempre las respuestas que queremos en la sociedad actual, ¡por lo que si podemos utilizar nuestros conocimientos de Taekwon-do para hacer cosas más aplicable, entonces por qué no! En la otra cara de la moneda, es bueno saber que nuestro arte contiene lo que se necesita cuando sea necesario,

---

[38] Es un común pensamiento en el ámbito de Karate que las técnicas letales del sotokan fueron removidas para hacerlo mas aceptable al público general de Japón y conveniente para la enseñanza en las escuelas

Capítulo 4: Encontrando las aplicaciones

incluso si la situación es grave. Aunque las aplicaciones de muestra a lo largo de este libro funcionan en un "Modus Operandi" puede ajustarse fácilmente por el estudiante adepto a ser menos brutal o no letales. Referencia a mi entrevista con el Maestro Kong Young Il, recordarán que dijo...*esto ciertamente no significa que no puede utilizarse para muchas otras aplicaciones* ".

Las herramientas están ahí, sólo tenemos que investigar y profundizar un poco más. A su vez, en lugar de respuestas individuales, ahora tenemos opciones. Potenciamos nuestro arte donde podemos optar por destruir, limitar o simplemente suelte e irnos, hoy es más aplicable a un arte marcial. ¡Un arte necesita considerar las leyes de la tierra más que combatir las leyes militares, pero todavía necesita mantener su propósito de defensa, su patrimonio y su línea de fondo de autodefensa venga lo que venga!

Además de por supuesto, potenciamos el entrenamiento de patrones y qué el instructor puede ofrecer y enseñar a los estudiantes en sus dojangs, ¡después de todo, el nivel de los estudiantes practicante, conocimiento y habilidad *deberían* ser nuestra primera prioridad!

Ch'ang Hon Taekwon-do Hae Sul
Aplicaciones reales de los patrones ITF

Suena las campanas que aún pueden sonar
Olvida tu ofrenda perfecta
Hay una rayadura en todo
Así es como la luz entra

CAPÍTULO 5
Utilizando aplicaciones

*'Nosotros no subimos a la altura de nuestras expectativas.
Nosotros caemos al nivel de nuestro entrenamiento'*

Ideas falsas comunes

Hay una multitud de errores o problemas que existen debido a como se practican los patrones o las técnicas dentro del mundo de Taekwon-do hoy día, estas son:

- **Hay sólo una única aplicación para cada técnica:** *Este razonamiento es generalmente evidente debido a las enciclopedias. Si toman palabra por palabra e imagen por imagen, este podría ser el caso, pero si profundizas o incluso si fuiste enseñado por diferentes instructores, notarás las diferencias, no sólo en la ejecución de la aplicación, si no que en la forma en que se realizan y su finalidad.*

- **Un bloqueo es un bloqueo y un puño es un puño:** *Nuevamente, si en la sección de patrones de los manuales siguen palabra por palabra, con pocas excepciones, este es el caso. Pero si nos fijamos en la sección de "Hosinsool", verá una multitud de aplicaciones que consisten en desprenderse y técnicas de liberación. Además, tras las raíces de Taekwon-do o escuchando a otros instructores de primera generación, vemos claramente que un bloqueo o un ataque pueden ser algo diferentes.*

- **Una aplicación de bloqueos es el fin del movimiento:** *Por el contrario, incluso si sientes que un bloqueo es sólo un bloqueo, como los bloqueos de Taekwon-do se refieren a intercepciones de ataques, el punto de impacto no siempre será donde el bloqueo termina en el patrón, pero en algún lugar entre la preparación y el fin del movimiento. En este libro, seguiremos ampliando en esto para tener en cuenta la totalidad de la técnica, desde la preparación hasta la posición final del bloqueo.*

- **Una patada debe mantenerse:** *Este es un problema que se ha producido con la relevancia a la competencia en Taekwon-do y la necesidad de examinadores para ver realmente las técnicas. En los patrones, las patadas se quedan para mostrar el lado artístico, en combate las patadas son suave, o sincronizadas, porque la puntuación es más importante que la técnica. En realidad, ambos maneras significarían problemas porque la pierna podría ser fácilmente atrapada. Los estudiantes deben tener siempre en mente, si la pierna viaja a 60 mph al patear, debe viajar de regreso a 70 mph y nunca se mantenerla más de una fracción de segundo.*

- **Un movimiento termina en el punto de impacto**: El Problema *con practicar patrones solos es que estamos capacitados para ver cada movimiento con un comienzo y punto de finalizado. Ej. Cuando nuestro puño está afuera es el punto finalizado. Pero en realidad, una técnica termina en la preparación para el próximo movimiento. En realidad, esto permitiría que nuestra técnica no se atrapada, del mismo modo que he mencionado las patadas anteriores. Siempre me enseñaron a fluir entre movimientos y nunca permanecer estático o sólido después de una técnica, esto va en consonancia con esto, así como el principio de 'agua' mencionado en la sección de aplicaciones científicas de este libro.*

- **Cinturones negros deben invertir su tiempo perfeccionando técnicas:** *Esto es cierto de una manera, pero también visto fuera de contexto. ¿Sí, todos debemos esforzarnos para hacer nuestras técnicas mejor, más rápido, más fuerte, etc. Pero, ¿Que tan mejor puede ser su puño frontal mientras vas subiendo en los niveles de negra? Cinturones negros tienen el tiempo para la exploración, cambio 'perfeccionar' 'inspeccionar' y podemos ver la dirección que debe seguir un cinturón negro con respecto a los patrones en Taekwon-do*

Capítulo 5: Utilizando aplicaciones

- **Cada técnica tiene un propósito combativo:** *a través de mi investigación para este libro, he encontrado que ciertos movimientos dentro de los patrones no pretenden o tienen propósitos combativos reales, aunque a menudo incluyen una aplicación secundaria que podría utilizarse si se desea, pero su función principal no era una de combate, si no para un entrenamiento en específico en el cuerpo de un individuo.*

- **Para bloquear te mueves hacia atrás:** *Pregúntele a un estudiante que le muestre un bloqueo de Taekwon-do e inevitablemente realizará el movimiento hacia atrás. Dentro de los patrones de cinturones de colores, no existe un bloqueo que lleve al alumno a retroceder y esto es porque los bloqueos, cuando se utilizan como bloqueos, deben interceptar el ataque (como se detalla en el capítulo 2) para anular el poder de cualquier ataque entrante o ataque antes de que alcance su pico de máxima potencia. Para lograr esto contra un oponente exige un alto grado de habilidad y confianza, sin embargo, generalmente combate a un paso y "hosinsool" se introducen en el grado 4th kup (cinturón azul), donde habilidad y confianza vienen a lo largo muy bien, sin mencionar la técnica, la sincronización y la coordinación, por lo que este elemento debe continuarse en tales prácticas.*

En fin

Aunque muchos lo llamen como tal, patrones, citaré especialmente para cinturones negros (pero no sólo patrones de cinturón negro), están ahí para ser explorado. No hay ninguna manera totalmente correcta y por consiguiente no existe ninguna manera totalmente equivocada, sin embargo, si una aplicación parece realmente inverosímil o no adaptarse al movimiento practicado, entonces probablemente lo es y debemos mirar otra cosa. Los patrones pueden ser un viaje de auto descubrimiento del estudiante aprendiz, o pueden ser simplemente un viaje empantanado con pequeños detalles irrelevantes y ni mejorar el estudiante, ni el arte y simplemente seguir las líneas de políticas y disputas de asociaciones ya que compiten por el poder o dicen ser 'los que son'.

Las propias aplicaciones

En Cuanto progresamos sobre los patrones en sí y la sección de aplicaciones de este libro, todas las cosas que he señalado estarán presentes, pero cada aplicación no necesariamente se ajustará a cada uno de los anteriores. Por ejemplo un cambio podría haber sido establecido en base de enfoques militares en lugar de científicos etc... Sin embargo, tenemos que aplicar también los siguientes principios:

1. **Movimientos y técnicas deben seguir la misma ruta y mociones así como cuando se practican los patrones en solitario:** *No hace necesidad de practicar una combinación de movimiento miles de veces sólo para alterarla cuando sea necesaria después de que nuestra memoria muscular se ha adaptado a ella y a nuestro proceso de pensamiento (o falta de ella como debería ser el caso a través de capacitación consistente) nos ha enseñado a hacerlo de cierta manera. La aplicación debe encajar las técnicas que practicamos, con sólo pequeñas modificaciones aceptables. Por alteración menor me refiero a cosas como la mano de reacción no va completamente a la cadera, o utilizando la mano de reacción para asegurar un agarre en vez de halarlo, por mayor me refiero a cosas como un bloqueo de*

sección baja repentinamente cambiando la posición de inicio para compensar la aplicación – la línea de fondo es, la pieza del rompecabezas debe encajar con el rompecabezas y no forzarse.

2. **Cuando nos fijamos en una técnica, se inspecciona la totalidad de la técnica:** *Las aplicaciones aparecen a través de técnicas con el 'punto de contacto' en lugares diferentes. Las aplicaciones pueden realizarse utilizando la posición de inicio (preparación), la posición final (punto de impacto), o en cualquier punto a lo largo de la técnica. Cuando los estudiantes practican un bloqueo, generalmente sólo miran la posición inicial y la posición final, después de todo, ¡es la posición final que hace un bloqueo un bloqueo! Sin embargo, al mirar las aplicaciones, nosotros debemos mirar el camino que toma, no sólo desde la posición de preparación, pero desde como preparamos la preparación y todo hasta el final del movimiento. Gran parte de la moción final es seguimiento de lo anterior mencionado, necesarios para cuando realizamos un rompimiento por ejemplo. Piensa en el golpe de un boxeador, no se detiene cuando hace impacto, pero pasa por el destino, esto es lo mismo para muchas aplicaciones.*

3. **Estándar, Original, intermedio y aplicaciones avanzadas:** *a efectos de claridad en este libro y para cuando enseño las aplicaciones a mis alumnos, quisiera hacer referencia a las aplicaciones por los términos anteriores.* **Estándar** *(a veces denominado básico) me refiero a las aplicaciones como a menudo la enciclopedia de Choi enseña y tal como se detalla en General. Por* **original**, *me refiero a las aplicaciones como originalmente se enseñaron, a veces estos no aparecen en los manuales debido a actualizaciones para el sistema o por otras razones desconocidas. Por* **intermedios** *y* **avanzados** *simplemente referirse a técnicas que son o no básicos y pueden considerarse demasiadas profundas para ser una aplicación básica. Esto en ninguna manera infiere que son superiores, sólo que son más difíciles o una comprensión más profunda es generalmente necesaria para llevarlas a cabo.*

4. **Aplicaciones Intermedias y avanzadas también deben seguir, en lo principal, los mismos caminos y movimientos que la práctica de los patrones, aunque leves variaciones pueden ser empleadas:** *Aplicaciones intermedias y avanzadas son clasificadas como tales porque se desarrollan de las aplicaciones básicas, utilizando a menudo más partes de la técnica del todo, tienen detalles y por lo tanto más difícil de realizar. La parte en sí de la técnica que hace contacto con el oponente no es necesariamente la misma que en la aplicación básica o estándar.*

5. **El propósito de la mano opuesta (reacción) debe considerarse:** *El brazo de reacción a menudo tiene un propósito importante o papel en la aplicación y no debería ser ignorado.*

6. **La postura y la dirección del movimiento deben considerarse como:** *Posturas, movimiento a y desde las posturas y movimientos de pivote en posturas a menudo tienen un propósito importante o un papel en una aplicación y no debe ser ignorado, aunque desde mi estudio parecen menos relevantes (pero no irrelevante) que en las katas de Karate.*

7. **En situaciones de combate real las cosas no tiene que ser perfectas:** *Lucha, defensa personal o combate son* deshilvanado. *En el uso real en situaciones de la vida real es mucho esperar que el estudiante se adherirse perfectamente a los patrones. Cuando se practica con un patrón, puede considerarse como ejemplos perfectos, o como un ejercicio de dos hombre que deben estar cerca, pero no perfecto si estamos usando resistencia, pero en esencia combate real rara vez permite perfecto usos, intermedias y avanzadas aplicaciones pueden reflejar esto, pero me refiero al uso de las aplicaciones para defensa personal; Permítase cierta libertad.*

Capítulo 5: Utilizando aplicaciones

En resumen, algunas aplicaciones de nivel intermedio y avanzado presentadas en este libro no pueden haber sido la intención original, pero basado en investigación podemos hacer conjeturas sobre qué encaja el rompecabezas que va mejorando nuestro arte. *Puede* haber sido originalmente parte del sistema, pero ha caído debido a la necesidad de soldados en el campo de batalla, cayó debido a las necesidades civiles o General Choi *pudo* no haber conocido en primer lugar. Nosotros nunca sabremos realmente me temo ya que desafortunadamente, General Choi falleció en junio de 2002, por lo tanto saber si había en los patrones originalmente más aplicaciones que las que se muestran en las enciclopedias también es imposible; exactamente qué colores solía pintar su imagen en esta parte se han perdido, sino que hace nuestro arte mucho más abierto a estudiar y así agradable así como de ampliar cada vez.

Sin embargo, lo que hacer es permitir a aquellos que quieren trabajar en el marco de Taekwon-do y crear una imagen con nuestros propios colores. ¿Quizás esta era la intención del General Choi todo el tiempo? De cualquier manera, nos permite añadir más profundidad a nuestro arte marcial, añadir nuevos niveles y perspectivas de mantenerlo interesante y práctico, manteniendo todavía su esquema, su forma y la esencia.

Cuando enseñar aplicaciones

Antes de pasar sobre las propias aplicaciones reales, rápidamente debemos cubrir la zona de cuándo es el mejor momento para enseñar o aprender aplicaciones más avanzadas. Aunque esto depende enteramente del instructor, personalmente creo que las aplicaciones más avanzadas de enseñanza demasiado temprano tiene un efecto negativo. Referencia a mi definición idealizada de por qué la enciclopedia contiene las aplicaciones básicas, son estas aplicaciones las que el estudiante debe visualizar cuando practique técnicas contenidas dentro de los patrones. De esta manera, ellos no sólo practican los puntos de impacto de las múltiples aplicaciones sino que aprenden la continuación de ellas. ¡Enseña demasiado pronto y el alumno simplemente dejará de visualizar la aplicación trabajada, que a su vez pierde el seguimiento y así realmente hace la aplicación inviable al final!

Sabum Stuart Anslow explicando aplicaciones de los patrones

Así que una vez que un estudiante tiene una sólida comprensión de los patrones, entonces pueden introducirse las aplicaciones. Cinturones de colores avanzados o cinturones negros de 1er nivel le resurge en la mente aprender aplicaciones contenidas dentro de los patrones de grados inferiores, como Chon-Ji, Dan-Gun y Do-San por ejemplo. Añadir fragmentos del camino para mostrar más a todo lo que se enseña (Cuelga la zanahoria delante del burro por así decirlo), pero en estudio profundo y la práctica en estas áreas deberían preocupar a los estudiantes de niveles superiores, no principiantes.

Esto también agrega al disfrute de un grado superior porque cuando usted acumula más conocimiento que su primer pensamiento y aprende cosas nuevas, más el tiempo entre los niveles de dan indica que se *debe* investigar y perfeccionar las cosas, ¡así que esto es posiblemente el mejor lugar para hacerlo por que literalmente tenemos el tiempo!

Personalmente, es más fácil mostrar una aplicación, y luego referirla al patrón que la contiene y donde, porque estudiantes parecen entenderlo mucho más rápido de esta manera, al igual que en esencia, ya han practicado el movimiento por el entrenamientos no sólo la aplicación. Además, no tienen que preocuparse por cuestiones de ejecución (como si su bloqueo de mano cuchilla viaja correctamente o de no ser capaz de realizar movimientos fundamentales) como ya pueden hacer la parte técnica a una cierta eficacia y habilidad, así que pueden concentrarse simplemente aplicando la aplicación mostrada.

En consecuencia, grados menores a menudo disfrutan de ser exclusivos a ese extra pequeño fragmento de información, y permite a altos grados mantenerlos informados de movimientos particulares si preguntan, aunque en niveles bajos no es lo ideal para ellos obtener empantanado las aplicaciones más allá de las interpretaciones de los manuales ya que habrá mucho tiempo para eso más tarde.

Cuando las aplicaciones son aplicables a la auto defensa

Contrariamente a lo que muchos dicen, yo no creo que los patrones en su conjunto fueron diseñados como lucha en lo absoluto, bueno no lo que muchos consideran como lucha. Para mí, los patrones son los primeros casos de defensa personal, no pelear, no escuadrado, esos primeros segundos cuando alguien agarra tu brazo (pero tiene intenciones oscuras), así el énfasis en el entrenamiento una y otra vez, para hacer movimientos instintivos en estos casos (por lo tanto es esencial para corregir la visualización de práctica de patrones en solitario). Naturalmente, las aplicaciones pueden utilizarse dentro de una lucha si la situación lo amerita, pero principalmente se concentra en los *primeros instantes* en vez de una lucha, donde, si todo va bien, la lucha termina antes de que empiece completamente y si no, aquí es donde el combate, combate real, todo vale en combate, entra en juego.[39] Los patrones son más parecidos a combate a un paso y "hosinsool" de combate libre, especialmente la forma competitiva de combate libre practicada en muchos "dojangs".

Aplicaciones de patrones no son lucha, ni es combate, lucha es lucha punto. ¡Autodefensa real debe durar 5 segundos o menos - después de que esto sea una lucha! La idea detrás de los patrones es hacer que esos 5 segundos cuenten. En consecuencia, cuando *'en lucha'* por así decirlo, las oportunidades podrían y se presentan, ¡esta del estudiante sacar provecho de ellas! ¡Practicar los patrones una y otra vez sin fundamentos no ayudará, aprenderlos, practicarlos y probar las aplicaciones sí!

5 segundos

---

[39] Combate tiene muchas diferentes variaciones. Por 'todo en combate' me refiero a todo tipo de combate practicado principalmente por las cintas rojas y negras en mi dojang. Todo en combate permite al estudiante agarrar, barrer, tumbar y tiradas tambien ataques y alguna veces se les permite continuar en el suelo. Niveles de contacto pueden variar, aunque con control en cierto grado es bien enfatizado en ciertas técnicas que son obviamente peligrosas (codos, ojos, gubias etc.), aunque estas técnicas pueden usarse, el estudiante defensor necesita el constarle sus efectos, en vez de sentirlo de primera mano.

Capítulo 5: Utilizando aplicaciones

La aplicación de la última página está tomada de Joong-Gun tul y se muestra en detalle en el capítulo 14. Se trata de sólo 3 técnicas y avanza por dos longitudes de postura. ¡Comienza por el Defensor (el estudiante) que le gritaban, luego agarrado por el agresor y termina con el atacante siendo estrangulado! Las imágenes son ligeramente fuera de lugar con la esperanza de que puedan ver cómo las aplicaciones fluyen de una a otra.

Aquí está separado, paso a paso.

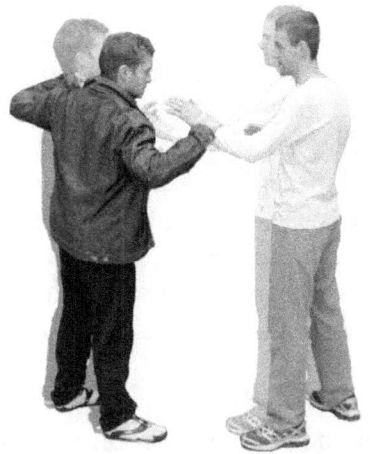

Un oponente comienza a volverse agresivo. Gritando, maldiciendo y haciendo posturas agresivas cuando el estudiante levanta una postura de defensa

La situación rápidamente se desarolla y el agresor se vuelve frustrado y avanza hacia el atacante, agarrando la 'la defensa' del defensor logrando moverla del medio para iniciar un ataque

EL defensor rápido avanza para anular el ataque, ejecuntando Kaunde Palmok Daebi Makgi para estabilizar el brazo del atacante y convirtiendo cualqueira de sus ataques ineficaces.

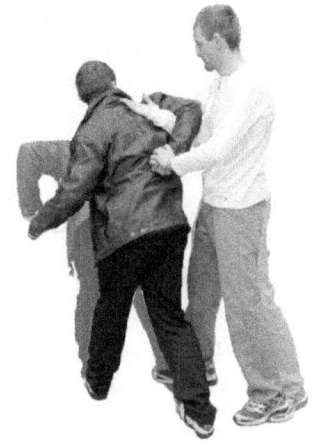

El inmediato seguimiento es la próxima moción en el patrón (preparación). Usado para empujar el hombro del atacante hacia abajo y halando el brazo del oponente

La técnica del patrón en sí es traida en juego, asegurando el brazo del oponente detrás de su espalda.

Manteniendo asegurado el brazo del atacante, el defensor se desliza alrededor y asfixia al oponente. EL brazo del oponente sigue siendo sujetado y halado alrededor de su espalda

La línea de fondo es que los patrones enseñados sin conocimiento de aplicación en ITF o cualquier otra escuela tienen poco pero para ayudar a hacer la técnica mejor, pero con realismo mínimo debido a la falta de resistencia - visualización de la ejecución de patrones no puede ser enfatizada lo suficiente siendo tan importante cuando practicas solo.

Ch'ang Hon Taekwon-do Hae Sul
Aplicaciones reales de los patrones ITF

Conocer la aplicación no es suficiente

El maestro dijo: "no estaré preocupado por hombres que no me conocen, estaré preocupado por mi falta de capacidad." - Confucio

Podemos examinar el entrenamiento de las aplicaciones de la misma manera que realizamos el entrenamiento de una sola técnica. Para obtener una comprensión de una técnica, es necesario practicarlo, practicarlo, practicarlo y, mientras más lo haces, mejor se pone, lo mismo se aplica a las aplicaciones. Puede aplicarse cuando un instructor enseña al estudiante una patada de costado, separan los elementos básicos, luego se practica, sólo entonces es, pero incluso la patada de costado más técnicamente correcta no tiene ningún valor si no puede utilizarse para golpear el objetivo, aquí es cuando los compañeros entran en juego, en diferentes niveles de resistencia hasta que pueda disparar fuera su patada de costado a toda velocidad y golpear a tu oponente. No aplica a través de combate enseguida... la necesidad de la mecánica para aprender para pensar menos y ejecutar más rápido, casi instintivamente. Así que cuando practicamos aplicaciones debemos aprender la mecánica, practicar una y otra vez las aplicaciones y, a continuación, aplicarlos con compañeros que den resistencia en diversos niveles. Si conoces la aplicación, ya no tienes que pensar en ello, por lo que se puede aplicar rápidamente sin pensamiento cuando se necesite, ¡mientras más la prácticas, mejor será!

Las aplicaciones necesitan trabajo con compañeros, con diferentes niveles de resistencia, entonces el campo necesita ampliarse en alcance, como es casi imposible aplicar una aplicación a un compañero completamente resistiéndose si saben exactamente o incluso parcialmente lo que vas a hacer. Esto es donde "hosinsool" entra en juego. Puede también considerarse el '*kata base sparring*' o en nuestro caso '*pattern base sparring*' (*Patrón a base de combate*) un término acuñado por el artista marcial inglés Iain Abernethy.

Siento que los patrones fueron simplemente simulacros de uno, dos o varios movimientos, que estaban destinados a ser practicados solo y con los compañeros. Al combinar montones de pequeños ejercicios en un patrón, eran fáciles de recordar y permitió la práctica cuando solo, permitiendo a alguien entrenar cuando no esté en una escuela o club o cuando en un lugar adecuado como un parque o en el hogar etc.

Entonces, cuando Taekwon-do fue formulado, la competencia era escasa o inexistente, equipo protector no había sido inventado y maneras de entrenamiento/combates fueron con seguridad no modernas como hoy, por lo tanto se consideró un entorno más seguro para formar lo que se consideraba jugadas peligrosas (es decir, roturas de brazo, puños con los dedos etc.) que se referían a estos primeros casos. Con la llegada del deporte, combate evolucionado para ser más seguro y así combates (en entrenamiento) ha evolucionado para ser más seguro también, y tristemente en muchas escuelas la única forma de combate practicada ahora es combate a base de competencia de deporte, que aunque muy agradable, impide la mayoría de las aplicaciones del patrón por ser demasiado peligrosas debido a las áreas de destino (puntos vitales) o que tienen que ser golpeados en un área ineficaz (en cuanto se refiere a combate real). Patrones modernos de capacitación han evolucionado a un punto donde aparte de no saber aplicaciones adecuadas o incluso cualquier aplicación real, el énfasis está nuevamente en ganar concursos, colocando así el monto de su bloqueo X pulgadas desde el piso a un ángulo X, es más importante que para qué es el bloqueo en realidad.

Correctamente enseñados los patrones conservan muchos beneficios si entrenados adecuadamente y patrones y lucha trabajan de la mano para combatir. Patrones (con visualización) es un recurso valioso para defensa personal, después de todo, no puedes practicar una rotura de brazo sin pasar por una multitud de compañeros descontentos, incluso en "hosinsool" tienes que detener el movimiento antes de que el brazo del compañero este roto, práctica de patrón permite el movimiento completo, con seguimiento a través de. Patrones no reemplazan el trabajo con compañero, trabajo con equipo, aptitud física, fundamentos, formación fundamental, combate, "hosinsool" y oponentes reales, corren simultáneos, con cada superposición y complementando la otra, formando el conjunto: lo que conocemos como Taekwon-do.

Enseñando Aplicaciones de patrones

Aplicaciones de patrones, en lugar de patrones en si deben enseñarse etapa por etapa:

1. **Aprender el patrón**: *Los estudiantes deben aprender los movimientos del patrón. Adonde es el paso, qué bloqueo se realiza, qué golpe se realiza en qué punto etc.*

2. **Aprender el patrón**: *Usted nota que pongo esto dos veces. Hay una diferencia entre aprendizaje y aprendizaje realmente de un patrón. Esta es una etapa en que muchos instructores pierden en un esfuerzo para llevar a los estudiantes a su siguiente nivel de cinturón. Se practica el caparazón de un patrón, pero no los detalles más finos. Pequeñas cosas como usar el resorte de rodilla correctamente cuando realice el bloqueo circular, caen en su postura por lo que su tiempo con la ejecución de la técnica, corrección respiración y los fundamentos de los movimientos básicos. Este proceso lleva mucho tiempo si se hace correctamente.*

3. **Enseñar la aplicación/s**: *Una vez que un estudiante sabe realmente un patrón y, a continuación, su tiempo para enseñar las aplicaciones correctamente. Como se mencionó antes está bien dar ideas a los estudiantes de fragmentos de las aplicaciones, pero el estudio en profundidad es necesario más tarde. Este tiempo rara vez es otorgado a los rangos bajos, por lo que es realmente el dominio de los rangos mayores. Aplicaciones de enseñanza más allá de escenarios básicos, bloquear / puño requiere un socio y debe dividirse en etapas*

    a. Aprender y ejecutar a través de la aplicación sin resistencia: Esto permite al alumno ver cómo funciona en relación con sus técnicas en sus patrones, dónde colocar las manos, cómo usar el bloqueo etc.

    b. Practicar las aplicaciones con baja o mínima resistencia: Esto le permite al estudiante empezar a sentir cómo las obras de las aplicaciones, empiezan a tener fe en su utilización y en su propia capacidad para utilizarlas. Esto puede ser los estudiantes simplemente ejecutando a través de ellos, pero también permite a los grupos ser enseñados usando ejercicios basados en las aplicaciones.

    c. Practicar la aplicación de alta resistencia: esta forma de práctica se presta a ciertas aplicaciones mejores que otras. Por ejemplo, técnicas de liberación pueden aplicarse fácilmente, como técnicas de bloqueo si se tiene cuidado, sin embargo uno no puede totalmente o parcialmente aplicar una técnica de rotura, una gubia al ojo etc. sin alguna forma de cumplimiento de un compañero. Sin embargo, en esta etapa, los estudiantes deberían haber desarrollado un sentido de control, permitiendo aplicaciones más peligrosas ser practicadas en la relativa seguridad. Este es el punto donde las aplicaciones correctamente pueden ser aplicadas con la práctica de "hosinsool", si "hosinsool" se realiza correctamente y no como una forma semi-modificada de combate de paso, aunque en ocasiones puede una aplicación tenerse que aguantarla o hacerla lenta para permitir control total – esto debe ser reconocido por un compañero.

El problema con practicar aplicaciones con una pareja totalmente resistiendo no es que no funcionan, pero aparte de lo que he dicho acerca de no poder cumplir con algunas de las aplicaciones más peligrosas, se pierde el elemento sorpresa. En todas las etapas de la parte 3, el compañero sabe muy bien qué aplicación se va a utilizar, excepto 'C', donde crea un elemento más desconocido, pero la consecuencia los estudiantes tienen que tener cuidado y así no siempre aplican aplicaciones a toda velocidad, plena potencia o con máxima intensidad, anulando algunas de las técnicas. Además, el estudiante defensor, incluso sin saber qué defensa va a ser utilizada, saben que una defensa viene y a menudo compensa en preparación, volver a anular algunos de los efectos que puede producir una aplicación. Esta parte final puede resolverse, en cierta medida, instituyendo una forma de patrón base combate como se detalla a continuación, aunque esto no es sin dificultades. Vemos que no hay ninguna manera ideal de 100% de entrenamiento completo, muchas aplicaciones con velocidad completa, plena potencia y máxima intensidad, aunque en entrenamiento, debemos intentar y conseguir acercarnos lo más posible a la realidad con seguridad utilizando ambos simulacros de patrón, "hosinsool" y combate.

4. **Patrón con base de combate:** *'Patrón basado en combate' es el equivalente de Taekwon-do de 'Kata base Sparring', presentado por el artista marcial y autor Iain Abernethy en sus muchos libros sobre técnicas de Karate y sus aplicaciones ocultas. Llena el vacío entre la práctica de patrones, autodefensa y combate, de habilitar al estudiante para utilizar aplicaciones desde sus patrones, en un flujo libre, resistente, entorno de combate.*

'Patrón basado a Combate' no sólo incluye las patadas y ataques de Taekwon-do, pero también las tiradas, barridas, bloqueos y derribes que se encuentran dentro de los patrones y con la excepción de consideraciones de seguridad, es ilimitada. Como Iain dice "la diferencia de la mayoría es intención." El objetivo de combate de deporte es ganar torneos, el objetivo de 'Kata base Sparring' es mejorar la capacidad real combativa.

Un estudiante no debe meterse de lleno rápidamente con respecto al 'Patrón basado en Combate', pues se puede hacer por etapas hasta alcanzar el máximo nivel de libertad, donde se permiten todas las técnicas y aplicaciones. Es mientras se realiza este tipo de combate que un estudiante es capaz de probar las aplicaciones en que mejor le convienen, cómo utilizarlas rápidamente con el fin de garantizar el éxito y cuán importante son ciertos elementos de las técnicas generales, como apalancamiento, uso de la mano de reacción y posturas.

Por supuesto, sin decir que *'patrón basado a combate'* debe ser adecuadamente supervisado y consideraciones de seguridad para técnicas peligrosas. Por ejemplo, en nuestra escuela, tres fuertes golpes a los tapetes al lado de la cara de nuestro oponente es igual a estar fuera y los dedos presionados ligeramente sobre los ojos indican una gubia y los compañeros deberán respetar los parámetros de la tesis de seguridad de todos.

Capítulo 5: Utilizando aplicaciones

Enseñando aplicaciones para los niños

En primer lugar darles raíces, luego les das alas

Al enseñar las aplicaciones de patrones a los niños, debe prevalecer el sentido común. Taekwon-do original fue formulado para soldados, no para niños. Muchas de las aplicaciones no son apropiadas para enseñar a los niños, punto. Aunque un par de las aplicaciones puede trascender en esta área, en general, la mayoría no, como son acerca de destruir un oponente, de forma despiadada, tan rápida y eficazmente como sea posible. Los niños simplemente no necesitan aprender esto, sus cuerpos no están preparados y sus mentes son todavía menos listas. Niños aún mayores (14 años y hacia arriba) deben practicar con el debido cuidado y aun así, ellos sólo se les deben enseñar aplicaciones peligrosas si un instructor considera las responsabilidades de aprenderlas.

Como regla general, ningún niño debería aprender cualquier aplicación que contengan ahorcar, estrangular, técnicas de rotura (brazo, cuello u otra cosa), aplicaciones de punto de presión o cualquier técnica que sea potencialmente fatal. Junto con el ataque y el bloqueo, pueden aprender lanzamientos, si, supervisado, para no ejercer presión indebida sobre los huesos de sus compañeros o articulaciones, pueden aprender rompe caídas y lanzamientos básicos. Incluso entonces, debe destacarse el control en todo momento y todos los jóvenes estudiantes por supuesto deben ser adecuadamente supervisados.

Tiradas en Taekwon-do son enseñadas a menudo como una defensa trasera primero, a diferencia de Judo donde se enseña desde la parte delantera. Incluso con los puntos de peligro señalados claramente y prácticas seguras de como rodar empleando los hombros, los estudiantes pueden a menudo caer con todo el peso ya sea por accidente o no, teniendo su brazo alrededor de la garganta y el cuello del lanzador, así que tenemos que ser conscientes de este tipo de cosas.

Como regla general, siempre cuento a los estudiantes los peligros de alcanzar o agarrar el cuello cuando practicamos y empleamos una conocida regla que si son encontrados ahorcando a otros fuera del dojang serán expulsados permanentemente del dojang, esto ha funcionado hasta ahora y no veo ninguna razón por la que no pueda seguir así. Por supuesto, los niños muy pequeños no es necesario, realmente aprender esas cosas y su tiempo sería mucho mejor gastándolo simplemente practicando las técnicas habituales de Taekwon-do.

Como se mencionó anteriormente, no es difícil emplear las aplicaciones en etapas posteriores, y esto puede hacerse a medida que los niños maduran como

estudiantes, tanto en edad y cuerpo. Un resultado de las enciclopedias teniendo principalmente aplicaciones básicas es que la mayoría de esta forma segura puede ser enseñada a los niños como están aceptando más cosas y tienden a pensar menos profundo sobre ello que los adultos, sí ponen en duda, pero si decimos simplemente que el general Choi dijo que este bloqueo es detener dos patadas voladoras (como la aplicación de muestra del bloqueo 'W') un niño será feliz con la explicación, donde como un adulto llegaría a pensar y a la conclusión que este tipo de aplicación, en realidad, es altamente improbable.

'El dojo es el lugar donde el coraje es fomentado y la naturaleza superior humana es criada mediante el éctasy del sudor y el arduo trabajo.
Es un lugar sagrado donde el espíritu humano es pulido'

- Maestro Nagamine Shoshin

CAPÍTULO 6
Poniéndolo Todo Junto

*'Cosas que por sí solas valen nada,
Cuando Unidas se convierten en poderosas'*

Ch'ang Hon Taekwon-do Hae Sul
Aplicaciones reales de los patrones ITF

A medida que avanzamos en las secciones tangibles de este libro; las secciones que muestran cómo las aplicaciones se utilizan dentro de los patrones y por lo tanto, cómo se relacionan con la realidad, vamos a encontrar:

1. Aplicaciones para movimientos dentro de los patrones basados en su intención original
2. Referencia de aplicaciones para movimientos dentro de los patrones que difieren de las versiones anteriores de los manuales de Taekwon-do
3. Manuales de referencia de aplicaciones para movimientos dentro de patrones que hacen más sentido en una situación de combate y así en la vida real, que movimientos detallados en manuales anteriores de Taekwon-do
4. Históricos cambios en las aplicaciones referenciadas
5. Cambios técnicos en las aplicaciones referenciadas
6. Aplicaciones más profundas que usted puede haber aprendido previamente
7. Técnicas que trabajan juntas para realizar el deseado efecto final
8. Las aplicaciones que ya puedes saber – proporcionar que son prácticas en la aplicación
9. Explicaciones de las aplicaciones que muchos parecen no entender

Para hacer una imagen completa y agregar detalles a los patrones, he pasado por una serie de fuentes en el orden indicado aquí:

1. Mis propias experiencias y entrenamiento en Taekwon-do
2. 2. Investigaciones a fondo en determinadas zonas o ciertos patrones, para intentar determinar el uso exacto de un movimiento si ya no había sido previamente encontrado y que encajara propiamente. Esto incluye al instructor, compañero y amigo Yi, Yun Wook e investigación basada en la web
3. 3. Mis propias experiencias de formación con otros instructores de otras artes
4. 4. Artes marciales relacionadas con los libros que he leído en los años (y recordar los detalles)
5. 5. Kata original desde la cual muchos movimientos en los patrones de Ch'ang Hon son basados (teniendo en cuenta el perfil que he establecido)

Modus Operandi (Modo Operativo)

Taekwon-do fue diseñado para soldados y probado en el campo de batalla a ser devastadoramente efectivo e inmediato. Si una técnica o una combinación de técnicas no producen daños mayores, rápidamente, son descartadas o enumeradas aquí como una aplicación alternativa, a menos que el propósito principal de la aplicación no fuera una técnica combativa (donde puedo mencionar su propósito principal y añadir la siguiente mejor técnica de combate a la aplicación).

Capítulo 6: Poniéndolo Todo Junto

Lo que hice

Todas las aplicaciones tuvieron que encajar en el Modus Operandi (MO) anterior y tener en cuenta los criterios enumerados en el capítulo 4. Aunque estos no siempre son aplicables o se encuentra pero nunca son tomadas en cuenta al mirar algunas de las técnicas más oscuras. Dentro de las siguientes páginas usted verá que he detallado muchas diferencias en lo que a menudo es enseñado o visto en muchos libros de Taekwon-do estándar. He formalizado las aplicaciones de patrones para que cada técnica muestre aplicaciones realistas y útiles en lugar de la variedad de bloqueos/ ataques de costumbre. Los cambios se basan en cambios técnicos o históricos ocurridos en Taekwon-do, historia o simplemente las aplicaciones que son más realistas que la variedad estándar de bloqueos/ataques enseñados, esto se basa en las aplicaciones que he enseñado, estudiado o investigado en el transcurso de este libro.

Finalmente, al representar las aplicaciones de patrones, las he mostrado en el orden del diagrama del patrón. He intentado hacer que cada aplicación fluya a la siguiente y un golpe sobre el efecto de esto es que algunas aplicaciones buenas no caben en el flujo del patrón y así quedan añadidas a la sección de 'aplicaciones adicionales' de cada capítulo. Sin embargo siguen siendo útiles y merecían ser enseñadas, a menudo es la mejor de las aplicaciones estándar enseñada que terminan aquí. En consecuencia, observando los patrones de esta manera, las aplicaciones a menudo evidenciarán que toman partes de la anterior o procedente de ella.

Lo que no

- Inmediatamente no asumo que la comúnmente enseñada aplicación no tiene ningún valor – en cambio busco un valor diferente o incluso superior a las aplicaciones, salvo a que la aplicación que me enseñaron encaje el perfil.

- No intento hacer cada técnica en una aplicación de agarre, aunque muchas simplemente funcionan de esa forma mejor.

- No descarto que un bloqueo sea un bloqueo, sólo el hecho de que no todos los bloqueos están diseñados para ejecutarse a la longitud de los brazos o la parte inferior del brazo o pierna (antebrazo o tibia)

- No siempre cuento los ataques como simples ataques, pero a menudo ofrecen una alternativa viable para muchos de ellos.

- No presumo que todo tiene una aplicación de punto de presión complicada, aunque muchas técnicas se prestan para ataques de punto de presión.[40]

- No pretendo hacer un 'cuadrado' en un agujero redondo. La técnica tiene que adaptarse a la forma en que el movimiento se practica en el patrón a un alto grado, como se detalla en el

---

[40] En una nota, Fuí enseñado muchos ataques y bloqueos para atacar puntos de presión, aunque eran referidos como pulmón 5, triple cálido etc, simplemente puntos de presión - cuales duelen cuando se atacan. Sin embargo, el conocimiento actual a evolucionado y la información en tales puntos de presión son mas abiertamente disponibles, asi que si le importa y búsca, encontrará muchas aplicaciones útiles de puntos de presión aparte y diferentes a los que estan en este libro si asi lo desea y le gusta. Para mi, puntos de presión son un bono y una técnica necesita tener un efecto decente sin ello si quiera estar envuelto, sin embargo algunos de los que e aprendido estan incluido en las siguientes páginas. Esto dicho, en los capítulos principales de este libro hago referencia a todo que es puntos de presión en la manera que fuí enseñado i.e. "golpea el punto de presión en el antebrazo" - pero he e enlistado su MTC (Medicina tradicional china) en apéndice iv para referencia.

capítulo 5.

- No encuentro una respuesta concluyente a cada técnica y no creo que las halla.

- No descarto las aplicaciones de la enciclopedia de Taekwon-do, sólo miro más allá de ellas, alrededor y en algunas de las lagunas.

Lo que encontramos

- No Existe forma alguna. A pesar de la investigación a fondo, simplemente no hay manera para saber lo que eran y lo que no eran las aplicaciones originales de los patrones de Ch'ang-Hon si desean ir más allá de las aplicaciones básicas; Desgraciadamente muchos tienen ideas pero pocos tienen una prueba concreta – aunque quizás esto era lo que pretendía ser.

- De las aplicaciones que enumero, algunas son aplicaciones originales, otras son investigadas pero ajusta el MO (modo operativo).

- Aplicaciones adicionales indicadas en '**Aplicaciones Alternativas**' contienen algunas aplicaciones comúnmente enseñadas que no encajan en el MO o no fluyen con el diagrama de los patrones, pero son aplicaciones útiles como quiera.

- Aplicaciones adicionales indicadas en '**Aplicaciones Alternas**' contienen alternativas y también referencias a aplicaciones similares que se encuentran en otros patrones (por lo tanto pueden ser reutilizadas o incluidas nuevamente cuando se enseñen las aplicaciones de un patrón específico).

- En las aplicaciones principales, que toman una cantidad razonable de habilidad para aplicar (por ello razonable cantidad de tiempo de entrenamiento) aparecen más tarde en los patrones como esto tiene sentido desde un punto de vista de la formación.

- He intentado hacer que el diagrama del patrón forme parte de ella, aunque no creo que fue la intención realmente porque el General Choi refería la práctica de patrones, no los patrones en si como *tácticas de pelotón*. Originalmente busqué en esta área como la mayoría de los libros (buscando las aplicaciones a las katas de Karate) que he leído que la dirección y el ángulo de la técnica es parte de la aplicación general. He intentado aplicar este principio en la mayoría de los casos, ya que ayuda con el flujo del patrón. Aunque siéntase libre de reemplazar las aplicaciones con cualquiera que usted prefiera de las '**Aplicaciones Alternas**'. Utilizando el diagrama y fluyo continuamente a través de él, permite que grupos de estudiantes practiquen el patrón de la forma que es presentado.

- Muchas aplicaciones fluyen a la siguiente, o desde la jugada anterior, esto se indica en los enunciados próximos capítulos, utilizando partes del procedimiento o movimientos anteriores como parte de la propia aplicación.

- Aunque los movimientos similares/iguales pueden encontrarse una y otra vez en los patrones, es la combinación de movimientos (ya sea antes o después) que puede dictar lo que es su propósito y por lo tanto, donde esta la diferencia de una técnica similar anterior.

- Aplicaciones de patrones están diseñadas para ser aplicadas contra una multitud de

Capítulo 6: Poniéndolo Todo Junto

oponentes (en lugar de varios oponentes,) lo que implica que están atacando a la vez. Algunas técnicas están destinadas a ser ejecutadas a velocidad veloz antes de pasar a la próxima, por lo tanto el cambio de dirección en los patrones (esto indica esto, pero usted no debe estar atado a ello). Esto tiene mucho más sentido desde un punto de vista de combate, como no importa cuán especializado este el estudiante, es improbable que un estudiante de arte marcial (por debajo de un nivel alto de dan al menos) sea capaz de acabar con varios oponentes con mucha suerte (aunque se incluyan varias técnicas que tengan valor de combate). También es altamente improbable que un bloqueo gemelo se pueda ejecutar correctamente, como las probabilidades de dos oponentes atacando al mismo tiempo son demasiado para calcular. Esto se confirma por el General Choi en su enciclopedia,[41] donde dice *"el cinturón negro de 1er nivel generalmente ha aprendido suficientes técnicas para defenderse contra un solo oponente"*

- Un bloqueo puede ser un bloqueo, pero el uso básico de intercepción debe aplicarse, junto con un estudiante cualificado que puede reaccionar lo suficientemente rápido y la realización de la idea de que un bloqueo debe atacar no intrínsecamente al extremo de un brazo o una pierna, pero más bien atacando dentro de ellos (esto va de la mano con intercepción)

- Un bloqueo tiene otros usos, más allá de bloqueo

- Una ataque puede ser una ataque y en muchos casos en este libro, a menudo es

- Un ataque es utilizado de otras maneras para ayudar a las aplicaciones y puede que no golpee como comúnmente se enseña

- Ciertos movimientos dentro de los patrones no están destinados a tener fines combativos reales, aunque a menudo incluyen una aplicación secundaria que *podrían* utilizarse si se desea, pero su función principal no era uno de combate, pero más con la intención de entrenamiento específico del cuerpo del individuo. Estos son especificados, aunque aplicaciones secundarias se muestran en las secciones 'principales' para permitir aplicaciones prácticas de cada movimiento.

Pensamientos finales antes de seguir

Antes de pasar a las aplicaciones reales y el uso de los patrones y sus técnicas, hay un par de cosas para pensar, que necesitan ser mencionadas.

Aplicaciones del 6to sentido

En primer lugar, los diagramas de los patrones y las combinaciones de técnicas dentro de ellas fallan en un nivel muy básico. Y es que para aplicar muchas aplicaciones como simplemente bloqueos y ataques, tendrías que tener un sentido altamente desarrollado del 6to sentido. Como en gran parte de los patrones requiere que el estudiante voltee y bloquee detrás de ellos, lo que significa una eficaz aplicación de autodefensa, el estudiante tiene que sentir un ataque proveniente

---

[41] Volumen 1, Systema de rangos: significado de 1er grado

de la parte trasera, girar, evaluar la situación y bloquear adecuadamente – por lo qué tanto muchas aplicaciones en este libro muestran las defensas más realistas de agarre (especialmente en relación con aquellos que esperan realizarse girando 180 grados) frente a escenarios de tipo *6to sentido* . Como he mencionado antes esto puede ser debido a que los diagramas del patrón no sean simplemente parte de la porción combativa real de una aplicación o incluso un descuido de algún tipo o también pudrieran haber sido colocados como defensas de un ataque posterior y no de un ataque golpeando, aunque incluso esto es dudoso ya que hay tantas vueltas en todos los patrones. Sin embargo, como estamos tratando de seguir los esquemas de patrones he tomado esto en cuenta.

Alineación de nosotros mismos para el combate

Otro punto acerca de giros en movimientos como si fuéramos a bloquear los ataques, es si crees que casi todas las situaciones de defensa personal, comienzan desde la parte delantera. Generalmente comienzan desde el lado si:

1. **Si recibimos un puño de sorpresa:** entonces estaríamos mentalmente muy lento al utilizar un bloqueo

2. **Si somos atrapados en un movimiento de pinzas:** Como si en el escenario múltiple de una persona los atacantes han logrado formar un círculo alrededor de uno sin darnos cuenta. Aun así, es más probable que te agarren por lo que el otro puede atacar – ¿Pero nuestro nivel de conciencia no permitirá que eso suceda, o si?

3. **Somos agarrados con el fin de ser atacados:** por ejemplo caminar por un callejón

4. **Somos agarrados por detrás:** por ejemplo, una mujer siendo arrastrada para ser atacada más tarde.

Aunque probablemente me he saltado algunos, en la mayoría de los casos, alineamos nuestros atacantes en la parte delantera y necesitaríamos reacciones muy rápidos para realizar un bloqueo de plena potencia en el momento que un ataque verbal de insultos se convierta en agresión física, especialmente realizar un bloqueo como nos gustaría. No estoy diciendo que el tipo de reacción es imposible, pero en la mayoría de los casos la mente sencillamente no funciona así de rápido. Combate y hosinsool contienen atributos de formación más adecuados para tratar con un ataque frontal sorprendente, al igual que en estas situaciones, sabemos que un ataque es inminente y un poco más preparados. Los patrones son excelentes para desarrollar defensas para ataques que no son particularmente inminentes o nos capturan un poco fuera de guardia.

Ataques como primeros ataques

Incluso si un golpe es el primer ataque iniciado, les siguen a menudo agarres pues el oponente se nos acerca, esto es a menudo un movimiento defensivo natural de un atacante. En conjunto, agarrar para anular los contra ataques es una respuesta humana natural, así que si por nuestro entrenamiento podemos minimizar los efectos de un primer golpe, ya sea esquiva, evitando o simplemente moviendo (entrenamiento atribuido a combate), tan pronto como el agarre sucede, podemos aplicar una respuesta practica sacada de nuestros patrones para sacar el atacante.

Capítulo 6: Poniéndolo Todo Junto

Sin embargo, los escenarios más comunes de ataque siguen un curso básico y esto puede dividirse en etapas clave. El Instructor de auto protección reconocido mundialmente Geoff Thompson[42] se refiere a esto como las 4 D's:

- Etapa 1: El diálogo (Verbal)
- Etapa 2: engaño
- Etapa 3: distracción
- Etapa 4: destrucción

Fase 1 y fase 2 permiten el ataque de forma preventiva, sin embargo, esto no utiliza movimientos de bloqueo como bloqueos, aunque podemos utilizarlos como ataques y realmente no va en línea con el tren 'bloqueo/contraataque' de pensamiento. Como una nota personal, enseño y enfatizo a mis alumnos una preventiva, sin embargo, este libro no es acerca de autoprotección en sí, así que no iré a otros puntos relativos de ella.

Etapa 3 y etapa 4 ambas permiten a las aplicaciones de patrones que se muestran en este libro para ser usadas. Si la distracción en la tercera fase se lleva a cabo como cualquier forma de agarre – BANG – aplicamos nuestra aplicación. Incluso en el escenario 4, un agarre es muy probable que proceda como ataque, por lo que sí es lo suficientemente rápido, podemos aplicar aquí o como se ha mencionado, sobrevivir el primer ataque y aplicarlo posteriormente. Incluso dentro de peleas, las oportunidades surgirían vía agarres donde podemos aplicar las aplicaciones, aunque por supuesto, un buen entrenado estudiante podría posiblemente sólo batear un atacante a sumisión, ¿Pero entonces por qué entrenar tantos bloqueos? Idealmente, queremos aplicarlos en los *primeros instantes* (que, en relación con la ejecución de la aplicación suele presentarse en algún lugar entre 3 y 4), para poner fin a un ataque rápidamente, en lugar de tener que sacarlo de indicaciones. Si conseguimos poner fin a parte de la etapa 4, generalmente, estamos sacándonos a nosotros mismos de la luchan por la supervivencia. No queremos llegar a eso.

Ataques o agarres

Un agarre por lo general, sólo es ligeramente diferente de un ataque, tantas aplicaciones pueden utilizarse para defensas contra ataques tan fácilmente como son contra agarres si así lo decide el

---

[42] Geoff Thompson 'Muerto ó Vivo', P17

Verbal — Ataque — Agarre

alumno. Con toda sinceridad y con respecto a lo que acabamos de discutir, excepto una parte de las aplicaciones, más parece más apropiado para un agarre de todas formas y muchas de las aplicaciones sirven para anular un ataque que sigue un agarre. Vise-versa esto funciona de la manera opuesta en relación con los puños en los patrones.

Capítulo 7 en adelante

Así como pasamos a los próximos capítulos, es importante entender los esquemas. A excepción del capítulo 7, cada uno de los capítulos se divide en 5 secciones. Estos son:

1. **Título de capítulo:** Esto sirve como una página de introducción general, con el significado del patrón comúnmente aprendido.

2. **Diseño del Patrón** - *Paso A paso*: Esto es simplemente un diseño paso a paso del patrón. Yo no he seguido el camino convencional de los libros de patrones como están Colocados, pues sentí se usaría más como una referencia en ciertas series de movimientos y como tal, el movimiento debe ser claro. El problema con diseños convencionales es que el patrón a menudo es expuesto desde la parte posterior y por lo tanto, usted sólo copia de los modelos. En estas imágenes, todos los movimientos son claros y visibles, los modelos utilizados para las imágenes han sido girados si es necesario, mostrar una imagen decente de las técnicas involucradas. Para seguir la dirección del patrón, simplemente siga las flechas. Aunque con giro, todas las imágenes utilizan los lados correctos, que pueden desorientar un poco al principio cuando se voltean, pero pronto se acostumbran y podrán ver lo útil que es esta forma de referencia.

3. **Introducción de patrón:** Esto es histórico, detalles del patrón en referencia a la figura histórica (u otro nombre) fue nombrada. También es el patrón de sí mismo y los movimientos dentro de ella, así como cualquier característica interesante u oscura dentro del patrón. Cualquier referencia a las aplicaciones de los movimientos se basan en cómo ellos están representados en la enciclopedia de Taekwon-do o cómo se les enseña generalmente

4. **Aplicaciones:** Se trata de la mayor parte de cada capítulo. El patrón es diseccionado y aplicaciones aparecen basadas en el Modus Operandi mencionado anteriormente. En un esfuerzo por mantener la continuidad del diagrama del patrón, las aplicaciones de las técnicas de prueba en general a seguir el flujo y los pasos del patrón en cuanto sea posible, esto es simplemente para facilitar la referencia visual y práctica. Debe recordarse que

Capítulo 6: Poniéndolo Todo Junto

situaciones de combativas reales nunca son ideales, y esta sección intenta cerrar la brecha entre técnicamente patrones perfectos y crudos, desaliñado uso de las aplicaciones en una situación viva. En otras palabras se intenta cubrir un poco de ambos pero no está totalmente bien y muchas de las fotografías reflejan esto deliberadamente. Aunque todas las aplicaciones pueden no ser las originales, ofrecen una interpretación realista y práctica de los movimientos y técnicas. Aspectos históricos se mencionan en el texto, como son algunas de las más complejas o menores aplicaciones originales conocidas, que incluyen también aquellos que han cambiado con el tiempo.

5. **Aplicaciones alternativas** : Esta sección final de cada capítulo lista aplicaciones que o bien no fluyen con el diagrama del patrón, o no encajan en el Modus Operandi pero son aplicaciones aún más interesantes y útiles, menos conocida, interpretación original de aplicaciones, o aplicaciones que son demasiado complejas para figurar en la sección principal. Muchas aplicaciones que se enumeran a continuación utilizan los movimientos pero ignoran el diagrama del patrón, por lo tanto, han terminado aquí.

Ch'ang Hon Taekwon-do Hae Sul
Aplicaciones reales de los patrones ITF

'somos lo que repetidas veces hacemos.
Exelencia entonces, no es un acto si no un hábito'

- Aristóteles (384-322 BC)

CAPÍTULO 7
Movimientos básicos

'El todo es más sencillo que la suma de sus partes'
- Willard Gibbs

Antes de seguir necesitamos discutir algunos aspectos básicos. Esto es necesario debido a la evolución de la historia en Taekwon-do. Aunque gran parte de ella sigue siendo la misma, especialmente las técnicas de patrones, algunas cosas han cambiado y se enseñan de manera diferente. En esta sección, descomponemos los fundamentos contenidos dentro del patrón y discutimos cuan relevante o irrelevante es cada área.

Movimiento y onda sinusoidal

Para aclarar: en esta sección me refiero simplemente a movernos de una posición a otra entre las técnicas asociadas con cada patrón.

Aunque moviéndose hacia adelante y hacia atrás cada patrón tiende a estar entrelazado con la aplicación (permitiendo fuerza adicional o apalancamiento a la técnica), el *camino* en el que nos movemos no es tan vital para muchas aplicaciones listadas aquí. Caer en el movimiento, que es la norma en muchos casos, ayuda a la potencia de la aplicación o tiene un efecto sobre la aplicación en sí, aunque elijamos onda sinusoidal o la nueva versión de onda sinusoidal,[43] (o incluso), ola horizontal, esta puramente en los criterios del instructor o estudiante, aunque creo que el movimiento sinusoidal normal o movimiento natural de caer en el movimiento es más que suficiente.

Aparte de bloqueo básico o golpear, movimientos extras aparte de lo que es el movimiento natural del cuerpo (en vez de moviéndose en sí) dificultará la velocidad a la que la aplicación puede ser aplicada y así causar problemas al ejecutar las aplicaciones, que deben ser instantáneas para el efecto máximo deseado y la eficiencia. Corresponde a la persona decidir de qué manera es preferible para ellos, aunque como se menciona en el *apéndice vi*, movimiento excesivo más allá de la onda sinusoidal original tiene sus propios problemas incluso con respecto al bloqueo y ataques básicos.

Diagramas de los patrones

A diferencia de Karate, los diagramas de patrones en Taekwon-do parecen representar la ideología detrás del patrón más que jugar una parte intrínseca en las aplicaciones. Sin embargo, no todos los diagramas son exclusivos de Taekwon-do como muchos en realidad son idénticos a los diagramas de las katas de Karate que General Choi aprendió. Por ejemplo, el diagrama del patrón de Dan-Gun tul, Do-San tul, Won-Hyo tul etc. son idénticos a los Jion kata. Diagrama de Yul-Gok tul (derecha) es idéntico a una de las katas Heian que el General Choi aprendió, además hay muchos otros que coinciden, hasta y más allá de los patrones de Danes, aunque estoy seguro que hay posiblemente algunos diagramas únicos, así que se revelarán en el volumen 2 y 3.

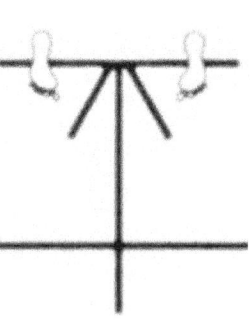

Dicho esto, en los capítulos próximamente verá a menudo que he utilizado partes de los diagramas de patrones, puramente desde una perspectiva de entrenamiento y flujo como se discutió anteriormente. Si el diagrama del patrón no es tan importante para usted, siéntase libre de cambiar

---

[43] véase apéndice vi

Capítulo 7: Movimientos básicos

con muchas otras aplicaciones ofrecidas en la sección de aplicaciones alternativas de cada capítulo como muchas de ellas simplemente usan una combinación de las técnicas dentro del patrón, en lugar de insistir que ellas entrelacen con el diagrama.

Posturas preparatorias

Aunque sé de instructores que enseñan algunas aplicaciones a estos movimientos (o realmente no movimientos como es el caso), no he encontrado ninguna evidencia real de cualquier aplicación que implica una posición lista como una técnica de defensa propia. Son simplemente la parte del patrón donde comenzar.

Aunque no hay ninguna aplicación enseñada, como no hay precedente de movimientos en ellos en los patrones excepto a que son utilizadas para la uniformidad o Pre alistamiento, la relevancia de las posturas preparatorias, creo que es en la ideología del patrón en sí. Desafortunadamente, estos no están documentados en cualquier texto del General Choi que he leído, por lo que sólo podemos suponer esto de las diferentes descripciones bandeadas en ellas. Cuando proceda, si cumplen con la ideología, ofrezco explicaciones razonables, aunque en ningún modo estas son concretas y son a menudo simplemente generalizadas.

Muchas de las posturas preparatorias como los diagramas de patrones, contienen sorprendentes similitudes con sus antepasadas katas. Esto es aún más reforzado por el General Choi en el manual de Taekwon-do de 1965, donde enumera los movimientos de la kata Kouh-Shang-Kouh y escribe bajo movimiento #1' *levantar ambas manos en una línea recta delante de la frente al mismo tiempo levantar la mirada hacia arriba a través del triángulo formado con las manos* y debajo (antes de que se describe el movimiento # 2) más destaca ' * *ver la postura lista del patrón de Po'Un'*. Así parece que las ideologías, si en realidad son frecuentes, se han agregado a posturas preparatorias existentes en consonancia con la ' *identidad coreana* ' mencionadas en los capítulos anteriores. Aunque una vez más, como los diagramas, estoy seguro que hay posturas preparatorias exclusivas de Taekwon-do.

Posiciones

Las posiciones en los diversos Hon Ch'ang / facciones ITF parecen permanecer similares a lo largo, todas las posiciones que se refiere son básicas Ch'ang Hon / posiciones ITF. Si está leyendo este libro y práctica un estilo diferente de Taekwon-do (por ejemplo WTF), u otro arte, necesita comprobar que sabes a qué posición me refiero (generalmente se encuentra fácilmente en internet). Como ejemplo, una posición para caminar en Taekwon-do es de un hombro de ancho y hombros y medio de largo, donde como en el Taekwondo WTF una posición para caminar es considerada mucho más corta y cerca de un solo paso de largo. En Karate la posición para caminar se conoce como 'posición frontal' y la posición de L se denomina 'posición trasera'. Posiciones a menudo son intrínsecas a las aplicaciones de muestra y su efecto ya que ayudan a ángulos de ataque o

permitan la presión para ser aplicadas en la técnica. Posiciones, cuando se utiliza en la auto defensa, sólo se utilizan por una fracción de segundo para añadir fuerza, posicionamiento defensivo o por otros motivos relacionados con la aplicación en sí, hasta que se llega a una conclusión: lo que significa que el oponente ha sido anulado.

El puño

Antes de que continuemos con las aplicaciones y el uso de la mano de reacción, deberíamos discutir el puño cerrarando pues en muchas técnicas es vital su importancia para muchas aplicaciones. Si se cierra mientras la técnica es empleada o ya cerrado no importa, ya que pequeños cambios a lo largo de los años significa que los estudiantes lo hacen diferente.

La regla general es que en cualquier punto donde se cierra un puño en una técnica, el objeto puede ser uno de los siguientes:

1. **Es un puño o un agarre:** utilizado con el brazo de reacción o el brazo de bloqueo/atacaque. Por ejemplo, nos han agarrado algo (ropa, cabello, brazo) y han cerrado el puño para formar un puño. En patrones, debido a la naturaleza como solista, el puño está cerrado. En aplicaciones reales que utilizan esto, nos muestra que debemos agarrar bien, aunque si es algo como un brazo, por supuesto es imposible cerrarlo completamente.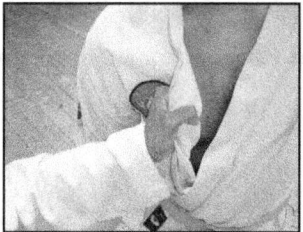

2. **Un movimiento de tensión:** El cierre del puño está diseñado para tensar el brazo (a menudo utilizado con el puño), en preparación para un lanzamiento o en preparación para hacer impacto, por ejemplo en un bloqueo. Esto tensa los músculos del brazo y le permite convertirse en impacto más fuerte momentáneamente.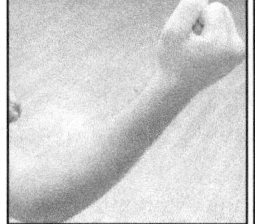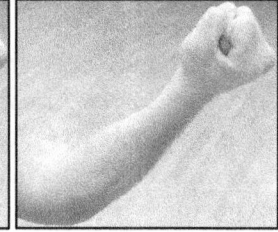

3. **Protección:** Protección de los dedos, etc.

4. **Un ataque:** por supuesto, puede utilizarse como una superficie de ataque.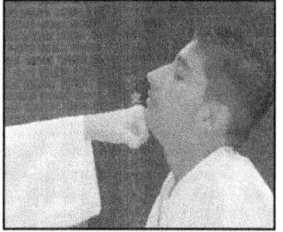

Mano/brazo de reacción

La mano de reacción involucra la parte de cualquier aplicación donde se retira el brazo/mano opuesto a la cadera (u otro lugar). Es intencionado para ser realizado con igual y reacción opuesta de la mano/brazo realizando la técnica en sí.

La Mayoría de los estudiantes piensan que lo que hace es muy poco excepto retirar a la cadera, muchos no enfatizan en ello y aplican más fuerza en el brazo con que se realiza la técnica, ¡convirtiéndolo en una desigual y reacción opuesta desequilibrada! Sin embargo, ese lado, aunque la mano/brazo de reacción se emplea a menudo simplemente como una reacción *igual y opuesta* a las técnicas de bloqueos y ataques, en los siguientes capítulos es mucho más involucrado el

Capítulo 7: Movimientos básicos

funcionamiento de una aplicación, más que simplemente retirando a la cadera. Que desde un punto de vista de combate es un hábito peligroso entrar sin darse cuenta de las diferencias entre entrenamiento de reacción y la aplicación de un bloqueo o ataque en combate.

Como este movimiento constantemente se practica en patrones, se convierte en segunda naturaleza, aunque esto se pierde si no se practica con el uso de la mente (IE. no contundente, visualizar o centrada en la aplicación). La mano de reacción, aparte de ser utilizada en aplicaciones de patrón también tiene usos por cuenta propia, que voy a discutir a continuación.

Aplicaciones de la mano de reacción en sí

En la práctica de patrones como solamente, el brazo de reacción se emplea principalmente para crear una igual y opuesta reacción a nuestros ataques y bloqueos. Sin embargo, cuando hay un oponente real, igual y reacción opuesta tiene lugar dentro del oponente en sí, así que donde como en el entrenamiento, la mano de reacción tiene un propósito, en combate, el propósito es nulo que tire el brazo hacia la cadera es peligroso porque nos deja expuestos. Sin embargo, todo el entrenamiento no está perdido como el brazo de reacción tiene aplicaciones en su propio derecho, algunos otros con movimientos de ayuda como lo verán en los próximos capítulos, pero aquí enumeramos el movimiento de la mano de reacción a su forma básica de retirar el brazo y examinar su utilidad en relación con un oponente real.

- **Movimiento de mano/brazo de reacción como una liberación**

Por cuenta propia, el movimiento repentino de retirar el brazo, mientras que la torsión pueden ser utilizada como una liberación básica. El brazo se retira rápido mientras el torcer hacia el punto débil de un agarre (entre el dedo y el pulgar de la mano del oponente) a menudo asegurando un escape, el movimiento de giratorio hace un agarre incluso más difícil de mantener.

Esto es útil cuando se emplea con un ataque, pues hace que los ataques sean inesperados o menos atención en el escape, dependiendo de qué parte de la técnica general el oponente responda.

- **Movimiento del mano/brazo de reacción como un agarre**

El movimiento de este movimiento también puede facilitar un sin número de otras cosas. Se emplea en muchas aplicaciones como parte de la técnica general, a menudo ya sea como parte de sostenimiento o agarre, para acentuar el brazo opuesto realizando otra parte de la aplicación o para ocultar o cubrir otra aplicación. Esto es a menudo visto con técnicas de corta distancia.

- **Movimiento del mano/brazo de reacción para desbalancear**

La mano de reacción puede (y suele) utilizarse como un movimiento de desbalanceo. Ya sea como se describe arriba o después de un agarre en la ropa, extremidades u otra parte del cuerpo como el cabello. Una reacción natural de los seres humanos es que el balance toma la prioridad, esta prioridad a recuperar el equilibrio casi siempre prevalecerá sobre la necesidad de protegerse, así, mediante el uso de este movimiento para tirar a un oponente fuera de equilibrio, forzamos debilitar la guardia para disminuir o desaparecer completamente y añadir a la efectividad de un ataque u otro movimiento.

- **Movimiento del mano/brazo de reacción como ayuda de una aplicación**

La mano de la reacción se emplea a menudo para ayudar el brazo opuesto en cuanto a una aplicación. Un ejemplo común es que después del bloqueo, esquiva o agarre de brazo de los oponentes, tirar de la parte posterior de la mano de reacción ayuda en primer lugar a estirar el brazo, para que la articulación del codo sea lo suficiente débil como para romperse y segundo para posicionar la articulación en el ángulo adecuado para ejecutar la rotura principal. En el caso de la rotura del codo, el movimiento se utiliza para enderezar el brazo del oponente, antes de destruirlo con una rotura. Esto es importante porque un codo es fuerte cuando se dobla y débil cuando derecho. Esto es sólo un ejemplo de muchos.

- **Movimiento del brazo de reacción como un golpe de codo**

El movimiento del brazo de reacción también puede ser utilizado como un codo en la parte trasera, aunque esto debe ser visto como una aplicación secundaria, ya que existen aplicaciones específicas para ataques de codo trasero contenidas dentro de los patrones. Sin embargo poseen funciones.

Capítulo 7: Movimientos básicos

- **Tensando los músculos de la espalda**

Aunque no es una aplicación en sí, otro propósito para guiar el brazo a la cadera es tensar los músculos de la espalda completamente. Esto da respaldo sólido cuando se efectúa un ataque y llega a su destino, así como garantizar que los músculos de la espalda jueguen su papel correctamente en cualquier movimiento poderoso. Esto es necesario para hacer que las articulaciones de los hombros sean sólidas para garantizar que toda nuestra fuerza es utilizada en un golpe a nuestro oponente. El hombro funciona como un amortiguador a menos que se mantengan rígidos, esto añade energía vital en la técnica, por lo tanto, por lo qué la mano se retrae a la cadera en el *'punto de impacto'* exactamente.

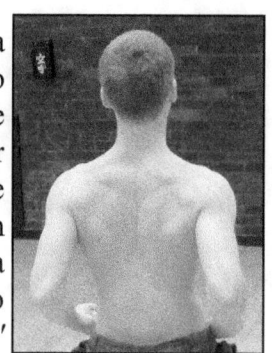

Posiciones Preparatorias

Posiciones preparatorias por lo general juegan una gran parte de cualquier aplicación más allá de bloqueo básico. En un nivel básico sirven para agarrar y sacar de equilibrio a un oponente, aumentando los efectos de los ataques (sean ellos ataques oficiales o ataques a través de bloqueos). En un nivel más avanzado sirven para bloquear las articulaciones en preparación para salir y torques del cuerpo para permitir el torque del cuerpo y aumentar la eficacia de la aplicación.

Hay una razón diferente para que los bloqueos sean preparados desde diferentes lugares y su porque en muchas aplicaciones cuando la mano de reacción se utiliza como agarre o tirando del movimiento, permite que el brazo atacante (el bloqueo) pueda seguir al objetivo previsto, si llegan ser invertidos los brazos del defensor serán atrapados y hace la aplicación ineficaz.

En la superficie de la posición preparatoria parece hacer poca diferencia, por ejemplo, Kaunde An Palmok Makgi (*Bloqueo de antebrazo interior sección media*) y Bakat Palmok Yop Makgi (*Bloqueo lateral de antebrazo exterior*) como un bloqueo, parece hacer básicamente lo mismo, pero una vez que se revelan las aplicaciones verás cómo las posiciones preparatorias afectan el bloqueo y por lo tanto las funciones de la aplicación.

'Pudieras entrenar por mucho, mucho tiempo, pero si meramente mueves tus manos y pies y brincas para arriba y para abajo como una marioneta, aprendiendo karate no es muy diferente a aprender a como bailar. Nunca podrás alcanzar el corazón de lo importante; habrás de fallar en obtener la quintaecencia del karate-do

- *Gichin Funakoshi*

y así lo es con el Taekwon-do

CAPÍTULO 8
Saju Jirugi

사주 찌르기

Saju Jirugi es el primero de los dos ejercicios básicos, diseñado para introducir a los alumnos principiantes diferentes elementos básicos del Taekwon-do.

Saju Jirugi está dividido en dos partes y las mismas combinaciones de técnicas se realizan a favor y luego en contra de las manecillas del reloj para que todas las técnicas que se practiquen en ambos lados.

Saju Jirugi tiene 7 movimientos repetidos en ambas direcciones

Ch'ang Hon Taekwon-do Hae Sul
Aplicaciones reales de los patrones ITF

Saju Jirugi – *Paso A Paso*

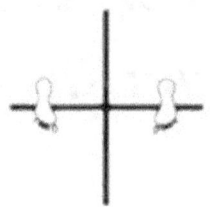

Como en saju jirugi hay movimientos repetidos se enseñan en todas las direcciónes.

Saju jirugi tiene 7 movimientos repetidos en ambas direcciones, demostrados aqui como comienzo a 15 e incluir el regreso a la posición entre cada set de movimientos. el 1ro y el 9no movimiento son demostrados dando pasos hacia alfrente desde la posición inicial (8), movimiento 7 regresa a Narani Junbi Sogi (8)

Donde el estudiante gira a 90 grados, es hecho en pivote, en véz de un paso.

Fotos son para referencia y claridad.

Saju Jirugi – *Introducción*

Saju Jirugi se considera un ejercicio básico enseñado al alumno principiante de Taekwon-do. No se considera un patrón, aunque es similar en apariencia y ejecución.

Uno de los principales puntos de Saju Jirugi es enseñar a los estudiantes cómo utilizar correctamente la cadera. Utilizando la potencia de cadera en bloqueos permite al estudiante a bloquear (o incluso utilizar cualquiera de las aplicaciones) uso completo de la masa corporal en lugar de sólo la masa de un brazo.

Esta es la razón por que, en el primer ejercicio básico, movemos una pierna hacia atrás hasta el medio y giramos para bloquear llevando la misma pierna atrás en el proceso. En lugar de simplemente girar o pivotear, lo que deberíamos estar haciendo es utilizar la cadera correctamente para agregar energía al bloqueo. Este es un punto fundamental que es a menudo no visto cuando se trata de enseñar a los estudiantes Saju Jirugi en la búsqueda de prepararlos para su primera examinación.

Técnicas en Saju Jirugi son intercambiables. Es bien conocido que no se limiten a sólo las técnicas enumeradas y pueden ser intercambiada y ajustadas con casi cualquier tipo de bloqueo, ataque, posiciones e incluso patadas. Se dice, que son más comúnmente (99,9% del tiempo) enseñado con las técnicas mostradas aquí.

Como se mencionó, Saju Jirugi suele ser una de las introducciones primeras de los estudiantes a utilizar la cadera para ganar poder y aunque sólo se considera un ejercicio básico, así como enseñar el núcleo de los principios básicos del arte de Taekwon-do, también podemos usarlo para mostrar el lado más profundo de Taekwon-do que un estudiante puede experimentar en cuanto progresa.

Saju Jirugi abarca un movimiento que no suelen encontrarse en los patrones y es cuando halas la pierna delantera hacia mitad del camino, pivoteas 90 grados y luego llevas hacia atrás cuando se bloquea. Es el A B C de entrenamientos de cadera.

A. A. Llevar la pierna a mitad de camino
B. B. Pivotear y preparar el bloqueo (manteniéndolo al lado)
C. C. Llevar la pierna hacia atrás mientras giramos para ejecutar el bloqueo

Ch'ang Hon Taekwon-do Hae Sul
Aplicaciones reales de los patrones ITF

Aparte de la práctica de la cadera vital para la energía directamente siguiendo el movimiento de giro de cadera, los estudiantes son enseñados más cómo impulsar y bloquear en el punto correcto, no de potencia máxima, ya que esto viene con la práctica, sino para asegurar la fuerza disponible (que del estudiante) es impulsada hacia adelante de nuestro oponente, ayuda a la estabilidad de la pierna trasera.

Los estudiantes también deben empezar a aprender sobre la correcta respiración y cuando (y cuando no) tensar los músculos para crear un efecto máximo. Además también podemos usar Saju Jirugi para demostrar otros principios asociados con Taekwon-do así como algunas aplicaciones básicas y aplicaciones más avanzadas, si lo desea (es una manera ideal de entrenamiento para que los estudiantes de grados más altos refresquen el material ya aprendido y con énfasis a la importancia de mantener el entrenamiento) de cosas básicas como Saju Jirugi, a diferencia de los patrones, realmente sólo pretenden entrenar lo básico para principiantes y los patrones es donde el entrenamiento de aplicaciones reales entra en efecto en cuanto los estudiantes progresan.

Durante el curso de estudiantes Saju Jirugi utiliza las siguientes técnicas, posiciones y movimientos:

- **Kaunde Baro Ap Joomok Jirugi** *(puño Sección media frontal)*
- **Najunde Bakat Palmok Makgi** *(bloqueo Sección baja antebrazo externo)*
- La postura lista: **Narani Junbi Sogi** *(postura lista de pies paralelos)*
- Todos los movimientos se realizan en: **Gunnon Sogi** *(Posición para caminar)*

Con su misma mezcla de golpes y bloqueos cerrados podemos utilizar estos ejercicios básicos para demostrar no sólo los principios básicos sino también unas cuantas aplicaciones más avanzadas para principiantes – dependiendo de la preferencia de los instructores y cuanto los estudiantes vayan mejorando.

La postura lista Narani Junbi Sogi (*Posición lista en paralelo*) utilizada en Saju Jirugi es una postura básica utilizada en muchas artes marciales, especialmente el Karate; la única diferencia es que en lugar de los brazos hacia abajo con los puños hacia el suelo, se giran ligeramente hacia adentro con los nudillos de los puños casi apuntando hacia los otros. Los brazos están ligeramente flexionados y el alumno relajado. Este movimiento se ha considerado para que el estudiante aparezca físicamente más grande.

Capítulo 8: Saju Jirugi

Aplicaciones de Saju Jirugi

Aunque Saju Jirugi no es un patrón, sino un ejercicio básico y está diseñado para introducir a los estudiantes nuevos los elementos básicos de la primera postura principal, pivoteo/giro, paso a paso para aumentar la potencia, de ataques básicos y contra ataques como una introducción a la potencia del giro de cadera (y cómo hacerlo), es ideal como introducción a ataques a puntos de presión y hacer hincapié en bloqueos por intercepción, que es un punto donde caen muchas escuelas; por enseñar cada bloqueo para detener una técnica al final de ella en vez de enseñarla para interceptarla.

En el siguiente ejercicio podemos ver cómo Saju Jirugi puede utilizarse para demostrar los diferentes puntos en el que un bloqueo debe interceptar un golpe entrante, ataques en los puntos de presión y utilizarse para aplicaciones de diversos escapes, bloqueos y tiradas, así como los bloqueos normales y ataques asociados con patrones.

El primer movimiento a paso hacia adelante en:

- **Kaunde Baro Ap Joomok Jirugi**
  (Puño frontal sección Media)

Es ideal para demostrar el uso de la mano de reacción como una liberación y para describir cómo un oponente fuera de equilibrio aumenta el efecto de un ataque. Simplemente que el estudiante sostenga la mano de reacción, deje que el atacante lo agarre con una mano al principio.

El estudiante entonces avanza, retirando la mano de reacción a la cadera y golpea a su oponente (practicar primero sin ataque). Con la práctica, esta versión funciona de agarre con las dos manos, especialmente cuando se utiliza también el movimiento de ataque.

Puntos a observar en esta etapa son cómo la torsión de la mano de reacción asegura que atacamos (así como de tirar) Sujete la zona débil de nuestro oponente, entre el dedo índice y el pulgar y combinado con el movimiento posterior de extracción rápida del brazo, hace extremadamente difícil de sostener. Añadir el ataque a esto y se hace dos veces tan difícil mantenerlo así como aumentar el efecto de un ataque tirando al oponente fuera de balance ligeramente, lo que significa que su guardia baja cuando su cuerpo intenta asegurar el mantener la estabilidad y el equilibrio.

El primer movimiento de Saju Jirugi también puede utilizarse para señalar sobre ataques preventivos, aunque no creo que fue su función original, cuando se creó Taekwon-do era considerado una forma de arte defensiva, aunque es una lección apta para enseñarse en los tiempos modernos de hoy.

El primer movimiento de Saju Jirugi también puede utilizarse para señalar sobre ataques preventivos, aunque no creo que fue su función original, cuando se creó Taekwon-do era considerado una forma de arte defensiva, aunque es una lección apta para enseñarse en los tiempos modernos de hoy.

Desde aquí giramos a 90 grados en:

- **Najunde Bakat Palmok Makgi**
  (Bloqueo sección baja con el antebrazo externo) usando nuestro brazo izquierdo

- **Kaunde Baro Ap Joomok Jirugi**
  (Puño anverso/frontal sección media con la mano derecha)

Esta es una buena oportunidad para demostrar una técnica de lanzamiento. Más precisamente lo que se denomina como una 'tirada de cuerpo'

Tras el último movimiento, el estudiante es agarrado alrededor del cuello con el brazo derecho del agresor. El estudiante luego agarra el brazo del atacante (posición preparatoria), pivotea y lanza su pierna derecha hacia atrás, arrojando su bloqueo hacia adelante al mismo tiempo.

Seguido del movimiento de curva del bloqueo, enviamos la pierna hacia atrás (como en el ejercicio), haciendo contacto con la pierna de nuestro oponente mientras realizamos el bloqueo y el atacante es proyectado sobre nuestras piernas delante de nosotros.

La preparación crea el agarre, el movimiento hacia abajo del bloqueo crea el giro y tiro para el lanzamiento, mientras que la pierna derecha que va hacia atrás crea un punto donde el oponente pierde el equilibrio y el oponente es lanzado.

Luego seguimos con el siguiente movimiento dando un paso hacia adelante con un puño mientras nuestro oponente intenta recuperar su equilibrio. Aquí demostramos que la mano de reacción se utiliza para aumentar el impacto agarrando a nuestro oponente y le trayéndolo en dirección de donde viene el puño.

Capítulo 8: Saju Jirugi

Otra vez el estudiante gira a 90 grados en:

- **Najunde Bakat Palmok Makgi**
  (Bloqueo sección baja con ante brazo externo) usando nuestro brazo izquierdo

- **Kaunde Baro Ap Joomok Jirugi**
  (Puño frontal a la sección media)

Podemos utilizar el segundo bloqueo de Saju Jirugi para demostrar otra técnica de liberación sencilla.

El brazo derecho del estudiante es agarrado, desde aquí preparamos el bloqueo y el pivote, aceleramos el brazo de bloqueo hacia abajo como el brazo de reacción, que, al mismo tiempo, se lleva a su cadera – así una versión básica se realiza por simplemente romper el agarre de nuestro atacante. Alternativamente, el nudillo más pequeño del puño puede ser conducido en la mano del oponente para romper los pequeños huesos en la parte posterior de la mano o al menos causan un dolor impulsado con una respuesta. Igual que antes, el movimiento de bloqueo es seguido por el puño para terminar a nuestro oponente.

Aunque esta soltura no requiere el pivote, cuando se utiliza, realmente sirve para debilitar la empuñadura pues obliga al oponente intentar mantener un agarre desde un ángulo raro, por lo que sirve para demostrar otro propósito útil de la mecánica corporal asociada a los movimientos básicos del Taekwon-do.

Una vez más giramos 90 grados en:

- **Najunde Bakat Palmok Makgi**
  (Bloqueo sección baja con antebrazo externo) usando nuestro brazo izquierdo

- **Kaunde Baro Ap Joomok Jirugi**
  (Puño frontal medio derecho)

Esta vez podemos utilizar el bloqueo para mostrar un estrangulamiento eficaz que utiliza el movimiento del bloqueo.

Para iniciar esta aplicación utilizamos la posición preparatoria. Nuestro puño derecho empuñado agarra la solapa del oponente, mientras que al mismo tiempo la preparación de nuestro puño izquierdo por arriba. Mientras como entráramos en la preparación, utilizamos nuestro codo como ataque disfrazando nuestro agarre haciendo que su cabeza gire. El ataque debe ser con el codo, a la mandíbula.

Desde aquí simplemente intentamos completar el movimiento del bloqueo, manteniendo nuestro antebrazo en la línea de la mandíbula de nuestro oponente y nuestra mano de reacción sostenida en su solapa mientras intentamos tirarla a nuestra cadera en cuanto forzamos nuestro bloqueo a salir, que de esta manera, los resultados de un estrangulamiento al cuello son bastante eficaz.

Luego pasamos a Narani Junbi Sogi *(Posición paralela lista)* y realizar todo al revés, las mismas aplicaciones de trabajo en el lado opuesto o incluso diferentes aplicaciones.

Por supuesto hay muchas otras aplicaciones al bloqueo de sección baja, pero como Saju Jirugi es enseñado a los muy principiantes, implica dejarlo sólo en lo básico, niveles bajos de aplicaciones acompañarían las técnicas, sin embargo, intermedio, avanzado o aplicaciones alternas, convendrían para aquellos quienes han subido de rango.

Capítulo 8: Saju Jirugi

Aplicaciones alternativas A Saju Jirugi

Aplicación alterna a movimientos 1/2:

- **Ap Joomok Jirugi** *(Puño frontal/delantero)*

- **Najunde Bakat Palmok Makgi**
  (Bloqueo sección baja de antebrazo externo)

Si somos lo suficientemente afortunados en tumbar a nuestro oponente con nuestro golpe después de que nos han agarrado, hemos de utilizar la mano de reacción para conservar el brazo de nuestro oponente, mientras se pivotea al próximo movimiento, Najunde Bakat Palmok Makgi *(Bloqueo sección baja antebrazo exterior)*, utilizamos el movimiento de bloqueo y la posición para chasquear el codo de nuestro oponente, haciéndolo inútil para continuar.

Ch'ang Hon Taekwon-do Hae Sul
Aplicaciones reales de los patrones ITF

**'Ninguna unidad lista de combate a pasado inspección.
Ninguna unidad lista de inspección ha pasado un combate'**

CAPÍTULO 9
Saju Makgi

사주 막기

Saju Makgi es el segundo ejercicio básico diseñado para introducir a los alumnos principiantes diferentes elementos básicos del Taekwondo.

Saju Makgi está dividido en dos partes y las mismas combinaciones de técnicas se realizan a favor de las manecillas del reloj y luego repiten en sentido contrario para que todas las técnicas se practiquen en ambos lados.

Saju Makgi tiene 8 movimientos repetidos en ambas direcciones

Ch'ang Hon Taekwon-do Hae Sul
Aplicaciones reales de los patrones ITF

Saju Makgi – *Paso A paso*

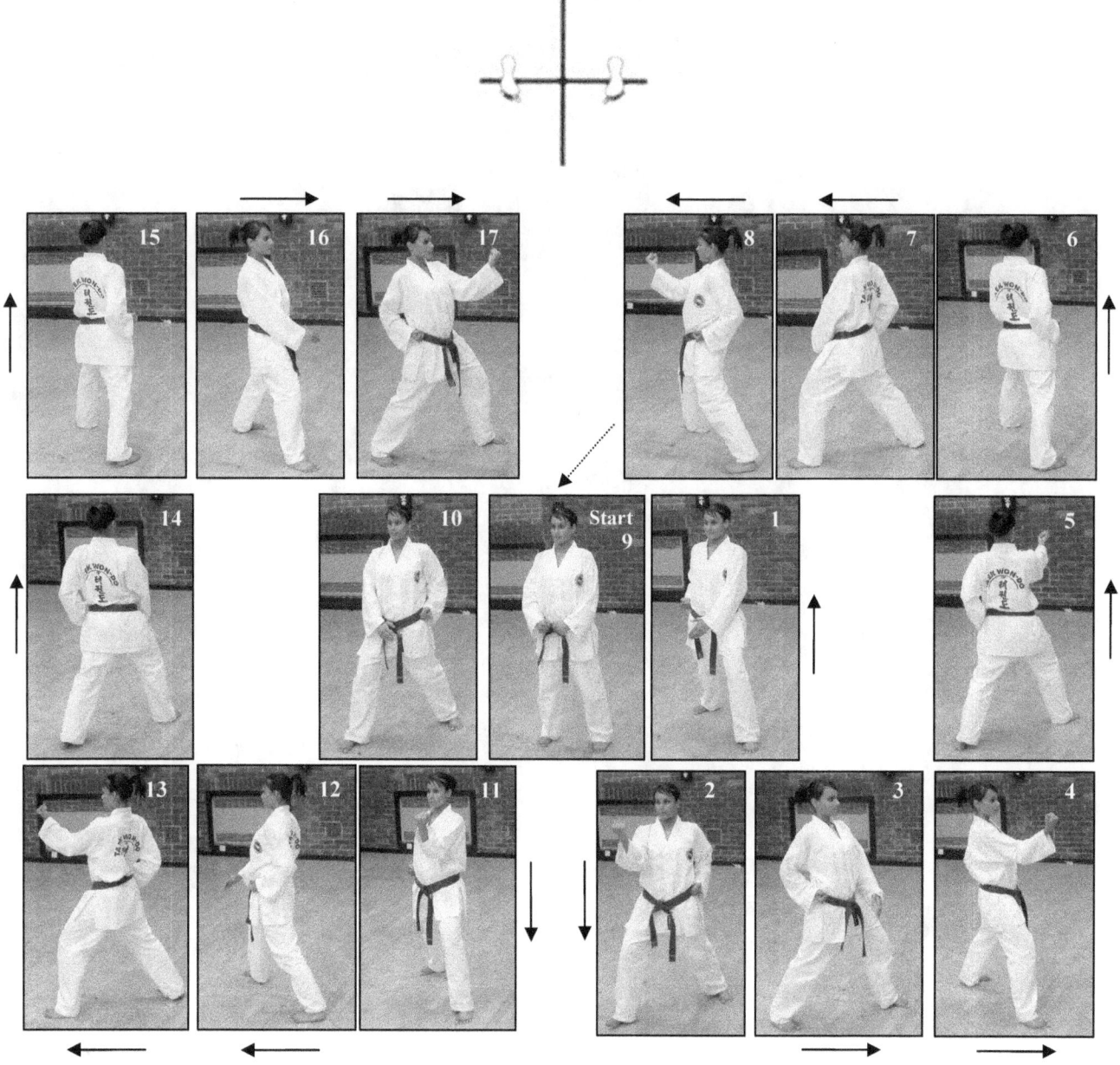

Como en Saju makgi hay movimientos repetidos es mejor el enseñar todas sus direcciónes.

Saju makgi tiene 8 movimientos repitiendo estos en ambas direcciones, demostrado aqui como comienzo a 17 e incluyendo la posición de regreso entre cada set de movimientos. El 1ro y el 10mo movimientos son ejecutados dando un paso retrocediendo desde el punto de comienzo (9), movimiento 8 regresa a Narani Junbi Sogi (9)

donde el estudiante gira a 90 grados, es ejecutado con un pivote, en véz de un paso.

Fotos son para referencia y claridad.

# Saju Makgi – *Introducción*

Saju Makgi (como Saju Jirugi) también se considera un ejercicio básico, enseñado al estudiante principiante de Taekwon-do. Como su contraparte, no se considera un patrón, aunque es similar en apariencia y ejecución.

Como Saju Jirugi, uno de los principales puntos de Saju Makgi es enseñar a los estudiantes cómo utilizar correctamente la cadera. Utilizando la potencia de cadera en bloqueos permite al estudiante a bloquear (o incluso utilizar cualquiera de las aplicaciones) con uso completo de la masa corporal en lugar de sólo la masa de un brazo.

Sin embargo, a diferencia de Saju Jirugi, Saju Makgi comienza dando un paso hacia atrás en lugar de hacia delante. Sigue siendo un ejercicio básico y para principiantes debe ser tratado como tal. No contiene (en la superficie) ningún ataque, por lo que sirve como un momento ideal para hablar sobre cómo un bloqueo puede ser un ataque.

Además de ser utilizado para practicar el torque de cadera como se menciona en Saju Jirugi, debe utilizarse para explicar los atributos importantes de las herramientas de bloqueo de antebrazo y la mano de cuchillo.

Como Saju Jirugi, técnicas en Saju Makgi son intercambiables y no se limitan a sólo las técnicas enumeradas pues pueden ser intercambiadas y ajustadas con casi cualquier tipo de bloqueo, ataque, posición e incluso patadas. Dicho esto, Saju Makgi comúnmente se enseña (99,9% del tiempo) con las aplicaciones que se muestran aquí.

Una vez más, como Saju Jirugi, Saju Makgi también abarca el movimiento (pivote) que no suele encontrarse en los patrones; donde llevar la pierna delantera a la mitad del camino, pivoteando a 90 grados y luego llevando hacia atrás cuando se bloquea. Nuevamente, el A B C de entrenamiento de poder de cadera.

- A. **Llevar la pierna a mitad de camino**
- B. **Pivotear y preparar el bloqueo (manteniéndolo al lado)**
- C. **Llevar la pierna hacia atrás girando el cuerpo mientras se ejecuta el bloqueo**

Aparte de la práctica vital de poder de cadera directamente tras el movimiento de giro de cadera, se enseña cómo impulsar y ejecutar su bloqueo medio en el punto correcto, asegurando que todo vaya en el punto correcto para una eficiencia máxima.

Estudiantes nuevamente deben centrarse también en respiración correcta y cuando (y cuando no) tensar los músculos para crear un efecto máximo. Nuevamente, como Saju Jirugi también podemos usar Saju Makgi para demostrar otros principios asociadas de Taekwon-do, así como aplicaciones básicas y aplicaciones más avanzadas, si lo desea (otra zona ideal de entrenamiento para que los estudiantes de rangos más altos den énfasis en la importancia de mantener el entrenamiento básico).

Ch'ang Hon Taekwon-do Hae Sul
Aplicaciones reales de los patrones ITF

Mediante el entrenamiento de Saju Makgi los estudiantes utilizan las siguientes técnicas, posiciones y movimientos:

- **Kaunde An Palmok Makgi** *(bloqueo sección media de antebrazo Interior)*
- **Najunde Sonkal Makgi** *(Bloqueo de canto de mano/cuchilla de sección baja)*
- La postura lista: **Narani Junbi Sogi** *(posición lista y preparada en pies paralelos)*
- Todos los movimientos se realizan en: **Gunnon Sogi** *(Posición de pies para caminar)*

Con su mezcla de bloqueos abiertos y cerrados podemos utilizar estos ejercicios básicos para demostrar no sólo los principios básicos sino también unas cuantas aplicaciones más avanzadas – dependiendo de la preferencia del instructor y el progreso del estudiante.

La postura lista de Narani Junbi Sogi (*Posición listo y preparado con pies paralelos*) utilizada para Saju Jirugi y Saju Makgi es una postura básica utilizada en muchas artes marciales, especialmente el Karate; la única diferencia es que en lugar de los brazos hacia abajo con los puños hacia el suelo, se posicionan ligeramente hacia adentro con los nudillos de los puños casi apuntando hacia ellos mismos. Los brazos están ligeramente flexionados y el alumno relajado. Este movimiento se ha considerado para que el estudiante aparezca físicamente más grande.

Capítulo 9: Saju Makgi

Aplicaciones de Saju Makgi

En los ejercicios a continuación podemos ver cómo Saju Makgi puede utilizarse para demostrar las distintas formas en que puede utilizarse un bloqueo, más allá de su aplicación normal como sólo un bloqueo.

El primer movimiento desde la posición de listo y preparado es desde donde damos un paso con la pierna derecha hacia atrás y ejecutamos:

- **Najunde Sonkal Makgi**
  (Bloqueo con canto de mano o mano en forma de chuchillo) -mano izquierda.

  Y luego avanzar en:
- **Kaunde An Palmok Makgi**
  (Bloqueo de antebrazo interior a la sección media)

Podemos utilizar el primer bloqueo para demostrar cómo liberarse de un agarre de muñeca con un doloroso ataque.

El estudiante atacante agarra nuestro brazo izquierdo con su mano derecha, desde la posición de listo. Damos Paso atrás y preparamos. El movimiento giratorio de preparación nos permite tirar nuestra mano agarrada liberándola halando por el punto débil del agarre de nuestro atacante al torcer nuestra muñeca. Si el agarre es sólido, también se moverá el hombro opuesto de nuestro oponente haciendo el golpe ineficaz. Inmediatamente ataque abajo con la mano en cuchilla, en la ingle o muslo. Con éxito se retorcijarán por el dolor producido del ataque o si no, se moverán para cubrir su área de la ingle (un reflejo natural en los hombres).

Damos un paso adelante y atacamos con nuestro antebrazo en el lado del cuello, al nervio braquial o la arteria carótida. Incluso si el lanzamiento no tuvo éxito, el jalón hacia abajo del bloqueo significa que tenemos una clara línea de ataque para atacar y el movimiento de atrás/adelante sirve para confundir y desequilibrar a nuestro oponente aún más.

Luego gire 90 grados contra el reloj y vuelva a realizar:

- **Najunde Sonkal Makgi**
  (Bloqueo de sección baja de mano de cuchillo) con nuestra mano izquierda.

  Otra vez paso adelante en:
- **Kaunde An Palmok Makgi**
  (Bloqueo de antebrazo interior a la sección media)

Aquí usamos Najunde Makgi Sonkal en una aplicación mucho más avanzada.

Tras nuestra defensa anterior, un oponente viene se acerca para atacar. Desde aquí realizamos la preparación, alcanzando alrededor de la cabeza de nuestro oponente. Utilizamos nuestra mano cuchillo para agarre (alrededor) del rostro del atacante justo antes de completar el bloqueo. Realizamos entonces el bloqueo y torcemos la cabeza o el cuello del atacante, causando que se rompa o si no, girando hacia el piso en dolor.

Desde aquí avanzar, agarre su pelo y prepare un Kaunde An Palmok Makgi rápidamente para tirar del cuello o la cabeza para un lado, luego realizamos el bloqueo y torciendo en la dirección opuesta, bruscamente. Incluso si el primer bloqueo no rompe el cuello, el segundo bloqueo por lo menos articulará el dolor mucho más.

Capítulo 9: Saju Makgi

Nuevamente gire 90 grados contra reloj y vuelva a realizar:

- **Najunde Sonkal Makgi**
  (Bloqueo de mano en cuchilla sección baja) con nuestra mano izquierda.

  Otra vez paso adelante en:
- **Kaunde un Palmok Makgi**
  (Bloqueo de antebrazo interior a la sección media)

Esta vez vamos a utilizar Najunde Sonkal Makgi para liberarnos de un agarre.

Siendo agarrado nos preparamos con una defensa apretada. Salimos con el primer ataque, el primero siendo con la punta de nuestro codo. Esto puede ser para el bíceps, el pecho o en el interior frontal del hombro, ya que todos contienen puntos de presión, seguimos con el bloqueo para golpear todo lo que está disponible (posiblemente la ingle). Avance en An Palmok Kaunde Makgi, nuevamente con el codo golpeamos al oponente mientras nos preparamos y acabar golpeando en la temple con el nudillo del pulgar de nuestro puño.

Ch'ang Hon Taekwon-do Hae Sul
Aplicaciones reales de los patrones ITF

Una vez más gire 90 grados contra reloj y vuelva a realizar:

- **Najunde Sonkal Makgi**
  (Bloqueo de mano de cuchilla sección baja) con nuestra mano izquierda.

  Otra vez paso adelante en:
- **Kaunde An Palmok Makgi**
  (Bloqueo de antebrazo interior en la sección media)

Esta vez nuestro oponente nos ha agarrado, pero ha metido su cabeza tan cerca, que no podemos agarrar su cara como hicimos anteriormente, por eso usamos la moción preparatoria de Najunde Makgi Sonkal para realizar un ataque de mano cuchilla en la parte posterior de su cuello, ablandando a nuestro atacante.

Mientras bloqueamos, agarramos o (empuje de palma) en el hombro, girando nuestro oponente. Esto sucede tan rápido, que en el lado opuesto mantiene su agarre, por eso usamos Kaunde An Palmok Makgi para dar un paso adelante y romper la articulación del codo o sujetar el brazo. El brazo de reacción debe sujetar al atacante para asegurarse de que no puede soltar su brazo mientras atacamos.

Luego paso a Narani Junbi Sogi *(Posición paralela lista)* y realizar todo al revés, las mismas aplicaciones de trabajo en el lado opuesto o incluso diferentes aplicaciones. Por supuesto hay muchas otras aplicaciones de bloqueos en mano cuchilla sección baja y bloqueo sección media de antebrazo interior, pero como Saju Makgi es enseñado a los muy principiantes, implica en razonar, sólo lo básico, en los niveles bajos las aplicaciones acompañarían las técnicas, sin embargo, como en Saju Jirugi, intermedio, avanzado o aplicaciones alternativas convendrían a quienes han subido los rangos.

CAPÍTULO 10
Chon-Ji Tul
el patrón Fundamental

천지틀

Chon-Ji significa literalmente *'el cielo, la tierra'*. En el Oriente, es interpretado como la creación del mundo o el comienzo de la historia humana, por lo tanto es el patrón inicial, practicando por el principiante.

Este patrón se compone de dos partes similares, una para representar el cielo y la otra para representar la tierra.

Chon-Ji tiene 19 movimientos

Ch'ang Hon Taekwon-do Hae Sul
Aplicaciones reales de los patrones ITF

Chon-Ji Tul – *Paso A paso*

Fotos combinadas indican combinaciones sin paso.

un espacio entre fotos indica un paso.

Las fotos son para referencia y claridad.

Las flechas (———▶) enseñan la dirección correcta

Capítulo 10: Chon-Ji Tul

Ch'ang Hon Taekwon-do Hae Sul
Aplicaciones reales de los patrones ITF

Chon-Ji Tul – *Introducción*

Chon-Ji es nombrado después de un lago en la Montaña Paektu en la provincia de Ryanggang de lo que es ahora Corea del Norte, realmente siendo un cráter de volcán extinto.

La leyenda cuenta que fue donde el fundador legendario de Corea, Dan-Gun, primero vivió siendo es el pico más alto en Corea que a menudo se refieren a él como el *'Techo de Corea'.*

Chon-Ji en realidad significa *' lago celestial '* y se dice que el General Choi Hong Hi a

llamado el patrón en nombre del lago porque el agua es tan clara y calmada que literalmente puedes ver el cielo encontrándose con la tierra, las dos partes de Chon-Ji tul representan esto.

El amanecer sobre la meseta Paektu prepara el cielo del este en llamas en los colores del hierro fundido, tiñandolo en oro y plata fosforecente, como rayos deslumbrantes desde el sol se desparse atravéz del firmamento.

Aunque en Saju Jirugi y Saju Makgi el principal objetivo es poder de la cadera, Chon-Ji nos lleva un paso más. Nuevamente, es utilizado para enseñar el trabajo de cadera, pero no es tan básico como en los Sajus que pueden verse como el A B C de entrenamientos de cadera, mientras que Chon-Ji enseña cómo lograr la máxima potencia en las caderas por uso de rotación de cuerpo completo y pivote.

En Chon-Ji, aprendemos cómo adaptar las caderas completamente utilizando los giros de 180 grados. Esto hace que nuestras caderas añadan tanto poder como sea posible a los movimientos, como idealmente necesitamos 180 grados de movimiento para lograr la máxima potencia o seguir a través de, además de que no siempre es viable preparar un bloqueo detrás de nosotros con respecto a usarlo contra un oponente y Chon-Ji nos permite obtener este máximo forzando al estudiante a que Gire 180 grados y así utilizar las caderas tan completamente como sea posible en cuanto giramos para bloquear.

Capítulo 10: Chon-Ji Tul

Chon-Ji también enseña al estudiante a utilizar su masa corporal correctamente mediante la introducción de Niunja Sogi *(Posición- L)* a direccionar la fuerza hacia atrás, así como mantener Gunnon Sogi *(Posición para caminar)* para proyectar la fuerza hacia adelante. El estudiante debe intentar coordinar sus bloqueos al caer en las posición y así obtener ventaja de su peso corporal en los movimientos, esto es esencial para algunas de las aplicaciones que usted aprenderá en este libro, como a menudo puede significar la diferencia entre romper un codo o herir tu propio brazo.

Es simplemente una mala práctica permitir que el estudiante gire trasladándose a una posición y luego bloquear. El movimiento del bloqueo debería ser coordinado con las finalidades de las posiciones por lo que es el entrenamiento que buscamos.

Una vez que los principios son aprendidos y puestos en práctica cada vez, podemos usar Chon-Ji para enseñar aplicaciones básicas porque a pesar de que el bloqueo bajo es visto como un bloqueo básico que se utiliza todo el tiempo, sólo aparece en dos patrones (Chon-Ji y Dan Gun) y luego desaparece hasta 3er kup (Toi-Gye tul y luego como parte de una combinación donde el punto de enfoque principal es el golpe con el reverso del puño y *oficialmente* no es ni un bloqueo, sólo el brazo moviéndose hacia abajo). En realidad sólo aparece como técnica en sí nuevamente en 2do kup, en Hwa Rang tul. Para la mayoría de los estudiantes Hwa Rang tul (o Toi-Gye tul) están fuera de sus alcances por muchos años y Najunde Bakat Palmok Makgi *(Bloqueo sección bajo antebrazo exterior)* contiene muchas aplicaciones que pueden mantener a Chon-Ji fresco y en un sentido nuevo, en los años siguientes.

Aunque podemos variar las aplicaciones que utilizamos, para este capítulo voy a enumerar algunas otras útiles que también utilizan el diagrama del patrón, algunos que aparecen en los patrones de cinturón negro, pero pueden ser enseñados antes si es necesario (o intercambiar dependiendo del grado del estudiante). Todo esto alienta a los estudiantes y muestra que hay más que solo bloqueos básicos y ataques e interesantes cosas para avanzar a medida que avanzan o para que los estudiantes de más altos niveles mantengan sus patrones de grado inferiores en forma superior y revitalice su proceso de pensamiento profundizando en Chon-Ji tul.

Ch'ang Hon Taekwon-do Hae Sul
Aplicaciones reales de los patrones ITF

Aplicaciones de Chon-Ji tul

Empezamos en Narani Junbi Sogi *(Posición de pies paralelos, listos y preparados)*, desde aquí gire 90 grados y realice:

- **Najunde Bakat Palmok Makgi**
  (Bloqueo sección Baja, antebrazo exterior)
  con nuestro brazo izquierdo.

- **Kaunde Ap Joomok Jirugi**
  (Puño frontal sección media)

Podemos usar la primera aplicación para demostrar una fácil derriba desde un abrazo de oso.

El atacante tiene al estudiante agarrado con un agarre de oso desde atrás (sobre los brazos). Utilice el movimiento de preparación (cruzar los brazos) del bloqueo para asegurar algún margen de maniobra cuando gire, mientras que al mismo tiempo pisar con su pierna izquierda detrás del atacante. Idealmente, la preparación debe ser ejecutada tan pronto sientas que las manos de tu oponente lleguen a ti. Desde aquí, simplemente realice el bloqueo y el atacante caerá. El puño puede demostrarse de todas las formas que guste, tal vez como un seguimiento de un segundo atacante.

Desde aquí Gire 180 grados hacia la derecha y volver a realizar:

- **Najunde Bakat Palmok Makgi**
  (Bloqueo sección Baja de antebrazo exterior),
  con nuestro brazo derecho

- **Kaunde Ap Joomok Jirugi**
  (Puño frontal a la sección media)

Podemos utilizar esto para mostrar una aplicación fácil de candado de muñeca.

Mostramos este ataque desde atrás como se alinea con el patrón, aunque por supuesto la aplicación se realiza fácilmente sin el giro.

Capítulo 10: Chon-Ji Tul

El atacante agarra el hombro derecho del estudiante, desde allí, gire y prepare su bloqueo con el codo derecho sobre la mano del atacante. Al girar, use el bloqueo para agarrar la mano de su oponente colocando el dedo pulgar de la mano derecha encima de la de el con tus dedos en la misma dirección que el puño estaría pero úsalos para despegar la mano del atacante.

Seguir el movimiento del bloqueo y esto obliga al atacante irse hacia abajo en un esfuerzo para aliviar el dolor por usted estar torciendo su brazo. Desde aquí seguimos con el puño al lado de la mandíbula o las costillas flotantes, dependiendo de su posición.

A continuación gire 90 grados en sentido contrario de las manecillas del reloj y realizar:

- **Najunde Bakat Palmok Makgi**
  (Bloqueo Sección baja antebrazo exterior)
  con nuestro brazo izquierdo

- **Kaunde Ap Joomok Jirugi**
  (Puño frontal sección media)

Esta podemos utilizarla para demostrar un simple punto de presión para zafarnos.

Tener el atacante agarrando el dobok del estudiante a la altura del plexo solar, en el lado.

Pivotee y prepare, cuando bloqueemos golpeamos el brazo que nos agarra en un ángulo recto de 90 grados cerca del punto de presión radial, un par de pulgadas de la muñeca.

Este es un ejemplo excelente para del por qué es tan importante seguir a través de. Una vez más, seguimos con el puño para terminar la defensa.

El punto de presión radial es realmente más arriba en el brazo pero golpeando justo debajo de la muñeca, utilizamos el punto de presión y aseguramos que  el agarre sea difícil de mantener debido a la falta de flexibilidad alrededor de la empuñadura. Si golpeamos el punto directamente nos *podría* conseguir una liberación, pero el subproducto es que el atacante normalmente sacuda hacia delante y de hecho golpearnos con la cabeza, en la práctica también he encontrado que a pesar del dolor, el atacante es realmente capaz de mantener el agarre bastante a menudo así.

Giramos a 180 grados y vuelva a realizar:

- **Najunde Bakat Palmok Makgi**
  (Bloqueo sección Baja antebrazo exterior),
  nuevamente con el brazo derecho

- **Kaunde Ap Joomok Jirugi**
  (Puño frontal a la sección media)

Para el bloqueo final sección baja de Chon-Ji demostramos una técnica mucho más avanzada utilizada para romper el codo del atacante.

En cuanto el estudiante gira, su muñeca (izquierda o derecha) es agarrada. El alumno intenta inmediatamente la preparación del bloqueo y la mano de reacción empuja el brazo del atacante en

Capítulo 10: Chon-Ji Tul

línea recta, mientras que el brazo de bloqueo intenta llegar a la posición preparatoria a través del brazo del atacante. Por supuesto esto es imposible, pero intentándolo al 100% debería funcionar con el fin de crear el seguimiento (esta vez dentro de la moción preparatoria) para garantizar una rotura de codo exitosa.

Tras la rotura del codo, el estudiante termina la técnica dando un paso hacia adelante y golpeando con un puño de martillo a la ingle del oponente y siguiendo con el puño, la mano de reacción del ataque ayudando a exagerar y aumentar el dolor en la articulación del codo roto.

Desde aquí giramos 90 grados en sentido contrario del reloj en **Niunja Sogi** *(Posición en-L)* mientras se realiza:

- **Kaunde An Palmok Makgi**
  (Bloqueo sección media con antebrazo interior)
  con nuestro brazo izquierdo

- **Kaunde Ap Joomok Jirugi**
  (*Puño frontal sección media*)

Este es un excelente punto para demostrar que un bloqueo no necesariamente se usa con el antebrazo como un bloqueo. Un oponente intenta agarrarnos, caemos nuevamente en una postura defensiva, obligándolo a estar fuera de alcance y utilizamos el bloqueo para atacar la parte superior del brazo para rotar a nuestro oponente mientras intenta agarrarnos. El puño que sigue puede aplicarse al lado de la mandíbula o costillas flotantes como estas ahora están expuestas.

A continuación usamos un giro de 180 grados hacia la derecha ejecutando nuevamente:

- **Kaunde An Palmok Makgi**
  (Bloqueo sección media con el antebrazo interior) con nuestro brazo derecho mientras caemos en **Niunja Sogi** *(Posición en-L)*.

- **Kaunde Ap Joomok Jirugi** (*Puño frontal sección media*)

Ch'ang Hon Taekwon-do Hae Sul
Aplicaciones reales de los patrones ITF

Esta vez podemos demostrar cómo usamos la postura y el bloquear en combinación si no logramos rotar a nuestro atacante como se mostró anteriormente. Giramos y agarramos logrando un estrangulamiento frontal. Utilizamos el caer en la posición de **L** para demostrar cómo se traba el brazo del oponente para la rotura prevista y cómo se aplica el bloqueo para romper el codo y el ataque nuevamente para finalizar a nuestro oponente. El movimiento posterior de extracción cuando caemos en Niunja Sogi bloquea el brazo de nuestro oponente, que es esencial para romper la articulación. De nuevo, ¡terminamos con el puño delantero, quizás a la garganta!

A continuación usamos un giro de 90 grados en sentido contrario al reloj.

- **Kaunde An Palmok Makgi**
  (Bloqueo de antebrazo interior a la sección media)
  con nuestro brazo izquierdo

- **Kaunde Ap Joomok Jirugi**
  (*Puño frontal a la sección media*)

Esta vez podemos demostrar el uso de Kaunde An Palmok Makgi *(bloqueo de antebrazo interior a la sección media)* para tirar a un oponente fuera de equilibrio y al mismo tiempo anular un ataque.

El oponente agarra la muñeca del estudiante con el fin de iniciar un ataque.

En el momento en que el agarre se siente, el estudiante pivota y comienza la preparación mientras cae lejos del oponente, esto hala el hombro del atacante bruscamente hacia adelante. El estudiante entonces inmediatamente bloquea y cae en la postura. Este movimiento rápido revela lo que pretendía el atacante; que era agarrar al estudiante y pegarle. El rápido movimiento de pivoteo como la preparación y el bloqueo se emplean anulando el

Capítulo 10: Chon-Ji Tul

ataque por la brusca sacudida de hombros del atacante, forzando el hombro del brazo del atacante en dirección opuesta haciendo que el puño se detenga por completo o si se ejecuta carece de poder y si llegara no haría daño.

Utilizando esta aplicación también hace que el brazo agarrante del oponente sea proyectado a través de su propio cuerpo, dejándolo en una posición privilegiada para un bloqueo del brazo o rotura del codo o simplemente una patada frontal en el abdomen o plexo solar, aunque Chon-Ji simplemente muestra un puño hacia adelante, que afectaría el hueso del lado de mandíbula del atacante. En el patrón, la mano de reacción para el bloqueo normalmente se retira a la cadera, pero en este caso la utilizamos para sujetar en la mano del atacante para asegurarse de que no se libere con una sacudida repentina.

Además podríamos demostrar cómo un ataque puede aplicarse a otras partes del cuerpo, como la parte posterior del hombro para ayudar a dañar el brazo, incluso podríamos atacar la articulación directamente si queremos.

Utilizamos el giro final de 180 grados hacia la derecha en:

- **Kaunde An Palmok Makgi**
  (Bloqueo de antebrazo interior a la sección media) con nuestro brazo derecho

- **Kaunde Ap Joomok Jirugi** *(Golpe de puño frontal a la sección media)*

El bloqueo final puede utilizarse para demostrar el viejo adagio de *'cuando un bloqueo no es un bloqueo '*, la respuesta está por supuesto *'cuando es un ataque'*.

Aquí el estudiante utiliza el movimiento preparatorio del bloqueo como cubierta para un puño entrante (en este caso es un gancho de derecha). Después que hemos cubierto o parado y asegurando que no estamos golpeados por el golpe, utilizamos la mano de reacción para agarrar y sujetar el brazo del atacante y utilizar el brazo de bloqueo para atacar bajo la axila, las costillas flotantes expuestas o incluso al lado del cuello dependiendo de donde esté colocado nuestro brazo de bloqueo después de esquivar.

Por supuesto, el puño a continuación puede utilizarse como un ataque más si es necesario.

Terminamos el patrón por realizar:

- **Kaunde Ap Joomok Jirugi**
  (*Puños frontales a la sección media*)
  moviendo hacia delante dos veces

- **Kaunde Ap Joomok Jirugi**
  (*Puños frontales a la sección media*)
  moviendo hacia atrás dos veces

Los 4 puños finales de Chon-Ji (dos adelante y dos hacia atrás) pueden utilizarse para demostrar el impulso hacia adelante de nuestro atacante y no depender de un solo golpe, especialmente para los rangos menores, después de una aplicación exitosa de bloqueo, con los dos últimos demostrando golpear mientras se retira. Por supuesto son un ejercicio básico para permitir al estudiante principiante la práctica de puños en ambos lados y en ambas direcciones.

Capítulo 10: Chon-Ji Tul

Aplicaciones Alternas a Chon-Ji Tul

Aplicación alternativa a los movimientos 3 o 7:
- **Najunde Bakat Palmok Makgi** *(Bloqueo Sección baja antebrazo exterior)*

Esta aplicación no sólo utiliza Najunde Bakat Palmok Makgi sino también el giro a 180 grados en el patrón. El estudiante es agarrado en el hombro por detrás. El estudiante comienza a girar y utiliza el movimiento preparatorio del bloqueo para golpear al atacante con su codo. Siguiendo con el pivote el bloqueo se ejecuta e impacta contra el cuello del atacante, mientras que la mano de reacción agarra el atacante y el movimiento hacia abajo del bloqueo es aplicado para derribar al atacante.

Aplicación alternativa a los movimientos 1, 3, 5 ó 7:

- **Najunde Bakat Palmok Makgi**
  (Bloqueo Sección baja de antebrazo exterior)

Una de las más comúnmente enseñadas aplicaciones de Najunde Bakat Palmok Makgi es la de un agarre de brazo.

Personalmente creo que hay mejores técnicas para facilitar este tipo de aplicación porque es rara para aplicar debido a la posición requerida. Sin embargo, puede resultar útil por lo que se incluye aquí.

Cuando el brazo del estudiante es agarrado, da un paso hacia adelante y prepara el bloqueo sobre los brazos del atacante. El bloqueo se aplica entonces con velocidad en los tríceps, hombro o en la parte trasera del hombro del atacante, produciendo un bloqueo de brazo o el hombro.

Alternativamente, si el estudiante ha tirado el brazo recto lo suficiente, podría aplicar una técnica de ruptura al codo.

CAPÍTULO 11
Dan-Gun tul
el patrón de ataque a la garganta

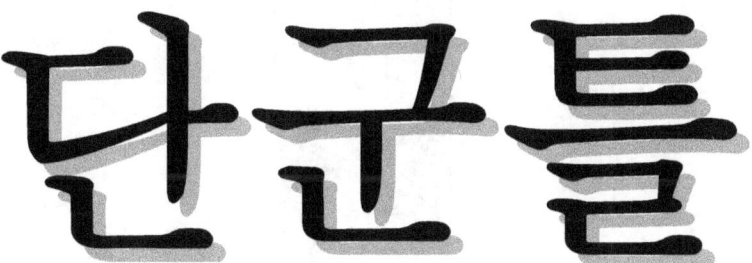

**Dan Gun es nombrado en nombre del santo Dan-Gun.
El legendario fundador de Corea en el año 2333 a.c.**

Dan-Gun tiene 21 movimientos.

Ch'ang Hon Taekwon-do Hae Sul
Aplicaciones reales de los patrones ITF

Dan-Gun tul – *Paso A paso*

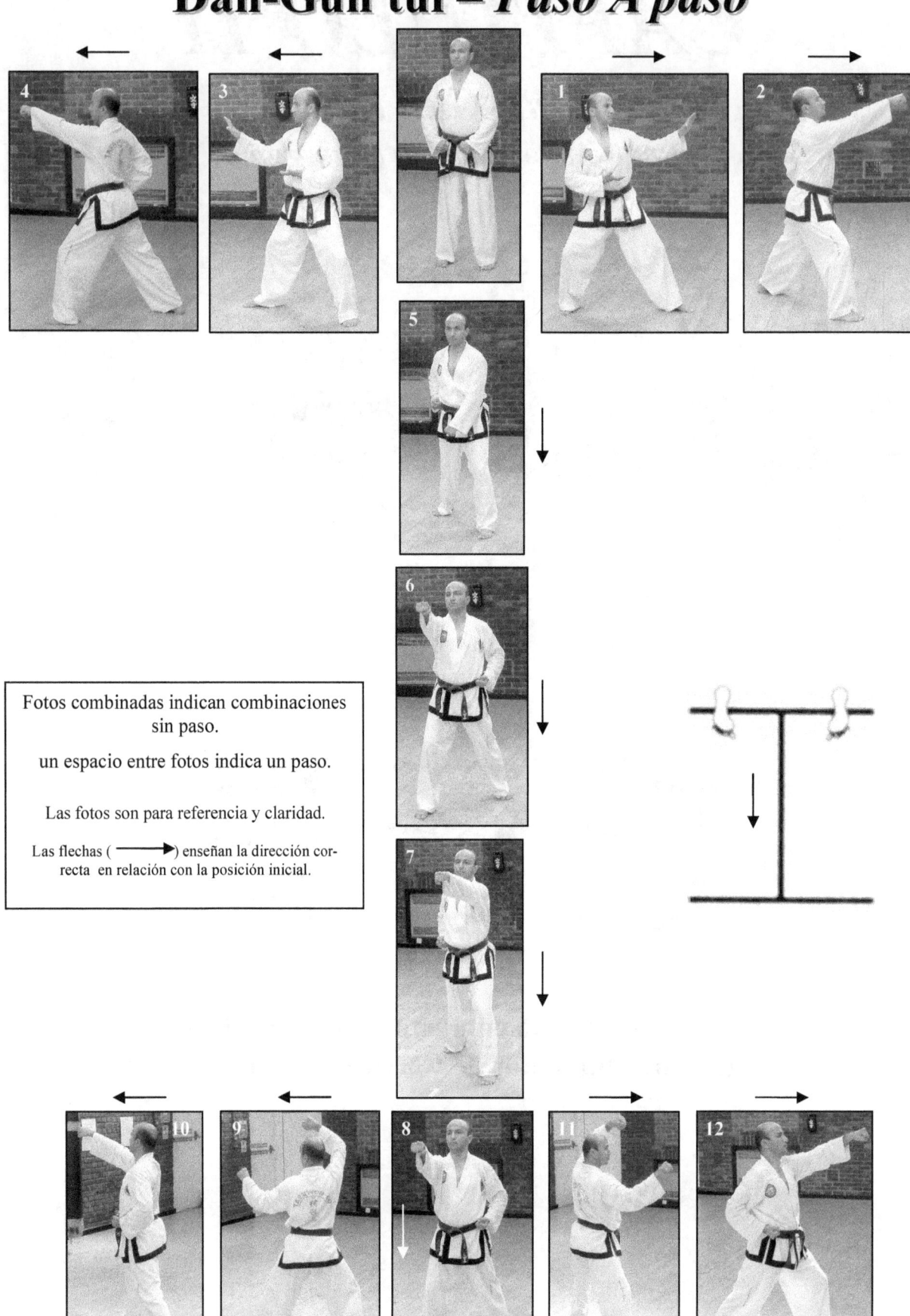

Fotos combinadas indican combinaciones sin paso.

un espacio entre fotos indica un paso.

Las fotos son para referencia y claridad.

Las flechas (⟶) enseñan la dirección correcta en relación con la posición inicial.

Capítulo 11: Dan-Gun Tul

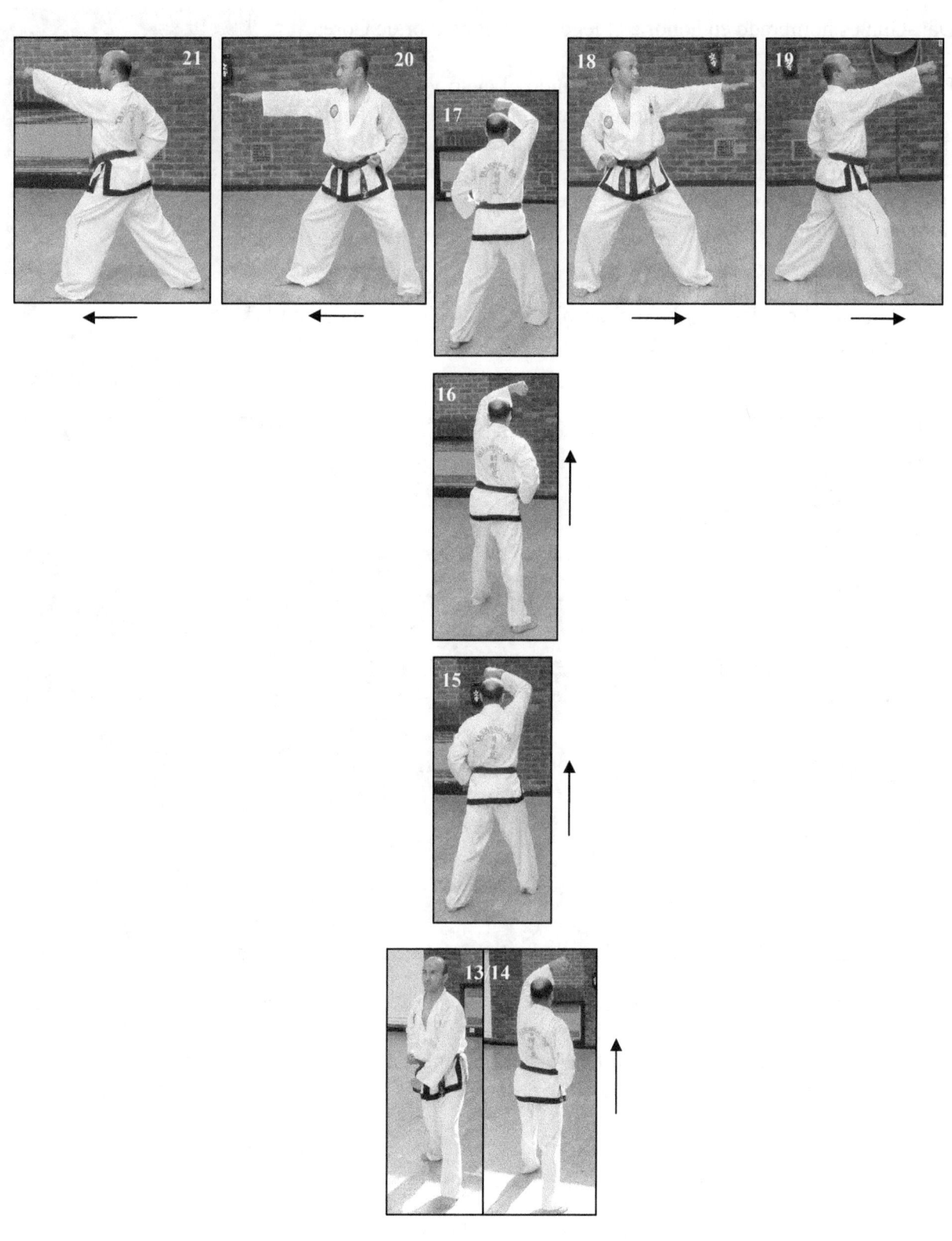

Estos movimientos son combinados sin pasos entre ellos - ambos deben ser ejecutados mirando hacia la dirección de la flecha

Ch'ang Hon Taekwon-do Hae Sul
Aplicaciones reales de los patrones ITF

Dan-Gun tul – *Introducción*

Dan-Gun es nombrado en honor a el legendario fundador de Corea.

La leyenda dice que hubo un tiempo cuando el cielo y la tierra eran uno y animales podían hablar como los humanos. El Dios Hwanin envió a su hijo Hwang-Ung hacia el este para construir un nuevo país. Hwang-Ung se estableció en la montaña Paektu (véase Chon-Ji), el pico más alto de la peninsula en lo que es ahora Corea del Norte. Esto fue en 2.333 a.c. durante el reinado 25 del Emperador Yao de China.

La imagen[44] es una representación de la leyenda de Dan-Gun y Hwang-Ung (hijo del dios Hwanin) bajo el árbol de sándalo (mencionado en la versión de la leyenda Kim Pu-Sik) con el tigre y el oso que querían ser humano.

Un día un tigre y un oso aparecieron delante de Hwang-Ung y preguntaron si podían transformarse en forma humana. Después de mucho pensar Hwang-Ung informó a los animales que podía concederles su deseo, pero sería difícil y tomaría mucha paciencia. Los animales acordaron que harían todo lo que estuviera en su poder para ser humanos y que su deseo se hiciera realidad.

Hwang-Ung entregó a el tigre y el oso veinte dientes de ajo y algunos gusanos y fueron ordenados a comérselos mientras se quedaran en una cueva y oraban fervientemente por 100 días.

Después de veinte días el tigre hambriento no pudo continuar, por lo que abandonó la cueva al día siguiente en busca de alimento y así se quedó un tigre. Cuando los 100 días estaban casi por finalizar, el oso empezó a perder su pelaje y sus patas traseras comenzaron a cambiar, hasta que al final de los 100 días el oso se había transformado completamente en una hermosa mujer. Se hizo

---

[44] Fotografías en este capítulo introductorio son cortesía de David A. Mason, www.san-shin.org. Reproducido con permiso y gracias.

Capítulo 11: Dan-Gun Tul

conocida como Ung-Yo lo que significa *la niña encarnada desde un oso'*. Hwang-Ung, tan tomado por su belleza, se casó con Ung-Yo y dio a luz a un hijo, que llamaron Dan-Gun. Este niño dio lugar a la primera dinastía de Corea, llamado Chosun, que significa literalmente *'tierra de la mañana calmada'*, ahora conocida como Corea.

Otra versión de la leyenda (posiblemente la primera), por el erudito del siglo XII General Kim Pu-Sik, quien escribió la *'Sam-Guk-Sagi' o 'Regitro de los tres reinos'*; la fuente más antigua de la historia de los tres reinos de Corea, cuenta una historia similar, excepto que Hwang-Ung dijo al tigre y el oso a retirarse de la luz del sol durante 21 días con los alimentos, con el fin de convertirse en hombres.

El Tigre, por su fiereza, no pudo aguantar la totalidad de 21 días y salió mientras el oso, con mayor paciencia y fe, permaneció durante el tiempo y se transformó en una mujer perfecta.

Se dice que Dan-Gun introdujo el rito del matrimonio, el título y relación de un rey, el arte de cocinar y la construcción de viviendas, corte de árboles y la agricultura y cómo enlazar su pelo con paño para los hombres de las 'nueve tribus salvajes ' después de haber encontrado a Dan-Gun, sentado bajo un árbol. También introdujo el culto religioso y se dice que construyeron el primer altar en 2265 a.c. en el pico más alto (Muni-San) de la isla de Wha Kang. Esto se conoce como Altar de Dan-Gun. Dan-Gun tiene fama de haber vivido con su esposa, Pi So-Ap, y sus hijos, quienes se dice que han construido la fortaleza de Sam - Nang en la isla de Chung-Dung.

En 1122 el tío del rey Shang de China, Ki-Ja, escapó el derrocamiento de la dinastía Shang y migran a Corea con 5.000 seguidores. Después de reinar durante 1.211 años, Dan-Gun huyó del ejército de Ki-Ja para el pueblo de Mun-Wha, reanudó su forma de espíritu y desapareció de la tierra. El Ki-Ja gobernó a Corea de 1122 a.c. a 193 a.c. enseñando a la gente la cultura China en forma de cartas, lectura, escritura, medicina y arte. El santuario en Mun-Wha hoy contiene sus 410 pies (de circunferencia) *'Tumba'*.

La tumba de Dan-gun (Izquierda) y el presunto monumento de piedra original dice la historia de la 'Tumba del rey Dan-Gun' (sin verificar por arqueólogos fuera de corea del norte), encontrado en este lugar con las ruinas enterradas de la tumba original. Dos grandes esqueletos hoy se encuentran consegrados dentro de la reconstrucción; se dice que pertenecen al rey Dan-gun y su esposa.

Dan-Gun es conocido como el nieto del Señor de los cielos, fundador de Corea del primer reino y se dice que *'se ha retirado a la montaña como espíritu'*, probablemente en Kuwol-San (montaña de nueve lunas) en Pyeongyang, Corea del Norte. Dan-Gun sigue siendo una figura espiritual que ha ayudado a mantener una fuerte cultura coreana y es esta fuerte creencia en la identidad que ha ayudado a Corea a protegerse de la invasión a lo largo de su historia. El 3 de octubre se celebra como fiesta nacional, conmemorando el padre fundador, Dan Gun.

Estatua de Dan-Gun

Los 21 movimientos en este patrón refieren a la parte de la leyenda de Dan-Gun (dependiendo de la versión en que usted vaya), donde el mítico tigre no pudo perseverar y sólo hibernó por 20 de los 100 días necesarios o que no podía soportar los 21 días que él pretendía, para su transformación en forma humana.

Dan-Gun, siendo uno de los patrones de grado inferiores inicialmente parece implicar movimientos muy básicos. Golpes básicos trabajan en la alta sección a lo largo; el patrón consiste en un par de bloqueos de sección baja y media pero muchos más bloqueos de sección alta como bloqueos de antebrazo gemelos (aunque esto es medio y alto) y bloqueos ascendentes. Bloqueos que tienen dos manos involucradas (es decir, bloqueo de guardia con manos abiertas o bloqueo de antebrazo gemelos) sólo se muestra empleando la mano delantera en la aplicación en la mayoría de los libros.

Aplicaciones básicas para los puños de sección alta incluyen un puño alto a un oponente más alto a la mandíbula del oponente (que realmente no tiene sentido teniendo en cuenta todas las técnicas del patrón se suponen que deben realizarse en relación con el tamaño de su propio cuerpo), a un oponente repentino en las costillas o al plexo solar del oponente, algunas de las imágenes en la enciclopedia no muestran una aplicación a las técnicas de puño para nada. Los bloqueos sección baja trabajan contra patadas frontales para ambos, los bloqueos de antebrazo gemelos contra una patada lateral (la mano superior no es utilizada en lo absoluto) y los bloqueos ascendentes contra ataques descendentes de mano de cuchilla y ataques de vara. Los ataques de manos de cuchillas finales son empleados en una imagen contra el bíceps de un brazo con el cuerpo de lado (como sería en una postura de boxeadores).

En la sección de aplicaciones de Dan-Gun tul, vemos que ofrece muchas técnicas de ataques, aunque a menudo los estudiantes son enseñados a emplearlos de la misma forma. Se concentran en los ataques, tiros y ataques a puntos vitales alrededor de la cabeza, el cuello y la garganta, incluyendo la laringe, la arteria carótida, la temple y la línea de la mandíbula y el uso de la cabeza y el cuello para realizar tumbes viciosos.

Dan-Gun comienza en Narani Junbi Sogi (*Posición lista y paralela*) no puedo encontrar escrito de relevancia histórica entre el significado del patrón y la postura preparatoria de listo. Dan-Gun es una figura mítica, pero si miramos los dibujos representados de él podemos ver sus brazos están hacia adentro como en la postura lista y preparada, alrededor de la misma altura que el usa en la postura lista y podría ser urdido que solo la túnica se reúne en el centro y sus puños están cerrados en la posición de postura lista, pero esto no es más que un pensamiento y no de cualquier manera concluyente.

Capítulo 11: Dan-Gun Tul

Aplicaciones de Dan-Gun tul

De Narani Junbi Sogi (*Posición listo y paralelo*) utilizamos las siguientes técnicas:

- **Kaunde Sonkal Daebi Makgi**
  (*Bloqueo de guardia sección media con manos en cuchillo o abiertas*)

- **Nopunde Baro Ap Joomok Jirugi**
  (*Puño frontal a la sección alta*)

Partimos de un agarre de muñeca a nuestra mano izquierda, con ambas manos del oponente. Cuando pasamos al bloqueo preparamos nuestro bloqueo de guardia de manos de cuchilla, y luego paso adelante.

No importa qué mano nos ha agarrado, el movimiento preparatorio:

1. establece nuestro bloqueo para su propósito
2. haría que el oponente tire más duro, facilitando el movimiento de finalización del bloqueo, ya que no tenemos que forzar hacia adelante tan duro.

De un agarre a la mano izquierda (a nuestra izquierda), simplemente pivotee y prepare, garantizando que nuestra mano cuchillo esta hacia el exterior y paso adelante bloqueando, trancándolo o soltando el agarre. Si nos agarra con la mano derecha, conducimos el bloqueo hacia adelante hacia la sección media del atacante obteniendo una liberación a través de la zona más débil del dedo índice y el pulgar. Aunque más adelante (en patrones de grado superiores) mostraré cómo se utiliza el movimiento preparatorio por cuenta propia como una liberación real, no creo que tenemos suficientes movimientos del cuerpo para realizar este bloqueo efectivamente cada vez, porque sólo damos media vuelta, lo que significa que no tenemos un movimiento de preparación

Ch'ang Hon Taekwon-do Hae Sul
Aplicaciones reales de los patrones ITF

Después de esto, el estudiante da paso hacia adelante a la sección alta con el puño. Como todas las aplicaciones en los patrones de Taekwon-do deben realizarse con oponentes imaginarios de igual tamaño del Defensor, golpear a los ojos con el puño no tiene mucho sentido teniendo en cuenta la cantidad de otras opciones disponibles para golpear (garganta, mandíbula, plexo solar etc.) y un puñetazo en el ojo posiblemente sería inoperativo debido al ángulo del brazo (improbable golpear con los nudillos en comparación con los dedos). En cambio, la dirección angular del puño indica un ataque a la garganta, la técnica completa contiene el seguimiento de entablar la técnica a la máxima potencia, destruyendo así nuestro oponente.

Esta aplicación, Por supuesto puede repetirse en el lado opuesto, pero como realmente giramos con un paso, en lugar de simplemente pivotear y bloquear como antes, puede realmente haber una aplicación diferente dentro de todo el movimiento.

A continuación vemos:

- **Kaunde Sonkal Daebi Makgi** (*Bloqueo de guardia manos en cuchillo sección media*)
-
- **Nopunde Baro Ap Joomok Jirugi** (*Puño frontal o anverso sección alta*)

- **Najunde Bakat Palmok Makgi** (*Bloqueo sección baja con antebrazo externo*)

- **Nopunde Baro Ap Joomok Jirugi** (*Puño frontal sección alta*)

Si somos agarrados por detrás, nuestras manos ya están cerca de la posición preparatoria así que simplemente gire y ataque. Puntos de objetivos serían más probable que sean en el cuerpo del oponente en lugar de los brazos porque cubrimos un poco más de espacio al pisar, girar y golpear al oponente, golpear a cualquier destino disponible (arteria carótida, tríceps, flotante costillas etc.), *puede* terminar con el puño alto a la garganta como antes o podemos utilizar el bloqueo de sección baja procedente (*Najunde Bakat Palmok Makgi*) para deshacerse de nuestro atacante. El bloqueo

Capítulo 11: Dan-Gun Tul

permite un enfoque diferente y como no encontramos este bloqueo nuevamente en otro patrón hasta Hwa Rang tul, creo pertinente mencionar esta aplicación ahora.

Si nuestro primer ataque (utilizando el bloque de guardia de canto de mano o mano de cuchillo) tuvo éxito, podemos emplear la aplicación de bloqueo bajo aquí enseguida (el puño de sección alta se utiliza simplemente para maniobrar a la posición o para agarrar el cabello - ver **aplicaciones alternas)**, si no podemos golpear como en la foto, luego utilizar la aplicación, de cualquier manera se utiliza la aplicación procediendo de la siguiente manera: En cuanto nos giramos para el próximo bloqueo y nos preparamos de lado, estamos preparándonos en la misma posición en que la cabeza del oponente que acabamos de golpear se encuentra. Se retira el puño de la zona alta a la posición preparatoria, pero agarramos la cara del oponente o mandíbula (de ahí el puño es un movimiento de enganche – diciéndonos que cierre el puño en el agarre), la reacción del brazo puede utilizarse también para golpear la garganta como extra. El bloqueo es seguido a través de. El puño se mantiene cerrado y el oponente es más bien sin contemplaciones arrojado al piso delante de nosotros, posiblemente dañando el cuello en la ruta.

La defensa relajada de nuestro oponente tras un ataque da una mejor probabilidad de trabajarlo más fácilmente. Podemos utilizar la siguiente moción (paso hacia adelante en posición para caminar) mientras ejecutas una patada de sección baja a las costillas, la ingle o la cabeza del oponente derribado (dependiendo de cómo caiga) sólo para asegurar que no se vuelvan a levantar o cuando intentan volver. AP Joomok Jirugi (*Golpe de puño Frontal*) puede verse como el respaldo del ataque, si nuestra técnica de derribe no funcionó correctamente.

Los próximos movimientos son:

- **Nopunde Baro Ap Joomok Jirugi**
  (Puño frontal a la *sección alta*) X 2

  Aparte de lo obvio; que es una multitud de ataques, no hay ninguna interpretación de estos movimientos que les resulte mejor, aunque aquí se ofrece una alternativa pequeña. Por lo tanto, a la luz no hay aplicaciones diferentes, nos vemos obligados a concluir que estos son mejor utilizados como ataques, aunque deberíamos tener en mente que son probablemente a la garganta para aplastar el tubo de viento del

oponente con la fuerza del golpe en lugar de un golpe en la cabeza. El paso se demuestra aquí como una patada a las costillas flotantes, así como un pequeño *extra*.

Esto es seguido por:

- **Sang Palmok Makgi** (*Bloqueo de antebrazo gemelo*)

- **Nopunde Baro Ap Joomok Jirugi**
  (*Puño frontal a la sección alta*)

En este caso, utilizamos bloqueo de antebrazos gemelos como alternativa a una liberación. Desde nuestra posición anterior somos agarrados en el brazo izquierdo. Desde aquí giramos 270 grados en Sang Palmok Makgi. Nuestra mano derecha atrae a la preparación y luego sube por encima de nuestra cabeza, lo que nos permite pasar debajo de ella como ataque en el cuello o la cara con la mano frontal o el antebrazo.

Este movimiento permite las siguientes acciones:

1. Se abre el frente del atacante para nuestro contraataque tirando ligeramente el oponente hacia adelante y mantenerlo al lado mientras atacamos.

2. Mantiene un brazo del atacante ocupado así como al mismo atacante momentáneamente ya que son halados fuera de equilibrio.

3. El giro es un movimiento de sorpresa que va de alguna manera a desorientar al oponente.

Seguimos nuevamente con el puño de la zona alta de la garganta como se describió anteriormente y comenzamos a enfrentar a otro rival.

Nuevamente utilizamos:

- **Sang Palmok Makgi** (*Bloqueo de antebrazo gemelo*)

- **Nopunde Baro Ap Joomok Jirugi** (*Puño frontal sección alta*)

Capítulo 11: Dan-Gun Tul

Desde aquí realizamos el bloqueo nuevo en la dirección opuesta. Como la mayoría de los bloqueos repetitivos puede utilizarse simplemente para practicar en el lado opuesto, pero vamos a usarlo para realizar un tiro de tipo Aikido en una aplicación avanzada.

Después de terminar al oponente somos agarrados en los brazos, giramos (como si para ir tranquilamente). En cuanto empezamos a preparar los brazos en la posición preparatoria, la moción de reunir los brazos y girando en las muñecas debe ayudar a provocar al oponente a agarrar más fuertemente. Inmediatamente levantamos el bloqueo, y hacerlo a la fuerza de los brazos de nuestro oponente se coloca en una posición más débil, inmediatamente dar un paso adelante y realizar nuestro golpe (bruscamente). El repentino cambio de dirección de nuestros brazos (arriba, luego abajo movimiento hacia afuera también), junto con el movimiento adelante trae el atacante sobre nuestra pierna derecha mientras llevamos hacia adelante con el puño y el atacante es lanzado hacia adelante.

Esto naturalmente, debe considerarse una aplicación avanzada se basa mucho en la sorpresa y la velocidad, ya que el atacante necesita permanecer agarrado a usted. Es similar a un lanzamiento de Aikido y se encuentra aquí para demostrar una de las aplicaciones más oscuras que se encuentran dentro de los patrones de Ch'ang Hon y dar una alternativa a esta técnica.

Luego avanzamos sobre:

- **Bakat Palmok Makgi** *(Bloqueo sección baja de antebrazo externo)*

- **Bakat Palmok Chookyo Makgi**
  (Bloqueo ascendente de antebrazo externo)

El estudiante es agarrado por un atacante en la parte delantera o lateral, ya sea estrangulado o en la solapa, con una o dos manos. El bloqueo de sección baja se utiliza para golpear a las articulaciones del codo, esto libera cualquier presión si estas siendo estrangulado y permite el seguimiento hacia arriba. Este bloqueo debe golpear directamente horizontalmente (mientras viaja a mitad de camino atreves del movimiento del bloqueo) para los oponente/s agarrando el brazo/s si golpeas en ángulo, puede no causar la respuesta requerida para hacer un lanzamiento al oponente, por lo tanto, por qué puede no realmente crear una versión completa de la estrangulación por cuenta propia (como la posición es alta y por lo tanto más difícil golpear horizontalmente). De cualquier manera, si nosotros conseguimos una liberación, es bueno, si no, el siguiente movimiento será rechinarlo. Directamente desde el bloqueo de antebrazo exterior de sección baja inmediatamente realizamos Chookyo Makgi (bloqueo ascendente), hasta la garganta del oponente. Utilizamos resorte de rodilla para añadir potencia, esto también permite bajar y luego bloquear directamente debajo de la línea de la mandíbula del oponente al subir.

A continuación usamos:

- **Bakat Palmok Chookyo Makgi**
  (Bloqueo ascendente de antebrazo exterior)

- **Bakat Palmok Chookyo Makgi**
  (Bloqueo ascendente de antebrazo exterior)

- **Bakat Palmok Chookyo Makgi**
  (Bloqueo ascendente de antebrazo exterior)

El primer bloqueo ascendente se utiliza para cubrir un ataque o agarre a nuestra cabeza (no de cara, pero la parte superior de nuestra cabeza, como una pinza de pelo o ataque hacia abajo), bloquear, torcer nuestro brazo un poco más para asegurar un agarre para detener el brazo a que se retire, luego mover el bloqueo siguiente y ataque hacia arriba al codo del atacante, el bloqueo final ascendente nuevamente siendo utilizado como un ataque a la garganta o la mandíbula.

Lamentablemente se ha cambiado la posición preparatoria real de este bloqueo de Taekwon-do para que la preparación vaya por encima de la mano de reacción para la velocidad, lo que significa ser absolutamente preciso, que no podemos utilizar la mano de reacción como un agarre. Sin embargo, este cambio fue instituido en algún lugar a lo largo de la línea en lugar de al principio, por lo que todavía se adapta la forma original con nuestro modus operandi, y aplicaciones únicas de este bloqueo pueden encontrarse en la sección de **Aplicaciones alternas.** Por ahora, los tres bloqueos pueden utilizarse como entrenamiento para trabajar esta combinación en ambos lados o uno de los bloqueos puede utilizarse fácilmente con aplicaciones únicas de este bloqueo se encuentran en la sección de **Aplicaciones alternas** o dentro de otros patrones que lo utilizan, como Do-San tul.

Capítulo 11: Dan-Gun Tul

Pivotee y realizar:

- **Sonkal Yop Taeragi**
  (*Ataque de canto de mano o cuchilla*)

- **Nopunde Baro Ap Joomok Jirugi**
  (*Puño frontal sección alta*)

Como vamos a ver en patrones más altos, la preparación de la mano de cuchilla y ataque puede utilizarse para lanzar al oponente, pero en este caso, solo hemos roto el brazo del oponente y golpeado su garganta para que estas técnicas puedan usarse contra un nuevo oponente o acabar con nuestro atacante anterior.

Hemos terminado el movimiento anterior con el pie derecho hacia adelante y tal vez incluso aplastar el tubo de viento del oponente contra la pared (ver **aplicaciones de alternas).** Giramos y atacamos en la garganta de nuestro atacante con nuestra mano-cuchilla izquierda, terminamos con el puño frontal a la sección alta.

Completamos el patrón utilizando:

- **Sonkal Yop Taeragi**
  (*Ataque de canto de mano exterior*)

- **Nopunde Baro Ap Joomok Jirugi**
  (*Puño frontal sección alta*)

Habiendo girado para terminar a nuestro oponente, ahora somos atacados desde la parte trasera (esta es una buena defensa para personas con pelo largo). Giramos a 180 grados, golpear la garganta de nuestro atacante y asegurándonos que lo terminamos con el puño alto a la garganta.

Aplicaciones alternas a Dan-Gun tul

Aplicación alternativa a movimientos 1/2 y 3/4:

- **Kaunde Sonkal Daebi Makgi**
  (Bloqueo de guardia de mano cuchillo)

- **Nopunde Ap Joomok Jirugi**
  (Puño frontal sección alta)

Una patada de giro a las costillas queda atrapada en el brazo trasero, teniendo el impacto sobre los hombros y la guardia de cuchillo usando la mano de posterior simplemente enganchando o acaparamiento debajo de la pierna, con la mano delantera mantener un espacio seguro y cubrir cualquier ataque que venga después de ser agarrado. Desde esta posición el estudiante simplemente camina hacia adelante con el puño. Este movimiento de perforación es nuevamente sección alta, lo que significa el puño no es sólo ir hacia adelante para empujar al oponente, pero también hacia arriba, casi como un movimiento giratorio, por lo que el defensor no solo cae atrás si no también cae al suelo sobre su cabeza o cuello.

Aplicación alternativa a movimientos 1/2 y 3/4:

- **Kaunde Sonkal Daebi Makgi**
  (Bloqueo de guardia mano- cuchillo sección media

- **Nopunde Ap Joomok Jirugi**
  (Puño frontal sección alta)

Hace muchos años escribí un artículo sobre la interpretación de patrones donde toqué el uso de Kaunde Sonkal Daebi Makgi como una técnica tipo *'valla'* – esto fue para quienes tenían problemas incorporando los más modernos métodos de entrenamiento de autoprotección en sus dojangs. Simplemente he dicho que si el uso de una *'valla'* es un problema, simplemente utilice Kaunde Sonkal Daebi Makgi en su lugar – aunque de una manera un poco relajada, por lo que no es tan obvio. Como puede ver en las fotos de abajo, no son demasiado diferentes.

Capítulo 11: Dan-Gun Tul

El propósito de un '*valla*'[45] es mantener una distancia entre un agresor y el estudiante. El brazo delantero se utiliza para mantener el atacante en longitud de brazos, con el estudiante hacia adelante o hacia atrás para mantener la distancia entre un agresor y él mismo. El brazo delantero también se usa como una calculadora de distancia, después de todo, si usted puede tocarlo, puede golpearlo.

Aquí vemos el estudiante usando un terminado Kaunde Sonkal Daebi Makgi como una '*valla*' y consciente de que el agresor está a punto de atacar, lanza un ataque preventivo utilizando Baro Ap Joomok Jirugi. En una situación real, la valla sería muy probable realizarla más cerca, tocando al oponente.

Aplicación alternativa a movimientos 1/2 y 3/4:

- **Kaunde Sonkal Daebi Makgi**
  (Bloqueo de guardia en manos de cuchillas)

- **Nopunde Ap Joomok Jirugi**
  (Puño frontal sección alta)

Nopunde Ap Joomok Jirugi, cuando se utilizan con Gunnon Sogi *(Posición de pies para caminar)* e incluso utilizarse para efectuar una tirada básica, en forma de una técnica de disparo.

Tras un exitoso bloqueo, los pasos del estudiante hacia adelante asegurando que su pierna bordea la

---

[45] La 'valla' era una frase usada por el artista marcial británico y experto en protección Geoff Thompson. Es probable que la más importante técnica desarrollada en las artes marciales en los pasados 10 a 20 años y que debería ser parte del repertorio de todos los artistas marciales.

parte exterior de su pierna del oponente. El puño se utiliza para sujetar el hombro en cuanto él se lanza hacia al frente, forzando al oponente a tropezar hacia atrás con su pierna.

¡Por cierto, esto podría utilizarse para demostrar los tres consecutivos puños en Dan-Gun tul!

Aplicación alternativa a movimientos 9 y 11:

- **Sang Palmok Makgi** *(Bloqueo de antebrazo gemelo)*

Sang palmok Makgi es posiblemente una mejor aplicación a un estrangulamiento delantero que más comúnmente utilizan Hechyo Makgi *(Bloqueo de cuña)* se encuentra en Do-San, pero como esto no utiliza la vuelta (como en el diagrama del patrón) se encuentra en esta sección.

Mientras somos agarrados alrededor de la garganta desde la parte delantera, inmediatamente caemos en posición de L Sang Palmok Makgi con cada uno de los antebrazos para golpear los antebrazos del oponente. Uno golpea el interior (movimiento hacia fuera) y el otro abajo (y arriba) de nuestros antebrazos del oponente, sólo por encima de las muñecas.

La posición de L también tiene la función de ayudar a aumentar la eficacia de la aplicación, mientras que nuestro bloqueo fuerza los brazos de nuestro oponente - hacia arriba y hacia fuera, nuestro cuerpo se mueve en la dirección opuesta, ayudando a sacar el estrangulamiento. La vuelta (que se utiliza cuando damos paso en posición-L también ayuda a disminuir la presión del estrangulamiento, así como torcernos ligeramente fuera del mismo.

Aplicación alternativa a movimientos 9 y 11:

- **Sang Palmok Makgi** *(Bloqueo de antebrazo gemelo)*
- **Ap Joomok Jirugi** *(Puño frontal sección alta)*

Un atacante ha acaparado la solapa de nuestro estudiante. El estudiante inmediatamente contra ataca agarrando en la solapa del atacante (en el interior del brazo) mientras que al mismo tiempo utilizando la parte superior del bloqueo, en un ángulo ligeramente invertido, agarra el brazo del atacante. Manteniendo un fuerte control sobre el brazo del atacante, el estudiante luego de prepararse para el siguiente movimiento, eleva su brazo derecho (en este caso) a su cadera que gira a su vez los brazos del atacante en una

Capítulo 11: Dan-Gun Tul

posición controladora. El brazo de reacción (izquierda), se extiende, deteniendo al oponente de controlar su brazo doblado causándole ser empujado ligeramente y reajustando su posición, proveyendo cobertura para el terminado. El brazo de reacción también se utiliza como un fulcro para ayudar con el bloqueo.

Aplicación alternativa a movimientos 14/15 o 16/17:

- **Bakat Palmok Chookyo Makgi**
  (Bloqueo ascendente de antebrazo externo)

- **Bakat Palmok Chookyo Makgi**
  (Bloqueo ascendente de antebrazo externo)

Dos Bakat Palmok Chookyo Makgi usados juntos ayuda al estudiante a convertir un bloqueo en una dolorosa llave de control, que suele tomar un oponente hasta el piso.

Un ataque sobre la cabeza (esto podría igual ser simplemente una agarradera suelta o un brazo suelto) el estudiante realiza o bien posiciona el primer Chookyo Makgi colocado debajo del brazo del atacante. El segundo Chookyo Makgi se coloca por encima de la articulación del codo y el alumno intenta cambiar cada posición del bloqueo. A su vez el mas alto de los dos Chookyo Makgi crea un pliegue en el brazo del atacante (en la articulación) golpeando sobre ella y el Chookyo Makgi inferior empuja hacia arriba, ayudando a presionar el antebrazo del atacante hacia atrás sobre sí mismo. Esto bloquea el brazo en una posición y dolor es creado a partir de puntos de presión en el antebrazo de los atacantes (nervio radial) y el bíceps. Junto con esto, el estudiante debe avanzar como en el patrón, el cual toma los brazos del atacante más allá de su alineación de la cabeza y así le obliga irse hacia atrás y hacia abajo y hacia el suelo si es necesario.

Aplicación alternativa a movimientos 14, 15, 16 o 17:

- **Bakat Palmok Chookyo Makgi**
  (Bloqueo ascendente de antebrazo externo)

Si el estudiante tiene su oponente contra la pared, Chookyo Makgi es un acabado ideal como una técnica de estrangulación. Simplemente fuerza a nuestro oponente en la pared y bloquear Chookyo Makgi en una sólida postura hacia adelante como se muestra en el modelo (es decir, posición de pies para caminar). La mano de reacción puede utilizarse para agarrar al oponente, si lo desea.

CAPÍTULO 12
Do-San tul
el patrón de liberación

Do-San es el seudónimo (nombre de pluma) del Patriota Ahn Chang Ho (1878-1938) [46] **que dedicó su vida entera al mejoramiento de la educación de Corea y su movimiento de independiencia.**

Do-San tiene 24 movimientos

Ch'ang Hon Taekwon-do Hae Sul
Aplicaciones reales de los patrones ITF

Do-San tul – *Paso A paso*

Fotos combinadas indican combinaciones sin paso.

un espacio entre fotos indica un paso.

Las fotos son para referencia y claridad.

Las flechas (⟶) enseñan la dirección correcta en relación con la posición inicial.

Capítulo 12: Do-San Tul

Ch'ang Hon Taekwon-do Hae Sul
Aplicaciones reales de los patrones ITF

Do-San tul – *Introducción*

Do-San es una figura célebre en la historia de Corea ya que jugó un papel importante en la independencia de Corea, pero fue encarcelado por los japoneses y permaneció allí hasta su muerte en 1938.

Los 24 movimientos de este patrón se dice que representan de Ahn Chang-Ho toda su vida dedicada a la educación de Corea y su movimiento de independiencia. Sin embargo, como las fechas de vida de Ahn Chang-Ho se datan de 1876-1938[46], esto significa que tenía 62 (o 60 – *véase la nota*) cuando murió, que puede ser un poco confuso. Algunos piensan que los 24 movimientos son en referencia al General Choi afirmando que los 24 patrones de Taekwon-do representan ' *un día en el universo o toda una vida* ', que muchos ahora se incluyen en las descripciones cortas del tul Do-San, diciendo ' Los *24 movimientos de este patrón representan toda su vida que dedicó a promover la educación de Corea y su movimiento de independencia',* sin embargo, cuando se formuló el patrón Do-San sólo hubían 20 patrones de Taekwon-do y el agregado ' *24 horas'* (en referencia a Do-San) no fue incluido en las descripciones hasta alrededor de 1983 - así que esto no puede ser la razón. Me siento inclinado (inicialmente al menos) que los los 24 movimientos fueron en referencia a la edad en que Ahn Chang-Ho tenía cuando fue reconocido nacionalmente como líder de sus compatriotas, algo que ocurrió no en Corea, pero realmente en los Estados Unidos de América.

A la edad de 18, Ahn Chang-Ho se convirtió en miembro de *Tongnip Hyophoe* (Asociación de independencia); fue en el año 1894. En 1902, emigró a San Francisco en los Estados Unidos con su esposa recién casados, Lee Hae-Ryon que fueron unos de los primeros coreanos a emigrar a los Estados Unidos de América. Se dice que llegando en un barco de vapor a través de Hawaii, decidió llamarse a sí mismo 'Do-San' (montaña de la isla), estando de pie *sobre el mar de la confusión existente en Corea en ese momento'*

A la edad de 24 (el número de movimientos en el patrón), Ahn Chang-Ho fue conocido como un líder de sus compatriotas en los Estados Unidos por haber organizado la *Kungminhoe* (Asociación Nacional de Corea) que inspiró a sus compatriotas (en los Estados Unidos) para esperar la independencia nacional. En 1906, regresó a casa para formar un grupo de independencia conocido como *Shinmin-Hoe* (Asociación de nuevos pueblos) tras conocer el Tratado de protectorado japonés. Un tratado que aplica el derecho de los japoneses de legalmente ocupar su país. *Shinmin-Hoe* promovió la independencia coreana mediante el cultivo de nacionalismo en educación, cultura y negocios.

En 1910, el *Shinmin-Hoe* había crecido considerablemente en tamaño y pronto se convirtió en el foco de los intentos de ocupantes japoneses para cerrar esas organizaciones en cuanto amenazaron la ocupación. En diciembre del mismo año se fabricó un argumento falso de un intento de asesinato en Terauchi, Masatake, gobernador general japonés de la época, que debía asistir a una ceremonia de dedicación de un puente sobre el río Yalu. Los japoneses utilizaron este plot fabricado como una excusa para detener a cada uno de los líderes de *Shinmin-Hoe* así como seiscientos cristianos inocentes. Ciento y cinco coreanos fueron juzgados después de horribles torturas en la que muchos

---

[46] La enciclopedia del Taekwon-do y un sin número de otras referencias están equivocadas, porque Ahn Chang-Ho nació en el año 1878 (9 de noviembre) y no en 1876. http://www.ahnchangho.or.kr

Capítulo 12: Do-San Tul

de los detenidos murieron. Este incidente y el hecho de que los cargos y complot obviamente fueron fabricados preocupando a la comunidad mundial tan grandemente que aplicarón presión internacional a los japoneses permitiendo finalmente a la mayoría de los acusados ser libres.

Después de la asesinación de Hiro-Bumi Ito (por Joong-Gun) Japón apretó su concentración a los líderes de Corea y Ahn Chang-Ho, fue forzado a exiliarse en Manchuria antes de finalmente terminar nuevamente en América.

Mientras que en América, fue elegido Presidente de la Asociación Nacional Popular de Corea, que negoció con el Gobierno de Estados Unidos. Durante este tiempo, formó el 'Hungsadan', una organización secreta de patriotas. Esta y otras organizaciones ejercieron presión sobre el Presidente de los Estados Unidos (Woodrow Wilson) para hablar en nombre de la autonomía de Corea en las conversaciones de paz en París en 1918.

Terauchi Masatake [47]

El 'Hungsadan'. *Circa 1917*

Conversaciónes de paz, Paris - 1918

En 1919, Ahn Chang-Ho viajó a Shanghai para formar parte de un Gobierno Provisional de coreanos y ayudar a elaborar una Constitución democrática de Corea, pero después de dos años, renunció a su puesto después de haberse desilusionado con los dirigentes coreanos provisionales y sus luchas.

1ro de marzo de 1919, el Gobierno Provisional de Corea declaró la independencia de Japón, pidiendo una resistencia masiva del pueblo coreano. A pesar de que miles fueron asesinados, detenidos y torturados durante manifestaciones desarmadas en el que la policía japonesa dispararon contra la multitud, Ahn Chang-Ho no fue disuadido y continuó su trabajo en los Estados Unidos, incluso crear una aldea en Manchuria para los refugiados vagabundos coreanos.

Disturbios políticos continuaron en Corea a lo largo de la vida de Ahn Chang-Ho, en lo cual fue detenido y liberado por los japoneses en un número de ocasiones hasta que murió en Seúl el 10 de marzo de 1938, un héroe nacional.

---

[47] Picture: Carl Prinz von Hohenzollern, Meine Erlebnisse wahrend des Russisch-Japanischen Krieges, 1904-1905, Ernst Siegfried Mittler und Sohn, 1912

Ch'ang Hon Taekwon-do Hae Sul
Aplicaciones reales de los patrones ITF

Mientras que en América la primera vez, la esposa de Ahn Chang-Ho, Lee Hae-Ryon dio a luz a su hijo Philip (29 de marzo de 1905). Nacido en California, Philip se convirtió en un actor y es recordado por su famoso papel en la serie de la década de 1970 *'Kung-Fu'* (protagonizada por David Carradine). Philip Ahn protagonizaba al maestro Kan, el monje sabio que estaba a cargo del Templo Shaolin y *'Saltamontes'* mentor. Carrera de Philip Ahn duró más de cuarenta años hasta que falleció el 28 de febrero de 1978.

Ahn Chang-Ho Memorial, Riverside, California, USA [48]

Do-San presenta al estudiante bloqueos hacia adentro, ataque con la punta de los dedos, movimientos de giro de 360 grados y sus propósitos. También presenta a los estudiantes en contra ataques a fracción de segundo y comienza a enseñar a los estudiantes cómo utilizar técnicas que fluyen entre sí a través del uso de la mecánica del cuerpo, en lugar de cambiar posturas.

Este patrón se divide en combinaciones, principalmente de dos o cuatro movimientos (2 x 2) y permite defensas a practicarse a ambos lados. Este patrón parece concentrarse principalmente en escapes de la muñeca y el brazo, seguidos por contra ataques rápidos. Do-San tul comienza desde la postura lista Narani Junbi Sogi *(Posición listo paralelo)*. Aunque no hay ningún registro de esta postura lista tener ningún significado, algunos creen que significa a un hombre con esposas en las mano. Sin embargo, modelos posteriores con la misma postura lista (Yul-Gok, Choong-Moo etc.) no tienen ninguna mención de la figura que describen ser encarcelado por lo que la razón es improbable. Sin embargo, sigue siendo una buena manera para describir la postura.

---

[48] Foto cortesía del 'Consejo Internacional de Relaciones de Riverside', CA

Capítulo 12: Do-San Tul

Aplicaciones de Do-San Tul

Do-San tul comienza desde la postura lista Narani Junbi Sogi *(Posición listo y preparado en pies paralelos)*.

Comenzamos a hacer Do-San usando las siguientes técnicas:

- **Nopunde Bakat Palmok Yop Makgi**
  (bloqueo de antebrazo sección Alta exterior lateral)

- **Kaunde Bandae Ap Joomok Jirugi**
  (golpe de puño inverso o cruzado a la sección Media)

Utilizaremos el primer conjunto de combinaciones como liberación y contra ataque ataque de un agarre de muñeca. Aunque estas versiones pueden ser usadas si somos agarrados por cualquier mano, utilizaremos el primer conjunto para mostrar el efecto de un agarre cruzado y el segundo para un agarre del *mismo lado* (es decir, mano izquierda a la mano izquierda o viceversa).

Desde la postura lista el atacante agarra la muñeca izquierda del estudiantes con su mano izquierda. El estudiante inmediatamente tira la muñeca hacia la posición preparatoria inicial (en el interior del brazo de reacción) y luego cae en la postura de pie mientras que realiza el bloqueo. Al aplicar la técnica, el brazo del estudiante es llevado más allá del brazo del atacante (la preparación) que permiten el movimiento de llave/lanzamiento y luego bruscamente poner en su lugar. Me refiero a una llave, si el atacante no suelta, el brazo se atora (el brazo del atacante puede también ser abrochado si es necesario). La posición preparatoria no sólo eleva el brazo al punto correcto para aplicar la llave, sino que también tiene el efecto de anular un ataque entrante por torcer bruscamente los hombros del oponente y así, lanzando al oponente del hombro derecho hacia atrás, quitando fuerza del oponente del otro brazo en caso de un ataque inminente.

Preparación también puede tener el efecto de hacer realidad que el atacante tire más fuerte (que ayuda aún más suavemente el flujo de la aplicación) pero incluso si no, el hecho de que su sección alta cuando se aplica significa estamos en la posición correcta para aplicarlo de todos modos. La razón por la que la preparamos por adentro de la mano de reacción es porque no la usamos como agarre o movimiento de alar y preparar el bloqueo de otra manera restringe la altura y el ángulo más también esta libre para el siguiente movimiento a realizarse rápidamente. El movimiento de bloqueo real libera el agarre del brazo del estudiante o atrapa el brazo del oponente a través de su propio cuerpo, anulando un segundo ataque y en la mayoría de los casos bloqueando la articulación del codo. El siguiente golpe de puño inverso puede utilizarse como un ataque de punto vital para las costillas flotantes del oponente, bajo la axila, la mandíbula o incluso para atacar la articulación del codo si su brazo se encuentra completamente estirado.

Alternativamente, el bloqueo puede ser utilizado para *barrer* un agarre del hombro antes de un contra ataque con el puño inverso. Podemos utilizar el movimiento preparatorio del bloqueo como una liberación, pero la preparación del bloqueo para el lado en lugar de derecho hacia atrás como un canto de mano como en Dan-Gun parece poco probable, ya que hay seguimiento insuficiente para obtener una buena versión de esta manera (como parte de la preparación), aunque no es inalcanzable.

Para el segundo conjunto de combinaciones, nuevamente utilizamos:

- **Nopunde Bakat Palmok Yop Makgi**
  (bloqueo de antebrazo sección Alta exterior lateral)

- **Kaunde Bandae Ap Joomok Jirugi**
  (golpe de puño inverso a la sección Media)

La segunda combinación en este conjunto nos vemos utilizando el bloqueo como una liberación de un agarre desde atrás. Por supuesto podría ser utilizado para simplemente safarnos de un agarre por detras, pero debemos tratar de herir a nuestro rival en el proceso para encajar con el modus operandi (M.O.) que fijamos.

En cuanto nuestro hombro es agarrado, pasamos a la línea central. El hecho de que no damos un paso indica que se trata de una extremidad, en lugar de como un ataque real al cuerpo, como las distancias en cada uno serían diferentes, un paso nos deja mas cerca a nuestro oponente que un giro a la línea de centro. Sin embargo, si el oponente esta lo suficientemente cerca, debemos atacar la cabeza directamente como será discutido más adelante en este capítulo.

Mientras giramos, preparamos nuestro bloqueo y, a continuación, caemos hacia adelante atacando al punto de presión en el tríceps o bíceps, dependiendo de qué brazo usted es agarrado, inmediatamente después siga con un golpe de puño inverso, que sería a las costillas flotantes o el plexo solar dependiendo de qué brazo usted interceptó con el bloqueo. También podríamos atacar a la articulación del codo por que el cuello serviría como un punto ancla, mientras que el bloqueo atacaría en la dirección opuesta, aunque sería sabio atacar por encima o debajo del codo, como si se dobla el codo, el estudiante puede dañar su brazo más que el del atacante. Esta aplicación funciona de la misma forma para un doble agarre desde atrás.

Capítulo 12: Do-San Tul

El siguiente conjunto de movimientos que vemos:

- **Kaunde Sonkal Daebi Makgi**
  (Bloqueo de guardia sección media con cantos de mano o manos en cuchilla)

- **Sun Sonkut Tulgi**
  (Ataque recto con la yema del dedo)

- **Dung Joomok Nopunde Yop Taeragi**
  (Golpe con el reverso del puño sección alta lateral)

- **Dung Joomok Nopunde Yop Taeragi**
  (Golpe con el reverso del puño sección alta lateral)

El movimiento pivotante que utilizamos desde el movimiento anterior nos hace girar 90 grados hacia el movimiento siguiente (en lugar de pie a pie o paso a paso).

El hecho de que estamos usando una mano en cuchilla en lugar de bloqueo de antebrazo me lleva a creer que nos estamos moviendo fuera de nuestro oponente original, en lugar de agarrar y romper su cuello (que podríamos hacer con este bloqueo – *Vea Won-Hyo*) pero la dirección y el ángulo de la mano de cuchilla posiblemente requeriría más movimiento del cuerpo para generar energía para un tiro usando sólo la cabeza. Además, el hecho de que la preparación de bloqueo no se inicia desde una posición hacia adelante significa en primer lugar que no estamos utilizando la preparación como parte del bloqueo, pero el movimiento final de ataque en nuestro rival (por supuesto, usted puede simplemente bloquear si desea).

Este mano de cuchilla puede utilizarse como una versión de un agarre o anular una ataque como un golpe de enganche. Por lo tanto, para esta aplicación siguiente vemos el bloqueo de guardia de manos abiertas usado para golpear el punto de presión en el bíceps del oponente entrante.

Esto tiene 6 efectos:

1. Permite anular la herramienta ataque principal de los atacantes (el brazo – posiblemente su más fuerte)
2. En el proceso que causa una sensación de dolor, que nos cubre momentáneamente para el siguiente movimiento de lo que vamos a hacer en la siguiente fracción de segundo
3. En lo que el cerebro se enfoca en el dolor, causando una apertura para un ataque secundario disorientado lo que podría haber sido ataques múltiples (ej., dos puños)
4. Así como atacamos cerca del oponente, la mayor parte del impulso se saca del ataque, haciéndolo más fácil detenerlo, es decir, no atraviesa nuestro bloqueo debido a la generación de fuerza en el arco exterior del ataque
5. Si viene un ataque secundario, estamos lo suficientemente cercanos como para que tenga efecto mínimo
6. También abre al oponente para el movimiento siguiente (Mano abierta de punta de dedos)

El movimiento siguiente, Sun Sonkut Tulgi *(ataque recto con la yema del dedo)* se utiliza para deslizarse por debajo del brazo del oponente, bajo la axila, con la palma de la mano izquierda que se utiliza para apartar el brazo si es necesario. El movimiento de liberación (la forma en que gira la mano y se acercan nuestros pies) nos da una idea de lo que viene después y también puede utilizarse para *perforar* nuestro camino, aunque esto es poco probable que sea necesario. La mano gira 180 grados, los pies vienen juntos en una posición clásica de lanzamiento y giramos a 180 grados + 180 grados (360 grados en total) durante el siguiente movimiento. El brazo izquierdo está cerrado/apretado en golpe con el reverso del puño, lo que significa que agarramos a nuestro oponente (por el brazo), así como también con el movimiento preparatorio el brazo derecho para agarrar al frente, levantando alrededor del brazo/hombro de nuestro oponente, realizamos un tiro de hombro antes de partir, el golpe con el reverso del puño se mantiene hasta evitar ser sobrescrito por nada mientras continuamos.

Como nota, este no es la aplicación principal enseñada para este movimiento, que creo que es una de las mejores aplicaciones enseñadas a lo largo de los patrones de cinta de color. La aplicación principal se detalla en la sección de **Aplicaciones alternas** para este modelo. Simplemente pensé que sería interesante enlistar una alternativa.

El segunda golpe con el reverso del puño podría ser un recordatorio de que la aplicación puede ser realizada a ambos lados, sin embargo, creo que es posiblemente un ataque secundario de otro oponente adentrandose ej., es decir, hemos lanzado uno y golpeamos al segundo. El puño con el reverso debe ser *azotado* en cuanto atacamos a la temple. La mano de reacción puede utilizarse para aumentar el efecto general agarrando al oponente si utilizamos el primero como una cubierta (así tratar de anular cualquier ataque entrante) y usando los principios de reacción para tirar mientras golpeamos, haciendo que el atacante pierda impulso y equilibrio mientras golpeamos a la temple. Sin embargo, si se usa de esta manera es a lo contrario de como un golpe con el reverso del puño es generalmente preparado.

Capítulo 12: Do-San Tul

Después de los dos ataques con el reverso del puño volvemos a la misma combinación del comienzo del patrón:

- **Nopunde Bakat Palmok Yop Makgi**
  (Bloqueo lateral con el antebrazo externo sección alta)

- **Kaunde Bandae Ap Joomok Jirugi**
  (Puño cruzado sección media)

Esta vez vemos el bloqueo lateral siendo utilizado como un bloqueo interno para un agarre doble desde el lado. Esto podría ser un agarre de hombro doble o incluso un ahorcamiento de lado. En este ejemplo utilizaremos un ahorcamiento de lado.

Mientras el atacante se mueve para ahorcarnos, nos giramos 270 grados y golpeamos el punto de presión del tríceps con el bloqueo. El movimiento giratorio es alejandonos del atacante, liberando la presión de la mano delantera del estrangulador, que es la más peligrosa ya que esta en nuestra laringe. El movimiento de giro también afloja el estrangulador.

A medida que giramos creamos impulso para el bloqueo, que golpea el brazo del atacante al punto de presión en el tríceps, por encima o debajo del codo (antebrazo), esto es inmediatamente seguido con un puño cruzado de atrás hasta el punto vital de las costillas flotantes. Igual que antes, esto es realmente un ataque de doble propósito. Ataca el punto de presión del tríceps como también indirectamente atacando a la articulación del codo, como el cuello serviría como un punto ancla, mientras que el bloqueo atacaría en la dirección opuesta creando una enorme presión en el codo.

Giro de 180 grados y nuevamente utilizamos:

- **Nopunde Bakat Palmok Yop Makgi**
  (Bloqueo alto lateral de antebrazo externo)

- **Bandae Ap Joomok Jirugi**
  (Puño cruzado sección media)

La segunda combinación es la misma como la primera, lo mismo que la segunda combinación permitiendo al estudiante a la práctica del mismo modo a ambos lados, aunque desde posiciones ligeramente diferentes de estrangulado de lado/agarre y estrangulado/agarre desde atrás, o bien puede ser utilizado al comienzo. Sin embargo, aquí mostramos siendo utilizado como un movimiento de desvío a un puño. Cuando un puño estándar (Cruzado o en ángulo) viaja hacia usted, el bíceps se gira hacia adentro y golpea con el antebrazo externo causando un dolor considerable, pero al estudiante experimentado adormecerá toda la zona, aún manteniendose lo suficiente cerca para protegerse la cara si es necesario. El puño es el contraataque.

La línea central es aparentemente en estas combinaciones. El hecho de que se ha cambiado varias veces desde la formulación del Taekwon-do me lleva a la conclusión de que la forma en que realmente se lleva a cabo no forma parte de las aplicaciones y sólo indica cómo girar sin moverse en ninguna dirección mientras aumentamos la potencia (por lo tanto, porqué a sido cambiado varias veces, mejores maneras se han derivado de esto para incrementar la potencia). De esta manera podemos girar hacia un oponente que esta cerca, pero no estes tan cerca como para anular nuestros propios golpes.

A raíz de las combinaciones anteriores, entonces retiramos nuestra pierna de atras y pivotiamos a el siguiente movimiento. Luego damos un paso pie a pie y nos movemos diagonalmente usando:

- **Bakat Palmok Hechyo Makgi** *(Bloqueo de cuña con los antebrazos externos)*

- **Ap Cha Busigi**
  (Patada frontal)

- **Doo Jirugi**
  (Puños alternados)

Un error común al Hechyo Makgi *(Bloqueo de cuña)* es que este bloqueo está diseñado para liberararnos de un doble agarre. Sin embargo, si usted lo prueba contra un compañero en resistencia que tiene un agarre firme, verá que realmente golpea en las articulaciones del codo y sólo dobla los codos, en lugar de asegurar librarse.

Realmente se pretende detener un agarre antes de que suceda, creando así una cuña y permitir el seguimiento de la patada a ser realizada. La cuña se mantiene allí por lo que no se bloquea la patada, los puños cerrados posiblemente indicando que debemos agarrar los brazos de

Capítulo 12: Do-San Tul

nuestro oponente para que no bloquee (no se muestra en las fotos). La patada frontal es al plexo solar, que tiene el efecto de directamente dumbar al oponente de inmediato o doblarlo (si se hace correctamente), listo para la siguiente combinación de técnicas, los dos puños. Algunos sienten que la aplicación del patrón es demasiado estrecha, pero tiene en efecto el seguimiento a través de la patada, permitiendo al estudiante atacar al oponente dentro y explotar la energía en el cuerpo del oponente, razón por la cual se deje caer en lugar de simplemente salir volando hacia atrás.

Los dos puños representan una ruptura de cuello, la mano de reacción llega pasando al oponente (en la parte frontal de la cabeza del oponene) y agarra en la parte delantera, el movimiento de los dos puños es retornando hacia adelante, y luego volviendo hacia atras bruscamente, rompiendo así el cuello del oponente. Los puños cerrados representan un apretón, aunque hay cierta libertad en esto como se puede hacer usando el interior de los puños, en lugar de agarrar realmente si asi lo desea.

Esto debe ser visto como una aplicación avanzada, la aplicación básica siendo dos puños después de la patada. El mismo movimiento se emplea en el lado opuesto y permite practicar cada lado y con cada pierna.

A continuación utilizamos:

- **Bakat Palmok Chookyo Makgi**
  (Bloqueo ascendente de antebrazo externo)

- **Bakat Palmok Chookyo Makgi**
  (Bloqueo ascendente de antebrazo externo)

Los dos bloqueos ascendentes *(Bakat Palmok Chookyo Makgi)* empleados posteriormente pueden ser utilizados como en Dan-Gun. El primer bloqueo o cubriendo un ataque o agarre a nuestra cabeza (no cara, sino la parte superior de nuestra cabeza, como un agarre de pelo), bloqueamos, torcersiendo nuestro brazo un poco más para asegurar un agarre para detener el brazo que se retire, luego muevete hacia el siguiente bloqueo y ataca hacia arriba hacia el codo del atacante. Como se mencionó en Dan-Gun, es desafortunado que se ha cambiado la posición preparatoria de este bloqueo en el Taekwon-do, pero la manera original de realizar el bloqueo encaja con nuestro modus operandi y aplicaciones únicas de este bloqueo se pueden encontrar en la sección de **Aplicaciones alternas.**

Seguimos con:

- **Taeragi Sonkal Yop** *(Ataque de canto de mano - lateral)*

El patrón remata con un golpe de mano abierta en posición de jinete en ambas direcciones. El bloqueo ascendente es seguido por un giro ejecutando el primer ataque de canto de mano. Esto puede ser utilizado para atacar a un oponente adentrandose, parecido como el segundo ataque con el reverso del puño, pero una aplicación avanzada de este movimiento es un de tipo tirada para romper el cuello del oponente.

Como sólo hemos atacado la articulación del codo, estamos muy cerca de nuestro oponente lesionado con nuestra pierna derecha alfrente. La mano derecha levantada (del bloqueo ascendiente que rompió el codo) cae como protección o espaciador entre nosotros y el oponente, mientras que las preparaciones del ataque de canto de mano llega alrededor del atacante a la quijada o cara (o podemos agarrar ropa). El estudiante pivotea (como realizando el siguiente ataque) y el movimiento pivotante emplea el tiro o tropezón, tirarando y girarando la cabeza del oponente. Como la mano abierta de cuchilla se mueve más allá de 180 grados, separa las vértebras superiores del resto – la mayoría de la gente puede girar su cabeza casi 180 grados, pero mas alla, realizandolo rápido lo

Capítulo 12: Do-San Tul

romperá. La pierna delantera se mantiene donde esta por lo que el oponente es lanzado sobre ella (la parte del tropiezo).

Terminamos el patrón usando:

- **Taeragi Sonkal Yop** *(Ataque de mano abierta - lateral)*

Entre los dos ataques de mano abierta damos paso pie a pie, a diferencia de en Dan-Gun, esto posiblemente significó que las piernas están empleadas en las aplicaciones de un papel más activo que simplemente paso a paso hacia adelante para añadir potencia. Para esta aplicación utilizaremos un agarre de muñeca nuevamente.

La versión funciona de manera similar en aplicación a algunos otros, pero termina con una intención diferente. Lo que hace diferente a esta aplicación es que cuando nos safamos al preparar el ataque (tirando la mano agarrada en la posición preparatoria mientras la torcemos), al mismo tiempo damos paso lateralmente hacia nuestro oponente. Mientras la mano es liberada, caemos detrás del oponente, inmediatamente ejecutando mano de cuchilla abierta a su garganta o el pecho al mismo tiempo que damos un paso detrás de su pierna, golpeamos y lanzamos al suelo al oponente en un solo movimiento.

Ch'ang Hon Taekwon-do Hae Sul
Aplicaciones reales de los patrones ITF

Aplicaciones alternativas a Do-San Tul

Aplicación alternativa al movimiento 4:

- **Kaunde Sonkal Daebi Makgi**
  (Bloqueo de guarida con manos abiertas sección media)

Nuevamente, la mano en cuchilla se emplea para golpear un punto de presión con el fin de frustrar un intento de agarre.

Utilizamos la mano de cuchilla frontal del bloqueo como un ataque hasta el punto de presión del bícep. Por supuesto se emplea cerca del oponente, en lugar de al antebrazo.

El brazo de protección (el derecho en estas fotos) existe en caso de necesitar una cubierta de algún tipo. Esta idealmente colocado en la sección media para moverse hacia arriba o abajo rápidamente y también como un seguimiento de ataque.

Aplicación alternativa al movimiento 6 y 7:

- **Sun Sonkut Tulgi**
  (Atque recto de yema del dedo)

- **Dung Joomok Nopunde Yop Taeragi**
  (golpe con el reverso del puño)

En el patrón, después del ataque de manos en cuchilla realizamos un movimiento de liberación, seguido por un giro de 180 grados para terminar con un golpe con el reverso del puño.

Como nuestro brazo es agarrado, en primer lugar atacamos hacia adelante y torcemos la mano con el fin de aflojar el agarre del atacante.

Después de esto cambiamos la dirección y tiramos la punta del dedo lejos de nuestro atacante, en cuanto pivoteamos y atacamos con el reverso del puño. El empujar y el halar de la mano o bien liberará nuestra mano por completo o no, de cualquier manera ocupará nuestro oponente durante una fracción de segundo o dos.

Capítulo 12: Do-San Tul

Entonces, confundimos al oponente girando y golpeando con el reverso del puño, mientras tiramos de nuestro ataque de punta de dedos hacia atrás. Si realmente el atacante logra mantener su agarre, la moción de halar hacia atrás del movimiento de punta del dedo abre a nuestro oponente girandolo hacia el lado y/o poniendolo fuera de equilibrio, permitiendo a nuestro golpe con el reverso del puño se realice en cuanto giramos y sueltando nuestra mano.

Aplicación alternativa al movimiento 6 y 7:

- **Sun Sonkut Tulgi**
  (Ataque con la punta del dedo)

- **Joomok Nopunde Yop Taeragi del estiércol**
  (Golpe con el reverso del puño)

Aquí mostramos la aplicación estándar que se enseña de **Sun Sonkut Tulgi** *(empuje recto de yema del dedo)* como una técnica de liberación. Funciona muy bien en este sentido, el único problema con ella es el siguiente ataque que exige dar la espalda a su oponente que a muchos no les gusta, sin embargo, si se realiza rápidamente, podemos facilitar un ataque a la mitad de la vuelta, por lo que nuestro tiempo expuesto es considerablemente menor. El brazo opuesto está ahí para proteger contra un ataque de rodilla en cuanto ejecutas la liberación.

Como nuestro brazo es agarrado, transladamos todo el peso de nuestro cuerpo hacia adelante, mientras que al mismo tiempo cayendo más bajo (doblando las rodillas, no la espalda) y torciendo nuestro ataque con la punta del dedo a 180 grados. Todo esto se suman, cuando se realiza bruscamente como se supone que se haga, hace casi imposible a nuestro atacante mantener un agarre en nuestro brazo. Inmediatamente después de liberarnos ejecutamos la moción de giro en cuanto giramos. Preparamos (para el golpe con el reverso del puño) y golpear con nuestro codo. Si el oponente se aleja, tenemos una técnica de alcance más largo y, a continuación, puede utilizar el golpe con el reverso del puño si es necesario.

Una práctica común hoy es simplemente girar en las bolas de los pies y girar la punta del dedo a 90 grados. Pero esto no es suficiente para obtener una liberación, como el movimiento de giro no es suficiente, pero lo más importante no es el peso del cuerpo hacia adelante lo suficiente como para pasar el brazo a una liberación completa.

Aplicación alternativa al movimiento 6 y 7:

- **Sun Sonkut Tulgi**
  (Empuje y/o golpe recto de yema del dedo)

- **Joomok Nopunde Yop Taeragi del estiércol**
  (Golpe con el reverso del puño)

Otra aplicación del movimiento de giro asociado con **Sun Sonkut Tulgi** *(golpe recto de yema del dedo)* en esta combinación es crear espacio en una situación cerrada, como ser agarrado. Cuando el estudiante es agarrado, en lugar de golpear el plexo solar, los dedos se colocan en ellos y los movimientos de torsión (y cuerpo) se utilizan, creando espacio para un seguimiento, en este caso el golpe con el reverso del puño estándar. El repentino dolor inducido por esta aplicación es chocante al oponente y ayuda a aflojar la empuñadura así como la creación del espacio.

Aplicación alternativa a movimientos 13 y 17:

- **Bakat Palmok Hechyo Makgi** *(Bloqueo de cuña de antebrazo)*

Se Se trata de otra aplicación de corta distancia.

En distancia cerrada, agarra a tu oponente por la zolapa en un agarre de manos cruzadas (el movimiento preparatorio de Hechyo Makgi). Entonces, en cuanto caes en la postura, tira las manos hacia afuera como si estuvieras realizando el 'bloqueo'. El bloqueo debe ser empujado tan duro como sea posible. El oponente experimenta un ahorque a través de sus propias zolapas.

Capítulo 12: Do-San Tul

Usted podría por supuesto seguir esta técnica con una patada frontal, al igual que en el patrón.

Aplicación alternativa a movimientos 21 o 22

- **Bakat Palmok Chookyo Makgi**
  (Bloqueo ascendente de antebrazo externo)

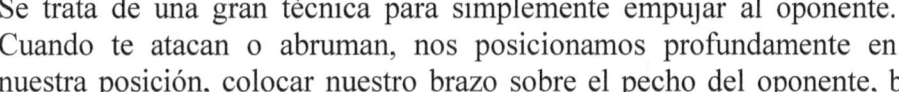

Se trata de una gran técnica para simplemente empujar al oponente. Cuando te atacan o abruman, nos posicionamos profundamente en nuestra posición, colocar nuestro brazo sobre el pecho del oponente, bajo sus brazos o cualquier otra cosa que este disponible y empuje hacia arriba en el bloqueo, utilizando no sólo nuestros brazos, pero los grandes músculos de las piernas tambien. Como este bloqueo viene en un ángulo, tiene el efecto de no sólo empujar hacia atrás, sino hacia arriba al mismo tiempo, lo que significa que nuestro oponente le resulta imposible dejar caer su peso si el bloqueo se realiza rápidamente.

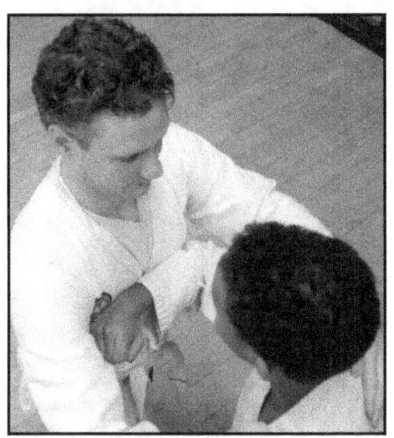  

Aplicación alternativa a movimientos 23 o 24

- **Taeragi Sonkal Yop** *(Ataque de canto de mano lateral)*

En esta aplicación es en realidad el movimiento de preparación que utilizamos. Preparamos este ataque poniendo una mano abierta dentro de nuestra mano de reacción.

Ch'ang Hon Taekwon-do Hae Sul
Aplicaciones reales de los patrones ITF

Para este ejemplo, es el brazo de reacción que ha sido agarrado. ¿Simplemente utilizando nuestra mano cuchilla, atacamos en el interior del brazo del atacante, al punto de presión, que tiene suficiente factor de impacto para una liberación. Inmediatamente tiramos de nuestro brazo de reacción una vez que la empuñadura se afloja mientras nosotros entonces seguimos con el ataque para asegurarnos que terminemos a nuestro atacante.

CAPÍTULO 13
Won-Hyo tul
el patrón a corta distancia

Won-Hyo era un notable monje que introdujo el budismo a la Dinastía Silla en el año 686 D.C.

Won-Hyo tiene 28 movimientos.

Ch'ang Hon Taekwon-do Hae Sul
Aplicaciones reales de los patrones ITF

Won-Hyo Tul – *Paso A paso*

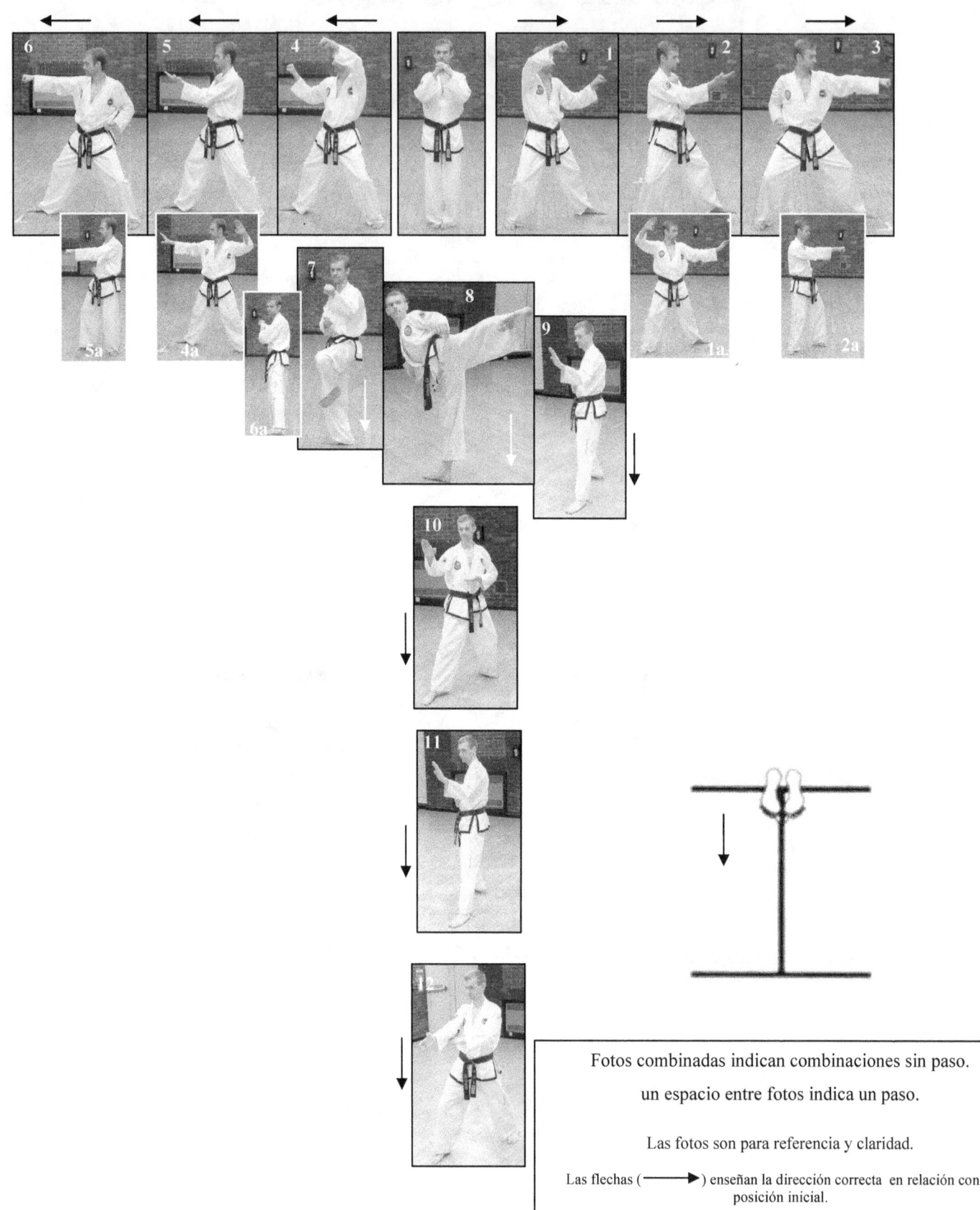

Fotos combinadas indican combinaciones sin paso.

un espacio entre fotos indica un paso.

Las fotos son para referencia y claridad.

Las flechas (⟶) enseñan la dirección correcta en relación con la posición inicial.

Capítulo 13: Won-Hyo Tul

Ch'ang Hon Taekwon-do Hae Sul
Aplicaciones reales de los patrones ITF

Won-Hyo Tul – *Introducción*

Won-Hyo tul comienza desde la posición lista Moa Junbi Sogi 'A' (*posición Cerrada lista 'A'*). Won-Hyo fue el notable monje que introdujo el budismo a la Dinastía Silla en el año 686, esta posición preparatoria representa un saludo similar a la de los budistas (una forma de mostrar respeto y a menudo visto en estilos chinos cuando ellos se hacen reverencia, aunque no existe ninguna reverencia aquí) o incluso las manos en oración. Otro tren común de pensamiento con respecto a la postura preparatoria donde una mano es puesta sobre la otra es que son simbólicamente de la naturaleza del Taekwon-do. El puño representa el fuerte ataque que puede ser utilizado si es necesario, mientras que la mano abierta sobre el puño representa la moderación.

Won-Hyo nació en la provincia de Kyeongsang en 617 por el nombre de Sol Sedang. Won-Hyo es un seudónimo, derivado de su apodo '*sedak*' que significa '*amanecer*' (Won-Hyo significa lo mismo). Guerra civil entre los tres reinos (Silla, Koguryo y Paekche) reinaba en Corea en este momento y cuenta la leyenda que Won-Hyo, como un hombre joven, tomó parte en las guerras civiles y viendo a muchos de sus amigos siendo aquribillados, condujo a convertirse en monje y dar su espalda a la violencia a la edad de 20 años.

¡Hay muchas historias de lo que sucedió cuando Won-Hyo se convirtió en un monje, de remodelación de su casa como un templo, afeitar su cabeza y desaparecer en las montañas, y nadie está realmente seguro de que con quien estudió budismo!

A pesar de la investigación a fondo, permaneció un misterio durante un tiempo en cuanto a la razón de este patrón tener 28 movimientos, aunque ahora creo que podrá referirse a los últimos dos dígitos[49] del año 528 anuncios cuando el rey Pop-Hung fue presionado por su corte para ejecutar a un monje de 22 años, por el nombre de Ichadon para convencer a la corte que el budismo es una religión digna. Historias de la escena de la muerte de Ichadon dijeron que su sangre siendo '*blanca como la leche*' y llevaron a convertirse en un mártir y el rey Pop-Hung otorgando mandatos sobre la libertad de la creencia budista, mediante el cual el budismo fue aceptado más fácilmente por las personas.

La imagen en la página siguiente describe la historia conocida de de Won-Hyo '*repentino despertar*' cuando en el año 650, Won-Hyo, de 33, y su amigo Uisang viajó a China para estudiar con el famoso erudito budista Huan-Tchuang. Mientras se acercaba a la frontera China fueron confundidos de espías y consiguió y apenas pudieron escapar con sus vidas. Durante el largo viaje a China, Won-Hyo había descansado en una cueva. Durante la noche tuvo sed y buscando en la oscuridad sólo pudo encontrar un recipiente con agua para calmar la sed. Cuando despertó en la mañana que se dio cuenta de que el recipiente era un cráneo podrido que había recogido agua de lluvia y estaba cubierto con gusanos, cayendo al suelo y vomitando. Después se dio cuenta de que sin las pre-concepciones de la mente era una bebida fresca y deliciosa, pero a la luz del día fue el cráneo podrido. Su 'despertar' fue la iluminación interior que '*¡todo es creado solo por la mente*'!

---

[49] General Choi ha usado 2 dígitos de un número de 3 dígitos en relación con los movimientos en otros patrones en numerosas otras interpretaciones. Por ejemplo. Kwang-Gae tul, Yoo-Sin tul, Yong-Gae tul and Moon-Moo tul todas usan este tipo de referencia

Capítulo 13: Won-Hyo Tul

Won-Hyo *'repentino despertar'*

Tras esto, Won-Hyo[50] decidió que no era necesario encontrar un maestro, como él ahora entendía la *'vida y muerte'* y consideró no existía más nada que aprender. Mientras que Uisang continuó a China, Won-Hyo se dirigido hacia Corea. En su regreso Won-Hyo emprendió grandes cantidades de trabajo académico y se convirtió en conocido a la familia real y pública, a menudo pidió llevar a cabo el servicio y dar sermones en las cortes reales.

En el año 660, le pidieron ir a vivir en la corte real por el rey Muyo y mientras allí tuvo una relación con la princesa Kwa, que llevan al matrimonio y el nacimiento de su hijo Sol-Ch'ong. A continuación, Won-Hyo recorrió una gira por Corea y odiando el hecho de que las diferentes religiones constantemente discutían entre sí sobre sus creencias y diferencias, ideó su propia ideología para reconciliar las diferencias entre las religiones.

En el año 661, Won-Hyo tuvo una revelación que cambió su filosofía budista. De esto desarrolló a la secta Chongto-Gyo o *'tierra pura'*. Esta nueva filosofía no requiere largo tiempo de estudio de la literatura China para los miembros de la secta, oración sólo diligente e hizo su rama de la filosofía del budismo fácilmente accesible a las clases bajas, por lo que popular entre toda la población.

Punhwang-sa temple

Won-Hyo abandonó el sacerdocio en 662 AD y pasó el resto de su vida viajando por el país la enseñanza de la filosofía de su secta al pueblo. Durante su vida, Won-Hyo autor de alrededor de 240 obras sobre budismo y veinte todavía existen hoy en día, en 25 volúmenes. Su hijo Sol-Chong, creció hasta convertirse en uno de los sabios de diez confuciano de la era de Silla

En 686AD Won-Hyo falleció, a los 70 años y su cuerpo fue sepultado en el estado por su hijo, Sol-

---

[50] Foto cortesía de Wonkeun Nam, Monje Budista Coreano. Reproducida con permiso y gratitud.

Ch'ang Hon Taekwon-do Hae Sul
Aplicaciones reales de los patrones ITF

Ch'ong, en el templo de Punhwang-sa. En su vida, Won-Hyo había visto la unificación de los tres reinos de Corea (Koguryo y Paekche y Silla) y trajo un cambio de cultura magnífica en la sociedad coreana a través de su filosofía budista que tuvo grandes efectos no sólo en Corea, sino Japón y China también.

Won-Hyo consta de conjuntos o combinaciones de movimientos (un conjunto se repite cuatro veces), posición en una sola pierna flexionada, tres bloqueos continuos, así como movimientos repetidos. Las aplicaciones en la enciclopedia simplemente dictan que un bloqueo es para bloquear una mano (generalmente un puñetazo) o una patada, dobles bloqueos como bloqueo de antebrazo gemelo se utilizan contra múltiples oponentes y los ataques son simplemente eso... ¡ataques!

En una inspección más cercana, verá que Won-Hyo es un patrón de corta distancia. Las técnicas contenidas en el son mayormente concentradas en distancia corta y las combinaciones en el patrón forman el efecto final.

La primera combinación de movimientos se repite cuatro veces en todo el patrón. Esto indica que debe practicarse en ambos lados y la posibilidad de más de un conjunto importante de aplicaciones. Además, la empuñadura que todavía se enseñaba hasta hace poco es a menudo dejada afuera (es ahora simplemente enseñado como un puño retractándose a el hombro) y es un componente vital de las aplicaciones originales.

Las posiciones listas en una pierna flexionada en cuanto como se muestran en la enciclopedia, realmente carecen de una foto vital durante la preparación de cómo se crea el movimiento. En la práctica, es un movimiento atascado, seguido de una contra patada con la misma pierna. Las tres manos de cuchillo avanzando pueden indicar trabajando en ambos lados, o tres aplicaciones diferentes.

La aplicación básica de la yema del dedo de empuje es simplemente una desviación y un ataque, que es una buena aplicación, sin embargo, aquí se utiliza como un tiro que está más en línea con las técnicas de distancia corta del resto del patrón. La siguiente secuencia del bloqueo circular, patada frontal chasqueada y puño cruzado se utilizan como un bloqueo y un contra ataque, en lugar de bloqueos a dos oponentes simultáneamente.

El bloqueo medio de antebrazos final puede servir a un propósito doble. Aquí las vemos siendo empleadas como técnicas de combate para derrumbar, como una técnica fisiológica y otras aplicaciones.

Capítulo 13: Won-Hyo Tul

Aplicaciones de Won-Hyo tul

Won-Hyo tul comienza desde la postura lista Moa Junbi Sogi 'A' (Posición *cerrada lista 'A'*)

El patrón comienza inmediatamente con una combinación de tres movimientos:

- **Cantó Palmok Makgi**
  (Bloqueo gemelo de antebrazo)

- **Sonkal Nopunde Anuro Taeragi**
  (Ataque de mano-cuchillo alta hacia adentro)

- **Gojang Sogi, Kaunde Joomok Jirugi**
  Posición de L con peso repartido puño a la sección media)

Esta combinación está diseñada para un ataque de corta distancia. El oponente te agarra con ambos brazos (o incluso uno), ataque justo debajo de la muñeca para asegurar una liberación (usted puede golpear los puntos de presión, pero la velocidad de la técnica y la cercanía a la muñeca suelen aseguraran la liberación de todos modos). A continuación, el brazo delantero alcanza y agarra al oponente (esta parte de la técnica a menudo se pierde totalmente estos días), mientras se empuña y tira bruscamente, al mismo tiempo golpea a la arteria carótida.

El movimiento de tracción tiene tres efectos:

1. Desplaza el equilibrio de oponentes, esto disminuye su guardia mientras su cuerpo automáticamente intenta recuperar el equilibrio
2. Atrae al oponente cerca del ataque
3. Permite la siguiente técnica utilizarse de manera más contundente mientras literalmente atacamos

Ejemplo fallido de agarre

Ch'ang Hon Taekwon-do Hae Sul
Aplicaciones reales de los patrones ITF

al oponente fuera.Este golpe es realmente una huelga de empuje, el seguimiento a través de la técnica y el cambio de postura a una posición más adelante (*L postura a postura fija*) significa que conseguimos un movimiento más empuje, en lugar de un movimiento de impacto.

Este golpe es realmente una ataque de empuje, el seguimiento a través de la técnica y el cambio de postura a una posición más adelante (*L larga o de peso repartido*) significa que conseguimos un movimiento de empuje, en lugar de un movimiento de impacto.

La fuerza de impulso se transfiere al puño mientras acelera a una parada repentina (en cuanto completas la posición), transfiriendo la energía del puño a el cuerpo del oponente, creando aún más fuerza.

Esta combinación se repite en el lado opuesto para permitir al estudiante la práctica, no importando en que lado se encuentren cuando sean atacados o añadir diferentes combinaciones, como se muestra más adelante en el patrón, cuando estas combinaciones se repiten.

El siguiente conjunto de movimientos consisten en:

- **Gorboryu Junbi Sogi 'A'**
  (Posición en una sola pierna flexionada 'A')

- **Yop Cha Jirugi** *(Patada lateral de perforación)*

- **Kaunde Sonkal Daebi Makgi**
  (Bloqueo de guardia manos en cuchillo a la sección media)

La combinación anterior es inmediatamente seguida con Gorboryu Junbi Sogi 'A' (pierna flexionada 'A'). Muchos estudiantes pierdan un elemento pequeño pero vital de esta posición, y es la manera en que forman la pierna, luego viaja a la posición preparatoria. Esta técnica es una técnica de *interferencia*, diseñada para detener a un oponente entrante que viaja hacia usted, mientras que la posición intermedia de la pierna es la preparación para el contraataque, que por supuesto sigue este movimiento en forma de una patada de perforación lateral, finalmente aterrizando con un bloqueo de guardia con manos en cuchillo.

Capítulo 13: Won-Hyo Tul

La mano de cuchillo es la técnica de acabado, diseñada para aprovechar la caída del peso, para aumentar el poder del ataque en el cuello del oponente (lateral/trasera), acabando así con el oponente. La mano trasera está en una posición de guardia para la defensa y en caso se requiera un segundo ataque.

Podemos acabar la aplicación aquí, pero como alternativa, después del primer bloqueo de mano-cuchilla, podemos utilizar la posición intermedia o preparatoria del bloqueo próximo a agarrar la cabeza del oponente (que será alrededor del nivel de nuestras manos debido la patada y al ataque mano-cuchilla) y, mientras damos un paso, lo estillamos violentamente (en el siguiente bloqueo de la mano de cuchillo) y romper el cuello.

Ch'ang Hon Taekwon-do Hae Sul
Aplicaciones reales de los patrones ITF

La siguiente que utilizamos:

- **Kaunde Sonkal Daebi Makgi**
  (Bloqueo de guardia manos en cuchillo a la sección media)

- **Kaunde Sonkal Daebi Makgi**
  (Bloqueo de guardia manos en cuchillo a la sección media)

- **Sun Sonkut Tulgi** *(Empuje de la yema del dedo recto)*

El hecho de que otros dos bloqueos de guardia en manos de cuchilla sigan después del primero a menudo confunde a los estudiantes. Sin embargo, si nos fijamos en una aplicación más avanzada de este bloqueo podemos ver por qué siguen.

Podemos utilizar la manivela del cuello o use los bloqueos de guardia de la segunda y tercera mano -cuchillo de la siguiente manera. En primer lugar, en el fragor de la batalla, un soldado al que ya hayas derribado no va quedarse ahí una vez vea que has acabado con su compañero, él va a atacar. Los próximos dos bloqueos de mano-cuchillo son simultáneos redireccionas y contraatacas, que pueden ser utilizados contra puños ondeantes o incluso contra un ataque circular con armas como palos, los dos manos hacen que bloquear un arma no sólo sea más fácil, pero más seguro también.

Estas fotos son tomadas de un ángulo superior para demostrar el ataque/desvío - seguimiento - y el último ataque final

Mientras el oponente oscila en un puño de gancho de derecha, el movimiento intermedio del bloqueo permite atacar puntos de presión en el brazo superior e inferior al mismo tiempo, a menudo haciendo el brazo inmóvil, mientras que el movimiento completo golpea al oponente. El brazo es golpeado en los puntos de presión y el oponente ha sido terminado con un ataque en el punto vital de la arteria carótida.

El tercer bloqueo de guardia de mano cuchillo puede ser utilizado de la misma manera, o como una ruptura de cuello para acabar con este rival, como se describió anteriormente.

La propuesta final de este conjunto, nos ve empleando Sun Sonkut Tulgi *(Empuje recto de yema del dedo)* y, a continuación, convirtiéndose en la primera combinación que realizamos. Una vez más, una táctica militar se emplea aquí, así como aplicaciones más avanzadas que simplemente golpear a los oponentes al plexo solar con nuestros dedos.

Nuestro ataque anterior pudo haber matado o mal herido a nuestro oponente, de cualquier manera, las próximas aplicaciones va en consonancia con el resto de las aplicaciones del patrón que hemos realizado hasta ahora.

Capítulo 13: Won-Hyo Tul

La técnica es realmente un lanzamiento de cadera. La mano delantera pasa por el oponente para envolverse alrededor de su cintura en la parte posterior (esto es por qué no hay ningún movimiento de liberación como en Do-San). La mano delantera (palma) se utiliza para mover las extremidades que sobresalen y si es necesario, se agarra al oponente para asistir a la proyección.

El movimiento de giro es parte del lanzamiento, pero también nos permite lanzar nuestro segundo o tercer atacante en la primera una o dos cualquiera debe recuperase lo suficiente como para seguir atacando, creando así una vía de escape o evasión o permitiéndonos engranaje para otro ataque o incluso tiempo para conseguir un arma. El hecho de que giras más de 180 grados indica un tiro de cadera, en lugar de hombro, como un tiro de cadera es más circular en movimiento.

Esto nos lleva a la combinación que se utilizó al principio de Won-Hyo consisten en:

- **Cantó Palmok Makgi**
  (Bloqueo gemelo de antebrazo)

- **Sonkal Nopunde Anuro Taeragi**
  (Ataque de mano-cuchillo sección alta hacia adentro)

- **Gojang Sogi, Kaunde Joomok Jirugi**
  (Posición de L peso repartido con puño a la sección media)

Esta vez lo podemos utilizar en una aplicación de tipo intermedio. Un hombro es agarrado, realizamos Sang Palmok Makgi con el brazo delantero dentro del brazo del oponente, podemos, si cerca suficiente, utilizar el brazo como un puño lateral (Yop Joomok) a la mandíbula del oponente y el siguiente movimiento de preparación para ocultar nuestra intención o simplemente alejar la cara aún más (esto no es un punto importante), mientras nos levantamos de nuevo. Cuando caemos en nuestra posición de L, nuestro brazo opuesto (la mano de reacción) asegura la mano del atacante asegurándose que no tenga forma de moverse y se quede donde esta agarrada. Esto provoca que el

brazo del oponente este erguido y controlado, haciéndolo débil para zafarse, la mano-cuchilla golpea inmediatamente tan pronto caemos (piensa en medio segundo), atacamos directamente al codo creando una ruptura.

El puño final al igual que en el primer ejemplo, tiene una posición más abierta que la postura anterior de posición de L. Retrocedemos un poco y luego caemos en Gojang Sogi (posición de L con peso repartido), lo que significa que estamos más cerca al oponente que cuando aplicamos la aplicación y una vez más, está diseñado para deshacerse de él rápidamente atacando bruscamente (empujándolo) lejos.

Como recordatorio, el impulso se transfiere a el puño en lo que acelera para una parada repentina (mientras completas la posición), transfiriendo la energía del puño al cuerpo del oponente, creando aún más fuerza. Un oponente con una articulación rota no pelea, pero está todavía en el camino, pensar en esto como un puño de empuje para deshacerse del oponente y crear espacio. Esto suele ser un ataque al punto vital de costillas flotantes para causar daños adicionales.

El mismo movimiento se emplea en los lados opuestos para permitirnos practicar una combinación bastante complicada sin tener que cambiar de lado si fuera usada en la realidad. Este bloque por sí solo (también se encuentra en Dan-Gun) o con las siguientes propuestas como se muestra en las aplicaciones para el primer conjunto, también puede utilizarse para detener un gancho tipo callejero en lugar de golpear después de una agarre, con la preparación del bloqueo para detener el golpe entrante y el brazo de atrás (zona alta) agarrando el brazo atacante de nuestro oponente simultáneamente atacando con el lado del puño.

A continuación, nosotros concentramos en técnicas a las patadas en corto alcance. Taekwon-do, cuando fue creado era avanzado en patear pero no sus oponentes. Se utilizan patadas básicas como una patada frontal brusca o un pisotón en el mejor caso. La siguiente posición usada consiste en dar un paso de pie a pie, indicando que estamos pasando de un oponente a uno nuevo.

Ahora utilizamos la siguiente combinación:

- **Dollimyo Makgi** *(Bloqueo circular)*

- **Ap Cha Busigi** *(Patada frontal)*

- **Ap Joomok Jirugi** *(Puño cruzado)*

A medida que avanzamos hacia delante realizamos Dollimyo Makgi (*Bloqueo Circular*). El hecho de que nos movemos desde una posición de pie a pie, y luego hacia afuera en nuestra posición significa que estamos realmente moviéndonos diagonalmente según nuestro cuerpo, alejado de su

Capítulo 13: Won-Hyo Tul

camino directo inicial, esto es aún más apoyado por la preparación del bloqueo mientras giramos nuestro cuerpo (además la mano de reacción está ahí por si acaso y para ayudar a guiar la pierna del oponente a la trampa). El movimiento hacia adelante significa que nos movemos dentro del rango de patadas, así siendo captura antes de llegue al punto de toda potencia y el movimiento diagonal complementa la primera parte del bloqueo circular mediante la adición de impulso, haciéndola más igual a una herramienta de ataque más fuerte (la pierna), al hacer contacto. Como el bloqueo se mete por debajo, esto indica como se ha mencionado; agarrar una patada básica o engancharlo. La primera parte del bloqueo nos permite conectar con la pierna que patea el oponente, (moviendo un poco más en consonancia con nuestro cuerpo girando), pero el brazo se enlaza o enredó alrededor de la pierna realizando la segunda parte de la moción, esto se realiza en una manera rápida, usando el resorte de rodilla para enderezar rápidamente y la pierna está posicionada en lugar o se tuerce al lanzar al oponente fuera de equilibrio por la manivela al final, perturbando el equilibrio de nuestro oponente.

También notará que los hombros están mucho más girados en la realización de este bloqueo. Esta es la forma final de garantizar que nuestro cuerpo esta fuera del alcance de la patada de nuestro oponente y nos permitirá posicionar completamente nuestra pierna, el paso hacia el lado, el primer punto de contacto y los hombros, todo trabaja para que estamos lo suficientemente cerca como para emplear la técnica, mientras que girar convenientemente para evitarlo o tomar un leve golpe a una parte musculosa del torso/hombro en vez de a un área tan vital como el plexo solar. Como la pierna es más larga que el brazo, si estuviéramos completamente delante podríamos coger toda la fuerza de la patada mientras que emplean la técnica. Esta es también una lección de lo potente que es el principio de la reacción y cómo puede aplicarse par en bloqueos.

Esto es seguido con una patada de frente a los testículos del oponente (como la pierna del oponente es capturada y levantada para atacar aquí).

La parte final de esta combinación es un puño cruzado. Esto puede ser el punto vital del oponente, tales como las costillas flotantes pero me parece razonable que una patada en los testículos obligaría prácticamente al oponente unir sus piernas o causando más dolor cayendo al piso. Aunque también podría utilizarse plexo solar o garganta, dependiendo de con qué pierna atacaron en primer lugar. El puño permite ayudar en el camino o los termina o no deja que se levanten nuevamente demasiado rápido, en todo caso.

Ch'ang Hon Taekwon-do Hae Sul
Aplicaciones reales de los patrones ITF

El puño debe emplearse a una fracción de segundo antes de aterrizar, por lo tanto utilizando el peso de cuerpo completo (que es por qué no hay aquí, ningún resorte de rodilla, porque te mueves hacia adelante).

Siguiente en se utilice:

- **Gorboryu Junbi Sogi 'A'**
  (Posición una pierna flexionada 'A')

- **Yop Cha Jirugi**
  (Patada lateral de costado o de lado perforante)

- **Palmok Daebi Makgi**
  (*Bloqueo de guardia de antebrazos*)

Este es el primer patrón donde encontramos dos bloqueos al final, uno tras otro, para terminar. Esto se repite en otros patrones más tarde y es una buena combinación de movimientos para utilizar contra dos o incluso tres oponentes que están cerrando todos los lados.

Primero utilizamos nuevamente Gorboryu Junbi Sogi 'A' *(Posición de una pierna flexionada 'A')*. Podemos realizar el movimiento de atascamiento y contra ataque de patada en el lado opuesto que hemos practicado previamente, para asegurar ambas piernas están capacitadas para el estancamiento y contra ataque. Las únicas diferencias son, que es la pierna opuesta y proviene de la parte trasera, en lugar de alfrente como antes, que puede indicar que es una patada más agresiva, como una patada de tibia, diseñada para dañar, en lugar de simplemente pegar, por lo que la utilizamos para golpear un atacante y contra atacar.

Completamos esta combinación utilizando Palmok Makgi de Daebi (*Bloqueo de guardia de antebrazos*) como una tirada rudimentaria. Tras la patada de costado o lateral, el estudiante es enseñado a bajar el pie al piso y pivotear redondamente en Palmok Makgi Daebi, pero no hay ninguna medición estandarizada a esta distancia.[51] ¡La razón que no hay ninguna medida estandarizada quizás sea para hacer viable la aplicación siguiente!

Para este instante, diremos que la combinación anterior utilizando Gorboryu Junbi Sogi 'A' y Yop Cha Jirugi no ha cumplido el modus operandi esta vez. Así que después de ejecutar la patada de

---
[51] Las posiciones de pies encontradas en los patrones Ch'ang Hon son usualmente muy precisas a donde el pie se quiere posicionar

Capítulo 13: Won-Hyo Tul

lado o de costado bajamos el pie, juzgando la distancia, para que el estudiante tenga la pierna de alfrente cerca del oponente. Mientras pone el pie abajo, agarra al oponente con ambas manos y pivoteando en Palmok Daebi Makgi (*Bloqueo de guardia de antebrazo*) que tiene el efecto de tirar al oponente sobre la pierna delantera y hacia atrás en el piso – ¡el tiro rudimentario!

Luego utilizamos:

- **Palmok Daebi Makgi** (*Bloqueo de guardia de antebrazo*)

El segundo Palmok Daebi Makgi (*Bloqueo de guardia de antebrazo*) lo encontramos en Won-Hyo tul también puede utilizarse de manera rudimentaria de lanzamiento o en este caso, más de un tropiezo. Mientras el oponente se mueve hacia nosotros, los pasos del estudiante adelante aseguran que la pierna delantera se mueve detrás del atacante y realiza Palmok Makgi Daebi. Dando un paso adelante utilizando nuestra mano de alfrente para agarrar o golpear a nuestro oponente (con el antebrazo a través de su pecho), mientras golpeamos con el bloqueo nos permite efectuar el tropiezo y llevando a nuestro oponente abajo con la parte posterior de su cabeza golpeando el suelo.

Este bloqueo se repite en cualquier dirección, permitiendo al estudiante a practicar las empuñaduras y lanzamientos con ambas piernas, los brazos y en ambos lados del cuerpo.

Capítulo 13: Won-Hyo Tul

Aplicaciones alternas a Won-Hyo tul

Aplicación alternativa a movimientos 7 o 25:

- **Gorboryu Junbi Sogi 'A'** *(Posición en una pierna flexionada 'A')*

La técnica de preparación de Gorboryu Junbi Sogi 'A' idealmente se utiliza para barrer el pie de un oponente cercano. Simplemente coloque su pie detrás de la pierna delantera y prepare la posición. El bloqueo de guardia con antebrazo se puede utilizar para golpear al oponente para ayudarlo a caer, o si somos agarrados, para exagerar el movimiento mediante el ajuste del tiempo ligeramente para que tirarlo al mismo tiempo que lo barres al piso.

Aplicación alternativa a movimientos 7 o 25:

- **Gorboryu Junbi Sogi 'A'** *(Posición en una pierna flexionada 'A')*

Como acotación interesante como parte de mi investigación, me encontré con una aplicación de Gorboryu Junbi Sogi 'A' como un defensa y técnica de contra ataque empleada en una colina empinada o escaleras.

El estudiante esta mas alto que el atacante y no puede inclinarse hacia adelante por temor a ser desequilibrado debido al alcance necesario para una técnica de mano o ser agarrado y tirarado hacia abajo. Por tal Gorboryu Junbi Sogi 'A' se utiliza para patear y retirar la pierna que patea tan rápido como sea necesario para defender la posición.

Ch'ang Hon Taekwon-do Hae Sul
Aplicaciones reales de los patrones ITF

Aplicación alternativa a movimientos 19 o 22:

- **Dollimyo Makgi** *(Bloqueo circular)*

De un agarre a los hombros el estudiante levanta su brazo en alto y circularmente sobre y alrededor de los brazos del atacante. Mientras circula, se enlaza y con éxito bloquea el brazo del atacante y el hombro. Mientras se emplea el movimiento final del bloqueo, tiene el efecto de no sólo atrapar el brazo del atacante, sino también obligándolo a girar para aliviar el dolor, abriendo así para un contraataque fácil.

Aplicación alternativa a movimientos 19/20/21 o 22/23/24:

- **Dollimyo Makgi** *(Bloqueo circular)*
- **Ap Cha Busigi** *(Patada frontal)*
- **Ap Joomok Jirugi** *(Puño cruzado)*

Dollimyo Makgi puede utilizarse también para simplemente mover hacia arriba y tirar hacia afuera las patadas de los atacantes. La parte inferior del bloqueo entra en contacto con la pierna del atacante, se mete por debajo y lo tira a un lado mientras continua el movimiento redondo, girando al atacante en el proceso.

Capítulo 13: Won-Hyo Tul

Esto es seguido con Ap Cha Busigi *(Patada frontal)* en el coxis o costillas flotantes si el atacante no se ha girado completamente y el atacante es finalmente terminado con Ap Joomok Jirugi (golpe con el puño) a la base del cráneo o la mandíbula.

Aplicación alternativa a 27 o 28 de movimientos:

- **Palmok Daebi Makgi** (*Bloqueo de guardia de antebrazo*)

Como se detalla en los más altos patrones, Palmok Makgi Daebi puede utilizarse para crear una palanca o un atrape de hombro. Desde una posición defensiva nuestro brazo delantero es agarrado. El estudiante da un paso adelante y prepara el bloqueo por debajo del brazo del atacante. Esto saca al oponente fuera de balance ligeramente que cubre las intenciones del estudiante. Mientras se tuerce el brazo trasero del bloqueo, se agarra del brazo del atacante. El estudiante completa entonces el bloqueo cayendo en él y golpeando la parte trasera de los tríceps del atacante con el brazo delantero. O el estudiante puede aplicar el brazo delantero en el hombro posterior, como se muestra en las aplicaciones de Joong-Gun tul.

El puño del brazo delantero puede utilizarse además para mejorar la técnica agarrando la ropa de los oponentes para mantener el agarre asegurado.

Esto puede modificarse ligeramente para una rotura de codo utilizando más un movimiento continuo a través de, o simplemente un golpe con el antebrazo delantero directamente a la articulación del codo, mientras que el brazo trasero y la preparación pudieran enderezado el brazo del atacante lo suficiente como para permitir esto.

Ch'ang Hon Taekwon-do Hae Sul
Aplicaciones reales de los patrones ITF

Aplicación alternativa a 27 o 28 de movimientos:

- **Palmok Daebi Makgi** (*Bloqueo de guardia de antebrazo*)

Por supuesto, podemos utilizar simplemente Palmok Makgi Daebi (*Bloqueo de guardia de antebrazo*) para asustar a los enemigos que pueden estar considerando atacar. Por ejemplo, giramos estando frente a ellos, listo para la acción en una posición de combate, la misma posición para iniciar el combate libre (o lucha), utilice una de las aplicaciones más avanzadas de este bloqueo (se encuentra en Joong-Gun) o simplemente usar el puño delantero del bloqueo atacando a nuestro oponente, aunque esto nos deja más bien expuesto!

Aplicación alternativa a movimientos 25, 26, 27 y 28:

- **Gorboryu Junbi Sogi 'A'**
  (Posición en una pierna flexionada 'A')

- **Yop Cha Jirugi**
  (Patada lateral)

- **Palmok Daebi Makgi**
  (*Bloqueo de guardia de antebrazo*)

- **Palmok Daebi Makgi** (*Bloqueo de guardia de antebrazo*)

Como un ejercicio de cómo los movimientos preparatorios de un bloqueo pueden resultar útiles como ataques, vamos a mostrar cómo la última patada de Won-Hyo y los dos bloqueos finales pueden todos ser utilizados contra tres atacantes en rápida sucesión. Uno en la parte delantera y dos al lado.

Mientras un atacante corre desde el frente, emprendemos con nuestra patada lateral, pero mientras ponemos el pie que pateó abajo no uno, sino dos atacantes están acercandose, uno a cada lado, y si nos comprometemos a defender contra uno, dejamos nuestra espalda (y por lo tanto, nosotros mismos) expuestos al otro.

Capítulo 13: Won-Hyo Tul

Usted notará que no hay ninguna distancia establecida aquí para posicionar el pie después de que ejecutamos la patada lateral (aunque no es de pie a pie y apenas un ancho de hombros aproximadamente) lo que significa que podemos juzgar nuestra distancia con relación a los otros atacantes e inmediatamente después de aterrizar, nos volvemos a enfrentar a un oponente mientras preparamos nuestro bloqueo.

Utilizamos el movimiento preparatorio del primer bloqueo; tirar la mano derecha hacia atrás y golpear al oponente a nuestra parte trasera (originalmente a nuestra izquierda), como un golpe contundente; contundido por un segundo en lo que nos da tiempo de golpear al otro

atacante al finalizando el bloqueo. Luego inmediatamente giramos y acabamos con el primer atacante con un ataque similar (que fluye de uno a otro).

Observe cómo la preparación para este bloqueo, mientras giramos, es casi igual que cuando se ejecuta al final y la mano más cercana está siempre protegiendo nuestro centro, si estamos preparándonos o golpeando con ella, así que en caso de que nos salgan mal las cosas tenemos cierta protección custodiando nuestro propio cuerpo.

Esta aplicación puede parecer improbable hasta cierto punto, pero va en línea con Won-Hyo siendo un patrón de distancia corta y funciona bien con los dos bloqueos similares sucesivamente y también

sirve para enseñar cómo la rapidez y el tiempo son invaluables.

Ch'ang Hon Taekwon-do Hae Sul
Aplicaciones reales de los patrones ITF

Los Principios del Taekwon-Do

Cortesía (Ye Ui)

Integridad (Yom Chi)

Perseverancia (In Nae)

Auto-control (Guk Gi)

Espíritu indomable (Baekjul Boolgul)

CAPÍTULO 14
Yul-Gok tul
el patrón de apropiación

Yul-Guk es el seudónimo de un gran filósofo y académico Yi I, apodado el Confucio de Corea (1536-1584).

Los 38 movimientos representan su lugar de nacimiento a los 38 grados de latitud y el diagrama representa a erudito.

Yul-Gok tiene 38 movimientos.

Ch'ang Hon Taekwon-do Hae Sul
Aplicaciones reales de los patrones ITF

Yul-Gok Tul – *Paso A paso*

Capítulo 14: Yul-Gok Tul

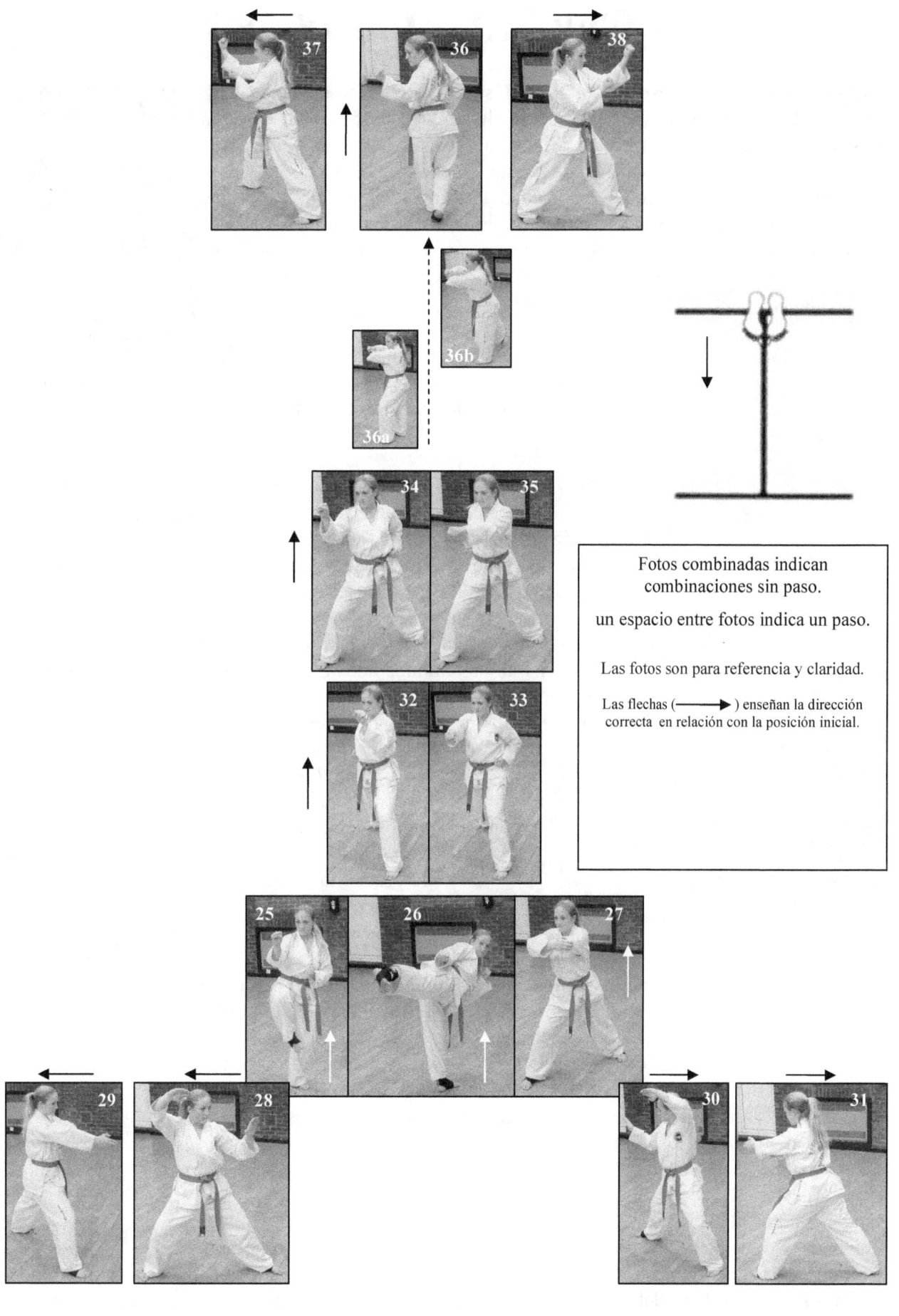

Ch'ang Hon Taekwon-do Hae Sul
Aplicaciones reales de los patrones ITF

Yul-Gok Tul – *Introducción*

Yul-Gok es nombrado después del gran filósofo y académico de Corea Yi I, nació en la provincia de Kangwon el 26th diciembre de 1536. Yul-Gok, un niño prodigio, aprendió caracteres chinos con apenas 3 años de edad y a la edad de 7 años estaba escribiendo poesía en chino. Yul-Gok aprobó el examen literario de Servicio Civil a la edad de sólo 13 y a los 29, después de pasar un examen de Servicio Civil superior con máxima puntuación, comenzó a trabajar para el Gobierno, teniendo a cargos muchos posiciones importantes como Ministro de personal de Corea y en la guerra, Rector de la Academia Nacional y Ministro de defensa.

Su tesis, '*Ch'ondoch'aek*' mostró su profundo conocimiento de la historia y la filosofía confuciana de la política, mientras reflejaba su profundo conocimiento del taoísmo y está considerada como una obra maestra literaria.

La montaña Diamante, Corea
(Noten la torre en el medio)

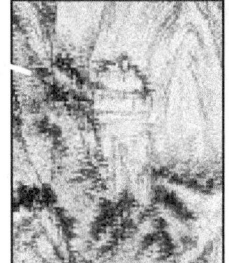

Tras la muerte de su madre cuando Yul-Gok tenía 36, se retiró a las montañas de diamante durante tres años y a su regreso a la sociedad autor '*The Essentials of confucianismo*' (1576) que muestra cómo vivir una buena vida confucianista. Se convierte en conocido como el 'mejor maestro del este'.

Yul-Gok significa '*Valle de castañas*' y fue el seudónimo elegido por Yi I en sus últimos años mientras que continuaba escribiendo muchos documentos y textos venerados. Yul-Gok vivió por cómo él predicó y tomó muy en serio la sinceridad. Sentía que *'un hombre sincero era un hombre que conocía el realismo de los cielos'*. Una vez escribió que una casa no podía mantener armonía a menos que cada miembro de la familia fuera sincero y sintió que, cuando se enfrentaran con la desgracia, un hombre debería llevar a cabo una profunda reflexión para encontrar y corregir sus propios errores.

Yul-Gok creía en la sinceridad, lealtad, y el mejoramiento de la persona que aparece en sus propias acciones. Como por ejemplo, la madrastra de Yul-Gok disfrutaba de beber vino, que Yul-Gok nunca aprobada. A pesar de eso, cada mañana, año tras año, el le traía varias tazas de vino y nunca le reprochó su hábito. Finalmente se decidió a dejar de beber por su cuenta, sin nunca haber sabido el desagrado de Yul-Gok. En agradecimiento por todos estos años de dedicación sin prejuicios, la madrastra de Yul-Gok lloró su muerte durante 3 años, vistiendo de luto con traje blanco.

Un año antes de su muerte en 1583, Yul-Gok propuso que el Gobierno entrenara y equipara a un cuerpo de reserva del ejército de 100.000 hombres. Como muchas de sus sugerencias eran socavadas por funcionarios menores que estaban mezclados en conflictos políticos del este/oeste dentro del Gobierno. Es lamentable que esta sugerencia concerniente a la seguridad nacional nunca fue permitida a implementarse, pues 9 años más tarde

Capítulo 14: Yul-Gok Tul

Corea fue invadida y ocupada por los japoneses debido a que las fuerzas militares coreanas fallaron en resistir al ejército en Hideyoshi.

Incluso después de su muerte en 1584, los escritos de Yul-Gok continuaron a teniendo efecto sobre Corea y su gobierno debido a su dedicación al confucianismo y la teoría del Gobierno. Después de su muerte *'Yul-Gok Chônjip'* (las completas obras de Yul-Gok) fue compilado.

Yul-Gok es de hecho un patrón interesante ya que contiene algunas interesantes mociones a 45 grados casi comenzando, así como técnicas que previamente hemos cubierto, posiblemente con la idea de diferentes aplicaciones para ellas. Tenemos la posición de X burlona con el reverso del puño y los últimos cuantos movimientos

Toyotomi Hideyoshi

forman un poco de un rompecabezas, pues tenemos ataque (reverso del puño) que sigue un ataque y, a continuación, tenemos un bloqueo que sigue un bloqueo, ni siguiendo el bloqueo y contra ataque, patrones generalmente son asociados con patrones. Otro suceso extraño con el Doo Palmok Makgi (*Doble bloqueo de antebrazo*) es la posición del brazo secundario, siendo posicionado de lado a lo largo del primero. Esta es una de las técnicas que ha cambiado desde que apareció en el Karate, donde el brazon segundario apunta con el puño hacia el brazo de primario que bloquea. ¡Sin embargo, eso todavía no explica la aplicación de la posición de X, el ataque con el reverso del puño o el bloqueo doble de antebrazo!

Yul-Gok es también un patrón raro. Es el único patrón que tiene una *'medición'* como su primer movimiento. Aún más confuso es el hecho de que para muchos, la medición no está centrada sino en línea con el hombro izquierdo o incluso cuando centrado en relación con nuestro propio cuerpo (como me enseñaron) la zona de destino en la enciclopedia es el plexo solar, que realmente no tiene mucho sentido. ¿Así que esta técnica y la confusión de ella de dónde vienen? La confusión sobre dónde debe alinear la medida posiblemente se resuelve muy fácilmente. En las versiones de la enciclopedia que tengo (1993 y 1965) ambos se refieren a la medida hacia D (que desde la posición inicial es directamente hacia el frente del estudiante), la foto en la enciclopedia tiene al demostrador mostrándola al lado, así que es posible que haya sido un error de foto. `D ' es en relación con la posición de inicio, por lo que el brazo de *'medición'* es en nuestro centro o ligeramente a la derecha (hacia D). El *'por qué'* se revelará al ejecutar las aplicaciones del patrón. Sin embargo, aunque muchos instructores enseñan la elevación del brazo (o extendiendo el puño como un golpe lento) como una técnica de preparación de medida para el siguiente golpe, este razonamiento es realmente bastante dudoso. En primer lugar, todos los patrones de cinturón de color hasta 3er Nivel inician con un bloqueo (o en caso de Hwa Rang tul, un movimiento defensivo) y los patrones de grados superiores, cuando estudiados en profundidad, comienzan con bloqueos o técnicas defensivas (incluso si parecen simplemente ataques – aunque hay sólo un par de casos como este) como esto se ajusta al hecho de que el Taekwon-do es un arte defensivo y también sigue el principio de Shotokan de *' no hay primer ataque en Karate'*. ¡Así que por qué Yul-Gok sería diferente a los otros 23 patrones! En segundo lugar, el levantamiento de este brazo es contado como uno de los 38 movimientos de este patrón, lo que significa mucho más probable que tenga una aplicación real o un propósito más allá de una técnica de preparación para el movimiento número dos. Esta técnica es explorada en profundidad en este capítulo y una explicación adecuada o más posible se ha alcanzado.

Desde mi propia experiencia de las aplicaciones que sé de este patrón, o movimientos dentro de el, miré para ver si existen aplicaciones similares y para mi asombro encontre. De hecho encontramos variaciones sobre un tema único tantas veces que he apodado este patrón *'el patrón de agarraderas'*

Ch'ang Hon Taekwon-do Hae Sul
Aplicaciones reales de los patrones ITF

como casi todas las aplicaciones se refieren no sólo agarrar a su oponente, pero también sosteniéndolos mientras seguimos para acabar con ellos.

Capítulo 14: Yul-Gok Tul

Aplicaciones de Yul-Gok tul

Yul-Gok inicia en Narani Junbi Sogi *(Posición paralela listo y preparado)* y comienza elevando nuestro brazo izquierdo en preparación para un puño en lo que damos un paso en Annun Sogi *(Posición de sentadilla o jinete).*

Esto es seguido por:

- **Doo Jirugi** (*Puños dobles*) en **Annun Sogi** (*posición sentadilla*)

El estudiante siendo agarrado por los hombros, damos paso hacia al lado (y a nuestra izquierda) en Annum Sogi *(Posición sentadilla)*, mientras elevamos nuestro brazo izquierdo.[52] Haciendo esto creamos una liberación mientras nuestro cuerpo es tirando hacia afuera y hacia abajo y nuestro brazo simplemente despega el agarre yendo hacia arriba, y el movimiento lateral del cuerpo aumenta la dificultad de mantener el agarre. El brazo de medición también puede ser utilizado como soporte a nuestro oponente, trayéndolo a nuestro primer puñetazo, y luego soltar y siguiendo con nuestro segundo ataque. De cualquier manera, ambos ataques parecen mejor adaptados al punto vital de costillas flotantes (en la cuarta foto también hemos demostrado el punto vital de la axila, que también es válido ya que dependerá de la altura del atacante), ya que esta es la posición en que nos encontramos por caer en Annun Sogi *(Posición sentadilla).*

También notará cómo atacamos sólo el lado derecho del cuerpo, que cae en línea con la siguiente combinación y es una reacción natural del cuerpo retirar al dolor (piense colocar su mano sobre algo caliente – se sienten dolor e instintivamente retiras). Esta combinación se realiza de nuevo en el lado opuesto (y, a continuación, el siguiente conjunto de combinaciones se repiten también) nos está enseñando que podemos realizar esta aplicación y el seguimiento de las aplicaciones por el escalonamiento de cualquier manera. El paso real entre las combinaciones, llevándonos de la mano izquierda a la derecha es lento para ser utilizado como una aplicación de tiempo real, pero pueden

---

[52] La medida del puño no es enseñada para ejecutar el puño, sino para levantarlo rectamente (aunque fui enseñado originalmente como si fuera un puño en moción lenta)

Ch'ang Hon Taekwon-do Hae Sul
Aplicaciones reales de los patrones ITF

utilizarse para destacar la importancia del enfoque, como una técnica enfocada a un área pequeña es necesaria para garantizar aplicaciones como estas tienen éxito. Aunque creo que estas combinaciones indican el uso a ambos lados, una aplicación adicional para este conjunto de técnicas (los puños) y el siguiente conjunto (bloqueo interior de antebrazo y patada frontal) pueden encontrarse en la sección de **aplicaciones alternas**.

A continuación utilizamos:

- **Kaunde An Palmok Makgi**
  (*Bloqueo de antebrazo interno medio*)

- **AP Cha Busigi** (*Patada frontal de rápida retracción*)

- **Doo Jirugi** (*Puños dobles*)

Nuestro rival nos había agarrado con ambas manos y nos defendimos como se describió anteriormente, atacando a sus costillas flotantes de lado derecho. Esto puede hacer que el oponente retire su lado derecho del dolor y mientras atónito su mano izquierda está todavía sobre nuestra solapa derecha u hombro (hemos eliminado la derecha mientras hemos caído). Desde aquí girar 45 grados y realizar Kaunde An Palmok Makgi (Bloqueo medio de antebrazo interno).

En lo que preparamos para el siguiente bloqueo, utilizamos la mano de reacción en la preparación para mantener su brazo en lugar que a su vez aumenta el efecto y el éxito utilizando el movimiento de bloqueo de esta forma. Retiramos nuestra pierna derecha ligeramente mientras preparamos y nos preparamos a pivotear. Bruscamente pivotee con un ángulo de 45 grados, posicionando nuestro bloqueo en su lugar. Esto encaja en el codo de nuestro oponente o parte superior del brazo del oponente y lo desplaza bruscamente a nuestra derecha (su izquierda) donde él puede estar alejándose inconscientemente del dolor habiendo solo tenido sus costillas rotas, ayudando así a la moción. Inmediatamente seguimos con Ap Cha Busigi (*Patada frontal de rápida retracción*), el objetivo suele ser el plexo solar, sin embargo, el bloqueo probablemente habrá de arrojar nuestro agresor ligeramente hacia el lado, por lo que prefiero verlo como un ataque a la para interior del muslo (al punto de presión) o de la rodilla. Esto disminuye nuestro oponente a una altura donde podemos utilizar Doo Jirugi (*Puños dobles*) de la misma manera como antes (en Do-San), como

Capítulo 14: Yul-Gok Tul

una ruptura de cuello o simplemente atacando con puñetazos un par de veces más para acabar con ellos, aunque la ruptura del cuello es la aplicación adaptada más fácilmente al M.O.

Para romper el cuello de nuestro oponente rondamos con nuestro brazo de reacción y con nuestras Palmas (como se muestra en las fotos) o agarramos, realizar el movimiento de dobles puños, torciendo el cuello violentamente hacia un lado, luego al otro – la última devolución completamente hasta terminar la roptura.

Nuevamente utilizamos:

- **Kaunde An Palmok Makgi**
  (*Bloqueo sección media de antebrazo interno*)

- **AP Cha Busigi**
  (*Patada frontal de retracción rápida*)

- **Doo Jirugi** (*Puños dobles*)

Ch'ang Hon Taekwon-do Hae Sul
Aplicaciones reales de los patrones ITF

La aplicación, a continuación, se repite en el lado opuesto, que nos permite practicar el mismo conjunto de combinaciones no importa de qué lado seamos agarrados. Los ángulos se utilizan para bloquear el brazo del oponente y tirar hacia fuera momentáneamente. Aquí vemos la misma aplicación del lado opuesto, utilizando puños dobles en su lugar para acabar con nuestro rival.

A continuación utilizamos:

- **Sonbadak Golcha Makgi**
  (Bloqueo de gancho de palma)

- **Sonbadak Golcha Makgi**
  (Bloqueo de gancho de palma)

- **Kaunde Baro Ap Joomok Jirugi** (Puño *Anverso o frontal*)

Es una variación de la anterior, pero a un atacante completamente delante de usted esta vez. Aunque me gusta el uso normal de este bloqueo, viniendo de abajo recto en el brazo entrante del atacante, en una situación de combate realista el momento sería muy difícil (aunque no imposible), por lo que es relegado a la sección de **Aplicaciones alternas** para este capítulo. El movimiento circular de este bloqueo también indica que están evitando algo y tienen que ir alrededor de él, porque en realidad que fácilmente sólo podríamos colocar nuestra mano desde una altura mayor a nuestro oponente para tomar de él, no hay realmente una necesidad para hacer el movimiento circular.

Esta aplicación mueve hacia abajo el cuerpo de los hombros para ser agarrado en la parte superior del brazo. Cuando nuestro oponente agarra nuestro brazo, circulamos nuestra palma de la 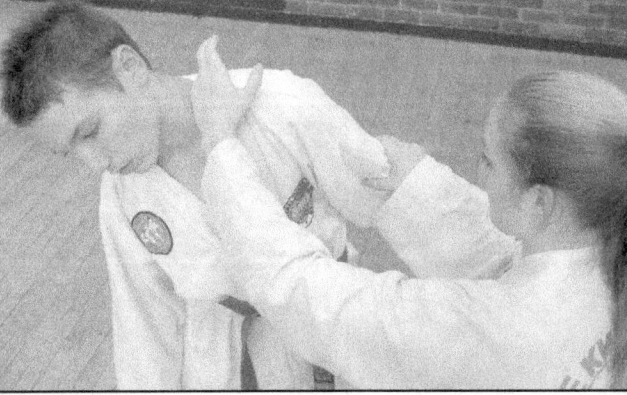  mano mientras que nos desplazamos hacia adelante ligeramente (como en el patrón), mientras nuestra palma golpea a nuestro oponente, la combinación de mover hacia adentro un poco, el movimiento circular del bloqueo y finalmente nuestra envoltura de palma sobre nuestro oponente

Capítulo 14: Yul-Gok Tul

crea un atascamiento. Utilizando torque (tirar ando de nuestros hombros hacia afuera) el brazo es girado también (pues es el atacante) abriendo puntos de acceso para atacar. El segundo bloqueo de gancho de palma puede utilizarse para golpear la garganta, arteria, como un apretón de garra, para atacar la clavícula o ataque al oído causando un zumbado en el tímpano doloroso debido a la posición de *'ahuecamiento'* de la mano, y el puño para terminarlo.

A continuación utilizamos:

- **Sonbadak Golcha Makgi** *(Bloqueo de gancho de palma)*

- **Sonbadak Golcha Makgi** *(Bloqueo de gancho de palma)*

- **Kaunde Baro Ap Joomok Jirugi** (*Puño anverso, frontal o delantero*)

- **Kaunde Baro Ap Joomok Jirugi** (*Puño frontal, anverso o delantero*)

Vista invertida

Como de costumbre, esta combinación se repite en el lado opuesto, sin embargo, esta vez con otra combinación que está más cerca de lo que mostramos es el estándar enseñado de aplicación para este movimiento.

Ch'ang Hon Taekwon-do Hae Sul
Aplicaciones reales de los patrones ITF

La combinación de bloqueos con palma de mano se utilizan para desviar un conjunto de puños dobles, en este caso uno frontal y otro cruzado. El primer puño es bloqueado y se mantiene, por lo que un segundo golpe sale en frustración para soltar el primero, este también es bloqueado y sostenido al igual que en el patrón. Según la combinación de patrones, convertimos el primer bloqueo (izquierdo) en un puño y usando la parte inferior del brazo del atacante golpeamos sobre la parte superior con él y ejercemos presión sobre la articulación de su codo, esperando romper su codo. Vamos entonces un paso adelante y realizamos Kaunde Baro Ap Joomok Jirugi (*Puño anverso o frontal*), para asegurar que hemos terminado con el.

El siguiente conjunto de combinaciones que usamos:

- **Gorboryu Junbi Sogi 'A'**
  (Posición en una pierna flexionada 'A')

- **Wen Yop Cha Jirugi**
  (Patada lateral o de costado izquierda)

- **AP Palkup Taeragi** *(Ataque con el codo frontal)*

Esta combinación, aunque similar a la de Won-Hyo tiene algunas diferencias importantes. La posición en una pierna flexionada, comienza igual, pero viene de la pierna trasera, lo más probable es que sea un ataque mas que un simple movimiento de comprobación.

Mientras golpeamos con el pie, elaboramos la posición, nuestros brazos están arrojados hacia adelante para tomar nuestro oponente, asegúrese de que no pueda salirse.

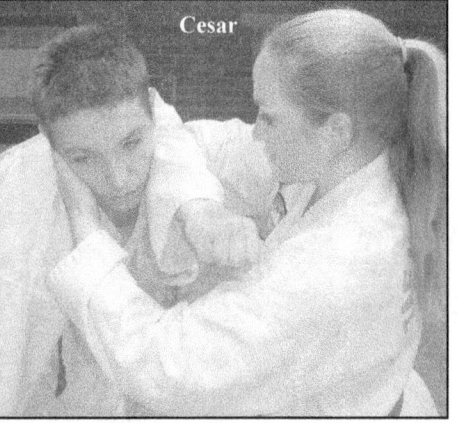

Ejecutamos patada lateral, ésta puede ser la sección media (como en el patrón) o la ingle y seguido con el agarre tradicional a la parte posterior de la cabeza y codazo a la cara.

Capítulo 14: Yul-Gok Tul

Sin embargo, si pateamos al lado de su cuerpo ligeramente (que de hecho es más fácil dirigirse a esta distancia), gira, lo que nos permite usar los ataques de palma y codo al lado de la mandíbula. Si lo piensas bien, después de una buena patada de lado el oponente podría ser doblado o tirado y la posición de la cabeza sería mucho más baja, por lo tanto no habría ninguna parte trasera de la cabeza para agarrar y conducir nuestro codo. Agarrando un lado y codazo al otro, fácilmente rompes la mandíbula y aplastamos con la forma de 'U' extremos de la mandíbula, piensa en exprimir un hueso.

Desde nuestra última posición inmediatamente gire y utilice:

- **Gorboryu Junbi Sogi ' A**
  (Posición en una pierna felxionada 'A')

- **Orun Yop Cha Jirugi**
  (Patada lateral derecha)

- **Ap Palkup Taeragi** *(Ataque de codo frontal)*

Sin embargo, esto es ligeramente diferente de la combinación anterior pues tendemos a llevar la pierna de atrás hacia arriba de nuestra posición para caminar en el movimiento anterior.

Imagine ser agarrado por detrás después de haber terminado con el compañero de nuestro oponente, rompiendo su mandíbula. Giramos y utilizamos el levantamiento de la pierna como un ataque a la rodilla.

Estamos bastante cerca de nuestro rival en este punto haciendo una patada lateral media difícil (aunque no imposible) para ello, podrá utilizar la patada como un ataque a la ingle o al punto de presión en el muslo interno. Nuevamente utilizamos la parte del bloqueo de guardia de este movimiento para agarrar y sujetar nuestro atacante y terminar exactamente igual que antes con el ataque de codo al lado de la mandíbula.

Ch'ang Hon Taekwon-do Hae Sul
Aplicaciones reales de los patrones ITF

Giramos y realizar:

- **Sang Sonkal Makgi**
  (*Bloqueo gemelo en manos de cuchilla*)

- **Sun Sonkut Tulgi**
  (*ataque con la punta de los dedos recto*)

En el lado opuesto nuestro atacante nos tira un golpe de gancho con la izquierda, giramos para enfrentar de frente al atacante, usando nuestra preparación como guardia para atrapar el ataque. Tan pronto como se hace el contacto, ejecutamos nuestro bloqueo. La creciente mano de cuchilla gira y agarra el brazo, mientras que la mano de cuchillo frontal golpea la arteria carótida o bajo la axila. Observe cómo caer en nuestra posición nos permite posicionar a nuestro atacante y abrir los puntos de ataques. Por supuesto la mano de cuchillo frontal también podría utilizarse para detener un ataque secundario también, antes del seguimiento con el Sun Sonkut Tulgi (*Ataque de punta de dedos mano recta*), en este caso la he mostrado a la garganta, aunque por supuesto puede seguir el manual he ir directo al plexo solar si desea. La mano izquierda mueve objetos como brazos del medio para el ataque.

Después de esto giramos y realizar:

- **Sang Sonkal Makgi**
  (*Bloqueo gemelo de manos en cuchilla*)

- **Sun Sonkut Tulgi**
  (*Golpe con la punta de los dedos mano recta*)

- **Nopunde Bakat Palmok Yop Makgi** (*Bloqueo sección alta lateral de antebrazo externo*)

- **Kaunde Bandae Ap Joomok Jirugi** (*Puño cruzado a la sección media*)

Capítulo 14: Yul-Gok Tul

La acción se repite, por lo que simplemente podría ser utilizado para la práctica de repetición desde el lado opuesto o podríamos utilizar una aplicación diferente para la práctica.

Para esta aplicación, giramos para hacer frente a un atacante acercándose agarrando. Utilizamos mano-cuchilla para golpear a la muñeca y la otra atacando al punto de presión en el bíceps (aunque fácilmente podría golpear la arteria carótida como antes). Desde aquí dirigiremos nuestra Punta de los dedos recta al plexo solar (o garganta) y traer nuestro bloqueo lateral *(Bakat Palmok Yop Makgi)* a la posición preparatoria.

Estas 2 fotos han sido re-posicionadas para enseñar la aplicación

Usando del bloqueo lateral podríamos simplemente atacar con puño martillo a la cara, o más en línea con este diagrama de patrones (y la forma de este patrón parece utilizar manteniendo sostén del atacante), agarra la ropa del atacante, el tirándolo fuera de balance girando a lo redondo mientras es sorprendido (según el modelo) y atacándolo nuevamente con el reverso del puño (Note que es cruzado pues todavía estamos sosteniéndolo) para acabar con él. ¿Por qué girarlo? Bien, el anterior conjunto de técnicas son poco probables que sean golpes finales (a menos que ataquemos la tráquea) y simplemente aturdiéndolo, mientras que aturdirlo permite realizar el bloqueo y la reacción natural de mantener el equilibrio entra en acción, así recuperamos el control y atacamos. Alternativamente, podemos echarlo al suelo con este movimiento y atacando hacia abajo para acabar con él.

Ch'ang Hon Taekwon-do Hae Sul
Aplicaciones reales de los patrones ITF

Esto es seguido por:

- **Nopunde Bakat Palmok Yop Makgi**
  (Bloqueo lateral de antebrazo externo alto)

- **Kaunde Bandae Ap Joomok Jirugi**
  (Puño cruzado sección media)

De nuevo este movimiento se repite lo que indica que puede ser utilizado de cualquier manera y la práctica en ambos lados es esencial. Sin embargo, esto permite una aplicación ligeramente diferente que aparecerá porque en esta parte del patrón no hay pivote para lanzar nuestro oponente y como estamos avanzando que podemos utilizar esto con un adversario frente a frente.

En lugar de utilizar Nopunde Bakat Palmok Yop Makgi *(Bloqueo lateral alto de antebrazo externo)* para agarrar la ropa, realmente utilizamos el apretamiento del puño para agarrar la cara (el puño un recordatorio de que nosotros debemos apretar tan duro como podemos).

La preparación de este bloqueo es similar a cubrirnos (una respuesta natural es simplemente cubrir con ambos brazos), que podemos utilizar para desviar el golpe entrante y el bloqueo lo sigue. Este bloqueo utiliza el codo para atacar en el esternón o el pecho, mientras nosotros simplemente agarramos la cara. Con el rostro cubierto (y agarrada), mientras esgarramos para hacer el bloqueo, las manos del oponente tienden a elevarse y atacando un punto vital vulnerable, el plexo solar o las costillas flotantes como el atacante pudiera haberse movido hacia el lado ligeramente ya sea para aliviar la presión del ataque en su cara o mientras esgarramos nuestra mano de reacción hacia atrás. Como alternativa, podríamos ejecutar un puño martillo a su mandíbula y seguir con el puño inverso también.

A continuación utilizamos:

- **Kyocha So Dung Joomok Nopunde Yop Taeragi**
  (Golpe con el reverso del puño lateral sección alta posición de pies en X)

- **Nopunde Doo Palmok Makgi** *(Bloqueo doble de antebrazo alto)*

- **Nopunde Doo Palmok Makgi** *(Bloqueo doble de antebrazo alto)*

Capítulo 14: Yul-Gok Tul

Estos últimos pocos movimientos como se menciona en la introducción forman un poco de un rompecabezas. Un ataque (el reverso del puño) sigue un ataque y, a continuación, tenemos dos bloqueos, uno tras otro. Otro suceso extraño con este bloqueo es la posición del brazo secundario, estando a lo largo de lado al primario Doo Palmok Makgi *(Doble bloqueo de antebrazos)*. Esta es una de las técnicas que ha cambiado desde que apareció en el Karate, donde el brazo secundario, su puño apunta directo hacia brazo bloqueante.

Sin embargo, esp todavía no explica la aplicación de la posición de X, el golpe con el reverso del puño o el bloqueo de antebrazo doble – teniendo que mirar el resto del patrón, que detalla muchos agarres, por lo tanto, es lógico pensar que estas técnicas sigan su ejemplo. Concedido podemos utilizar el golpe con el reverso del puño para cubrir la distancia y golpear a un atacante entrante, pero si seguimos la teoría *'agarre'* y el suceso de la técnica anterior de un puño cruzado, quizás por no ser tan eficaz como esperábamos y dejandonos en una posición vulnerable, con nuestro brazo atrapado o agarrado a distancia (como se muestra en las fotografías).

Desde la posición anterior nuestro brazo es agarrado y el peso de nuestro cuerpo entero es lanzado contra el atacante, utilizamos la posición preparatoria del reverso del puño para atraernos hacia el atacante o ponerlo de lado en así también asegurando una liberación de la empuñadura y cubriendo nuestras intenciones reales.

Mientras dirigimos nuestro hombro hacia adelante y cadera/muslo en choca con nuestro oponente, golpeando su equilibrio y hacia atrás. Formamos nuestra posición de X colocando nuestra pierna izquierda delante de la pierna del atacante y nuestra pierna trasera viene por detrás cayendo y ejecutando la posición.

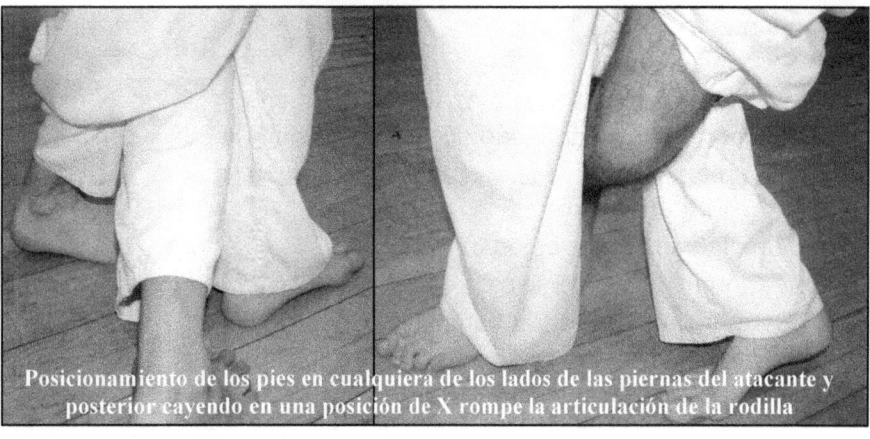

Posicionamiento de los pies en cualquiera de los lados de las piernas del atacante y posterior cayendo en una posición de X rompe la articulación de la rodilla

Esto forma el agarre asegurando que nuestro atacante no desaparezca mientras que al mismo tiempo dañando seriamente o romper la articulación de la rodilla. Por caer también así como también manteniendo el pie trasero en el metatarso, nos permite mantener el equilibrio. La repentina moción preparatoria y llevando hacia adelante causa que nuestro oponente ofrezca el lado de su rodilla, en lugar de la parte delantera. Mientras caemos en la posición el brazo del reverso del

puño termina nuestro atacante, lanzándolo hacia atrás (también podemos golpear si la distancia es la correcta), mientras que la posición de X lo mantiene cerca para un seguimiento si fuera necesario.

La preparación de la mano de reacción también tiene otra característica interesante. Si lo suficientemente cerca (o se utiliza el movimiento entero de un agarre de cerca en lugar de a distancia) podemos utilizar la mano derecha como ataque también, para cubrir nuestras intenciones de las piernas, como es dudoso que podemos ganar mucho poder en el golpe, por lo que las aplicaciones de una distracción parecen más posibles.

Tenga cuidado de practicar esta aplicación con el peso de cuerpo entero en el movimiento, lo convierte en un movimiento muy potente, más capaz que de destruir la rodilla. Practicar con cuidado, como se pueden ver en esta foto, incluso con un poco más de presión resulta en mucho dolor y esto se realizó en nada cerca de intensidad completa.

De posición de X, se *puede* agarrar en con ambas manos y el pivote en Doo Palmok Makgi *(Bloqueo doble de antebrazo)* y el atacante es arrojado a lo lejos sobre nuestra pierna izquierda, aunque el movimiento anterior es más que suficiente para dejar caer nuestro atacante al piso con una rodilla rota.

Doo Palmok Makgi *(Bloqueo doble de antebrazos)* es otro excelente ejemplo de dos aplicaciónes vertientes, con eso me refiero que uno está realizando un ataque, mientras cubrimos nuestra intención secundaria.

Como se mencionó antes, el brazo secundario en esta aplicación se ha cambiado de su formación original. Ahora corre a lo largo del lado del brazo de bloqueo. Si utilizamos el brazo de bloqueo como un ataque, vemos cómo el brazo secundario puede utilizarse para conservar nuestro oponente, mientras que la palma se encuentra hacia arriba y es ideal para agarrar un brazo de nuestro atacante.

En este caso, utilizamos el brazo delantero del bloqueo para atacar mientras que al mismo tiempo nuestro otro brazo asegura un agarre. Movemos la mano superior para un agarre seguido del ataque mientras empezamos a girar para el siguiente movimiento. Con ambas manos apretando sosteniendo firmemente, uno en la ropa y el otro en el brazo del atacante, gire en el siguiente movimiento y mientras nuestros pies se juntan mientras que en lo que seguimos a la siguiente

Capítulo 14: Yul-Gok Tul

posición, lanzamos a nuestro rival de un tiro. Los dos puntos de anclaje sólidos (apretones fuertes con las manos) y el movimiento paso a paso hacen de esto un tiro sorprendentemente fácil para llevar a cabo.

Una vez más, el segundo bloqueo nos muestra que esta técnica puede utilizarse en ambos lados y es ideal para practicar tiros de hombro.

   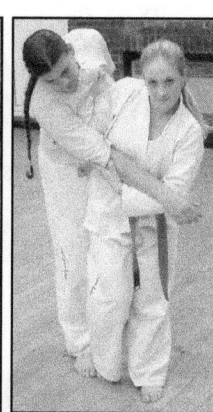

Aplicaciones alternas a Yul-Gok tul

Aplicaciones alternativas a los movimientos 4/5/6 (o 1/2/3) y 7/8/9/10:

- **Doo Jirugi** (*Puños doble*) en **Annun Sogi** *(posición sentadilla)*

- **Kaunde An Palmok Makgi** (*Bloqueo de antebrazo interno sección media*)

- **Ap Cha Busigi** (*Patada frontal*)

- **Doo Jirugi** (*Puños dobles*)

He visto estas técnicas enseñadas varias veces como una liberación de un abrazo de oso y aunque puede resultar útil para grados inferiores, tengo mis dudas sobre cómo auténtica una aplicación es. Les diré por qué creo esto después de llevarte a través de la aplicación en sí, pero también agregaré a esta menuda enseñanza de defensa para hacerla un poco más viable.

Aunque esta aplicación puede practicarse en cualquier lado, utilizando el primer y cuarto conjuntos de combinaciones o, como en este caso, el segundo y el tercer conjunto de combinaciones para que fluya en el diagrama del patrón.

El estudiante es agarrado con un abrazo de oso proveniente de atrás e inmediatamente cae abajo en Annun Sogi *(Posición sentadilla)* y levantando su brazo (en este instante su derecho, según el modelo) para ayudar a empujar más los brazos del oponente mientras su cuerpo se desplaza en la dirección opuesta para ayudar con la liberación, al mismo tiempo un golpe con el codo izquierdo.

Estas fotos corren de derecha a izquierda

Inmediatamente él golpea a su oponente con un codo derecho (el movimiento de brazo de reacción del puño izquierdo) y nuevamente un codo izquierdo (el movimiento del brazo de reacción del puño derecho) que todo ayuda a desalojar el atacante y crear un espacio para permitir que la siguiente fase de la aplicación a tomar lugar.

Capítulo 14: Yul-Gok Tul

Después de ablandar a su oponente con golpes de codo, el estudiante cambia su cuerpo a un ángulo para facilitar un tiro y moviendo en diagonal es capaz de utilizar la empuñadura de Kaunde An Palmok Makgi (*Bloqueo de antebrazo interno sección media*) para agarrar a su oponente y su pierna trasera para efectuar un lanzamiento tirando su oponente sobre él mientras se desliza a su siguiente posición.

Estas fotos corren de derecha a izquierda

Esto tiene el efecto de tirar el oponente sobre y redondamente para que su cabeza este directamente en línea para la siguiente técnica de Ap Cha Busigi (*Patada frontal*) que debe ser a la cabeza, o idealmente a la garganta para terminar el atacante. Como si fuera poco, el estudiante también puede utilizar Doo Jirugi (*Puños donles*) para romper el cuello del atacante, como se muestra en la sección de aplicaciones principales.

Ahora usted se estará preguntando ¿por qué no considero esto una aplicación original o incluso práctica? Bien, me refiero a la primera parte (la liberación de un abrazo de oso) que, aunque es posible que funcione en la práctica, o incluso en la realidad, hay mucha más claras aplicaciones a abrazo de oso en patrones más adelante, como en ellos son bastantemente obvios, haciéndolo poco probable esto es una aplicación *oculta* en sí, incluso si parece que podría ser. Además es que en el entrenamiento de patrones a solitario de estas combinaciones hay ningún enfoque real de los ataques de codo como el P.D.I. (punto de impacto) se centra en los puños, no los codos, lo que significa que el proceso de pensamiento de los estudiantes es menos probable que conecte con esta aplicación cuando sea necesario a menos que el énfasis en su entrenamiento de patrones a solitario cambie, y si simplemente tomamos el uso de la mano de reacción como un ataque de codo trasero, cada técnica se prestaría para una aplicación similar ya que casi todas utilizan la mano de reacción, aunque en este caso, caer en annun sogi lo hace un poco más probable. Mi última razón es simplemente porque sus repeticiones en ambos lados, que a pesar de que esto es normal para muchas aplicaciones, que es debido a que un estudiante necesita para poder trabajar las defensas de ambos lados para ataques frontales o laterales, pero en el caso de un abrazo de oso, no hay 'ambos lados' sólo la parte trasera, ya sea en el abrazo de oso o no, repetir la combinación tiene poco sentido, excepto para permitir que el tiro final, que es la que se ha incluido para que sea más aplicable y no se enseña con la aplicación de 'abrazo de oso' como estándar, de hecho nunca he visto la tirada enseñada al mostrar esto como una defensa de abrazo de oso. Dicho esto, si usted desea enseñar esto como una aplicación, ahora tiene los medios para asegurar que encaja el M.O. con el seguimiento de técnicas incluidas.

Ch'ang Hon Taekwon-do Hae Sul
Aplicaciones reales de los patrones ITF

Aplicaciones alternativas a los movimientos 15/16/17 o 18/19/20:

- **Sonbadak Golcha Makgi**
  (Bloqueo de gancho de palma)

- **Sonbadak Golcha Makgi**
  (Bloqueo de gancho de palma)

- **Kaunde Baro Ap Joomok Jirugi**
  (Puño frontal)

Aquí mostramos la combinación Sonbadak Golcha Makgi utilizada como técnica de chequeo para desviar un golpe entrante antes de golpear con el puño. Esta es otra razón para tener dos bloqueos, pues después de agarrar a nuestro oponente, puede que tire un contraataque con su otro brazo que no está siendo agarrado y el bloqueo lateral nos permite desviarlo seguiendo con nuestra ataque.

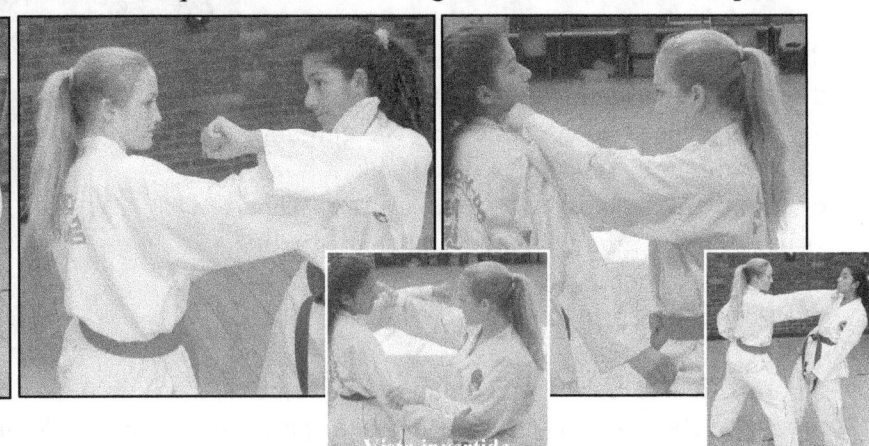

Aplicación alternativa a movimientos 15, 16, 18 o 19:

- **Sonbadak Golcha Makgi** *(Bloqueo de gancho de palma)*

Bloqueo de agarre con palma de mano es una gran técnica para enviar a un oponente a estrellarse al suelo. Mientras se produce el ataque utilizamos el movimiento circular del bloqueo de agarre de mano, acaparando sobre el brazo de nuestro atacante evitando ser golpeado. Sin embargo, en lugar de parar como en el patrón, seguimos nuestro camino hacia abajo, manteniendo el agarre en el brazo y usando su propio impulso contra el (el principio del agua), enviándolo de cara al suelo.

Capítulo 14: Yul-Gok Tul

Aplicaciones alternativas a los movimientos 15, 16/17 o 18/19/20:

- **Sonbadak Golcha Makgi**
  (Bloqueo de gancho de palma)

- **Sonbadak Golcha Makgi**
  (Bloqueo de gancho de palma)

- **Kaunde Baro Ap Joomok Jirugi**
  (Puño *anverso o frontal, delantero*)

Aquí usamos el primer Sonbadak Golcha Makgi *(Bloqueo de mano de agarre)* como se muestra en la aplicación del texto principal, para envolver alrededor del brazo del atacante tras un agarre al nuestro. Sin embargo, en lugar de golpear a la clavícula, utilizamos el segundo Sonbadak Golcha Makgi *(Bloqueo de mano de agarre)* contra el lado de la cabeza de nuestro oponente, forzando su cabeza bruscamente al lado. En lo que lo hacemos, inmediatamente seguimos con el ataque.

Aplicación alternativa a movimientos 15, 16, 18 o 19:

- **Sonbadak Golcha Makgi** *(Bloqueo de gancho de palma)*

Bloqueo con la palma de la mano de agarre es ideal para revertir un agarre de muñeca en un agarre de muñeca al oponente. Mientras el estudiante se agarrado por el brazo, ejecute Sonbadak Golcha Makgi envolviendo la Palma alrededor de la muñeca de nuestro oponente. Se debe convenientemente ser reforzado con la mano opuesta (piensa en la preparación del movimiento del segundo bloqueo) re presionando hacia abajo en nuestro oponente, como el sudor puede hacer que se zafe y el movimiento hacia fuera de los hombros ayuda a esto.

Ch'ang Hon Taekwon-do Hae Sul
Aplicaciones reales de los patrones ITF

Esta aplicación es útil ya que funciona con el *'mismo lado'* y con *'agarres cruzados'* de la muñeca, aunque con el mismo agarre de lado, un rápido seguimiento es esencial, ¡como el oponente esta todavía frente a usted y pudiendo utilizar su otra mano!

Aplicación alternativa a movimientos 15, 16, 18 o 19:

- **Sonbadak Golcha Makgi** *(Bloqueo de gancho de palma)*

Como alternativa, en lugar de enganchar abrochándose en el brazo del oponente como se mostró anteriormente, podemos utilizar Sonbadak Golcha Makgi *(Bloqueo de gancho de palma de mano)* mientras esquivamos un puño o una avalancha de puños del atacante. Mientras que evitamos los golpes, el estudiante simultáneamente utiliza Sonbadak Golcha Makgi *(Bloqueo de gancho de palma de mano)* en la parte posterior de su cabeza, la Palma proveniente de atrás de él, acaparándolo (la forma del bloqueo es ideal) y llevando el bloqueo hacia abajo otra vez, enviando su cara primero al concreto.

Capítulo 14: Yul-Gok Tul

Aplicación alternativa a movimientos 15, 16, 18 o 19:

- **Sonbadak Golcha Makgi** *(Bloqueo de gancho de palma)*

Sonbadak Golcha Makgi puede ser una de las primeras técnicas de anti-rifle que encontramos en los patrones. Aunque algunos saben que una de las técnicas en Joong-Gun fue originalmente un agarre de rifle, Yul-Gok también encaja bien el molde. Aunque no puedo decir conclusamente, ofrezco estas razones para su

inclusión como una posible técnica de anti-rifle:
1. De mi investigación, Sonbadak Golcha Makgi es exclusiva de Taekwon-do. IE. Antes de Taekwon-do, este bloqueo realizado de esta forma no aparecía
2. La aplicación más conocida de 'rifle' aparece en el siguiente patrón – esta aplicación es simple en comparación
3. La trayectoria de una pistola es recta, este bloqueo no sólo agarra la pistola, pero también altera la trayectoria a lo lejos del cuerpo del estudiante (soldado) o cuerpo
4. Esta aplicación va línea con los desarmes de pistola de la milicia moderna desarma[53], asi que es comparable

Aplicación alternativa a movimientos 24 o 27:

- **Ap Palkup Taeragi** *(Ataque de codo frontal)*

Ap Palkup Taeragi puede utilizarse como una técnica de rompimiento de codo. Usando la mano de acope para agarrar el brazo de nuestro oponente, el estudiante simplemente golpea la articulación del codo, mientras atrae el brazo del atacante a él. Un ligero ajuste en la posición del brazo de acope permite que esta aplicación funcione correctamente.

---

[53] Yo aprendí algunos desarmes de arma, aunque con pistolas en vez de rifles. Fueron enseñados por un instructor militar de combate sin armamento (Alan Cain) y una defensa que el enseñaba era bien similar a esta aplicación pero tenía un poco más de detalle y seguimiento, posiblemente por que envolvía una pistola en vez de un rifle.

Aplicación alternativa a movimientos 24 o 27:

- **Ap Palkup Taeragi** *(Ataque de codo frontal)*

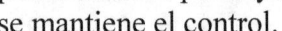

Ap Palkup Taeragi, como es usado en Yul-Gok tul (con el agarre adicional) también puede utilizarse para facilitar un atascamiento del brazo. Como el estudiante es agarrado de frente, picotea ligeramente y realiza Ap Palkup Taeragi, utilizando la mano de apoyo que sostenga el brazo del atacante y su propio antebrazo y codo para sujetar la articulación del atacante. Continuando la rotación o con más fuerza conducirá al atacante a experimentar un extremo dolor o rompiendo su brazo por completo. Aquí, tras el bloqueo inicial, se aplica presión hacia abajo y hacia atrás cayendo en posición de L para ayudar a mantener el brazo recto, conduciendo al atacante al piso mientras que se mantiene el control.

Aplicación alternativa a movimientos 24 o 27:

- **Ap Palkup Taeragi** *(Ataque de codo frontal)*

Ap Palkup Taeragi también puede utilizarse para facilitar una liberación y una técnica de ataque. Mientras el brazo del estudiante es agarrado, se impulsa el codo hacia delante rompiendo el agarre del atacante, utilizando la mano de agarre para ayudar a la técnica y tire hacia abajo del brazo del oponente. Se puede seguir conduciendo el codo del atacante hacia adelante. El brazo doblado es ideal para maniobrarlo y terminando con un golpe con el reverso del puño.

Capítulo 14: Yul-Gok Tul

Aplicación alternativa a movimientos 24 o 27:

- **Ap Palkup Taeragi** *(Ataque de codo frontal)*

Ap Palkup Taeragi también puede utilizarse para crear espacio entre el estudiante y el oponente desde corta distancia.

La punta del codo se utiliza para golpear contra el pecho del oponente, mientras que la otra mano puede utilizarse para agarrar la ropa para mejorar el ataque. Debe utilizarse un rápido seguimiento de la técnica.

Aplicación alternativa a movimientos 28 y 29:

- **Sang Sonkal Makgi**
  (Bloqueo gemelo en manos de cuchillo)

- **Sun Sonkut Tulgi**
  (Golpe con la punta de los dedos mano recta)

Somos agarrados y estrangulados por el lado, giramos y caemos en nuestra posición de L mientras que realizamos Sang Sonkal Makgi (*Bloqueo gemelo de manos en cuchilla*). Las manos en Cuchillo golpean a los puntos de presión en los antebrazos internos (o los bíceps) ya que al mismo tiempo que caemos en nuestra posición de L, así alejando nuestra garganta lejos del estrangulamiento. Desde aquí podemos agarrar el brazo de nuestro atacante o ropa y ejecutando Sun Sonkut Tulgi (*Ataque con la punta de los dedos con mano recta*) a la garganta, o podemos movernos hacia adentro para realizar un tiro de hombro como en Do-San. Observe cómo el oponente reacciona cuando el empuje de la yema del dedo es impulsado, inclinándose hacia atrás para aliviar el dolor, ¡lo que significa que nuestro empuje de la yema del dedo termina en casi la misma altura como se realiza en el patrón!

Aplicación alternativa a movimientos 32 o 34:

- **Nopunde Bakat Palmok Yop Makgi**
  (Bloqueo alto lateral de antebrazo externo)

Bakat Palmok Yop Makgi, siendo un bloqueo de zona alta, por supuesto es ideal como un golpe puño lateral a la cara de nuestro atacante, especialmente debido a que es preparado dentro y cerca de nuestro cuerpo.

También puede utilizarse para invertir con éxito un agarre de muñeca cruzado, usando una preparación más pequeña para velocidad y moviendo el puño de nuestra muñeca agarrada, debajo de nuestro atacante (la preparación), luego hacia arriba y a través de en la posición del bloqueo en sí. Esto puede fácilmente ser seguido con el puño cruzado o inverso como se muestra en el patrón, aunque sería preferible otra técnica como idealmente necesitamos mantener nuestra otra mano ayudando a mantener el asegurado, como es fácil para el atacante zafarse. Por lo tanto, es aconsejable colocar la otra mano encima del asaltante y mantenerlo allí. Esto no está diseñado para ser un bloqueo para aguantar, sino más bien una técnica rápida para ayudar a una técnica de seguimiento.

Aplicación alternativa al movimiento 36:

- **Kyocha So Dung Joomok Napunde Yop Taeragi**
  (Golpe con el reverso del puño sección alta lateral en posición de X)

Kyocha So Dung Joomok Nopunde Yop Taeragi puede utilizarse para enseñar las posiciones de piernas básicas para una tirada de tijera.

El estudiante se mueve hacia adelante sobre el atacante con una pierna al frente (la pierna de alfrente) y una detrás de la pierna del atacante. Desde aquí el estudiante sólo tiene que saltar y girar en sentido contrario al reloj y una tirada de tijera toma efecto.

El golpe con el reverso del puño es probable que sea agarrado por el atacante mientras el estudiante enreda sus piernas al atacante, así puede ser utilizado como un punto de ancla. Alternativamente

Capítulo 14: Yul-Gok Tul

puede utilizarse para atacar a través del pecho o la garganta del atacante para ayudar a llevarlo abajo o simplemente como un seguimiento de la técnica tras completar con éxito la tirada. Es extraño que esto se encuentre en Yul-Gok como una más fluyente (es decir, correcta) versión del derribo de tijera es encontrado en el siguiente patrón, Joong-Gun, por lo que esto podría ser visto como capacitación básica para una técnica más avanzada.

Aplicación alternativa al movimiento 37 o 38:

- **Nopunde Doo Palmok Makgi**
  (Bloqueo doble de antebrazos sección alta)

El movimiento doble de este bloqueo puede ser utilizado como una técnica de movimiento doble. Si el estudiante es atacado de muy cerca, por una técnica recta como un puño, empuje o agarre, como un brazo verifica, golpea o bloquea el brazo principal del atacante, la parte inferior del bloqueo al mismo tiempo ofrece un contra ataque siendo su altura ideal para que coincida con el plexo solar de nuestro atacante. Por supuesto, nos estaríamos moviendo hacia adelante de todas formas, como en el patrón, así que debe ser lo suficientemente cerca como para realizar esta aplicación, con sólo muy ligeras modificaciones.

Aplicación alternativa al movimiento 37 o 38:

- **Nopunde Doo Palmok Makgi**
  (Bloqueo de antebrazos dobles sección alta)

Una variante más moderna sobre la aplicación de Doo Palmok Makgi es utilizarla contra una ráfaga de golpes, debido a su fuerza debido al brazo de soporte. Además, como no hay brazo de reacción significa que podemos tirar todo el peso de nuestro cuerpo en la aplicación. Como el estudiante abrumado por una serie de golpes, preparamos (pero no muy atrás), se desliza hacia el lado y descarga toda la potencia del bloqueo al lado del brazo de nuestro atacante, efectivamente redirigiendo la fuerza de nuestro atacante y apartándolo dando la espalda hacia el estudiante, listo para un contra ataque.

Ch'ang Hon Taekwon-do Hae Sul
Aplicaciones reales de los patrones ITF

Aplicación alternativa a movimientos 1, 2 y 3:

- **Brazo de medición**
- **Doo Jirugi** *(Puños dobles)*

Mediante la investigación para este libro llegué a mencionar algunos estilos de Karate a lo que ellos llaman *'Técnicas nocturnas de pelea'*. Estas son técnicas que son útiles al tener que contratar a un enemigo en poca luz y creo que, si el General habiéndose dado cuenta o no, es de aquí de donde esta técnica puede haber venido originalmente.

En la oscuridad igual tenemos que apuntar a un punto vital para finalizar a nuestro enemigo correctamente y si alcanzas afuera, la zona es vasta como tienes tanto izquierda y derecha del pecho, el estómago y los hombros y trabajando exactamente qué parte es cual (rápidamente, en la oscuridad) toma un poco de tiempo. Tenemos que saber qué parte del cuerpo estamos tocando para saber donde en relación a el punto fundamental del ataque tenemos que golpear. Sin embargo, sintiendo la figura de nuestro oponente a través de la parte lateral del cuerpo, este proceso se hace mucho más simple y más rápido, el puño representa encontrar y conservar un agarre como realizamos nuestro primer ataque, el segundo como un seguimiento hasta asegurarse de que hemos hecho nuestro trabajo correctamente.

Otro punto interesante sobre las 'técnicas nocturnas de pelea' es que tienden a alentar al estudiante a bajarse, fuera del alcance de un inmediato ataque del agresor o por debajo de su línea de visión para una fracción de segundo (en la oscuridad nos toma más tiempo a adaptarnos a las cosas, así que piense en caer en Annum Sogi (posición de sentadilla) como una simple forma de protegernos hasta que nosotros hagamos contacto. No sólo caer en una posición lateral pero también movernos de forma lateral, por lo tanto nuestros objetivos inmediatos (mandíbula, garganta, plexo solar y la ingle) todos moviéndose de donde estaban en una posición relativamente más segura.

Por lo tanto, somos atacados en un ambiente oscuro, damos pasos laterales y cayendo en Annum Sogi (posición sentadilla), mientras tratando de encontrar a nuestro oponente y una vez que lo hacemos, atacamos y atacamos nuevamente para asegurar que hemos alcanzado los objetivos. Un uso alternativo del brazo de reacción, como se detalla en el principio de este capítulo de

Capítulo 14: Yul-Gok Tul

aplicaciones, es quitar un agarre de nuestros hombros, que tienden a caer en línea con el siguiente conjunto de movimientos. El puño de medición no se enseña a tirase alfrente, sino a levantarse, mientras caemos en la posición también levantamos el brazo para sacarlo, que funciona igual de bien en la oscuridad, que en la luz.

Ch'ang Hon Taekwon-do Hae Sul
Aplicaciones reales de los patrones ITF

'Descubrir consiste en ver lo que todo el mundo busca y pensar lo que nadie ha pensado'

- Albert von Szent-Gyorgyi

CAPÍTULO 15
Joong-Gun Tul
el patrón de fractura de codo

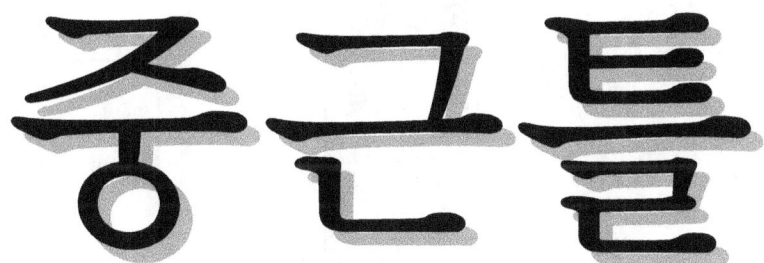

Joong-Gun es nombrado después del patriota Ahn Joong-Gun, que asesinó a Hiro-Bumi Ito, el primer gobernador general japonés de Corea, conocido como el hombre que interpretó el papel principal en la fusión de Corea y Japón.

Los 32 movimientos en este patrón representan la edad del Sr. Ahn cuando fue ejecutado en la prisión de Lui-Shung en 1910.

Joong-Gun tiene 32 movimientos

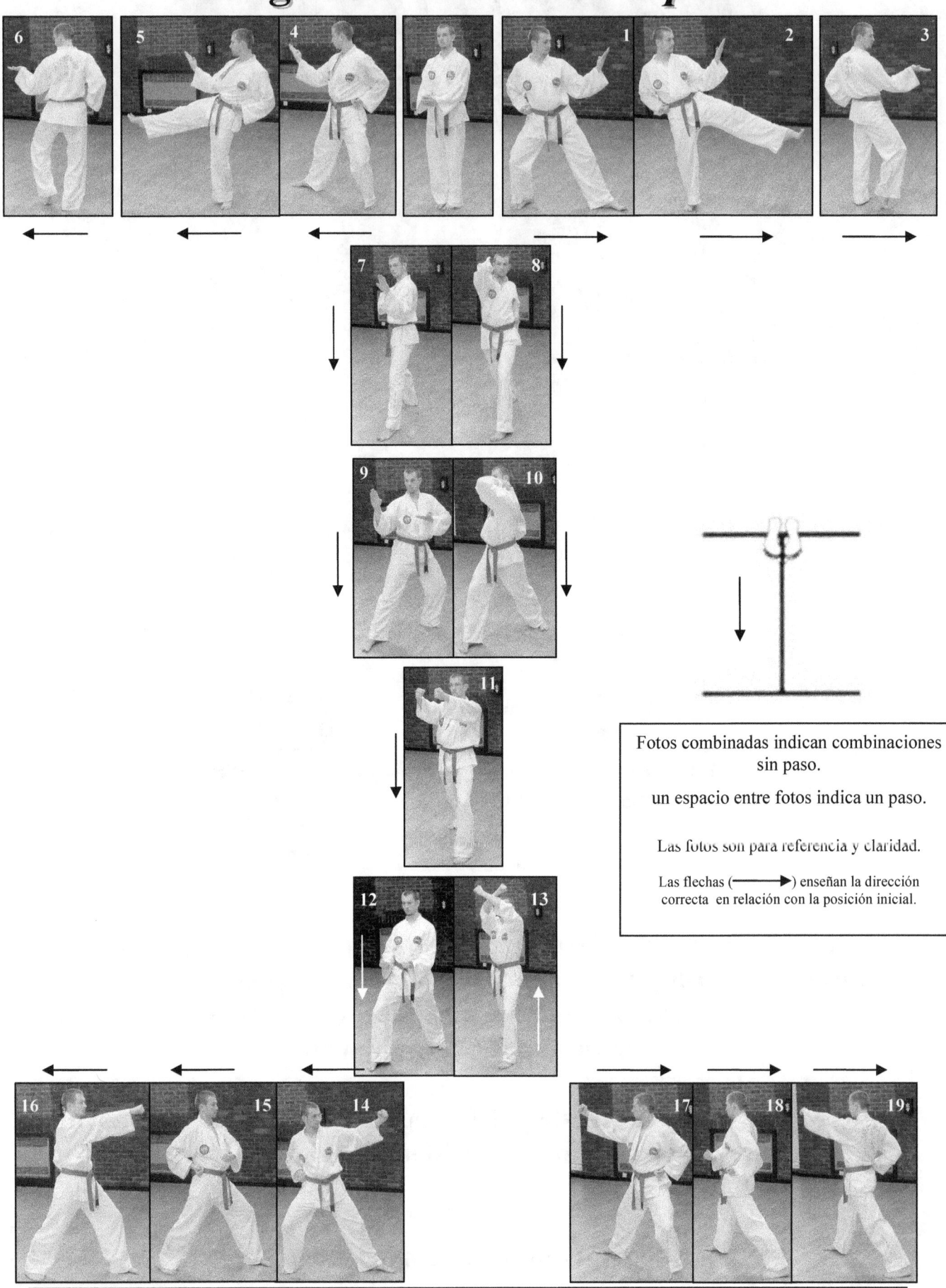

Capítulo 15: Joong-Gun Tul

Ch'ang Hon Taekwon-do Hae Sul
Aplicaciones reales de los patrones ITF

Joong-Gun tul – *Introducción*

Ahn Joong-Gun nació en la ciudad de Hae-Ju en la provincia de Hwang-Hae en 1879. Se convirtió en un profesor, fundador de la escuela de Sam-Heung (tres éxitos). Dirigir una escuela en esa época significaba muchas dificultades debido a la ocupación japonesa en Corea.

En 1903, tras una alianza francesa y rusa, las tropas de ambos ejércitos se trasladaron a la parte norte de Corea, que fue tomado como una amenaza por los japoneses debido a su intención de reclamar a Corea como parte de su imperio. A pesar de las protestas (en 1904) por los japoneses, que las fuerzas francesas y rusas debían abandonar Corea, los rusos ignoraron y finalmente fueron atacados por la Armada japonesa y aunque Corea intentó permanecer neutral, fue invadida por Japón en 1905, obligando a la rendición de los rusos y firmemente establecieron a Japón en Corea.

Hiro-Bumi Ito

Hiro-Bumi Ito, uno de los estadistas más importantes de Japón estuvo a cargo de asumir el Gobierno de Corea como parte del plan de ocupación a largo plazo para Corea. Persuadiendo al débil gobierno de Corea de aquel tiempo en firmar un tratado que da los derechos legales a Japón para ocupar Corea, esto fue llamado el ' *Tratado de protectorado'*. Fue nombrado el primer gobernador general de Corea en 1905 y dado el control total de todas las fuerzas japonesas estacionadas en Corea, así como todas las relaciones exteriores y comercio de Corea y respondiendo sólo al mismo emperador japonés.

A su llegada a Corea en marzo de 1906, Hiro-Bumi Ito ordenó a todas las delegaciones extranjeras en Corea retirarse, dejando Corea totalmente a merced de Japón, mientras aplicaba el ' *Tratado de protectorado* ' dando a japoneses los derechos para comprar el terreno de los ciudadanos coreanos, aunque en muchos casos la tierra era simplemente tomada.

El pueblo coreano se enfureció por esto. El ' *Tratado de protectorado* ' causó mucho enojo y violencia anti-japonesa barrió el país. Se formaron grupos guerrilleros para atacar a las fuerzas japonesas, pero finalmente fueron derrotados o perseguidos por el mucho más grande ejército japonés. Sin embargo, los disturbios violentos continuaron y empeorando mientras muchos oficiales de gobierno, leales a Corea, se suicidaban mientras los funcionarios del gobierno coreano que habían firmado el Tratado de protectorado estaban siendo asesinados.

A la luz de la opresión japonesa de su país, Ahn Joong-Gun se auto puso el exilio en el Sur de Manchuria. Mientras allí, formó una pequeña fuerza de ejército guerrillero de unos trescientos hombres, uno de los cuales era su hermano, que llevó a cabo incursiones en la frontera de Manchuria en Corea del Norte, manteniendo una presión constante sobre los japoneses en esa región.

Mientras las objeciones violentas se extendían, Japón se volvía preocupado por las organizaciones coreanas patrióticas y su postura vocal anti-japonesa, especialmente de aquellos en los Estados Unidos. Temiendo la intervención de extranjeros en su control de Corea, los japoneses enviaron un

Capítulo 15: Joong-Gun Tul

americano, D.W Stevens, a los Estados Unidos para distribuir propaganda pro-japonesa, pero fue asesinado por dos patriotas coreanos, indignados por la situación.

En junio de 1907, el emperador coreano, Ko-Jong, secretamente envió a un emisario a la Conferencia de paz "Hauge" para exponer la política agresiva japonesa en Corea al mundo. Cuando Hiro-Bumi Ito se enteró de esto forzó la abdicación del emperador Ko-Jong del trono y oficialmente tomó el control total del gobierno coreano. Esto enfureció a los coreanos más y disturbios estallaron tanto así que hasta las unidades del ejército coreano fueron involucradas. La respuesta de Hiro-Bumi Ito fue disolver tanto el ejército de Corea como la policía, con la excepción de los guardias del Palacio, también la entrega de todas las prisiones y tribunales a los japoneses. Las tropas coreanas tomaron represalias, atacando a las tropas japonesas, pero fueron rápidamente derrotados.

Aunque las tropas coreanas fueron derrotadas, la resistencia continuó durante muchos años, con ataques de la guerrilla y patriotas asesinando varios prominentes líderes japoneses y miembros del gobierno japonés coreano. Muchos grupos operaban desde Sur Oriente Manchuria, que estaba cerca de la ciudad de Kando en Corea del Norte. Kando se convirtió en un caldo de cultivo para la guerrilla, tanto es así que un militar importante japonés y presencia de la policía empezaron a ocupar el área. El problema fue, que aproximadamente el 20% de la población 100.000 de Kando eran chinos y cuando la policía y el ejército reprimieron a la población de Kando. ¡Los chinos fueron atrapados en la violencia que causó un conflicto considerable entre los japoneses y los chinos!

En junio de 1909, en respuesta a la creciente presencia japonesa en Kando, Ahn Joong-Gun condujo sus fuerzas en una redada que dio como resultado muchas muertes japonesas. A pesar de que la guerrilla planificó y ejecutó sus ataques desde dentro de China, los japoneses y chinos firmaron un tratado el 4 de septiembre de 1909 que concede el acceso japonés a través del sur de Manchuria en ferrocarril, que les permitía explotar los ricos recursos minerales de Manchuria. En cambio, los chinos recibieron los derechos territoriales de Kando y esto fue 'la gota que desbordó la copa' para patriotas coreanos como Joong-Gun, que dirigió a su base a Siberia para planificar el asesinato del hombre responsable, Hiro-Bumi Ito!

Rusia estaba nerviosa del aumento de la actividad japonesa en Corea del Norte y los japoneses poniendo su mirada en Manchuria. Se organizó para que Hiro-Bumi Ito se reuniera con el General Kokotseff, un representante ruso en Harbin en Manchuria en 26th octubre de 1909, con el fin de calmar los temores de los rusos de las intenciones de Japón hacia la anexión de Manchuria y la invasión de China.

Joong-Gun estaba esperando que Ito llegara a la estación de tren de Harbin. A pesar de conocer muy bien que no iba a poder escapar y sería torturado severamente por los japoneses si capturado,

Ch'ang Hon Taekwon-do Hae Sul
Aplicaciones reales de los patrones ITF

disparó asesinando a Ito tan pronto dio un paso fuera del tren. De hecho fue capturado y encarcelado en Port Arthur y torturado durante cinco meses, pero a pesar de ello, se dice que su espíritu nunca se rompió. Finalmente los japoneses ejecutaron a Ahn Joong-Gun en la prisión de Lui-Shung a las 10 A.M. el 26 de marzo de 1910, sólo tenía 32 años de edad.

El sacrificio hecho por Ahn Joong-Gun, su actitud y la de sus compatriotas simbolizaba la lealtad y dedicación del pueblo coreano a la independencia y la libertad de los japoneses de su país. Joong-Gun fue un patriota que amaba a su país, tanto así que al final, dio su vida por ella. Su amor fue capturado para siempre en la caligrafía que escribió en la pared de su celda, mientras esperaba su ejecución, que simplemente dice *'los mejores ríos y montañas'*, lo que implica que sentía que su país era el lugar más hermoso del mundo, valiendo la pena morir por ello.

'Los mejores ríos y montañas'

Ahn Joong-Gun pasó de ser un maestro, a un líder guerrillero y luchador por la libertad, pero es recordado por siempre como un famoso patriota coreano, que murió por amor a su país.

Joong-Gun es el primero de los patrones mayores de cinturón de color. Se introduce en 4to kup (cinturón azul) y como tal las combinaciones y aplicaciones aumentan ligeramente en el nivel de habilidad para reflejar el grado del estudiante. Es bien sabido que el patrón tiene 32 movimientos debido a que era la edad que Ahn Joong-Gun alcanzó antes de su ejecución en la prisión de Lui-Shung en 1910, pero lo que usted puede no darse cuenta es que el patrón contiene muchas combinaciones de tres movimientos a la vez que puede atribuirse a los primeros años de Ahn Joong-Gun como profesor, donde fundó la escuela Sam-Heung. Sam-Heung se traduce como *'tres éxitos'*!

Se inicia en la postura lista Moa Junbi Sogi 'B' (Posición lista de pies juntos o cerrados 'B') y aunque como en otros patrones no puedo encontrar a una relación directa entre la postura lista y la interpretación del patrón, pero podría especular un poco. El puño derecho esta siendo apretado y a menudo es visto como un símbolo de agresión, la mano izquierda está abierta, que a menudo es visto como un símbolo de humildad, por lo que la izquierda sobre la derecha podría significar humildad ante la agresión, que fue parte de la vida de Ahn Joong-Gun. Juntas las manos también pueden representar la encarcelación de Ahn Joong-Gun (como cuando se es esposado, enlazado etc.) antes de su ejecución por el sacrificio que hizo para su país asesinando a Hiro-Bumi Ito. También puede representar su espíritu a través de su tortura, que se prolongó durante 5 meses en el que se decía que su espíritu nunca se rompió a lo largo de.

Joong-Gun contiene un bloqueo ascendente de palma temprano en el patrón que confunde a muchos estudiantes en cuanto a su aplicación. A menudo se muestra como una desviación, dirigir una ataque hacia arriba, aunque esto es poco probable ya que no sólo deja el estudiante en una posición vulnerable para un segundo ataque, sino también es probable que desvíe el golpe a su propio rostro como el bloqueo está realizado en línea con nuestro cuerpo (así desviar el golpe hacia arriba hacia nuestra cabeza) en una posición lateral.

Capítulo 15: Joong-Gun Tul

¡Yendo más allá en los patrones a muchos se les enseña que los puños dobles verticales a la línea de la mandíbula son seguidos con puños gemelos invertidos a los riñones, pero uno es un ataque frontal y de inmediato procede un ataque de la parte trasera, que realmente no tiene sentido ya que no hay ningún movimiento para girar al atacante entre las dos ataques!

Somos introducidos a otra técnica útil de liberación así como contra ataques y seguimientos. Más técnicas de lanzamiento están ocultas dentro del patrón. También encontramos lo que es conocido por muchos como Yonsok Sogi (*posición consecutiva*).

El bloqueo doble de ante brazo sale nuevamente y se utilizan golpes de lado en posición de L, así como muchas combinaciones de técnicas que fluyen juntas. Los estudiantes son enseñados a menudo que el bloqueo doble de palmas que se encuentran en este patrón son para bloquear un golpe simultáneo de puño y patada, pero las probabilidades de una persona o incluso dos personas ejecutando un puño y una patada exactamente al mismo tiempo son extremadamente escasas, así que aplicaciones más prácticas son demostradas.

Más adelante somos introducidos a un peculiar giro en lo que se conoce como golpe de ángulo, que se extiende más allá de nuestra propia línea de centro, casi en el hombro opuesto y el infame bloqueo en forma de U, que muchos incorrectamente parecen bloquear una vara, pero su aplicación original correcta se explica aquí detalladamente.

Un pensamiento final: siempre ha sido un poco desconcertante que el patrón de Joong-Gun termina con dos 'bloqueos' pero no ataques después de, aunque sé que esto no se limita a este patrón. Sin embargo, si miramos la vida de Ahn Joong-Gun, como guerrillero ejército líder de libertad, su vida se traduce en los movimientos del patrón y podemos ver ese bloqueo, luego (contra ataque) ataque - tales como el bloqueo de guardia de mano-cuchillo, seguido directamente por el ataque de codo hacia arriba - puede verse como simbólico y es un tema relevante en el patrón. ¡Las fuerzas de ocupación Japonesas atacaron a los coreanos y a menudo fueron atacados o contraatacados a cambio por ejércitos guerrilleros coreanos como los liderados por Joong-Gun y los tres movimientos finales no continúan esta tendencia! Después de este simbolismo, siento que tal vez estos tres últimos movimientos representan los últimos meses de vida Ahn Joong Guns, donde fue capturado después de la asignación de Hiro-Bumi Ito. El puño de ángulo no es centrado, pero posicionado justo frente del hombro, de hecho es sobre el corazón: el corazón de un patriota. ¡Los dos últimos movimientos son ambos *'bloqueos'*, mostrando que a pesar de su encarcelamiento seguía siendo atacado todavía (a través de la tortura) y todavía defendiendo (a través de su espíritu) pero no podría conducir un contraataque privado físicamente de hacerlo estando encarcelado!

Ch'ang Hon Taekwon-do Hae Sul
Aplicaciones reales de los patrones ITF

Aplicaciones de Joong-Gun tul

Joong-Gun comienza con la postura lista **Moa Junbi Sogi 'B'** (*Posición de pies juntos o cerrados B*)

Desde aquí utilizamos:

- **Sonkal Dung Kaunde Makgi** *(Bloqueo mano de cuchillo inversa sección media)*

- **Najunde Ap Cha Busigi** *(Sección baja patada de frente de rápido retroceso)*

- **Sonbadak Ollyo Makgi** *(Bloqueo de palma hacia arriba)*

De un agarre a la muñeca izquierda, utilizamos Sonkal Dung Kaunde Makgi *(bloqueo medio de mano en cuchilla invertida)* para invertir el agarre de la muñeca, esto convierte el brazo en preparación para la rotura que vamos a realizar y expone la articulación del codo. Para cubrir nuestro movimiento utilizamos Najunde Ap Cha Busigi *(Patada frontal baja)* como una distracción. Esta patada frontal es baja y delantera, lo que significa que su enfoque es velocidad en lugar de poder y el movimiento toma el proceso de pensamiento desde la parte superior del cuerpo, a la parte inferior del cuerpo, no importa qué destino ataquemos con ella. Inmediatamente después de la patada, nos movemos con Sonbadak Ollyo Makgi *(Bloqueo de palma hacia arriba)* para romper el codo, sólo avanzamos un poco en Dwitbal Sogi *(Posición de pie trasero o L-corta)*, ya que esto nos mantiene a una distancia adecuada para la rotura. La mano de reacción se utiliza para enderezar o mantener erecto el codo listo para romperlo y también ayuda con el movimiento en si

Capítulo 15: Joong-Gun Tul

para tirarlo hacia abajo, para enderezarlo.

Esta combinación no tiene que utilizarse para destruir. En la sección de **Aplicaciones alternas**, se muestra cómo puede utilizarse como un sistema de seguridad para tener por ejemplo al oponente como prisionero.

A continuación utilizamos:

- **Sonkal Dung Kaunde Makgi**
  (Bloqueo de mano cuchilla invertida o interna sección media)

- **Najunde Ap Cha Busigi** *(Patada frontal de rápido retroceso sección baja)*

- **Sonbadak Ollyo Makgi** *(Bloqueo con palma de mano ascendente)*

- **Kaunde Sonkal Daebi Makgi** *(Bloqueo de guardia manos en cuchilla sección media)*

- **Wi Palkup Taeragi** *(Codazo ascendente o vertical)*

Para el segundo juego de la combinación, somos agarrados en el hombro y giramos para golpear al atacante en el bíceps con Sonkal Dung Kaunde Makgi *(Bloqueo de mano cuchillo inverso sección media)*, otra vez seguimos de

corrido con Najunde Ap Cha Busigi *(Patada frontal sección baja)* a la tibia, ingle, rodilla o nervio en el muslo, como un movimiento de distracción.

Luego atacamos en el plexo solar utilizando Sonbadak Ollyo Makgi *(Bloqueo ascendente con palma de mano)* para duplicar el terminado de nuestro atacante. Sigue siendo un ataque con mano abierta por lo que podemos llevarla directamente a la cara del atacante acaparándolo para acabar con él en el siguiente movimiento.

Ch'ang Hon Taekwon-do Hae Sul
Aplicaciones reales de los patrones ITF

Utilizando Kaunde Sonkal Daebi Makgi *(Bloqueo de guardia manos en cuchillo sección media)* según patrones anteriores, terminamos nuestro oponente al romper el cuello utilizando Kaunde Sonkal Daebi Makgi *(Bloqueo de manos en cuchilla sección media).* Alcanzamos alrededor, coja la cara en la mandíbula y rasgar nuestro bloqueo de mano-cuchillo en posición.

Si no logramos acabarlo de esta manera, tal vez perdimos nuestro agarre o se resbaló, contamos con un plan siguiendo con Wi Palkup Taeragi *(Golpe de codo ascendente o vertical).*Por otra parte, esta combinación se puede utilizar como se muestra en la siguiente aplicación que se muestra a la práctica en ambos lados.

Nuevamente utilizamos:

- **Kaunde Sonkal Daebi Makgi**
  (Bloqueo de guardia manos en cuchillo sección media)

- **Wi Palkup Taeragi** *(Golpe ascendente con el codo)*

Esta vez utilizamos Kaunde Sonkal Daebi Makgi *(Bloqueo manos en cuchilla sección media)* para cubrir y coger un ataque entrante. Nos movemos con el ataque con la Guardia arriba (la preparación de la mano de cuchillo) y bloquee y/o capture la mano atacante. Mientras tiramos de la manos de reacción hacia atrás a nuestra cadera, agarre y gire el brazo de nuestro atacante y utilice Wi Palkup Taeragi *(Golpear hacia arriba con codo)* directamente a la articulación del codo, y rómpalo.

Con esta ruptura, como el codo es una potente herramienta, no necesitamos realmente girar la articulación completamente a lo redondo, siempre y cuando este al lado dañará gravemente. También podemos utilizar Kaunde Sonkal Daebi Makgi al bloquear/atacar a los puntos de presión

Capítulo 15: Joong-Gun Tul

en el brazo mientras preparamos, luego atacamos la arteria carótida antes de golpear con el codo. Otra alternativa es utilizar el ataque del codo de la primera combinación de este conjunto para golpear el cuerpo en el plexo solar y use el bloqueo de la mano de cuchillo para romper el cuello como se mostró anteriormente.

A continuación utilizamos:

- **Sang Sewo Jirugi**
  (Puños verticales gemelos)

- **Sang Dwijibo Jirugi**
  (Puños dobles invertidos)

- **Kyocha Chookyo Joomok Makgi**
  (Bloqueo ascendente de puños en X)

- **Dung Joomok Taeragi** *(Golpe con el reverso del puño)*

Por cuenta propia, estos dos ataques son útiles, pero lógicamente no van juntos según el dibujo del patrón. En las aplicaciones que se enseñan generalmente, Sang Sewo Jirugi *(Puños verticales gemelos)* son un ataque a la mandíbula, luego atacamos los riñones usando Sang Dwijibo Jirugi *(Puños gemelos invertidos),* así que supongo que de alguna manera tenemos que hacer voltear a nuestro atacante entre los movimientos, que es poco probable.

Podemos utilizar Sewo Jirugi *(Puño gemelo verticales)* si ambos brazos son agarrados. Tiramos adentro hacia nuestro pecho, que a su vez hace que nuestro oponente tire hacia atrás, mientras lo hace tiramos nuestros puños hacia adelante entre la empuñadura del atacante. Con este movimiento, los puños son difíciles de mantener mientras forzamos nuestro antebrazo por el punto débil de la empuñadura, la brecha entre el pulgar y los dedos, conduciendo a casa el ataque en el proceso.

Sin embargo, si no tenemos éxito, además podemos utilizar el siguiente movimiento para lograr la liberación o configurar nuestra siguiente rotura de codo. Utilizamos Sang Dwijibo Jirugi *(Puños gemelos verticales)* para liberar girando rápidamente nuestros brazos sobre nuestro atacante, alrededor y hacia abajo, luego los dirigiremos a hacia delante a nuestro atacante, haciendo que su agarre sea extremadamente difícil de mantener, debido al ángulo de las manos del atacante y de nuevo, el estudiante explotando la zona débil de la empuñadura.

Desde aquí nos agarramos en los brazos realizando Kyocha Joomok Chookyo Makgi *(Bloqueo ascendente de puños en X)* para llevar los brazos hacia arriba y sobre nuestros hombros, esto gira sus brazos a la posición requerida. Manteniendo sostén de los brazos del atacante, preparamos como si para realizar el siguiente movimiento en el patrón, esto lleva el brazo atrapado hacia abajo sobre nuestro hombro para

romper el codo del atacante. También podríamos simplemente intentar lanzar desde la posición de puños en X, que tienen el mismo efecto de chasquear la articulación del codo o use la próxima movida (reverso del puño) para lanzar nuestro atacante sobre nuestras pierna trasera.

Luego continuamos con:

- **Dung Joomok Taeragi**
  (Golpe con el reverso del puño)

- **Técnica de liberación** *(Jappyosul Tae)*

- **Nopunde Ap Joomok Jirugi**
  (Puño a la sección alta)

Como la aplicación estándar enseñada por esta combinación es eficaz por derecho propio la mostramos aquí. Es una técnica eficaz si se utiliza rápidamente y con explosividad. La primera técnica es el reverso del puño, que es un buen método de ataque. Sin embargo, de el brazo ser atrapado, Joong-Gun nos muestra cómo soltar el brazo rápidamente y con eficacia con seguimiento inmediatamente con un contraataque.

Después de intentar golpear a su atacante con el reverso del puño, tu brazo ha sido capturado. Tan pronto como esto es realizado iniciamos la liberacíon girando los nudillos hacia abajo para que podamos exponer la debilidad del enemigo en el "pulgar" de la mano, que es entre el pulgar y el dedo índice. Mientras giramos el puño, rápidamente forzamos nuestro brazo en un movimiento hacia abajo hacia la cadera opuesta, como si envainando una espada. Este

Capítulo 15: Joong-Gun Tul

movimiento completo tuerce nuestro brazo a su ancho más delgado, lo que significa que podemos crear un espacio más pequeño para liberar a través del punto débil, también significa poner enfoque en el pulgar del atacante para forzar nuestro brazo libre y siguiendo con golpe alto a la mandíbula del atacante o la garganta. Justo antes de que el movimiento de liberación ha iniciado, es útil retirar un poco el pie delantero y caer en Gunnon Sogi *(Posición para caminar)* para que podamos usar giro de cadera para ayudar con el complemento de la liberación.

La técnica de lanzamiento en sí ha sido cambiada con el tiempo, originalmente lleva el puño hacia abajo y a través del cuerpo, como si realizando un movimiento de envainar una espada como se describe aquí. Ahora que muchas escuelas enseñan a bajar todo el brazo recto hacia abajo y aunque a veces esto funciona, no utiliza el punto débil en la empuñadura del atacante como parte de la moción. ¡Por lo que en mi opinión es menos efectivo!

En el lado opuesto Repita la combinación de:

- **Dung Joomok Taeragi**
  (Golpe con el reverso del puño)

- **Técnica de liberación** *(Jappyosul Tae)*

- **Nopunde Ap Joomok Jirugi**
  (Alta sección delantera puño Punch)

Como nuestro atacante lanza un puño, un gancho en este caso, giramos y desviamos con nuestra mano de reacción, esto forma la posición preparatoria de Dung Joomok Taeragi *(Golpe con el*

Ch'ang Hon Taekwon-do Hae Sul
Aplicaciones reales de los patrones ITF

reverso del puño). La mano de reacción agarraen el brazo del atacante y cayendo posición de L y realizar Dung Joomok Taeragi *(Golpe con el reverso del puño)* contra la articulación del codo enderezado del atacante, usando el antebrazo, en lugar de el puño. Es importante recordar el seguimiento a través de, por lo que simplemente debemos intentar golpear la temple de nuestro atacante con nuestro el reverso del puño como se muestra en el patrón.

Por supuesto podríamos utilizar el reverso del puño posterior para atacar los puntos de presión bajo la axila o las costillas flotantes, como se muestra a la derecha.

A continuación, deslice la mano que ataca con el reverso del puño debajo del brazo roto y tire de ellos hacia nosotros con el movimiento de liberación que intensifica el dolor y luego terminamos golpeando a (y por) la garganta con Nopunde Ap Joomok Jirugi *(Puño frontal sección alta)*.

A continuación realizamos:

- **Doo Palmok Makgi**
  (Bloqueo de antebrazo doble)

- **Kaunde Ap Joomok Jirugi**
  (Puño sección media) en **Niunja Sogi** *(Posición L)*

- **Yop Cha Jirugi** *(Patada de costado, de lado o lateral)*

Podemos utilizar Doo Palmok Makgi *(Doble bloqueo de antebrazos)* como un movimiento de cobertura contra un ataque rápido. Es efectivo ya que utiliza ambas manos y así ofrece protección adicional y mayor fuerza en el bloqueo en caso de que se requiera. Con suerte podemos golpear el bíceps y dañar los brazos de nuestro atacante, aunque protegernos es el principal problema aquí.

Si el brazo es agarrado, los forzamos nuevamente hacia nosotros con el movimiento de giro para liberarlo (que se muestra en el siguiente conjunto de combinaciones) luego golpeamos bruscamente con Kaunde Ap Joomok Jirugi *(Puño a la sección media)*, cayendo en Posición de L para evitar un golpe con el brazo opuesto al salir de la línea original de fuego y permanecer más alejados del alcance de nuestro oponente.

Tras el ataque avanzamos hacia nuestro oponente preparando Yop Cha Jirugi *(Patada lateral)*, trayendo nuestra patada no a nuestro rival (aunque esto es una posibilidad si la distancia fuera la correcta, lo cual no creo sea probable) sino detrás nuestro oponente mientras nos agarramos sobre

Capítulo 15: Joong-Gun Tul

el y realizando un mayor lanzamiento al exterior enviándolo hacia atrás a estrellarse al suelo, rompiendo su cráneo o herir a su cuello. Podemos por si puesto ejecutar una técnica de seguimiento si se necesitara.

Podemos utilizar el brazo opuesto (mano de reacción) para efectuar un ataque para confundir a nuestro rival o incluso cubrir su cara como se muestra, si abrimos nuestro puño en una palma. El puño debe golpear las costillas flotantes, axila, plexo solar o incluso en la ingle.

Nuevamente realizamos:

- **Doo Palmok Makgi** *(Bloqueo de antebrazos dobles)*
- **Kaunde Ap Joomok Jirugi** *(Puño a la sección media)* en **Niunja Sogi** *(Posición L)*
- **Yop Cha Jirugi** *(Patada de lado)*
- **Kaunde Palmok Daebi Makgi** *(Bloqueo de guardia de antebrazos)*
- **Sonbadak Noollo Makgi** *(Bloqueo de presión de palmas)*

Como se mencionó anteriormente, Doo Palmok Makgi *(Doble bloqueo de antebrazos)* se utiliza como una cubierta, así que después de terminar con el atacante anterior, inmediatamente nos atacaron nuevamente. Estando en una posición vulnerable mientras que realizabamos nuestra patada/empuje lateral, puede ser difícil determinar qué ataque viene.

Nuevamente utilizamos Doo Palmok Makgi *(Doble bloqueo de antebrazos)* como propósito general, *cubrir todos los* bloqueos, en lo que caemos ante nuestro siguiente atacante. El bloqueo

Ch'ang Hon Taekwon-do Hae Sul
Aplicaciones reales de los patrones ITF

puede simplemente cubrir o ser utilizado como ataque como se mostró en las aplicaciones de Yul-Gok.

Podemos utilizar la combinación como antes, pero con una ligera variación. Después de aterrizar tan cerca de nuestro oponente, nuestra muñeca es agarrada, así que tiramos hacia atrás y bien invertimos el agarre o nos liberamos, luego atacamos hacia adelante para crear espacio y tratar de confundir a nuestro oponente, mientras cubrimos nuestra intención para el Yop Cha Jirugi *(Patada lateral)*.

Mientras preparamos la patada, agarre el brazo de nuestro oponente y tire de el mientras tiramos nuestros brazos hacia atrás, esto tiene el efecto de girar su cuerpo (poniendo su rodilla de lado) así como de mantener el enfoque del atacante centrado en los brazos. , A continuación, utilizamos la patada hacia abajo sobre la articulación de rodilla de nuestro atacante o a sus costillas, mientras en todo momento manteniendo el agarre a su brazo.

Siguiendo sosteniendo el brazo de nuestro atacante, el enfoque es ahora en la articulación de la rodilla lesionada al aterrizar de la patada. Nos posicionamos en Kaunde Palmok Daebi Makgi *(Bloques de guardia de*

Capítulo 15: Joong-Gun Tul

antebrazos) asegurándonos que preparamos al exterior de la articulación del codo del atacante, mientras que agarrando con nuestro brazo trasero. El movimiento de halar hacia atrás ayuda a asegurar que el brazo este recto. Luego caemos con fuerza en el bloqueo, rompiendo la articulación del codo de nuestro oponente. Así como la ruptura del golpe con el reverso del puño anteriormente, el enfoque debe ser en completar el bloqueo para asegurar que haya suficiente seguimiento para hacer el trabajo.

La jugada final de esta combinación es Sonbadak Noollo Makgi *(bloqueo de presión de palmas)*. A menudo es confuso ya que se realiza hacia adelante, con los bloqueos paralelos entre sí pero a diferentes alturas. Sin embargo, los movimientos anteriores hubieran girado a nuestro oponente lo suficiente para aplicar el bloqueo como una ruptura articulación (o control) como ves en las fotos, la preparación de nuestra patada de lado inicia un giro en nuestro oponente, la patada lateral lo aplica y el bloqueo de guardia antebrazos ayuda a ello en su camino, así como atacar a la articulación, dejando nuestro oponente volteado a lo lejos con su brazo en ángulo para nosotros (en lugar de recto, puño hacia adelante).

Si el último movimiento no rompe la articulación tenemos un seguimiento. Dejamos caer nuestros brazos en Sonbadak Noollo Makgi *(Bloqueos de presión con palmas)* contra la articulación, se realiza con un palma hacia abajo y la otra hacia arriba, cualquiera de las dos rompiendo la articulación. Te darás cuenta cómo un bloqueo ataca desde el lado en dirección y la otra de arriba/abajo en dirección, garantizando que de una manera u otra, la articulación rompa.

A continuación tenemos:

- **Kaunde Palmok Daebi Makgi** *(Bloqueo de guardia con antebrazos)*

- **Sonbadak Noollo Makgi** *(Bloqueo de palmas de presión)*

- **Kyockja Jirugi** *(Puño en ángulo)*

- **Sang Bandalson Digutja Makgi** [54]
  (Bloqueo de manos gemelas en arco para defensa de vara)

---

[54] Este bloqueo es usualmente denominado de varias diferentes maneras. Para un completo resumen, refiérase a las aplicaciones alternas sección, p228.

Ch'ang Hon Taekwon-do Hae Sul
Aplicaciones reales de los patrones ITF

Una vez más, tenemos la oportunidad de realizar la misma aplicación en el lado opuesto, o podemos utilizar esta aplicación como una alternativa. Debido a que necesita el puño de ángulo al final para asegurar que cumplimos con el M.O. Este es el mejor lugar para practicar, aunque por supuesto puede utilizarse con la misma combinación anterior. Kyockja Jirugi y el hecho de que pasa la línea de centro me lleva a pensar que no es un puño como la principal aplicación, como la mayoría de los puños en los patrones Hon Ch'ang están alineados en el centro.

Nuestro brazo izquierdo es agarrado (es más probable a nuestra mano más alta del movimiento procedente por estar más en línea a la vista), otra vez realizamos Kaunde Palmok Daebi Makgi *(Bloqueo de guardia de antebrazo)* de la misma manera como antes excepto en vez de ir para    la articulación del codo, utilizamos el brazo delantero para que encaje en la parte posterior de la articulación del hombro, con el puño como un agarre si es necesario, para controlar nuestro adversario.

A partir de ahí utilizamos Sonbadak Noollo Makgi *(Bloqueo de presión con palmas)*, el movimiento preparatorio significa bajar la mano delantera y levantar la de atrás, haciendo complementar el control. El brazo delantero mantiene a nuestro atacante controlado presionando sobre el hombro, mientras que nuestra otra mano trae el brazo de nuestro atacante hacia arriba, manteniéndolo recto. Entonces cambiamos la posición de la mano como en el patrón y empujamos el brazo de nuestro oponente hacia abajo, utilizando nuestro brazo delantero para doblar su codo asegurando que el brazo sube por detrás de su espalda.

Desde aquí metemos nuestro brazo hacia afuera y giramos en Kyockja Jirugi *(Puño en ángulo)* ahogando a nuestro oponente (esta es la razón que va más allá de la línea central; para asegurar que el brazo va través del cuello para la estrangulación). Nuestro brazo de reacción mantiene sostén de el de él asegurando que no pueda escapar antes de     usar Sang Bandalson Digutja Makgi *(Bloqueo gemelo de manos en arco)* para terminar nuestro oponente una vez que ha sido estrangulado (o antes si fuera necesario).

Capítulo 15: Joong-Gun Tul

Por supuesto, aunque el patrón demuestra que la mano de reacción va a nuestra cadera, si tenemos una lucha contra un feroz oponente podemos simplemente copar nuestras manos y hacer el estrangulamiento más fuerte.

Completamos el patrón nuevamente utilizando:

- **Sang Bandalson Digutja Makgi**
  (Bloqueo de palo con manos dobles arco)

Podemos usar el segundo Sang Bandalson Digutja Makgi *(Bloqueo de palo con las mano en arco gemelas)* como un simple ataque para completar el patrón. Giramos y esquivamos un ataque cayendo mas abajo en la posición de L, mientras atacas la garganta e ingle simultáneamente, o podemos golpear a los ojos o la ingle (como se muestra en la segunda foto) o use la mano inferior para agarrar y tirar de los testículos.

La aplicación original de Sang Bandalson Digutja Makgi *(Bloqueo para palo con manos gemelas en arco)* se muestra en la sección de **Aplicaciones alternas**, debido a los avances en armamento es menos relevante hoy, pero interesante, sin embargo, como muchos aún permanecen confusos o sienten que bloquear un palo debido al cambio en el nombre de esta aplicación, también cabe el MO bien.

Ch'ang Hon Taekwon-do Hae Sul
Aplicaciones reales de los patrones ITF

Aplicaciones alternas a Joong-Gun tul

Aplicación alternativa a movimientos 1, 2, 3 y 1:

- **Sonkal Dung Kaunde Makgi**
  (Bloqueo mano en cuchilla invertida)

- **Najunde Ap Cha Busigi**
  (Patada frontal bajo de rápido retroceso)

- **Sonbadak Ollyo Makgi**
  (Bloqueo de palma ascendente)

- **Sonkal Dung Kaunde Makgi** *(Bloqueo de mano cuchilla invertida)*

Siendo el estudiante agarrado por el brazo, realiza una rápida sucesión de sorprendentes técnicas para suavizar a su oponente. Primero bajo la axila del atacantes a los puntos de presión ubicado allí, luego patea bajo, a la tibia o ingle del atacante.

Estos ataques relajarán el agarre del atacante lo suficiente para que el estudiante se pueda liberar y agarrar el brazo del atacante, antes de utilizar el movimiento circular de Sonbadak Ollyo Makgi *(Bloqueo de palma ascendente)* para tomar el brazo del atacante detrás de él. Incluso si el estudiante no lo atrapa, el movimiento circular se desliza a través de la brecha entre el torso y el brazo del atacante, antes de volver para realizar Sonkal Dung Kaunde Makgi *(bloqueo medio de mano en cuchilla invertida)* para asegurar que el brazo está siendo controlado.

Aplicación alternativa al movimiento 8 o 10:

- **Wi Palkup Taeragi** *(Ataque de codo ascendente)*

Wi Palkup Taeragi puede usarse para detener un agarre a la pierna (comúnmente llamado como una '*técnica de disparo*').

Capítulo 15: Joong-Gun Tul

Mientras el atacante se dirige hacia adelante hacia las piernas del estudiante (específicamente los muslos) para poder agarrarlo y desequilibrarlo, interceptamos avanzando realizando Wi Palkup Taeragi.

La técnica impactará a nuestro oponente en los hombros con un doloroso ataque, deteniendo el la tirada en completo flujo.

No hay necesidad de apuntar a un hombro u otro, sólo apunta hacia el centro como se hace en el patrón, pues incluso si el codo golpea la cabeza o más bien la cara del atacante, tiene una tendencia natural a deslizarse hacia un lado o el otro debido a la redondez de la cabeza y ambos hombros detendrán la tirada.

Mientras más contundente sea el atacante, más rápido va a caer y más impacto creará cuando se encuentre con el codo del estudiante.

Aplicación alternativa al movimiento 24, 25 y 26:

- **Kaunde Ap Joomok Jirugi**
  (Puño sección media)

- en **Niunja Sogi** *(Posición L)*

- **Yop Cha Jirugi** *(Patada lateral)*

- **Kaunde Palmok Daebi Makgi**
  (Bloqueo de guardia de ante brazo)

Si el brazo de adelante del estudiante es agarrado, puede utilizarlo como un punto ancla para realizar una derriba de tijera.

La patada lateral del estudiante pasa al oponente y en vez de ponerla hacia abajo otra vez, salta con la pierna de apoyo detrás del atacante (más abajo que su otra pierna) mientras simultáneamente tuerce su cuerpo (manteniendo sostén del agarre original del atacante). Esto obliga al equilibrio del oponente a cambiar rápidamente y lo fuerza a perder el equilibrio cayendo hacia atrás.

Esta técnica debe realizarse a alta velocidad. El siguiente Palmok Daebi Makgi *(Bloqueo de guardia de antebrazo)* se usa para terminar al oponente atacando con el lado del puño delantero.

La mano trasera de Palmok Daebi Makgi *(Bloqueo de guardia de antebrazo)* también puede utilizarse para mantener el equilibrio mientras que en el aire, pues si agarrada va a terminar con el brazo del oponente a través del cuerpo del estudiante, dejándolo al oponente abierto para el contraataque.

Aplicación alternativa al movimiento 27 o 29:

- **Sonbadak Noollo Makgi** *(Bloqueo de presión de palmas)*

La La explicación estándar de este bloqueo es el de bloquear al mismo tiempo una patada y un puñetazo. Sin embargo, es muy improbable que ocurra, pero bien un atacante o el otro puede lanzar, bien una patada (o rodilla) o un puño (o técnica similar) y Sonbadak Noollo Makgi *(Bloqueo de presión de palma)* puede utilizarse como una respuesta rápida a estos tipos de ataque: sólo que no al mismo tiempo.

Cuando una de las palmas se utilizan en una aplicación de bloqueo, el otro brazo funciona según el principio de acción reacción, acentuando el bloqueo con más fuerza, esta combinación permite también la concentración de los músculos del pecho añadir más poder a la mano que está bloqueando. Esta energía es suficiente para incluso detener una rodilla o romper el brazo si golpeamos en el punto correcto (el codo).

Capítulo 15: Joong-Gun Tul

Aplicación alternativa al movimiento 30:

- **Kyockja Jirugi** *(Puño de ángulo)*

- **Sang Bandalson Digutja Makgi**
  (Bloqueo gemelo en manos en arco)

Kyockja Jirugi *(Puño de Ángulo)* es una técnica decente contra un agarre medio de ropa. Mientras el estudiante es agarrado, gira y realiza Kyockja Jirugi *(Puño de ángulo)*. La rotación súbita fuerza a aflojar la empuñadura del atacante con el pecho y el lado del torso. El estudiante esta en una buena posición para seguir con un ataque de codo de lado o utilizar el siguiente movimiento de el patrón.

Aplicación alternativa al movimiento 30:

- **Kyockja Jirugi** *(Puño de ángulo)*

- **Sang Bandalson Digutja Makgi**
  (Bloqueo gemelo en manos en arco)

Similar al agarre de ropa anterior Kyockja Jirugi también puede utilizarse si el brazo es agarrado. El estudiante pivotea y angula el brazo mientras lo hace, lo que hace extremadamente difícil al atacante para aferrarse. La liberación debe por supuesto inmediatamente tener seguimiento un contra ataque como Mano de arco doble o reverso del puño (como se muestra aquí). Para un *'agarre cruzado'*, simplemente utilice la aplicación de codo frontal que se muestra en Yul-Gok tul.

Ch'ang Hon Taekwon-do Hae Sul
Aplicaciones reales de los patrones ITF

Aplicación alternativa al movimiento 30:

- **Kyockja Jirugi** *(Puño de ángulo)*

Puño de ángulo puede utilizarse como un ataque estándar a corta distancia. En este ejemplo, el estudiante es agarrado con un abrazo de oso frontal, pero tiene sus manos libres.

El estudiante simplemente utiliza su puño en forma similar a un puño de gancho de un boxeador.

Aplicación alternativa al movimiento 30 y 31:

- **Kyockja Jirugi** *(Puño en ángulo)*

- **Sang Bandalson Digutja Makgi**
  (Bloqueo de palo de manos dobles en arco

Kyockja Jirugi también puede utilizarse como una técnica de lanzamiento de distancia corta. Como el estudiante enfrenta de cerca de su oponente coloca su brazo alrededor de su cuello y gira ejecutando la técnica. Este movimiento violento tiene el efecto de arrojar al oponente, que puede aumentar aún más con Sang Bandalson Digutja Makgi *(Bloqueo de la mano doble en arco)* para asegurar su oponente es arrojado completamente.

Capítulo 15: Joong-Gun Tul

Aplicación alternativa al movimiento 30:

- **Kyockja Jirugi** *(Puño en ángulo)*

El hecho de que el brazo del estudiante en la técnica de Kyockja Jirugi se extiende más allá de la línea de centro significa que también puede ser utilizado como una técnica de aguante, para cubrirse usted mismo de un segundo atacante, usando el primer atacante como el escudo.

Idealmente el primer atacante debería haber sido terminado en primer lugar para que no forcejee, pero el estudiante también puede usar la asfixia para minimizar esto y puede utilizarlo como escudo, una herramienta de negociación o rehén en esta manera. El puño se utiliza para sujetar en el escudo. ¡Si el segundo atacante ataca, le pegará a su compañero! Cuando escape, se convierte viable, usar el bloqueo de forma de U para arrojar el escudo al oponente para crear un espacio.

Aplicación alternativa al movimiento 31 o 32:

- **Sang Bandalson Digutja Makgi**
  (Manos gemelas en arco para bloquear un palo)

Con una ligera adaptación, Sang Bandalson Digutja Makgi (y el movimiento entre los dos) pueden utilizarse para facilitar una liberación de un agarre de lado de cabeza.

Mientras el atacante agarra al estudiante, Sang Bandalson Digutja Makgi *(Bloqueo de palo de la mano de arco doble)* se implementa con la parte superior por encima de la cabeza del atacante y agarre su pelo o si calvo, en sus ojos. Enseguida el estudiante debe violentamente tirar de la cabeza del atacante hacia atrás mientras que simultáneamente con la mano inferior tomando la pierna del atacante hacia arriba. Todo el bloqueo utilizado en un movimiento circular, elevandolo del suelo y arrojándolo hacia atrás. La sorpresa repentina de este ataque será generalmente suficiente para liberar el bloqueo de la cabeza, aunque si no, el estudiante podría aterrizar sobre el atacante e inmediatamente golpear con el codo hasta que el atacante este inconsciente.

Ch'ang Hon Taekwon-do Hae Sul
Aplicaciones reales de los patrones ITF

Aplicación alternativa al movimiento 31 o 32:

- **Sang Bandalson Digutja Makgi**
  (Bloqueo para un palo con manos gemelas en arco)

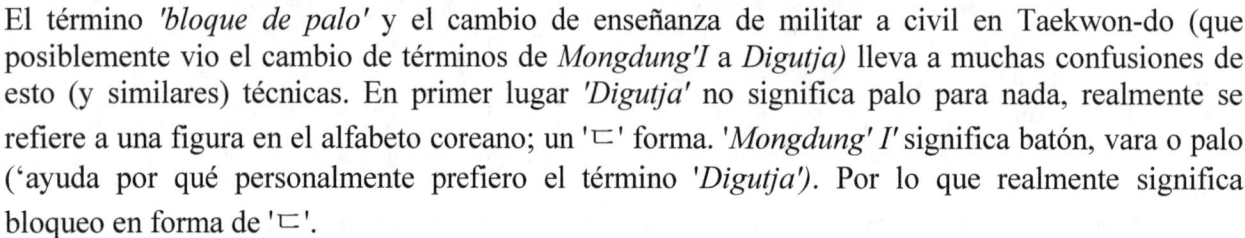

Como se menciona en el texto, este bloqueo se denomina a menudo por un número de nombres. Estos son:

1. Bloqueo de forma en U - *Mongdung' I Makgi*
2. Bloqueo de U con manos gemelas en arco - *Sang Bandalson Mongdung' I Makgi*
3. Bloqueo de palo manos gemelas en arco - *Sang Bandalson Digutja Makgi*
4. o simplemente bloqueo palillo - Digutja Makgi

   Las anteriores incluyen las versiones más comunes traducidas de cada una, correctas o no.

El término *'bloque de palo'* y el cambio de enseñanza de militar a civil en Taekwon-do (que posiblemente vio el cambio de términos de *Mongdung'I* a *Digutja*) lleva a muchas confusiones de esto (y similares) técnicas. En primer lugar *'Digutja'* no significa palo para nada, realmente se refiere a una figura en el alfabeto coreano; un 'ㄷ' forma. *'Mongdung' I'* significa batón, vara o palo ('ayuda por qué personalmente prefiero el término *'Digutja'*). Por lo que realmente significa bloqueo en forma de 'ㄷ'.

Para referencia *Sang* significa gemelo, *Ban* significa mitad, *Dal* significa Luna y *Son* significa mano. Cualquier forma en arco en coreano es referido como forma de *Media Luna '*, así por completo *'Sang Bandalson Digutja Makgi'* significa *Bloqueo gemelo de manos en Media Luna'* o *'Bloqueo gemelo de manos en arco'*.

Muchos incorrectamente se les enseñan que esta técnica es para agarrar un palo o vara de un adversario, pero la aplicación original no era agarrar un palo, sino para agarrar un fusil, en una posición de guardia, donde la culata del arma se encuentra en la Palma de la mano. Aplicaciones más avanzadas, como las de Po-Eun enseñan a agarrar el arma y contra atacar con él, pero esta versión simplemente agarra y sostiene el arma retirándola hacia atrás. La aplicación utiliza la piel entre el pulgar y el índice, lo que significa que cuando agarrada, las manos automáticamente sellan a lo redondo del fusil formando un agarre.

En las fotos de las aplicaciones hemos sustituido un simple rifle de aire carabina 22 en reemplazo de un rifle estándar, ejércitos usan los rifles de la época. Tenga en cuenta que durante la guerra de

Capítulo 15: Joong-Gun Tul

Corea, soldados de corea del Sur posiblemente habrían utilizado fusiles americanos y los coreanos del norte habría utilizado fusiles rusos o japoneses, que eran mucho más largo y había la posibilidad de conectarle una bayoneta.

Sprinfield M1 Rifle Garand (US), disponible durante la guerra de Corea

Rifles Japoneses disponibles durante la guerra de Corea

Rifle "air" 22 moderno

Ch'ang Hon Taekwon-do Hae Sul
Aplicaciones reales de los patrones ITF

'Mentalidades son como los paracaídas...
...funcionan solo cuando se abren'

CAPÍTULO 16
Toi-Gye Tul
El patrón de entrenamiento y contingencia

퇴계틀

Toi-Gye es el seudónimo (apodo) del destacado estudioso
Yi Hwang (siglo XVI D.C.), una autoridad en el neoconfucianismo.

Los 37 movimientos del patrón se refieren a su lugar de nacimiento a
los 37 grados de latitud y el diagrama representa a erudito.

Toi-Gye tiene 37 movimientos

Ch'ang Hon Taekwon-do Hae Sul
Aplicaciones reales de los patrones ITF

Toi-Gye Tul – *Paso A paso*

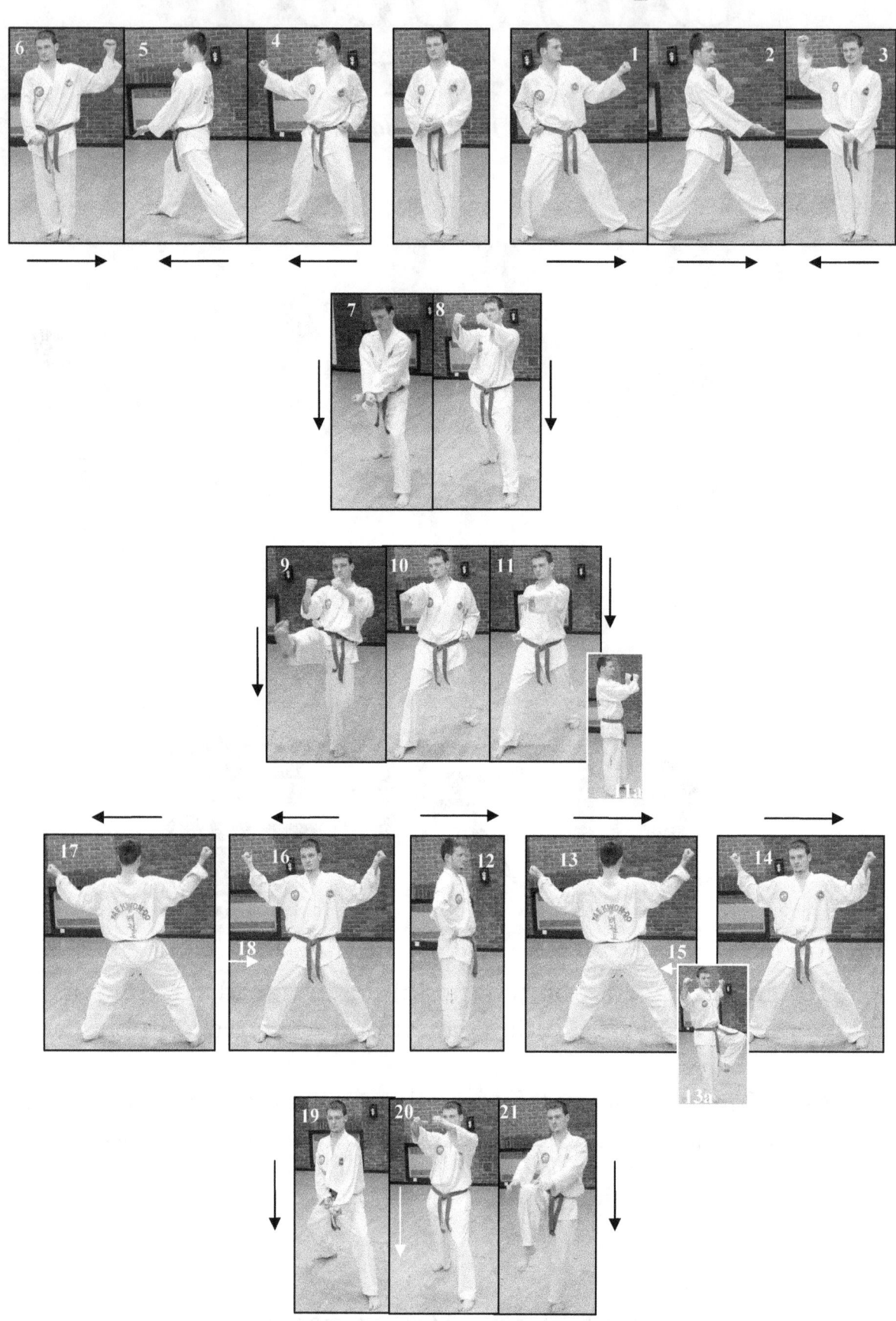

Capítulo 16: Toi-Gye Tul

Ch'ang Hon Taekwon-do Hae Sul
Aplicaciones reales de los patrones ITF

Toi-Gye Tul – *Introducción*

Toi-Gye es el segundo de los patrones mayores de correa y rango de color. Se introduce en el 3er kup (cinturón azul) y como tal las combinaciones y aplicaciones aumentan de nuevo ligeramente en la habilidad de nivel para reflejar el grado del estudiante.

Como el patrón anterior, Toi-Gye comienza desde la postura lista Moa Junbi Sogi 'B' (Posición cerrada 'B') y al igual que en otros patrones, no puedo encontrar a una relación directa entre la postura lista y la interpretación del patrón.

Toi-Gye tiene 37 movimientos, y generalmente el motivo de esto es el lugar de nacimiento de Toi-Gye a los 37 grados de latitud. Sin embargo, como una línea de latitud corre todo el camino alrededor de la tierra, esto podría en teoría ser en cualquier lugar a lo largo de esa línea, ya que no hay ninguna medida de longitud dada para dar una correcta coordenada, además de que es bien conocido (y por lo tanto documentado) que Toi-Gye nació en On'gye-ri (ahora Tosan) en la provincia de Gyeongsang. ¡Esta explicación de los 37 movimientos dentro del patrón parecer aún más extraña!

Sin embargo, si miramos más de cerca, vemos que Yi-Hwang, cuyo seudónimo fue Toi-Gye, nació en la provincia de Gyeongsangen 1501. A la edad de 33 pasó el examen preliminar de la administración pública provincial con el más alto de los honores, un examen usualmente pasado sólo por las generaciones mayores, a lo que lo llevó a ser apreciado por sus contemporáneos. Yi Hwang continuó sus actividades académicas mientras en la oficina, cambiando posiciones dentro del Gobierno (29 veces en total) haciéndolo hasta que falleció a la edad de 70 años en 1570. Por 37 años fue reconocido y posicionado en la más alta estima. ¿Quizás esto es una razón mejor porque Toi-Gye tiene 37 movimientos?

Un documento de la corte escrito por Yi Hwang, 1550's

Texto escrito por Yi Hwang

Yi Hwang adquirió el seudónimo de Toi-Gye durante su juventud. Toi-Gye significa *'Corriente que vuelve'*. Toi-Gye había influido significativamente en el neoconfucianismo con su escuela de pensamiento, que se basó en la filosofía de *'Li'* y *'Chi'*, similar en concepto a que cuerpo y alma siendo una posible razón de por qué este patrón demuestra muchos tipos de movimientos dobles, como el bloque bajo y golpe con el reverso del puño hacia atrás (movimientos 3 y 6), el infame 'Bloqueo W' y bloqueo doble antebrazos de empuje entre otros. Toi-Gyes pensaba que *'Li'* y *'Chi'* no coexistían igualmente sino más bien el *'Chi'* apoya el *'Li'* con el *'Li'* siendo el componente predominante: piensa en los movimientos dobles dentro del patrón y las similitudes con este tren de pensamiento cuando aparecen, con un brazo siendo el principal mientras el otro con un papel secundario.

Capítulo 16: Toi-Gye Tul

Los conceptos de Toi-Gye resultaron ser muy popular y ganaron el apoyo de otros estudiosos y funcionarios por igual, tanto es así que en 1557 se convirtió en cabeza de un santuario en la provincia donde nació. Aunque un santuario, también fue similar a una escuela privada y lugar de encuentro para estudiosos y fue llamado Tosan Sowon. Gozó de (igual Toi-Gye) una prosperidad debido a conexiones políticas de Yi-Hwang y el hecho de que tenía patrocinio real, siendo el santuario de un confucio sabio.

A su muerte, Toi-Gye fue ascendido al rango ministerial más alto después de haber servido cuatro reyes diferentes a lo largo de su vida de servicio público. Su tableta mortuoria se encuentra en un santuario confuciano, así como en el Santuario del rey Sonjo mientras sus estudiantes continúan sus enseñanzas y la academia sigue siendo un centro para el estudio de Toi-Gye, con servicios de memorial en su honor que se celebran dos veces al año.

Tosan Sowon

Toi-Gye contiene muchos movimientos o combinaciones que son nuevos al estudiante, posiblemente la más comentados; bloqueo en forma de 'W' o San Makgi (también conocido como bloqueo de montaña), o más precisamente, por eso hay seis de ellos – todo es revelado en este capítulo.

Muchos de los movimientos dobles se consideran movimientos contra dos oponentes a la vez, pero, aunque este es uno de los patrones mayores de correa de color, sinceramente dudo que el estudiante este suficientemente cualificado para defenderse de los dos atacantes a la vez, además de por supuesto el tiempo de los dos oponentes atacando tendría que ser sincronizado totalmente para que cualquier movimiento doble puede ser utilizado correctamente. Sin embargo, aunque se duda que los movimientos son realmente contra múltiples oponentes, el *doble* aspecto desempeñar un papel importante en la creación de Toi-Gye.

Mientras estudié este patrón a profundo, me di cuenta que muchas de las combinaciones y de hecho muchos de los movimientos tienen de hecho una doble intención, aplicaciones protegidas contra fallos o contingencia si se quiere, por lo que si un movimiento no funciona, hay un movimiento en lugar de respaldo. Este parece ser el caso también con movimientos que hacen parte de la combinación la aplicación – estos movimientos los he llamado movimientos 'doble filo'.

Toi-Gye toma una dirección diferente que los otros patrones enseñado hasta este punto con su infusión de ejercicios de entrenamiento militar y técnicas, algunas de las cuales están desaparecidas y a menudo han provocado una gran confusión en el pasado debido a esto. El brinco y la razón en sí de ser, son exploradas y tratadas con las más enseñadas aplicaciones, probadas y descontinuadas siendo no realistas con la mínima posibilidad de éxito si se aplica como se ha enseñado. En su lugar ha sido investigada su aplicación original, con una solución más práctica que ofrece además de su importancia militar original con respecto al Taekwon-do.

Como nota, han cambiado la secuencia de apertura de las técnicas en Toi-Gye tul. Estos días, tras el 'el ataque con la punta de los dedos mano invertida' un bloqueo bajo y golpe con el reverso del puño en combinación, originalmente el reverso del puño fue un bloqueo frontal lateral, que aunque ahora es diferente, realmente no es tan diferente, especialmente en lo que respecta a la aplicación de técnicas original (pre-Taekwon-do).

Ch'ang Hon Taekwon-do Hae Sul
Aplicaciones reales de los patrones ITF

*'No tengas miedo de crecer lentamente,
solo ten miedo de estar inmóvil'*

Capítulo 16: Toi-Gye Tul

Aplicaciones de Toi-Gye Tul

Toi-Gye se inicia desde la postura lista **Moa Junbi Sogi 'B'** (*Cerrada y lista B*)

Giramos a la izquierda y realizar:

- **Kaunde An Palmok Makgi**
  (Bloqueo de antebrazo interno)

- **Dwijibun Sonkut Tulgi**
  (Ataque de yema del dedo mano invertida)

- **Dung Joomok/ Najunde Bakat Palmok Makgi** *(Reverso del puño/bloque sección baja en combinación)*

Desde la postura lista *(Moa Junbi Sogi 'B')* nos toman el brazo. Inmediatamente giramos a ocuparnos del agarre, posicionándonos en posición L *(Niunja Sogi)* para mantener nuestra cabeza atrás de un ataque, mientras que simultáneamente utilizando Kaunde An Palmok Makgi *(Bloqueo de antebrazo interno)* para intentar torcer de la empuñadura y despejar un camino para nuestro contra ataque.

Desde aquí movemos nuestro pie en Gunnon Sogi *(Posición para caminar)* mientras que un golpe con un Dwijibun Sonkut Tulgi *(ataque de yema del dedo mano invertida)*. Utilizamos Dwijibun Sonkut Tulgi para atacar abajo en los testículos, agarrarlos y tire hacia atrás y hacia arriba (en la posición del reverso del puño), mientras que una fracción de segundo más tarde golpee con

Najunde Bakat Palmok Makgi *(bloque bajo)* – ¡suficiente para poner a cualquier soldado fuera de acción durante un tiempo!

Si perdemos nuestro agarre, simplemente atacamos a la ingle con un puño de martillo. Utilizamos la mano de bloqueo original para agarrar a nuestro oponente y tire de ellas como mientras atacamos. Como una respuesta natural para un hombre, cuando un ataque se dirige hacia esa región sensible tiras hacia atrás – por supuesto esto haría que nuestro ataque sea ineficaz, así que, tiramos de el cerca suficiente para que su visión de la región esté cubierta, permitiendo nuestro agarre previsto llegar a su destino y surta efecto.

El Najunde Bakat Palmok Makgi en esta aplicación es un movimiento de doble filo (tres si contamos el golpe de martillo). Puede ser utilizado para realzar y acentuar el contraataque real al golpear los testículos mientras se halan o, como puede ser el caso, para ayudar a sacar el brazo del atacante del brazo del estudiante que es una más que probable el escenario si los testículos han sido agarrados. Hacemos esto por golpear directamente al brazo del atacante o tirando de él a lo largo de nuestro propio brazo para empujar sus manos mientras tiramos el brazo agarrado en la dirección opuesta (el reverso del puño).

Giramos a nuestra derecha y realizar:

- **Kaunde An Palmok Makgi**
  (Bloqueo de antebrazo interno)

- **Dwijibun Sonkut Tulgi**
  (Ataque de yema o punta de los dedos de mano invertida)

- **DungJoomok/ Najunde Bakat Palmok Makgi**
  (Reverso del puño/ bloqueo sección baja)

La siguiente combinación de movimientos nos pone a repetir los mismos movimientos ya practicados, permitiendo ya sea practicar lo mismo en ambos lados o utilizar una aplicación diferente. Para esta combinación nos fijamos en la aplicación estándar enseñada (para los dos primeros movimientos por lo menos)

Capítulo 16: Toi-Gye Tul

Desde nuestra posición anterior somos agarrados desde el lado, ya sea por un agarre de mano sencillo o un estrangulamiento de lado. Utilizamos Kaunde An Palmok Makgi *(Bloqueo interno del antebrazo)* ataque contra cualquiera, arteria carótida (mostrada aquí), bíceps, tríceps o idealmente, estamos tirando hacia atrás los hombros en la posición de L, en la articulación del codo en sí. Esto se logra mediante el uso de la mano de reacción para agarrar el brazo del oponente y tire de él directamente mientras caemos en la posición de L, mientras que atacas la articulación enderezada. La preparación para Kaunde An Palmok Makgi *(Bloqueo de antebrazo interno)* puede utilizarse para atacar hacia el agarre y removerlo si lo desea.

Después de contra atacar a nuestro oponente, utilizamos Dwijibun Sonkut Tulgi *(ataque de yema o punta del dedo mano invertida) para* atacar al punto de presión en la parte superior del hueso púbico (que me dicen que es no sólo muy doloroso pero también hace que el oponente se orine a sí mismo si golpeamos correctamente), utilizando la mano de bloqueo original para agarrar a nuestro oponente y halándolo mientras atacamos. Esto tiene el efecto de no sólo cubrir el ataque, sino de también aumentar su potencia y penetración.

Como se mencionó, una respuesta habitual a un ataque en la zona de la ingle es, naturalmente, a tomar la mano o el brazo atacante, así que utilizamos el tercer conjunto de movimientos tirando nuestro brazo derecho hacia arriba con Dung Joomok (reverso del puño) que tiene el efecto de tirar el brazo de nuestro oponente hacia arriba y hacia fuera, lo que nos permite reforzar nuestro ataque utilizando Najunde Bakat Palmok Makgi *(bloqueo sección baja)*, golpeando con la parte lateral del puño a la ingle de nuestro oponente. Esto nos permite zafarnos del agarre mientras el dolor llega a base nuevamente. Por supuesto podríamos utilizar Najunde Bakat Palmok Makgi como en la combinación anterior para ayudar a zafarnos por la fuerza de las manos del atacante de nuestro brazo.

El reverso del puño podría, en teoría ser utilizado contra un segundo atacante o incluso como un ataque a un agarre en un abrazo de oso, aunque es muy poco probable.

A continuación utilizamos:

- **Kyocha Joomok Noollo Makgi**
  (Bloqueo de presión puños en X)

- **Sang Sewo Jirugi**
  (Puños verticales)

- **AP cha Busigi**
  (Patada frontal)

- **Doo Jirugi** *(Puños dobles)*

Desde nuestra posición hacia alfrente, somos agarrados y atacados con la rodilla de nuestro oponente. Un ataque de rodilla de corta distancia es muy potente y rápido y este movimiento se enseña a tener mínima o ninguna torcedura en él, simplemente caemos directamente en el bloqueo. Girando no utilizamos la velocidad máxima y cayendo hacia adelante en Gunnon Sogi *(Posición para caminar)* creamos poder y estabilidad para utilizar ese poder mientras que interceptamos el ataque potente de rodilla.

Ch'ang Hon Taekwon-do Hae Sul
Aplicaciones reales de los patrones ITF

Una vez más, tenemos un movimiento de doble función dependiendo del éxito de nuestra aplicación. Aquí usamos Sang Sewo Jirugi *(Puños gemelos verticales)* para lanzar a nuestro oponente hacia atrás.

Después de interceptar el ataque de rodilla, agarramos la pierna de cualquier lado, tire hacia arriba según el patrón y empuje hacia adelante mientras realizamos Sang Sewo Jirugi, lanzando efectivamente a nuestro oponente hacia atrás. Tirando hacia arriba antes de empujar hacia adelante esperamos voltearlo hacia atrás, en lugar de simplemente empujándolo hacia atrás, para que golpeen su cabeza en el suelo. Tirando hacia arriba ligeramente también hace mucho más difícil para el atacante mantener el equilibrio y por lo tanto, más fácil para el estudiante a tirarlos hacia atrás.

En lo que trata de recuperarse, lo terminamos (o simplemente intentar detenerlo que se levante) con Ap Cha Busigi *(patada frontal),* en este caso a la garganta pero cualquier destino es viable y

finalmente si es necesario, romper su cuello usando Doo Jirugi *(Puños dobles)* detallados anteriormente en otros patrones, cayendo al piso sin energía para continuar.

Los dos movimientos de doble función o doble filo de Sewo Jirugi *(Puños dobles verticales o gemelos)* como usted debió adivinar es, si perdemos nuestro agarre, o escapan del agarre, simplemente

Capítulo 16: Toi-Gye Tul

siga a través con Puños Verticales dobles y seguimiento con la patada frontal, pero a la sección central en lugar de la cabeza y terminando con la ruptura de cuello o dos puños si se desea.

A continuación giramos y realizar

- **Sang Yop Palkup Tulgi** *(Codazos gemelos laterales)*

- **San Makgi** *(Bloqueo de W)*

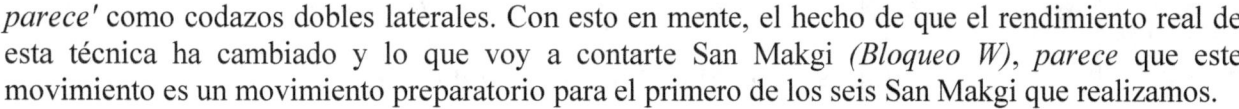

Alguien me dijo una vez que el General Choi dijo que este movimiento no es un ataque doble de codo lateral '*sólo se realiza y parece*' como codazos dobles laterales. Con esto en mente, el hecho de que el rendimiento real de esta técnica ha cambiado y lo que voy a contarte San Makgi *(Bloqueo W)*, *parece* que este movimiento es un movimiento preparatorio para el primero de los seis San Makgi que realizamos.

San Makgi *(bloqueo de W)* es también objeto de un debate eterno en cuanto a las aplicaciones del bloqueo, sin embargo, ninguno de los San Makgi encontrados en Toi-Gye originalmente estaban destinados a una aplicación principal de bloqueo (aunque pretendo mostrarles muchas aplicaciones secundarias a San Makgi). De hecho, San Makgi es simplemente un ejercicio puesto ahí para desarrollar dos componentes vitales, la fuerza y torsión.

El elemento fuerza es la razón que hay seis San Makgis corridos en lugar de uno. Los brazos se mantienen a la altura de los hombros durante un período prolongado, lo cual ayuda a incrementar la fuerza en los brazos y hombros, ideales para los soldados con paquetes pesados, que llevan armas pesadas y también sirve para aumentar la potencia en el bloqueo o ataque, después de todo, más grande o más fuertes músculos con velocidad igual a más poder.

El segundo elemento es la torsión de la cintura, estos dos aumentan el poder y nos enseñan cómo girar en las técnicas y agregar un elemento de potencia adicional utilizando uno de los mayores grupos de músculos en nuestro cuerpo, los músculos del estómago. El giro en cada uno de estos bloqueos debe utilizarse de la siguiente manera; giramos con nuestra cintura y usamos nuestro estómago (y músculos de la espalda) torciendo los brazos alrededor en lugar. Torque es practicado otra vez más tarde en Toi-Gye, además notará que utilizamos más esfuerzo de torsión en el siguiente patrón, Hwa-Rang, particularmente para las dos patadas circulares y algunas de las otras técnicas en el patrón.

El movimiento de pisotón de cada bloqueo existe para enterrarnos y nos obliga a dejar caer nuestro peso (otro elemento para aumentar la potencia). Giramos en Annun Sogi *(Posición de sentadilla)* así que nos vemos obligados a usar los músculos de la cintura, estómago para controlar el movimiento, en lugar de permitirnos detener nuestro impulso dando pasos en postura delanteras o hacia adelante como Gunnon Sogi *(Posición para caminar)* y utilizando nuestra pierna delantera para detenernos. ¡Todo aísla a un grupo muscular específico y nos obliga a entrenarlos – Si realizamos cada técnica correctamente!

Dicho esto, ambos Sang Yop Palkup Tulgi *(Codazos laterales dobles)* y San Makgi *(Bloqueo de W)* tienen aplicaciones útiles que pueden ser enseñadas y utilizadas.

En primer lugar, Sang Yop Palkup Tulgi *(Ataque doble o gemelo de codos laterales)* como he mencionado anteriormente, se han enseñado en dos formas específicas con el tiempo. La diferencia está en cómo los brazos son llevados a la cadera. La aplicación que se muestra aquí utiliza el movimiento de los brazos cruzando el centro del cuerpo hacia la cadera.

Como una recapitulación, estamos utilizando:

- **Sang Yop Palkup Tulgi**
  (Ataque de codos gemelos laterales)

- **San Makgi** *(Bloqueo de W)*

Utilizamos esta combinación de técnicas como un escape a un abrazo de oso.

El estudiante es agarrado en abrazo de oso desde la parte posterior. Reaccionando inmediatamente el alumno intenta girar mientras levanta sus brazos en preparación para Sang Yop Palkup Tulgi *(Doble ataque de codos verticales)*.

La torsión redonda ayuda a desequilibrar al oponente (incluso si no obtenemos una exitosa vuelta) y la elevación de los brazos para aflojar su abrazo de oso. Como ambos se realizan juntos el oponente tiene que concentrarse en la empuñadura mientras es forzado a tratar de mantener el equilibrio y la empuñadura al mismo tiempo, dando por resultado no siendo tan fuertes como debieran ser.

Capítulo 16: Toi-Gye Tul

Desde aquí el estudiante realiza Sang Yop Palkup Tulgi *(Ataque gemelo de codos laterales)* para garantizar aún más la liberación. Mientras los puños del estudiante pasan el agarre del oponente, golpea a la parte posterior de su mano con una o ambas manos, utilizando las articulaciones media de sus dedos contra los pequeños huesos y puntos de presión de las manos del oponente. Esto es muy doloroso y provoca una liberación reaccionaria, que es aún mayor mediante el uso de San Makgi *(Bloqueo en W)* para lanzar los brazos del oponente de alrededor de nosotros mientras torcemos hacia fuera del abrazo de oso.

A continuación giramos al segundo:

- **San Makgi** *(Bloqueo de W)*

Aquí usamos San Makgi para demostrar un pisotón a los pequeños huesos en el pie del oponente. Una técnica de los días cuando los zapatos eran predominantes pero todavía una técnica viable a saber en esta época.

El estudiante simplemente gira alrededor y plantea su pie a la altura de la rodilla, formando el filo del pie por lo que puedan atacar usándolo. Pisoteando hacia abajo los pies del oponente, justo debajo del tobillo, caer todo su peso en la posición de sentadilla.

¡Esta es una técnica muy dolorosa, originalmente diseñada para aplastar a los pequeños huesos que componen el pie, después de todo, un hombre que no puede sostenerse no puede luchar! Incluso con calzado de hoy día todavía es una técnica muy dolorosa si se realiza correctamente.

A continuación giramos a nuestro tercer:

- **San Makgi** *(Bloqueo de W)*

Aquí el estudiante demuestra una ligera variación en la técnica anterior por preparándola de la misma manera pero con el filo del pie para atacar la espinilla.

Simplemente golpeando en la parte superior y rasgando el filo del pie hacia abajo a lo largo del hueso de la espinilla mientras intenta terminar la técnica y enterrándonos en posición de sentadilla o de jinete – de nuevo, muy dolorosa y especialmente buena si usted está usando zapatos debido a los bordes duros.

A continuación giramos al cuarto:

- **San Makgi** *(Bloqueo de W)*

Esta vez utilizamos el movimiento preparatorio de la técnica (las piernas) para facilitar una barrida y terminar con un pisotón.

Cuando nuestro oponente está cerca, pivoteamos así estemos pasando sus piernas y trate de prepararse. De esta manera capturamos la parte posterior de la pierna o el pie, tirando de él fuera de balance barriéndolo al piso.

El movimiento del brazo complementa el movimiento de la barrida tirando a nuestro oponente fuera de balance (por lo que no puede lanzar un ataque) y también en la dirección de la barrida, haciéndolo más fácil de lograr. Terminado la técnica pisoteando hacia abajo a tierra, golpeando cualquier destino que esté disponible, que depende de cómo haya caído podría ser su rodilla, ingle, cabeza o cualquier otra área de objetivo viable.

Capítulo 16: Toi-Gye Tul

A continuación pivoteamos al quint:

- **San Makgi** *(Bloqueo de W)*

EL brazo del estudiante es agarrado a través de su cuerpo. El estudiante gira 180 grados en San Makgi asegurando que viaja al exterior del brazo de agarre del oponente. De esta manera, el brazo se tira hacia atrás que ayuda a encajar la articulación del codo del oponente y el brazo libre viaja a velocidad para realizar un movimiento de control o rotura. El brazo atacante puede golpear el tríceps atacando punto doloroso de presión, y luego controlando o atacando directamente en el codo para causar la rotura del brazo o simplemente golpear la parte posterior del cráneo.

Pivoteamos a nuestro sexto y último:

- **San Makgi** *(Bloqueo de W)*

Utilizamos el final Makgi San en la serie como una adaptación de la última aplicación pero girando en el interior de nuestro oponente, atacando tropezándolo.

Mientras el estudiante es agarrado, él gira redondamente tirando de su mano capturada libre o simplemente abriendo su oponente mientras que un golpea con el brazo opuesto a la arteria maxilar o de la carótida en el cuello.

La pierna es retraída por lo que puede viajar pasando al oponente y extendiéndola detrás de la pierna de nuestro oponente mientras atacamos, causando que ataque induzca a un tropiezo.

Ch'ang Hon Taekwon-do Hae Sul
Aplicaciones reales de los patrones ITF

A continuación pasamos de San Makgi a:

- **Doo Palmok Najunde Mirro Makgi** *(Bloqueo de empuje doble de antebrazo sección baja)*

- **Mori Japgi** *(Agarre de cabeza)*

- **Moorup Chagi** *(Patada con rodilla)*

- **Kaunde Sonkal Daebi Makgi** *(Bloqueo de guardia manos abiertas)*

-

Aquí, nos encontramos con una aplicación similar a una que teníamos antes, que otra vez podríamos utilizar contra una patada pero la utilizaremos de forma similar como antes, desde una estrangulación.

Mientras el atacante nos agarra alrededor de la garganta, caemos en Niunja Sogi (posición L) mientras que simultáneamente preparando y realizando Doo Palmok Najunde Mirro Makgi *(Bloqueo de empuje de doble antebrazo sección baja)*. Esto libera la presión a nuestra garganta empujando entre las manos del atacante y a la vez acercarnos a nuestro punto de ataque.

Utilizamos Doo Palmok Najunde Mirro Makgi *(Bloqueo de mpuje de dobel antebrazo bajo)* para meternos por debajo de la pierna de alfrente del atacante y utilizar rápidamente la siguiente parte de la aplicación – el agarre de cabeza.

Como antes, los movimientos consecutivos de estos movimientos significan que nos enganchamos debajo de la pierna del atacante y por la fuerza tirarandola hacia arriba, luego tire el atacante hacia atrás y podemos proseguir con un golpe de rodilla a la cabeza de nuestro atacante derribado si necesita.

A menudo, el atacante simplemente será impulsado hacia atrás por nuestra fuerza del movimiento hacia arriba y hacia afuera, sin embargo, podemos utilizar las manos abiertas para que ayuden con la tirada del atacante al suelo en

Capítulo 16: Toi-Gye Tul

forma de un empujón. Cambiando de posición de L a posición de caminar nos permite impulsar toda nuestra fuerza hacia adelante para que el atacante vuele con velocidad y fuerza.

Una vez más, el movimiento de doble intención entra en vigor. Si no conseguimos que lleve su pierna lo suficientemente alto como para tirarlos hacia atrás o si la pierna resbala medio maniobra mientras que este desequilibrado, nos agarramos a él alrededor de su cabeza *(Mori Japgi)* y simplemente golpee con la rodilla a la ingle, abdomen o la cabeza, tirando de él hacia nuestra rodilla antes que recupere su postura.

Con su cabeza bajada es fácil usar Kaunde Sonkal Daebi Makgi *(bloqueo de guardia manos abiertas)* para agarrar la cabeza y darle vuelta al cuello para acabar con el – con el giro de 180 grados, aunque también podemos utilizar esto en la siguiente combinación de aplicaciones.

Seguimos con:

- **Ap Cha Busigi** *(Patada frontal)*

- **Abierto Sonkut Tulgi** *(Golpe con la yema del dedo mano plana)*

En lo que giramos somos agarrados, con cualquiera de las manos en preparación para un ataque o con ambas manos en una asfixia, la cual vamos a utilizar aquí para demostrar la aplicación. La amenaza inmediata es nuestro suministro de aire, así que utilizamos Ap Cha Busigi *(Patada frontal)* para inmediatamente golpear en la espinilla que crea dos respuestas:

Ch'ang Hon Taekwon-do Hae Sul
Aplicaciones reales de los patrones ITF

1. Causa dolor inmediato a nuestro oponente haciéndolo reaccionar y liberar la presión del agarre
2. El dolor quita el enfoque a la sección alta (su agarre, pero lo más importante nuestra garganta y sus defensas altas)

Inmediatamente seguimos después de la patada frontal, con abierto Sonkut Tulgi *(Ataque con la yema o punta del dedo mano plana u horizontal)* como un ataque a la garganta. La mayoría merece el uso de esta técnica a los ojos, que por supuesto es un destino válido. Sin embargo, técnicas de la yema del dedo están destinadas a ser utilizadas contra objetivos suaves y aunque los ojos son suaves, están rodeados de hueso, lo que significa un el fallar en nuestra puntería puede representar que nuestro ataque sea menos eficaz, o incluso, ineficaz por completo. Inclusive puede lesionar las yemas de los dedos del estudiante. La garganta sin embargo, tiene la ventaja de estar rodeada de tejido blando, lo que significa que si fallamos, no nos lesionaríamos a nosotros mismos y si golpeamos el blanco golpearíamos la laringe quizás hasta incluso destruyéndola. Aun un poco fuera de destino, el ataque tiene una forma divertida de hacer que su llegue a la laringe, pero en un ángulo lateral (pruébelo usted mismo ligeramente para que vea) además, si gira la cabeza para evitar el ataque, aún tenemos las arterias del cuello para golpear. ¡Pero si vas hacia los ojos y que hacen lo mismo, nuevamente atacaríamos sólo hueso!

Como antes, *podríamos* utilizar Kaunde Sonkal Daebi Makgi *(Bloqueo manos en cuchilla)* para arrancar el cuello.

Seguimos con:

- **Kaunde Sonkal Daebi Makgi**
  (Bloqueo de guardia de manos en cuchilla)

- **AP Cha Busigi** *(Patada frontal)*

- **Abrierto Sonkut Tulgi**
  (Golpe con punta de dedos mano plana)

- **Dung Joomok Nopunde Taeragi con Najunde Makgi**
  (Reverso del puño alto con bloqueo sección baja)

Capítulo 16: Toi-Gye Tul

Nuevamente, practicamos la misma combinación en el lado opuesto, pero esta vez utilizaremos Kaunde Sonkal Daebi Makgi *(bloqueo de guardia manos en cuchilla)* que como hicimos previamente debe ser en primer lugar para cubrir contra una ataque entrante utilizando el movimiento preparatorio para atacar el brazo de nuestro oponente, golpeando puntos de presión en el bíceps y antebrazo también y siguiendo un ataque de mano-cuchillo a la arteria carótida en el cuello.

Sin embargo, haciendo esto, si no logramos terminar con nuestro oponente, su enfoque es otra vez alto, significando que otro golpe alto de nosotros puede ser bloqueado. Resolvemos esto golpeando bajo, o la espinilla o simplemente recto hacia arriba en la ingle (teniendo la posibilidad de estar bastante cerca y una patada con la canilla pudiera fallar pues probablemente no podamos ver el destino correctamente). Seguimos nuevamente con abierto Sonkut Tulgi *(Ataque con punta de dedo mano plana)* mientras se intenta golpear la garganta (o los ojos), pero nuestro ataque es fallido y nuestro brazo es agarrado en vez. Una vez más, tenemos una copia de seguridad para esto.

El siguiente movimiento se enseña a menudo como una aplicación de doble de bloqueo/ataque. Por ejemplo, bloqueando un atacante en la parte delantera, y golpea un segundo atacante en la parte trasera. Esto es muy poco probable pues el objetivo de ambas técnicas tendrían que ser absolutamente vistas, aún más, que el tiempo de este ataque es altamente improbable que ambos atacantes estén en la posición correcta al mismo tiempo. Dicho esto, el deslizamiento hacia atrás en posición de L con un bloqueo sección baja es una técnica defensiva decente por ella misma y, el golpe con el reverso del puño hacia atrás también, pero igual por si mismas. Creo que en combinación representan una técnica de escape similar a la versión del bloqueo bajo de escape demostrado en Chon-Ji.

Como se mencionó anteriormente, hemos tratado de golpear a la garganta con abierto Sonkut Tulgi

(Ataque con la yema o punta de los dedos mano plana), sin embargo, esta vez nuestro ataque es agarrado. En orden para efectuar un escape, tiramos hacia atrás nuestro brazo extendido, en este caso nuestro brazo derecho utilizando todo nuestro peso al hacerlo dando el paso hacia atrás a la posición – esto tira nuestro el brazo del atacante por delante de nosotros, pero por si sola pudiera no ser efectiva contra un apretón fuerte. Así, como tiramos hacia atrás de nuestro brazo derecho, atacamos el brazo del atacante con nuestro antebrazo izquierdo a su antebrazo (nervio radial) o sus bíceps y esto, combinado con el movimiento de torcer mientras nuestro brazo derecho echa hacia atrás, asegura el escape.

Teniendo la patada frontal el efecto deseado, abierto Sonkut Tulgi *(Ataque puntas de dedo mano plana)* puede utilizarse en una forma alternativa para tirar al oponente en el suelo, que se detalla en la sección de **Aplicaciones alternas**.

Seguimos con:

- **Kyocha Sogi, Kyocha Joomok Noollo Makgi** *(Bloqueo de presión con puños en X en posición de X)*

- **Doo Palmok Makgi** *(Bloqueo doble de antebrazo)*

Y combinaciones de:

- **Najunde Sonkal Daebi Makgi** *(Bloqueo de manos en cuchillas sección baja)*

- **An Palmok Dollimyo Makgi** *(Bloqueo circular de antebrazo interno)*

Desde la posición de liberación (usando la aplicación que usamos previamente), ahora estamos en el limbo. Se ha producido una situación donde se han utilizado una serie de técnicas, pero no hemos finalizado con nuestro atacante lo suficientemente y avanzar hacia al frente de nuevo significa que podríamos terminar en la misma situación que antes. ¡Aquí es donde viene Kyocha Joomok Noollo Makgi *(Bloqueo de presión puños en X)*!

Por supuesto, el siguiente conjunto de combinaciones puede ser usado por separado del conjunto anterior y realmente va a mostrar sólo como Toi-Gye se entra a fondo en ' Doble sentido ' o 'doble filo' aplicaciones que realmente nos ofrece finales alternativos tras el salto en la posición X.

Kyocha Sogi, Kyocha Joomok Noollo Makgi *(Bloqueo de presión puños en X en posición de X)* fue una nuez dura de romper como la mayoría de los estudiantes se les enseña que es un salto sobre un ataque de palo aterrizando y luego bloqueando una patada frontal, pero si no has probado esto entonces confía en mí que cuando digo que es una aplicación casi imposible de hacer y por lo tanto altamente improbable como una aplicación. Después de algunas investigaciones y debates sobre esta técnica con mi instructor Sr. Bryan así como con mi amigo Yi, Yun Wook en cuanto a los méritos o deméritos de las aplicaciones, he llegado a una conclusión en cuanto a lo que esta aplicación fue originalmente creada, pero como verá, ahora desaparecida y así ha quedado relegada

Capítulo 16: Toi-Gye Tul

a la sección de **aplicaciones alternas** como es relativa sólo desde un punto de vista histórico como parte de la *'versión de ejército'* del Taekwon-do.

Además de lo anterior, durante mi investigación para este libro he leído acerca de cómo, en una antigua kata Shotokan, esta técnica se utilizó para saltar por oponentes pasando; la técnica siguiente después de esto (en Shotokan) deja al estudiante girado y hacia la parte posterior del atacante. Sin embargo, la versión de Taekwon-do se trabaja con diferentes dinámicas. En primer lugar, nos enseñan que el salto en Kyocha Sogi *(Posición X)* se realiza en un ángulo, en lugar de directamente hacia adelante. En segundo lugar, después de aterrizar, a diferencia de la variación de Shotokan, entonces nos movemos a una posición que es opuesta al atacante. Sin embargo, la técnica original ofrece una información valiosa sobre lo que esta aplicación puede utilizarse, que es similar, pero no igual que la variante original. Dicho esto, después de pensar en esta combinación por un tiempo, llegué a la conclusión que he mencionado anteriormente, que es el de técnicas alternativas de acabado basadas en principios similares.

Sin embargo, también creo que de los tres Dollimyo Makgi *(Bloqueos circulares)* en sucesión son otro ejercicio y son realmente un seguimiento de, del anterior San Makgi *bloqueo de W) (* y el ejercicio de entrenamiento como su principal objetivo. Dollimyo Makgi aunque tienen aplicaciones secundarias, así, su función principal (en este patrón) es entrenar la cintura y cómo utilizar torque por el uso de la cintura, pero esta vez es a través de un movimiento más pequeño ya que no hay ningún paso entre ellos, sólo un pivote. Tipo como cuando un principiante se le enseña a preparar la técnica exageradamente hacia atrás para proveer energía a los bloques pero por el cinturón negro todo viene en conjunto lo suficiente (giro de cadera, tensión muscular, técnica, etc.) para producir la misma cantidad de energía con menos preparación. Básicamente, San Makgi es para aprender a usar torque a través de movimientos grandes y Dollimyo Makgi estás aprendiendo a usar torque con un mínimo movimiento.

En las aplicaciones mismas...

Volver a cómo terminamos previamente (por lo que fluye con el patrón – aunque no esencial); hemos intentado fallando terminar nuestro atacante con las técnicas anteriores y sus aplicaciones. Somos agarrados, pero escapamos y retrocediendo de nuestro atacante y es tiempo para hacer un último esfuerzo para estar en la delantera. Sobre este particular atacante, las patadas no han funcionado, ataques no han funcionado y los bloqueos como golpes tampoco ¿Así que, qué utilizamos? La respuesta es: ¡todo el cuerpo!

Mientras nos lanzamos en el aire para caer en Kyocha Sogi, realizando Kyocha Joomok Noollo Makgi *(Bloqueo de presión puños en X posición en X)* nos enseñan a saltar alto, en un ángulo y diagonal aterrizando de donde empezamos. Generalmente la explicación a esto se dice simplemente aterrizar allí para asegurarse de terminar en la posición de inicio (lo cual hacemos). Sin embargo, creo que este *'indicador de dirección '*, al igual que su predecesor Shotokan, ofrece una información valiosa sobre cómo estamos destinados a realizar esta aplicación. No es simplemente un salto de altura, sino un salto hacia arriba y pasando nuestro rival, el *'indicador de dirección '* diciéndonos saltar no sólo mas allá de nuestro oponente sino también detrás de él (tanto como sea posible), obviamente no podemos ir a través de él directamente. Nos enseñan a caer en Kyocha Sogi *(Posición de X)*; siendo Kyocha Sogi ejecutada con un brinco para ayudar con la fuerza, vía torque, a las aplicaciones de acabado de esta combinación.

Mientras saltamos, nos agarramos sobre los hombros de nuestro atacante con Kyocha Joomok (puño X), pasando ligeramente (manteniendo un ajustado agarre – ayudando a los puños) a caer más allá y ligeramente detrás de nuestro oponente, cayendo abajo mientras aterrizamos, tirando hacia atrás nuestro oponente. Los brazos del estudiante se cruzan en caso de que perdamos el agarre, así que todavía hay algo para ayudar a llevarlo adelante en lugar de caer directo hacia abajo. Esta secuencia de fotos se coloca de derecha a izquierda para mostrar cómo el salto empuja al oponente hacia atrás.

Proporcionando todo va bien, que habrá de aterrizarnos con nuestro oponente fuera de equilibrio y cayendo hacia atrás donde podemos proceder con cualquiera de las siguientes técnicas.

Las técnicas de finales de este patrón ofrecen cuatro variantes de dirección siguiendo nuestro aterrizaje:

1. **Continuado** en la dirección que saltamos a Doo Palmok Makgi *(Bloqueo de antebrazo doble)*

2. **Girando a nuestra derecha** en Najunde Sonkal Daebi Makgi *(Bloqueo de guardia manos en cuchilla sección baja)*

3. **Girar a nuestra izquierda** en Najunde Sonkal Daebi Makgi *(Bloqueo de guardia manos abiertas o en cuchilla sección baja)*

4. **O volteando hacia atrás** en nosotros mismos con An Palmok Dollimyo Makgi *(Bloqueo Circular de antebrazo interno)*

¿Por qué las cuatro direcciones? Bien, es imposible adivinar con precisión cómo caería al suelo un oponente tras nuestro salto, agarre y halar, la aplicación de la técnica anterior, para que el estudiante se le ofrezca seguimiento de técnicas en las cuatro direcciones.

Si cuando el estudiante cae sobre el oponente sólo ha perdido equilibrio, pero no ha caído, la energía generada por la desenroscadura desde la posición de X y el impulso del oponente hacia

Capítulo 16: Toi-Gye Tul

atrás, es suficiente para lanzar al oponente con fuerza hacia atrás. Esto se logra por agarrar el hombro del atacante y el brazo más cercano (o enlace por debajo) y realizar Doo Palmok Makgi, con efectos devastadores, como se puede ver en las fotos.

Si, cuando él cae, el estudiante ha logrado desbalancearlo lo suficiente para derribarlo hacia atrás (para que esté en su parte trasera) agarra en su cabeza y se desenrolla de la posición X *(Kyocha Sogi)* usando Doo Palmok Makgi *(Doble bloqueo de antebrazo)* para romper el cuello del oponente.

Esto trabaja también si el atacante intenta estabilizarse a sí mismo cayendo sobre una rodilla o una a posición de altura similar. El estudiante puede tomar tanto el cabello y la mandíbula y dando un paso adelante en Doo Palmok Makgi *(Doble bloqueo de antebrazo)*, tirando de la cabeza de nuestro oponente hacia arriba y hacia atrás bruscamente para romper el cuello.

Si la acción anterior no terminó con el oponente o si maniobró en lo que caía, Doo Palmok Makgi *(Doble bloqueo de antebrazo)* puede utilizarse para simplemente lanzarlo hacia adelante hacia el suelo, cara primero, pero esto no encaja con el M.O. como esto no rompería su cuello o incapacitaría al atacante a tal grado que no pueda levantarse y atacar otra vez (¡aunque podríamos por supuesto simplemente patearlos cuando en el suelo!).

En consecuencia, si cuando el estudiante aterriza y el oponente ha tambaleado hacia atrás pero logró maniobrar de alguna manera, el estudiante puede realizar la técnica de lanzamiento, como se detalla en Yul-Gok, agarrando a nuestro oponente y realizar un tiro de hombro. Esto puede ser reforzado con Najunde Sonkal Daebi Makgi *(bloqueo de guardia baja mano-cuchillo)* agarrando la cabeza del oponente y torciendo bruscamente a lo redondo para romper su cuello si es necesario – que se detalla más adelante en este capítulo.

Ch'ang Hon Taekwon-do Hae Sul
Aplicaciones reales de los patrones ITF

O, si cuando el estudiante aterriza, el oponente ha tratado de contrarrestar la caída por torcer y caer, el estudiante puede utilizar el seguimiento de movimientos de Najunde Sonkal Daebi Makgi *(bloqueo de guardia sección baja manos abiertas o en cuchillo)* y An Palmok Dollimyo Makgi *(Bloqueo Circular de antebrazo interno)* para terminar el oponente.

   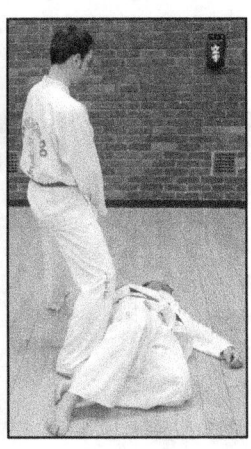

El estudiante agarra alrededor de la cabeza del oponente, asegurando que la cabeza esta entre ambas manos. Pivotea y en ello realiza una postura de L que apoya la espalda del oponente hacia atrás y no permita que se gire (elevando para la ruptura de cuello) mientras el estudiante realiza Najunde Sonkal Daebi Makgi *(bloqueo de guardia sección baja manos en cuchillo)* lo cual fuerza el cuello el ir más allá de su capacidad de rotación y así rompiéndolo. Esto tiene una técnica de seguimiento que se detalla un poco más tarde.

   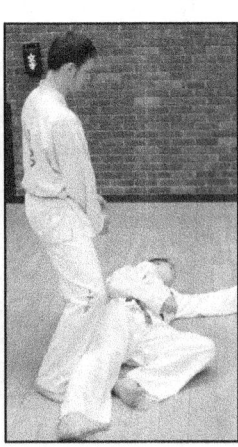

Si el estudiante aterriza y su oponente se ha desplazado hacia el lado pero todavía está en una posición erguido, el estudiante se puede desconectar desde Kyocha Sogi *(posición de X)* y tratar de lanzarlo adelante con Doo Palmok Makgi o incluso realizar un tipo diferente de lanzamiento

Capítulo 16: Toi-Gye Tul

usando *Najunde Sonkal Daebi Makgi*, ya sea por agarrar a nuestro oponente, o más bien por agarrar alrededor de su cintura (similar a cómo funcionaba la yema del dedo de penetración de tiro de cadera de Won-Hyo ya que es un uso de la mano de cuchillo) y tirando de nuestro oponente. Esta técnica lleva al oponente hacia el suelo, lo que significa que el objetivo no es de simplemente lanzar a nuestro oponente, sino de llevar la cabeza primero al suelo.

Esta combinación es acabada mas adelante, si el oponente intenta levantarse, realizando Dollimyo Makgi *(bloqueo Circular)* como una rotura de cuello o estrangulación. Como el oponente trata de levantarse, el estudiante golpea el lado de la cabeza con la primera parte del bloqueo, inmediatamente dejar caer abajo (la primera parte del resorte de rodilla) con el objetivo de ahogar al oponente, mientras agarrando el pelo con la mano de reacción y envolviendo el brazo de bloqueo debajo y alrededor del cuello del oponente. El resorte de rodilla se completa, como es el bloqueo, permitiendo al estudiante en primer lugar aplicar fuerza sobre la estrangulación y facilitando hacerlo más fácilmente por llevar el cuello del oponente hacia arriba (y así lo alarga, exponiendo la laringe) mientras que la mano de reacción tira de la cabeza en la dirección opuesta. Si intenta romper o dañar el cuello del oponente, el bloqueo se realiza más continuamente con el primer ataque del bloqueo girando la cabeza del oponente y el resto del bloqueo asegurándose que continúa alrededor. El último tirón del bloqueo hacia afuera asegura la ruptura o la estrangulación es completada.

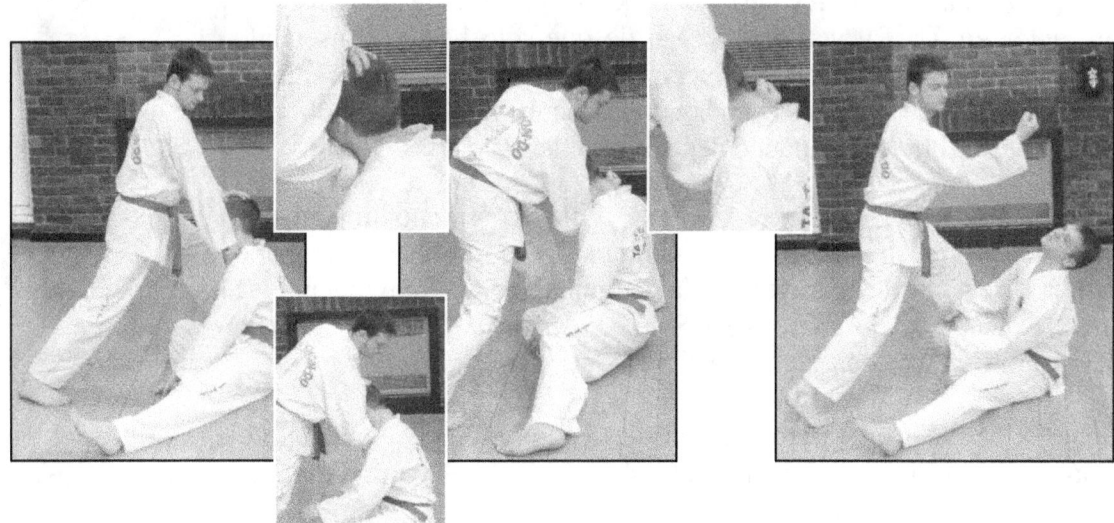

Alternativamente, simplemente podríamos utilizar el agarre de cabello y samaquee como se muestra en las aplicaciones de Yul-Gok tul.

Ch'ang Hon Taekwon-do Hae Sul
Aplicaciones reales de los patrones ITF

Por supuesto tenemos la misma aplicación en sentido contrario por lo que podemos realizar esta aplicación no importando de qué lado este el oponente, volver a tener Dollimyo Makgi *(bloqueo Circular)* como un seguimiento si requerido para terminar completamente el oponente.

En conclusión, para esta serie de aplicaciones, tanto de Doo Palmok Makgi *(Doble bloqueo de antebrazo)* y Najunde Sonkal Daebi Makgi *(bloqueo de guardia sección baja mano-cuchilla)* se utilizan para agarrar y lanzar nuestro oponente en el suelo o intentar directamente finalizarlo. Dollimyo Makgi *(bloqueo Circular)* existe como reserva para terminarlo y ganando poder mediante el desenrollamiento de Kyocha Sogi *(posición en X)* en lo que caemos cerca del oponente.

Las opciones que tenemos de seguimiento dependen ya sea nuestra preferencia, o más probablemente, la posición en que aterrizamos. Todos los cuatro ángulos principales están cubiertos, todos se implementan para terminar nuestro oponente al perder el equilibrio mientras el seguimiento – como un instinto natural cuando fuera de equilibrio es recuperarlo, lo que significa que su guardia bajan momentáneamente, lo que permite el seguimiento.

La parte de aterrizaje del bloqueo también contiene una doble aplicación. El primero, como se describe arriba y la segunda, si nuestro atacante logra retirar o mantener cierto equilibrio mientras estamos en el aire, tan pronto aterrizamos atacamos con Kyocha Joomok Noollo Makgi *(bloqueo de presión puños en X)*. Tal vez sea el caso de que sólo hemos conseguido desbalancear nuestro oponente un poco y esto puede dejar su pierna expuesta, significando que aterrizamos en la articulación de la rodilla o el muslo con nuestro bloqueo, tratando de dañar su pierna.

Si lo tropezamos por completo, hemos utilizado el movimiento de preparación del bloqueo para agarrar sus hombros y lo terminamos tratando de apuntar directamente a través de la garganta, en un movimiento de guillotina, cayendo abajo en Kyocha Sogi *(Posición de pies en X)* para ayudar nuestra técnica y aplastar su cuello.

Por supuesto, hay muchas variables a cómo caerán por lo que también podemos utilizar el bloqueo de presión en todos los destinos disponibles, incluso si sólo contra el pecho pues la fuerza con la que viene será considerable.

Aunque no estuviéramos en lugar con el ataque al cuello (es decir, el atacante no es terminado totalmente), podemos utilizar Doo Palmok Makgi *(Doble bloqueo de antebrazo)* para romper el cuello del oponente o lanzar al oponente como se detalla anteriormente. Incluso podemos utilizar Najunde Sonkal Daebi Makgi *(bloqueo de protección sección baja mano-cuchilla)* como una técnica de ablandamiento (o como un ataque directo) antes de ir al acabado con Dollimyo Makgi *(bloqueo Circular)* para romper el cuello o ir directamente a la estrangulación.

Capítulo 16: Toi-Gye Tul

Por supuesto, esto es sólo un ejemplo de cómo un movimiento complementa el próximo y las aplicaciones pueden usarse en combinaciones más cortas o incluso por ellas mismas y todas estas opciones están disponibles para el estudiante que sea versátil en ellas. La forma en que se presentan aquí es para mostrar cómo se puede utilizar en la formación del patrón, movimiento por movimiento, así como algunas aplicaciones reales para los propios movimientos.

El patrón nos deja con dos sin-asociamiento Dollimyo Makgi y un puño.

Toi-Gye finaliza con:

- **An Palmok Dollimyo Makgi**
  (Bloqueo Circular del antebrazo interno)

- **An Palmok Dollimyo Makgi**
  (Bloqueo Circular del antebrazo interno)

- **Ap Joomok Jirugi** *(Puño con los nudillos principales)*

Aquí, utilizamos el primer An Palmok Dollimyo Makgi *(bloqueo Circular de antebrazo interior)* que es con nuestro brazo derecho para agarrar del brazo de nuestro oponente y meneándolo a lo redondo, tirando del hombro, lanzando a nuestro oponente fuera de equilibrio mientras el bloqueo circula alrededor. En el pico del primer bloqueo, se emplea el segundo bloqueo. El estudiante gira y desciende, para permitir que el bloqueo viaje debajo del brazo del atacante que él se sostiene, circula alrededor y ataca en la articulación. Dejando el bloqueo en su lugar, él entonces da un paso adelante en Annun Sogi (posición sentada o de sentadilla) manteniendo la empuñadura en el brazo del atacante, controlando su brazo, o acentuando la rotura del codo y efectivamente lanzando al oponente hacia atrás.

Ch'ang Hon Taekwon-do Hae Sul
Aplicaciones reales de los patrones ITF

Aplicaciones Alternas a Toi-Gye tul

Aplicación alterna al movimiento 12 y 13:

- **Sang Yop Palkup Tulgi**
  (Golpe Doble lateral con los codos)

- **San Makgi** *(Bloqueo de W)*

Sang Yop Palkup Tulgi puede ser utilizado para transformar un agarre en un control de brazo y es una aplicación tomada de cuando se utilizaban los agarres de correa como entrenamiento estándar.

Tan pronto el cinturón es agarrado (esto podría ser los pantalones del estudiante o un agarre de ropa a la altura de la cintura), el alumno realiza Sang Yop Palkup Tulgi, incluyendo el pivote, exactamente igual que en el patrón. Esto puede utilizarse para simplemente soltar un agarre atacando la articulación del codo, pero aquí lo utilizamos para controlar el brazo. Las manos se cruzan asegurando que el agarre del oponente no pueda escapar y el estudiante pivotea alrededor, controlando y estirando su brazo contra su propio codo.

Tras el control, el estudiante luego pivotea en San Makgi *(Bloqueo en forma de W)* y utiliza una de las aplicaciones que se muestra en la sección de las principales aplicaciones manteniendo un apretón en el brazo del atacante. La torsión mas allá en el bloqueo hala al atacante redondamente y haciendo perder el equilibrio más permitiendo al estudiante la oportunidad de barrer las piernas del atacante, ataque al pie del atacante o rodilla o (como se muestra en estas fotos) utilize San Makgi para atacar el tríceps (o el codo o la parte posterior de la cabeza del oponente).

Aplicación alternativa para el movimiento 18 y 19:

- **San Makgi** *(Bloque de W)*

- **Doo Palmok Najunde Mirro Makgi**
  (Bloqueo doble de antebrazos sección baja de empuje)

Si se invierten estos dos movimientos, es decir, se realiza el bloque de empuje sección baja, seguido por el bloqueo de W, pueden ser utilizado para recoger y transportar o tirar a un oponente mediante lo que comúnmente se denomina un *'levantamiento de bombero'* o similar. El estudiante cae hacia abajo para que el brazo delantero de Doo Palmok Najunde Mirro Makgi enganche las piernas del oponente, entonces el estudiante

Capítulo 16: Toi-Gye Tul

entra en San Makgi, elevando de su oponente en y a través de sus hombros. ¡Desde aquí, el atacante puede ser arrojado, sin contemplaciones al suelo, cayendo con su cabeza primero!

Aplicación alternativa a movimientos 13, 14, 15, 16, 17 o 18:

- **San Makgi** *(Bloque de W)*

Para esta aplicación de San Makgi utilizamos principalmente el movimiento del brazo del bloqueo para asegurar controlar el brazo.

Mientras nuestro rival intenta agarrarnos alrededor del cuello y llevandonos hacia abajo en un estrangulamiento de lado, usamos el movimiento de giro del bloqueo y pivotee rápidamente y inmovilice el brazo del atacante entre nuestro cuello y nuestro brazo levantado. La inmovilización

va en el tríceps en orden para enderezar el brazo rectamente.

Si lo aplicamos en el hombro, la inmovilización no es tan segura debido a que nuestro atacante puede librarse al retorcerse. Llevamos a nuestro atacante hasta el suelo continuando en la misma dirección, mientras que girando en un espiral descendente.

Aplicación alternativa al movimiento 26, 27, 28 y 29:

- **Ap Cha Busigi** *(Patada frontal)*
- **bierto Sonkut Tulgi**
  (Golpe de punta de dedo mano plana)
- **Dung Joomok Nopunde Taeragi con Najunde Makgi**
  (Golpe alto con el reverso del puño con bloqueo sección baja)
- **Kyocha Sogi** *(Posición de X – saltando)*

Para que la patada frontal tenga el efecto deseado (Recuerde, soldados llevaban botas pesadas), Abierto Sonkut Tulgi *(Golpe de punta de dedo con mano plana)* se utiliza para mejorar la aplicación agarrando la cabeza del oponente y tirando de él hacia delante.

Una reacción normal a una patada frontal a la sección baja, a la espinilla o la ingle, es que el atacante dobla la cintura o trate de mover su pierna atacada hacia atrás, lejos del dolor. Abierto

Capítulo 16: Toi-Gye Tul

Sonkut Tulgi *(Golpe con la punta de los dedos mano plana)* simplemente utiliza esta reacción, ayudándole en su camino al piso, con la cara por delante, por agarrar por encima de la cabeza, ya sea aferrarse al pelo (que es preferible) o simplemente tirando hacia atrás y hacia abajo, mientras usa el bloqueo bajo para ayudar a la técnica y golpear la espalda, la cabeza o el cuello en la misma dirección.

Incluso el salto en la posición de X puede utilizarse para mover al estudiante lejos del atacante mientras toca el suelo ya que posiblemente esto no termine al atacante y dejaría al estudiante vulnerable para un agarre a la pierna.

Aplicación alternativa a movimientos 29, 30, 31 o 32:

- **Kyocha Sogi, Kyocha Joomok Noollo Makgi**
  (Bloqueo de presión de puños en X en posición de X)

- **Doo Palmok Makgi** *(Bloqueo de antebrazo doble)*

- **Najunde Sonkal Daebi Makgi** *(Bloqueo de guardia baja manos en cuchilla)*

- **An Palmok Dollimyo Makgi** *(Bloqueo Circular antebrazo interno)*

Como se mencionó en el capítulo principal, la aplicación original a esta combinación puede ser hoy día olvidada, pero requiere debate, ya que proporciona una visión de la composición del Taekwondo como un arte militar.

Después de discusiones y de investigación, algunos puntos sobre la técnica parecían encajar para formar la conclusión general que Kyocha Sogi, Kyocha Joomok Noollo Makgi *(Bloqueo de presión con puños en X y en posición de pies en X)* es una técnica de anti-rifle. En Joong-Gun el estudiante habría sido enseñado Digutja Makgi *(palo o un bloqueo de forma de U)* como un medio para agarrar un rifle en una posición de guardia, Toi-Gye lleva las cosas un paso más allá y contra ataca contra un fusil (y bayoneta) apuntada a usted en su frente lateral.

Siendo el estudiante apuntado con el rifle, es un caso de salto alto para evitar un disparo o la bayoneta. La dirección del salto está en un ángulo hacia el atacante armado y la posición de X, como en Yul-Gok, es el bloqueo actual, así como el bloqueo de presión puños en X. Si el soldado da paso atrás, el estudiante necesita estar lo suficientemente cerca para emplear la técnica y liberar al soldado de su arma, por lo tanto, la razón para el salto de ángulo – te lleva fuera de una línea directa de fuego, así como evitar la bayoneta si lanzada (como estamos mas adentro, serías golpeado con la pistola, en lugar de la bayoneta) y permite para el soldado retroceder si afectado.

Ch'ang Hon Taekwon-do Hae Sul
Aplicaciones reales de los patrones ITF

El alumno intenta realmente aterrizar en la pistola misma, refuerza por qué giramos en el aire. La posición de X empuja el extremo de bayoneta de la pistola hacia abajo y el puño en X ataca el arma cerca de la empuñadura del soldado, obligandolo a soltar el arma. Si él se mueve hacia atrás, tenemos el bloqueo de presión de puños en X como reserva.

Después de que el estudiante ha librado al soldado de su arma, sigue directamente como se muestra en la aplicación principal y usos Doo Palmok Makgi *(Doble bloqueo de antebrazos)* para lanzar al oponente lejos el arma, dejándolo tirado en el piso dando al alumno un tiempo más que suficiente para tomar el arma y disparar al agresor o una puñalada con la bayoneta.

Aplicación alternativa a movimientos 31/32 o 33/34:

- **Najunde Sonkal Daebi Makgi**
  (Bloqueo de guardia baja manos abiertas o de cuchilla)

- **An Palmok Dollimyo Makgi**
  (Bloqueo Circular antebrazo interno)

Capítulo 16: Toi-Gye Tul

Usando Najunde Sonkal Daebi Makgi el estudiante es capaz de controlar el cuello de un oponente (quizás mientras intentan adentrarse o de un abrazo de oso desde frontal), antes de proceder a utilizar la aplicación de estrangulación como se indica en el capítulo principal para romper o arrancar el cuello con Dollimyo Makgi.

El estudiante utiliza el impulso del atacante mientras él envuelve sus dobles manos en cuchillo alrededor de la cabeza del oponente mientras intenta adentrarse, llevando los brazos en la posición baja del bloqueo, dejando al oponente en una posición vulnerable para el seguimiento de estrangulación o rotura de cuello con Dollimyo Makgi.

Aplicación alternativa al movimiento 29:

- **Kyocha Sogi, Kyocha Joomok Noollo Makgi**
  (Bloqueo de presión puños en X posición en X)

El salto en Kyocha Sogi puede utilizarse también para entrenar ataques de rodilla con salto. Por el giro en el aire, puede utilizarse cualquier rodilla dependiendo de que el estudiante se sienta más cómodo, con la ventaja añadida de estabilidad proporcionada por el movimiento preparatorio del bloqueo de presión de puños en X. Tras el ataque y aterrizaje, el seguimiento puede ser el mismo como se detalla en la sección de aplicaciones principales.

Aplicación alternativa a movimientos 35 y 36:

- **An Palmok Dollimyo Makgi** *(Bloqueo Circular del antebrazo interno)*

An Palmok Dollimyo Makgi es ideal para usar como una inmovilización de dedo. Si el atacante tratara de empujarte o incluso si sólo agita su mano delante de usted mientras gritando y saltando de una manera amenazante, el estudiante agarra la mano del oponente y proceder con la ejecución de Dollimyo Makgi. Tirando de la mano del atacante hacia abajo, luego circulando alrededor para la inmovilización.

Aplicación alternativa a movimientos 35 y 36:

- **An Palmok Dollimyo Makgi** *(Bloqueo Circular del antebrazo interno)*

Dollimyo Makgi puede también utilizarse inmediatamente como una estrangulación como un seguimiento desde el salto o sola.

Desde el salto anterior, si el oponente apunta hacia el estudiante con su cabeza hacia abajo ligeramente, Dollimyo Makgi, bloqueo del brazo principal golpea el lado de la mandíbula y circula alrededor del cuello del oponente, mientras que el brazo de reacción mantiene la cabeza hacia abajo, así como asegurando que el ataque no simplemente sea enviado en otra dirección. Luego procede envolviendo el brazo con un movimiento circular alrededor del cuello, mientras aprieta la

Capítulo 16: Toi-Gye Tul

cabeza hasta exponer el cuello - utilizando el resorte de rodilla para hacerlo, ya que ayuda a la estrangulación hacer su trabajo más fácilmente como se explicó anteriormente. El estudiante debe intentar completar el movimiento del bloqueo para asegurar un éxito de la estrangulación.

Desde la parte trasera, donde se ha tirado y dobla el oponente cerca del estudiante en cuanto aterriza, se utiliza el mismo movimiento. Golpee la mandíbula para aturdir al oponente, mientras que la mano de reacción mantiene la cabeza hacia abajo y refuerza el ataque. Envuelva el brazo de bloqueo alrededor del cuello, levante usando el resorte de rodilla en lo que intenta completar el bloqueo, asfixiando al oponente.

La posición se utiliza principalmente para la estabilidad y cada brazo puede utilizarse para realizar el estrangulamiento. Si es más práctico utilizar el brazo opuesto, por ejemplo el oponente esta ligeramente a través de usted, simplemente envuelva el brazo del bloqueo directamente alrededor mientras empuja hacia abajo con el brazo de reacción y otra vez - la fuerza del bloqueo para hacer la estrangulación.

Ch'ang Hon Taekwon-do Hae Sul
Aplicaciones reales de los patrones ITF

'El mas gránde territorio subdesarollado en el mundo se encuentra bajo tu sombrero'

CAPÍTULO 17
En conclusión

*'Llegará un tiempo cuando creerás que todo está terminado.
Eso será el principio'*
- Louis L'Amour

Ch'ang Hon Taekwon-do Hae Sul
Aplicaciones reales de los patrones ITF

En los capítulos anteriores he enumerado el quién, el por qué, el dónde y el 'cómo', lo único que queda es EL astuto instructor o estudiante implemente las aplicaciones que se muestra en este libro. Especial atención debe prestarse particularmente al capítulo 5 (utilizando aplicaciones), pues el no seguir estas pautas, no importará cuantas muchas aplicaciones diferentes, usted sepa, qué tan bien las pueda demostrar contra estudiantes en resistencia o ante los compañeros de entrenamiento, la transición de conocimiento en sí para la realización se perderá si no entrenas con eficacia.

Resumen rápido

Para reflexionar sobre la importancia de cada patrón, *puede* utilizar cada uno principalmente para propósitos específicos y enfoque:

- **Saju Jirugi** : *primeros pasos, introducción básica con las caderas para la energía y mecánica de Taekwon-do para torcer en bloqueos*
- **Saju Makgi** – *como con Saju Jirugi, así como herramientas básicas de bloqueo de mano-cuchillo y antebrazo*
- **Chon-Ji** -*conceptos básicos de la generación de energía a través de la rotación, la fuerza hacia adelante y hacia atrás así como el giro de cadera*
- **Dan-Gun** – *para atacar el cuello y la cabeza*
- **Do-San** – *para liberarse de agarres*
- **Won-Hyo** – *para la lucha a corta distancia*
- **Yul-Gok** – *para agarrar y sostener a nuestros oponentes*
- **Joong-Gun** – *para atacar a las articulaciones del codo*
- **Toi-Gye** – *para el entrenamiento más avanzado y técnicas de contingencias*

Por supuesto, con todas las otras aplicaciones indicadas, éstas no tienen que cumplirse, pero posiblemente son los puntos fuertes de cada patrón y así proporciona un propósito común dentro de las técnicas y aplicaciones que el estudiante es capaz de centrarse y con un tren común de pensamiento, cuando practica solo, todas las aplicaciones para cada patrón se hacen más fácil de recordar y así visualizarlas.

Repetitio Est Mater Studiorum
'La repetición es la madre del aprendizaje de técnicas'

En los viejos tiempos del Karate, los estudiantes se centraban en una sola Kata y practicaban una y otra vez. No por unos pocos meses entre las graduaciones, sino por años, día a día. En la milicia coreana, los instructores de formación hacía precisamente eso, formaban a los soldados (los estudiantes) una y otra vez, horas y horas, días tras días tras días. ¡Seguramente no por 10 minutos, dos veces por semana! Las técnicas se convertían en segunda naturaleza y que, combinado con saber qué técnica es para lo que realmente puede hacer y lo que realmente es capaz de, mezclado con formación realista que permita al estudiante de Taekwon-do obtener beneficio de sus patrones

Capítulo 17: En conclusión

en el entrenamiento, una vez más haciéndolo parte esencial del sistema que estamos aprendiendo.

Memoria muscular y conocimiento de la aplicación es la mitad aquí, pero una importante no obstante. Aquellos que no les gusta los patrones le dirán que el entrenamiento en solitario no tiene sentido pues practicas sin resistencia de oponentes. Pero la memoria muscular es muy importante cuando se trata de una técnica, no sólo dentro de un patrón, sino en cualquier técnica, especialmente bajo coacción.

Por ejemplo, aquí una pequeña historia que he leído en cuanto a memoria muscular, por Mike Thue, 3er Dan en Shorin Ryu:

> *En mi oficina tenemos un teclado de seguridad de la puerta, con una mecánica códigos que cambian cada tres meses o menos. (Quisiera decirte el código pero tendría que matarte). Los baños, sin embargo, están afuera en el pasillo. Para usar el baño, necesitas salir de nuestra "suite". Así que estoy adentro y a fuera por lo menos varias veces al día dependiendo de la ingesta calórica.*
>
> *Había habituado totalmente el viejo código de la puerta y podría entrar en él "en piloto automático", sin pensar sobre ello. El problema es que el código ha sido cambiado la semana pasada.*
>
> *Varias cosas fueron imperceptibles. El primer par de días, automáticamente probaba e ingresaba el código antiguo en primer lugar, sin darme cuenta. También notaba que mi "destreza dedal" con la nueva secuencia de código fue significativamente menor, incluso cuando me estaba concentrando en él. Entonces después de un par de días en la sala, comencé a conscientemente caminar hasta la puerta y recordándome el nuevo código. Sigo haciéndolo, pero desaparece rápidamente en mi subconsciente y soy rápido en 'reconversión' yo mismo. Espero estar de vuelta en piloto automático dentro de una semana o menos. En media docena de veces al día (Bebo mucho café), que es un total de unas 90 repeticiones en tres semanas. Por último, también me di cuenta que no podía recordar el viejo código de dos cambios hacia atrás. Misteriosamente desapareció.*

Lo que muestra esta historia es cómo hacer algo, cualquier cosa, una y otra vez, se graba. Aplicar esto a la práctica de patrones y lo mismo aplica. Usted notará el olvidar los viejos códigos de claves y lo mismo se aplica a los que se apresuran a graduarse, concentrarse únicamente en su nuevo patrón para perfeccionarlo y tenerlo listo para lograr obtener su nuevo cinturón – pero al hacer esto, relegan viejos patrones como *cosas de grado inferior*, que es un concepto erróneo. A menudo digo a mis alumnos que una vez que pase su grado, decir por ejemplo 6th kup a 5th kup (cinturón verde), que Won-Hyo tul ya no es un patrón de kup 6th, sino simplemente uno de los patrones que deben practicar junto a sus patrones, no más importantes a los que han aprendido antes y no menos importante que el que están aprendiendo. ¡Chon-Ji, Dan-Gun, Do-San y Won-Hyo son ahora todos iguales en estado y deben ser practicados como tal!

'Repetitio Est Mater Studiorum' proviene de un proverbio en latín y significa *la repetición es la madre del aprendizaje de técnicas*. Formación de un patrón una y otra no es en vano, no es una pérdida de tiempo y esfuerzo, es la manera de hacer que sus patrones tengan significado real, para que puedan ser implementados en su memoria muscular por lo que cuando usted necesite utilizar las técnicas contenidas en ellos, no tienes que pensar en ellas, sólo utilizarlos. Por formación de patrón continua, con visualización y con inteligencia trabajamos las técnicas en nuestra memoria muscular hasta que se convierten en segunda naturaleza. Cuando bajo coacción y nuestras bellas habilidades motrices no funcionan así (una consecuencia del estrés y la adrenalina), nuestras habilidades de músculo bruto entran en función, por lo que podemos aplicar una técnica, sin pensar,

sin vacilación y usarla para realizar lo que se requiere sin pensar en los detalles más sutiles – ¡simplemente funcionan!

Exercitatio Est Mater Studiorum
'El entrenamiento es la madre de la formación de técnicas'

Como se mencionó anteriormente, el saber y entrenar tus patrones son sólo la mitad de la historia, es esencial para la práctica de las aplicaciones con compañeros a semi-resistencia y resistencia para apreciarlos completamente o que las aplicaciones para sentir si son o no son adecuadas o realizables para con usted personalmente. Hay muchos ejercicios que uno puede pensar para practicar aplicaciones con un compañero, y muchas formas de entrenamiento son mencionadas en el capítulo 5. *'Exercitatio Est Mater Studiorum'* significa *'El entrenamiento es la madre de la formación de técnicas'* – una complementa la otra, y sin una, mucho menos beneficios se obtienen de su formación. Aquellos que no les gustan los patrones por co-accidentalmente todavía entrenan simulacros, todavía hacen parte de la misma formación sólo que no se dan cuenta o no lo admitirán. ¡Una consecuencia que he visto de esto es que puede faltar la capacidad técnica en los que sienten que la formación sólo con una pareja de resistencia es *'La forma'* de hacerlo! Sin un cierto grado de capacidad técnica, simplemente hace aún más difícil aplicar una aplicación, de hecho, si lo piensas bien, es un tremendo problema!

La prueba de ácido
'Uno podría explicar el agua pero la boca no se mojará' -Takuan

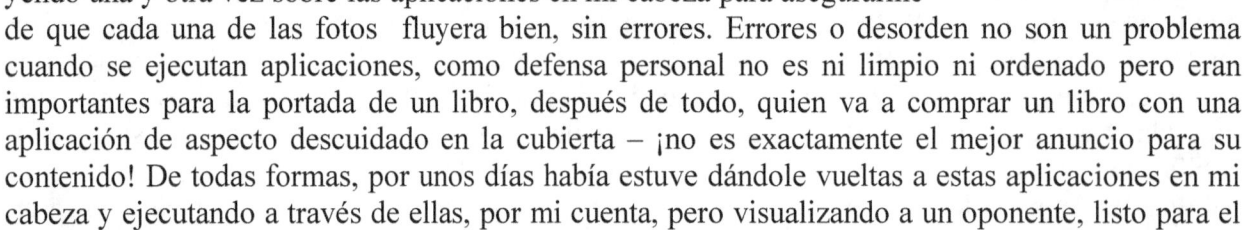

¡La verdadera prueba del ácido es aplicar una aplicación contra un oponente totalmente en resistencia y el secreto de esto es la sorpresa! Por supuesto toda la formación que se ha mencionado anteriormente, el conocimiento correcto, etc. son de vital importancia y que la técnica funcione rápidamente y sin esfuerzo, pero sin el elemento sorpresa hace las cosas muy difíciles.

Mientras que tomando las fotografías de este libro un par de cosas interesantes sucedieron que de alguna manera refuerzan lo importante que es el elemento de sorpresa:

Yo estaba pensando sobre qué aplicaciones utilizar como cubierta para el libro, un conjunto en particular parecía ideal y me convencí que era lo que íbamos a usar. En consecuencia estaba yendo una y otra vez sobre las aplicaciones en mi cabeza para asegurarme de que cada una de las fotos fluyera bien, sin errores. Errores o desorden no son un problema cuando se ejecutan aplicaciones, como defensa personal no es ni limpio ni ordenado pero eran importantes para la portada de un libro, después de todo, quien va a comprar un libro con una aplicación de aspecto descuidado en la cubierta – ¡no es exactamente el mejor anuncio para su contenido! De todas formas, por unos días había estuve dándole vueltas a estas aplicaciones en mi cabeza y ejecutando a través de ellas, por mi cuenta, pero visualizando a un oponente, listo para el

Capítulo 17: En conclusión

rodaje.

Íbamos a tomar las fotos después de que había terminado mi clase de séniores un sábado. Durante la clase de personas mayores, uno de mis 1er kups (cinturón rojo pta. negra) me pidió que combatiera con él lo cual hice. Era sólo un combate por diversión pues estábamos cerca del final de la clase. No fue nada especial, sólo competencia tipo sparring. Pero durante este sparring, el 1er kup agarró mi brazo y yo pateé como modo de patrones. Desde ese punto (él agarrando mi brazo) pude ejecutar tres técnicas de patrón y realizar sus aplicaciones con apenas resistencia debido a que él no se daba cuenta de lo que estaba sucediendo - ¡hasta que fue demasiado tarde! Las aplicaciones vieron al estudiante dejando el agarre, anulando su golpe con la otra mano (por tirar mi guardia hacia abajo) para él le he colocado en una técnica de control a su brazo y terminando en una posición de asfixia conmigo detrás de él. ¡Todavía en control de su brazo y todo sucedió en un abrir y cerrar de ojos! Trabajaron por 3 razones:

1. He utilizado el elemento sorpresa
2. Yo me se las técnicas de patrón completamente por que las he practicado cientos de veces, por lo que pude realizarlas sin prácticamente ningún pensamiento
3. Las había practicado, en mi mente con oponentes en semi-resistencia

Las técnicas y aplicaciones que usé ese día se muestran en las páginas 220. Nosotros no las llegamos a utilizar en el extremo de la cubierta al final, pero decidí mantenerlas en el libro para destacar aplicaciones en acción (vea la página 55).

En una ocasión aislada, David estaba tomando algunas fotos para el libro. El estudiante demuestra la técnica real y la aplicación por alguna razón, no podía captar el concepto. Para ser justos no había hecho mucho trabajo de aplicación siendo un grado bajo (6th kup), pero es una sencilla aplicación para demostrar. Aunque David explica el concepto y el estudiante se le dijo que simplemente realice la técnica como en el patrón, todavía él alterándola para lograr un resultado similar, pero a través de más difícil y esfuerzo de forma intensiva. La aplicación se muestra en la página 151 y es una manera de usar Chookyo Makgi (bloqueo de ascendente) para forzar a un oponente lejos de ti. Después de ver que él no estaba agarrando el concepto, formulé una pregunta ¿Cuál fue el punto de él practicar una técnica una y otra vez de cierta forma, sólo para modificarla cuando la va a utilizarla haciendo mucho más esfuerzo en él? Intentó de nuevo, pero aun todavía no agarraba bastante el concepto así que le dije que la demostraría para él. Yo le pedí que agarrara de mí y al hacerlo realice la aplicación según lo previsto. Como él no tenía una idea totalmente sobre cómo la aplicación iba a trabajar, él no podía comprender el efecto del mismo, por lo que no pudo prepararse adecuadamente. En esencia, fue capturado con sorpresa así, a pesar de saber lo que iba hacer, que intentaba lograr y cómo iba a hacerlo.

Tan pronto él se me agarró a mí, estaba física y mentalmente preparado para que yo respondiera, él cayó profundamente bajando su peso y me sostuvo firmemente. Realicé la aplicación incluso, me sorprendió lo bien que funcionó y el efecto que tuvo, como todos los demás que estaban viendo en ese momento. El estudiante no sólo suelta su férreo control sobre mí cuando he aplicado la técnica, literalmente voló hacia arriba y hacia atrás cerca de 8 pies (¡que hacia atrás, no hacia arriba!), fallando por poco la pared de atrás y pudiendo sólo mantener su equilibrio gracias a uno de los otros estudiantes corriendo hacia adelante para protegerlo (y a su cabeza) de chocar con el ladrillo de la pared detrás.

Como antes, la aplicación trabaja con el elemento sorpresa, a pesar de que el estudiante estaba mentalmente y físicamente preparado para aceptar la técnica realizada contra él, conocía la técnica, él sabía lo que tenía que hacer e incluso sabía cuándo venía – y aun así funcionó excepcionalmente debido a su inexperiencia pasó por alto el hecho de que no sólo la técnica de empuje hacia afuera horizontalmente, también diagonal, empujándolo a él arriba y hacia atrás al mismo tiempo, algo que él no esperaba. Su instinto natural para recuperar el equilibrio entró en vigor y soltó de su agarre pero no podía mantener su equilibrio debido a la técnica y para entonces todo se había acabado. En una situación real hubiera ido rápido adelante y lo hubiera terminado enseguida.

Un ejemplo simple que puedes probar con compañeros estudiantes para resaltar este punto importante es:

> Dígale a uno de ellos que lo vas a levantar y que se deben resistir. En primer lugar por sólo dejar caer su peso y en segundo lugar, si eres lo suficiente valiente, permitiéndoles que te abofeteen un poco y tratando de zafarse. Verás cómo las cosas pueden ser difíciles sin el elemento sorpresa.

> Unas semanas más tarde, cuando estén conversando con alguien y su atención no esté en usted. ¡Muévase silenciosamente detrás de él y rápidamente intente levantarlo y verás cuán eficaz es el elemento sorpresa!

A menos que su oponente sepa bastante bien las técnicas y aplicaciones de sus patrones, las técnicas contienen un elemento sorpresa en sí mismos, dentro de las técnicas (con sus aplicaciones). Esto junto con la velocidad aumenta ese elemento, lo que hace difícil un contra ataque a ellas. Personas pueden tener respuestas de tipo instantáneo de golpear como una habilidad natural y pueden ser condicionadas por diferentes medios instintivamente bloqueando o esquivando tales golpes. Piense de cuántas peleas de juego ha tenido desde niño, cuántos combates de boxeo o películas te han estimulado a bajar tu cabeza etc. Pero muchas aplicaciones de patrón no son aparentemente naturales, están condicionadas y entrenadas respuestas y como tales, desconocidas fuera de los que entrenan, hacer una respuesta condicionada a ellos, difícil, si se aplican sin pensar y el elemento sorpresa es utilizado.

Siguiendo Manuales Ciegamente

'Dado suficiente tiempo, cualquier hombre puede dominar la física. Con suficiente conocimiento, cualquier hombre puede ser sabio. Es el verdadero Guerrero el que puede dominar ambas... y superar el resultado' -Tien Tai

Aparte de los que no les gusta el entrenamiento de patrones todos juntos o aquellos que no desean ir más allá de la mentalidad de *'patrones son para equilibrio'* o *'patrones son nuestro vínculo histórico'*, son aquellos que se niegan a apartarse de los manuales de Taekwon-do, escritos por el General Choi en todo. El problema aquí es que en parte, los patrones de Ch'ang Hon de Taekwondo ITF están bien documentados, posiblemente más que cualquier otro arte y esto es donde radica el problema. Están bien documentados en parte, pero no en su totalidad, como se describe en el capítulo 1 de este libro, pero algunos profesores se niegan a aceptar que podrían haber defectos, o las aplicaciones pre-descritas no tengan sentido. Sólo enseñará y siguiendo lo que está escrito en la enciclopedia, palabra por palabra. ¡Incluso si lo que enseñan es en deterioro del estudiante y podría de hecho ponerlos en grave peligro si intentaran de utilizar la técnica en una situación real! Peor aún es que algunos usan los manuales para ocultar una verdadera falta de capacidad, después de todo, estudiar, recordar y recitar texto de un libro no es difícil de hacer, si así lo quieren, , si así lo

Capítulo 17: En conclusión

quieren, mientras que a un alto nivel en todas las áreas de formación, manteniendo los estándares así como impartir los estándar en los estudiantes es más difícil.

Como instructor, como muchos, elegí Taekwon-do porque me convenía porque lo disfruto porque puedo ver los muchos beneficios que puede ofrecer a los demás, y aunque me encanta el Taekwon-do, mi principal preocupación como instructor son (y siempre ha sido) mis alumnos y sus habilidades, aptitudes y efectividad y debido a esto, me niego a enseñar cosas que sé que simplemente no funcionan. Les diré lo que es la interpretación de manuales de la técnica y también les diré por qué siento que otra aplicación se adapta mejor a la técnica. El punto a recordar es que el General Choi era sólo un humano, hizo algunas cosas grandes y debe seguir siendo respetado por lo que logró en su vida, pero nadie es perfecto si son humanos; no tú, no yo ni el General Choi me temo, a pesar de lo que algunos quieren creer. Sus libros contienen muchos detalles sobre los patrones, pero faltan muchos también, contienen algunas aplicaciones buenas y algunas no tan buenas, en esencia son una biblioteca técnica pero ninguna biblioteca puede llevar cada libro escrito y está bien complementar las enciclopedias con otras fuentes, como es el caso de este libro.

En realidad, como también he mencionado en el capítulo uno, las enciclopedias no deberían ser pasadas por alto con respecto a las aplicaciones, simplemente siento que los instructores y los estudiantes no deben ser pegados en un agujero, tratando de utilizar aplicaciones que son claramente inviable o incluso que son realizables por algunos, pero no funcionan para ese individuo en particular. Mediante la combinación de los dos (las aplicaciones que se muestra en la enciclopedia de Taekwon-do y las aplicaciones que se muestra en este libro) el estudiante, como mínimo tiene una opción de dos aplicaciones a elegir y en algunos casos, cinco o seis – ¡Simplemente descartar las que no le gusta o siente no trabajan para usted y utilizar las que lo hacen! Dicho esto, me presento por mi trabajo y creo que si ellos están entrenados correctamente, cualquiera de las aplicaciones en este libro son aplicables a cualquier persona y realizables por cualquier persona, como la única debilidad con respecto a ellos es cómo entrenarlos y cuánto entrenas, proporcionando así estructura y adjuntas a las directrices. ¡No veo ninguna razón por qué no puedan adaptarlas, entrenarlas y utilizarlas si es necesario!

Para evolucionar debemos Des-evolucionarnos

'La historia no es un simple registro del pasado. Es una crítica del presente y una advertencia para el futuro' -Quan Tzu

He mencionado en la introducción sobre cómo el Taekwon-do se ha convertido en un arte más deportista relacionado o como un arte relacionado a pasatiempo, más que un arte marcial y no hay ninguna razón por la que no pueda ser ambas, pero para mantener su elemento marcial siento que va en la dirección equivocada.

Taekwon-do siempre ha sido referido como un arte *'evolutivo '*, pero ha evolucionado demasiado en tantos ámbitos que el arte original como fundado está sólo vinculado al arte de hoy en muchas escuelas por algunas técnicas de patadas, los movimiento en los patrones y alguna terminología coreana. Los aspectos del deporte y pasatiempo se han apoderado.

Pero que realmente quiero decir cuando digo. *¿Para evolucionar, Taekwon-do necesita des-*

Ch'ang Hon Taekwon-do Hae Sul
Aplicaciones reales de los patrones ITF

evolucionar?'. Bueno realmente es simple: ¡elementos y prácticas dentro del arte deben ser reintegrados o enseñado correctamente en el camino a cinturón negro y más allá!

Por ejemplo,

- Las técnicas de lanzamiento que rara vez se enseñaron deben ser instituidas como formación estándar, son parte de la Ch'ang Hon Taekwon-do original.

- Tomar técnicas, ya sea por tiros, viajes o barridas también deben enseñarse como entrenamiento estándar de nuevo, son parte de la Ch'ang Hon Taekwon-do original.

- Muchas escuelas no ponen ningún enfoque en puntos vitales sorprendentemente, pero es una parte importante de Taekwon-do, así que debe ser parte del estudio de todos los estudiantes.

- Lo mismo se aplica al conocimiento básico punto de presión, que rara vez se enseña, una apreciación básica de puntos de presión debe ser introducida en algún lugar a lo largo del currículo de los estudiantes.

- El modo de como el combate se realiza sólo como *deporte* basado, o como en términos lo *'combate de competencia'* debería tomar segundo lugar *'combate tradicional'*, que permite ataques a todas las partes del cuerpo, tanto por encima como por debajo de la cintura, así como técnicas de barrida y lanzamiento.

- Debe prestarse atención al exageramiento de la nueva onda ondulatoria (véase el Apéndice vi), y cómo afecta las técnicas con respecto a su realismo en defensa propia. No necesita ser erradicado, pues siempre estuvo ahí, sólo que no exagerado tanto y sólo utilizado cuando necesario.

- El énfasis de 'por encima' de capacidad técnica sobre técnica en patrones es perjudicial para el uso de patrones como una herramienta de defensa personal. Sí, el entrenamiento en solitario debe poner énfasis en las técnicas, pero como cubierto en este libro, esta es sólo la primera etapa. Un estudiante simplemente no puede utilizar aplicaciones si tienen que realizarlas al 100% correctamente – como nada en defensa propia es perfecto y debe hacerse una distinción.

- Con este libro no hay necesidad para la falta de conocimiento de aplicaciones cuando enseña los patrones. Muchos instructores simplemente enseñan los movimientos sin comprender cómo o por qué funcionan o incluso lo que son. Este libro aborda esta cuestión con patrón realista y las aplicaciones, así como las aplicaciones históricas originales – ¡para que instructores no tengan realmente una excusa y que sus estudiantes estén plenamente informados!

- El cambio de técnicas de patrón para lucir bien en torneos es un motivo de preocupación y podría ser muy perjudicial para el uso del patrón en relación con la defensa legítima. Lentamente pero seguramente se convertiría en la norma, hasta que se olviden las técnicas originales y así ya no se puedan realizar las aplicaciones originales.

- La forma en que se realiza hoy en día el combate a 1 paso en muchas escuelas simplemente no hace nada para entrenar al estudiante para la razón que fue originalmente diseñado. 1 paso a menudo se enseña de tal manera que carece de cualquier realismo en absoluto con el atacante estudiante realizando el ataque todo antes de que el estudiante defensor responda. 1 paso debe ser el entrenamiento 'reacción' y así debe ser reinstituida una respuesta más reactiva a los ataques. ¡Sin esperar, simplemente kihap y ataque! El estudiante defensor evita o bloquea o es golpeado – ¡Es realmente así de simple!

- Hoy día las clasificaciones son vista como un rito de periodo de tiempo, con muchos estudiantes

Capítulo 17: En conclusión

trabajando con la incorrecta suposición en los tiempos de espera mínimos a veces enlistados en los manuales o a vía escuelas de Taekwon-do para los grados kup y dan, son los tiempos de espera antes de la clasificación. Sin embargo, para absorber, en lugar de simplemente duplicar técnicas o patrones, un estudiante debe permanecer en un grado hasta que 'se sea' ese grado – ¡Esto a menudo toma más tiempo razonable que el mínimo indicado!

- El entrenamiento de Taekwon-do continuamente esta siendo diluido para que sea más susceptible al público general, más para los perezosos me entristece decir. Cinturón negro de Taekwon-do debe significar trabajo duro todo el camino, esta es la única forma de viabilizar un sistema de arte marcial. Muchas escuelas diluyen de sus programas de estudio, o bajan los requisitos necesarios para pasar de un grado, lo que significa que el resultado final es un estudiante diluido.

- La devaluación del cinturón negro ha estado ocurriendo desde hace muchos años, en muchos casos simplemente es para aumentar la cantidad de cinturones negros de asociaciones. Lamentablemente, la política de las artes marciales significa que las asociaciones bajen los criterios para el logro de los grados de dan y así todo el sistema es diluido.

- La falta de habilidades asociadas necesarias para alcanzar un grado de dan[55] en muchas escuelas de estos días es chocante. Aunque no espero que todas las escuelas estén de acuerdo o exijan lo que se requiere en "Rayners Lane Academy" para alcanzar el cinturón negro, los estudiantes a menudo consiguen niveles pobres en incluso en las áreas básicas de desempeño de patrón y combate, aprobando aún incluso si no rompen y a menudo se requieren no más que eso para ganar un cinturón negro. A lo largo y a lo corto de esto son grados de Danes sabiendo menos y menos.

- Similar a la anterior es la desregulación de los elementos de destrucción y rotura en las clasificaciones. Destrucción siempre ha sido una parte importante del Taekwon-do y algunas escuelas permiten múltiples intentos o simplemente descartarlos por completo si el estudiante no puede romperlos todos. Cinturón negro debe romper a un destino fijo dentro de los primeros pocos intentos y un tipo de 16 sólido no deberían permitirle romper con paso por detrás patada de lado que utiliza su peso en lugar de técnica. Todo esto le quita el énfasis de lo que el elemento de destrucción fue originalmente hecho.

El efecto de todo esto es lamentable pues no es culpa de los estudiantes. En demasiadas ocasiones he tenido alumnos de otras escuelas llegan a entrenar conmigo, lo cual es genial, después de todo estamos todos en la misma familia pero los atajos e instructores de bajos estándares están dispuestos a dar y aceptar y pronto se hace evidente y el estudiante pobre se queda pensando acerca de la validez de su grado. Por ejemplo, ha habido cinturones negros orgullosos de sus logros y estatus, hacen parecer de menores grados cuando combaten estudiantes de 4th kup en la Academia, grados de cinturón de color superior que no puede realizar sus patrones de grado inferiores, que solo los actuales y muchos altos grados con profunda raíz de defectos técnicos y que alguien (yo) dice que no deja pasar por alto los aspectos técnicos, aunque hay niveles que todos los estudiantes pueden y deben alcanzar en ciertos grados. En pocas palabras, uno se queda pensando cómo estos estudiantes se les permitió alcanzar el grado que poseen con el nivel en que se encuentran: pero digo de nuevo, esto no es culpa de los estudiantes – ¡Es los instructores!

Taekwon-do tiene muchas facetas dentro de el pero, muchas de las escuelas se concentran en el elemento del deporte, dejando al estudiante que discierne con la impresión de que para ser un buen artistas marcial, uno tiene que sobresalir en torneos, que desafiante no es el caso. Esto es un deservicio a los estudiantes que usted debe cuidar, aquellos que no son atletas naturales y nunca se destacan en el ámbito deportivo. Una escuela que pretende enseñar Taekwon-do pero ignora todos

---

[55] Véase 'requisitos de grados para danes', p289

los elementos que mejoran su estudiante promedio, mientras que concentrarse en los elementos deportivos no es enseñanza del Taekwon-do.

Combate es sólo un elemento del Taekwon-do, como son los patrones y todos los demás elementos, se combinan para hacer el todo, sin todas las piezas del rompecabezas simplemente no está completo. Algunos son felices de hacer sus propios rompecabezas de tres piezas, con lados casi rectos, pero en realidad que cada pieza del rompecabezas es un rompecabezas, todas las pequeñas piezas, hacen la pieza grande del rompecabezas, antes de finalmente hacer la imagen completa más grandes – ¡Este es el verdadero Taekwon-do!

Si queremos que nuestro arte se mantenga a sí mismo como un arte *marcial*, debe evolucionar, no en los niveles de comercialización, aunque esta área no es sólo un problema de las escuelas comerciales, si no también en cualquiera de las escuelas que escatiman las enseñanzas profundas del Taekwon-do, donde el foco es únicamente 'Campeones de torneo', o el razonamiento que debe ser un pasatiempo agradable para todos, estas áreas están cubiertas como un desarrollo natural de la formación. Para mantener su integridad como un arte marcial, instructores, escuelas y asociaciones tanto necesitan de reinserción de las áreas mencionadas en esta sección, en definitiva devolverle al arte lo que era, lo que pretendía ser - ¡*Para evolucionar debe des-evolucionar!*

Comercialismo

'La fortuna no cambia a los hombres, los desenmascara' - Suzanne Necker

El término '*McDojang*' es más escuchado estos días y su corta visión con algunas de las prácticas que usan algunas escuelas en nombre del 'negocio'. Simplemente, no creo que estas escuelas se den cuenta de lo que están haciendo o las cosas que han instituido para quedarse con el dinero de los estudiantes; no están en línea con los principios del Taekwon-do. Si lo que ofrecen es de valor, estas tácticas no deben utilizarse. Sí, corra una escuela profesional pero adhiérase a los principios que dices al principio de cada clase, la segunda de las cuales es la integridad! Como una regla es ' sin compasión', mundo de hacer dinero y me entristece profundamente que muchos instructores han alcanzado este tenedor en el camino escogiendo el camino fácil al dinero, en lugar de la ruta moral que aunque puede ser más difícil, aún puede lograr los mismos resultados, de hecho mejores resultados, que lamentablemente sea menos en riquezas en sentido material pero rico en especie espiritual, sentido moral y todavía puede administrar el presupuesto y poner comida sobre la mesa – ¡estoy viviendo prueba de ello!

No estoy contra instructores decentes que viven de su arte, de hecho creo que sería muy bueno si todos los instructores buenos puedan hacer esto, pero lamentablemente no es el caso en cuanto a cada escuela decente, hay 5 "*Mcdojangs*" y 10 *fábricas de correas*. En las ocasiones donde estudiantes provenientes de otras escuelas para tratar nuestras clases es la prueba de que el comercialismo está destruyendo nuestro arte. Yo digo *'Artes'* no como sólo las escuelas de Taekwon-do, pero muchas de las artes, aunque el *'comercialismo por encima de los estándares'*. ¡Es muy evidente en muchas escuelas de muchos y de hecho es triste cuando las cosas una vez sean veneradas y respetadas! Demasiados estudiantes finalmente aventuran fuera de sus escuelas preguntándose sobre su credibilidad de su propio entrenamiento – para mí esto esta mal, ya que cada instructor debería estar haciendo lo mejor para sus estudiantes. ¡Usted esperaría lo mejor de un médico por sus pacientes, un maestro por los estudiantes y así debe ser con alguien que profesa ser un instructor de artes marciales!

Capítulo 17: En conclusión

Fuertes puntos de vistas quizás, pero muéstrame cualquier pionero o maestro de un arte que entrenó durante 30 minutos, un par de veces a la semana, o se les permitió tomar muchos de los atajos que instructores actuales permiten, en su camino hacia el cinturón negro o nivel de maestro. Si puedes poner uno, puedo garantizar que no podría levantarse junto a maestros y pioneros reales. Esto no es para pretender que los estudiantes de "Rayners Lane Academy" son superiores a otros, como hay muchas escuelas decentes con excelentes estudiantes por ahí, pero cuando usted mira alrededor, una simple comparación muestra lo que sucede cuando se sigue la ruta comercial en detrimento a todas las otras áreas – ¡como estándares!

Ciertamente lo anterior no es el caso de cada escuela, pero cada vez es más común y curiosamente parece ir de la mano con el comercialismo de artes marciales que ha pasado durante la última década más o menos, como cada vez más instructores comienzan a vivir de la enseñanza de las artes marciales. Yo mismo, soy instructor profesional pero hay cosas que no puedo comprometer y la capacidad técnica, conocimientos o normas de mis estudiantes – confían en mí y mi objetivo es asegurar que la confianza se mantiene para cada estudiante que pase por debajo de mí. ¿Seguramente esto debe ser la línea inferior de todos los instructores?

Enseñanza a nivel profesional es de hecho una evolución de las artes marciales, pero las normas de lo que se da a cambio es a menudo no profesional, a falta de una palabra mejor, producto, no importa cuán pulido pueda parecer – después de todo *'¡todo lo que reluce no es oro siempre "*!

Trabajo físico
'No es el tamaño del perro en la lucha, pero el tamaño de la lucha en el perro'

Para que un estudiante sea bien versado en Taekwon-do, de hecho en cualquier arte marcial necesitan más que la clase tradicional de una vez por semana. He visto incluso, algunas escuelas ofrecen clases de 30 minutos y me quedo pensando, que ocurre en estas clases, pues en las clases de "Rayners Lane Academy". ¡A menudo las clases duran más de 2 horas y el calentamiento, trabajo físico y estiramientos pueden tomar más de una hora!

Algunos instructores que he escuchado afirman que el entrenamiento no es realmente las artes marciales y por lo tanto, debe ser la responsabilidad del estudiante fuera de la escuela, con formación dedicada al entrenamiento en artes marciales. Curiosamente, son los mismos instructores que dan 6 clases cortas en la noche, seis veces por semana, estudiantes entrando y saliendo como si fuera una fábrica de correas – por lo tanto el término *¡fábrica' de la correa!* Sin embargo, todo el mundo sabe cuán difícil es que los alumnos se motiven a sí mismos fuera de la clase para hacer algo, siendo además pura aptitud trabajar. Sin duda, el estudiante dedicado puede hacer trabajo fuera, trabajo con los sacos o ejecutar sus patrones un par de veces por semana como extra, yo solía y todavía lo hago regularmente, pero estos estudiantes son pocos y la mayoría no hace nada a menos que estén en el dojang, siendo liderados por un instructor capaz – ¡el instructor es a menudo su única motivación!

Incluso si se les ha enseñado brillantemente en sus clases cortas, todas estas técnicas son de ninguna utilidad si el estudiante se cansa en cuestión de segundos – y sin trabajo físico, en una situación real con la adrenalina bombeando esto está destinado a suceder. Pida a cualquier instructor de protección puro y real y le dirán el término que se utiliza a menudo como motivo para su sesión de físico duro como *'en condición para luchar '* – ¡el lema que deben cumplir todos los estudiantes de las artes marciales!

Ch'ang Hon Taekwon-do Hae Sul
Aplicaciones reales de los patrones ITF

¡Una de las ventajas agregadas de las continuas sesiones duras de aptitud física, aparte de construir un cuerpo sano es el desarrollo de un fuerte espíritu marcial y un espíritu fuerte es esencial para tomar un paso extra cuando el resto de su cuerpo dice no! ¡Puede ser que un día, esta culminación de formación del espíritu asegure que su estudiante tome un paso adicional que salve su vida!

El espíritu de formación desarrolla el carácter fuerte y este personaje toca muchas áreas de la vida de los estudiantes sin ellos siquiera darse cuenta. Les da el valor de intentar, cuando tal vez no lo hallan hecho antes, si lo intentan, quizás pudiendo lograrlo, ¡no es una cosa fantástica! Para las escuelas que hablan del desarrollo del carácter, esto es el verdadero negocio y para aquellos que no, ¡logramos esto de todos modos!

La realización de un cinturón negro
'Es bueno tener un fin en una jornada, pero es la jornada al final lo que importa'
- K. de Ursula Le Guin

Cuando un estudiante entra en un dojang tiene esta visión en su cabeza, tal vez debido a través de la televisión o películas, o de las historias legendarias de los maestros, recitadas por sus amigos o leídas en los libros pero no importa de donde venga, es la misma – ¡el sueño dominar un arte marcial y un instructor de un *'Mcdojang'* roba estos sueños!

Los padres llevan a sus hijos a clases de artes marciales por muchísimas razones, no menos, confianza y los mismos sueños eventuales como los adultos – tal vez es una ilusión de los padres, pero no hay ninguna razón, por que sus hijos no puedan crecer y madurar en artistas marciales competentes y capaces. El problema es que los padres no tienen ninguna marca de referencia como a menudo enlistan sus hijos en la primera escuela de arte marcial que vean pues creen que *cada* cinturón negro es un maestro, *cada* cinturón negro es un gran instructor y *cada* cinturón negro guiará y dará forma a su hijo en un competente y artista marcial capaz. ¡Sólo alguien que ha dado la vuelta a la manzana o se atrevió a experimentar en un campo fuera de su propia escuela sabe que esto no es el caso! ¡Mi Consejo a los padres en estos días, lamentablemente, es ir de tiendas y hacer un montón de compras!

Tuve una llamada de padre de una de estudiante una vez, diciendo que era infeliz con su escuela actual pues el instructor estaba cargando más y más cada vez. ¡Cambiando los uniformes cada seis meses, obligando a los estudiantes a adquirir los nuevos y vendiendo equipos tan pronto como se enlistaron a los que nunca han utilizado! ¡La paja final para este padre fue cuando el instructor trató de hacerle firmar un nuevo contrato de tres años para el *'club de maestros'* para su hijo, que tenía seis años! ¡Por cierto, este club cuesta £600 por año más que el *club del cinturón negro*, que fue de £600 al año más que lo que pagaron los miembros del club de no correas negras! Sentí un poco de pena hacia la madre, sabiendo que ella había sido vendida por la exageración de venta, por lo que la invité a la escuela y ella aceptando le pregunté qué grado tenía su hijo – ¡a lo que ella respondió es un cinturón negro! Estaba sorprendido, pero no obstante intrigado sobre qué cualidades tendría un cinturón negro de seis años. ¡La madre estaba más preocupada si su hijo cinturón negro de seis años conservaría su grado y tuve que morder mi labio!

La madre arribó y este joven cinturón negro entró a mi clase lleno de confianza, pero tan pronto la clase comenzó con la sesión de calentamiento parecía preocupado, mirando a su madre, eventualmente, antes que aún hubiéramos terminado esta sección comenzó a llorar pues estaba completamente fuera de su zona y esto fue sólo el calentamiento. Después de sollozar por un rato,

Capítulo 17: En conclusión

fue a donde su mamá por un abrazo y le pregunté que hizo para lograr su cinturón negro, dijo que tuvo que hacer algunas combinaciones, apuñetear algunos cojines y mostrar algunas patadas. Pregunté qué patrones aprendió y me pregunta ¿Que es un patrón? ¡Al explicar, dijo que no había aprendido ninguno que no era necesario para su edad! Basta con decir que nunca regresó a mi escuela. Su ex club de hecho le había dado algo, le dieron un cinturón negro que no gano, que no tiene ningún valor excepto el orgullo de los padres (sin embargo fuera de lugar). ¡Pero lo peor de todo le dieron cubos llenos de falsa confianza que fueron tomados en el minuto que dio un paso fuera de la escuela al mundo real de las artes marciales!

Esto no es un caso aislado, como muchos otros padres han vendido con cosas similares, con estos instructores sin escrúpulos llenándoles el ego de los padres y estudiantes, mostrándoles un cinturón negro delante de ellos y hacerles saber cuán viable es, siempre y cuando paguen el precio justo. Adultos han sido engañados de la misma manera, aunque son más capaces de manejar el hecho de que se les ha vendido una falsa y generalmente se culpan a sí mismos por no hacer su investigación correctamente en primer lugar y algunos, aun si no todos, son firmes sobre el aprendizaje de las artes marciales adecuadas, así que son felices con empezar de nuevo. Estos alumnos son los que tengo en la más alta consideración, no es una cosa fácil admitir e incluso más difícil hacerlo – ¡estos estudiantes tienen el espíritu correcto, que realmente puede llevarlos a donde quieren ir!

Las razones por la que los estudiantes empiezan un arte marcial y mantenerse en él pueden cambiar con el tiempo y son muy variadas, pero *todos* los estudiantes, que alcanza un alto rango de cinturón negro desea y espera, al menos inicialmente, ser digno de la categoría después de todo *'la ropa hace al hombre'* y así en Taekwon-do, *'la correa hace al estudiante'* por lo que el valor del cinturón debe mantenerse.

Una vez un cinturón negro sostente mucho valor, simplemente porque es obtenido con diligencia y entrenamiento duro. ¡Ahora se considera que puede ser obtenido por cualquier persona, incluso con poco esfuerzo, pero más aún como parte de la ética de las escuelas o parte de su publicidad de campaña mientras vayan subiendo y pagando su dinero! Nunca debe garantizarse un cinturón negro, es una celebración de sangre, sudor y lágrimas, de sobre muchos obstáculos y una celebración de pasar a la siguiente fase de entrenamiento de Taekwon-do. El cuchillo en un camino duro y difícil que está destinado a representar al usuario ser *'Imprevisto a la oscuridad y el miedo'* - un camino que muchos simplemente no son capaces de viajar ¡(bueno en realidad son, pero es un maldito tramo duro)! Su valor ha sido devaluado.

Aunque algunos argumentan que el Taekwon-do pone un énfasis diferente sobre lo que significa un cinturón negro, como algunas otras artes, uno sólo tiene que pensar y volver a cuando comenzaron el Taekwon-do y pensar qué cinturón negro les parecía, si es correcto o no, esto es realmente lo que debe significar (o al menos bastante cerca de ello). ¡Sinceramente dudo que cualquier principiante ha pensado en un grado de cinturón negro como la falta de conocimientos o habilidades, o no poder ejecutar las cosas de tipo *'cinturón negro'*! Supongo que la esencia es que en mi mente por lo menos, un cinturón negro debe tener tres atributos:

1. Conocimiento en las áreas relacionadas con el grado de dan y habilidades en un cierto nivel en la aplicación de ese conocimiento
2. Una cierta dureza mental fomentada por muchos años de duro entrenamiento
3. La capacidad de 'igualarse' con otros de igual grado. Con ello quiero decir en todas las áreas deben ser aproximadamente iguales. Siempre habrá estudiantes que pueden romper más que otros, o combatir más rápido etc... Pero ningún cinturón negro debería estar fuera de su habitat en áreas comparado con un compañero de igual grado de dan.

Los tres de estas áreas han sido erosionados con el tiempo, como clubes, instructores y asociaciones regalan cinturones negros a todos y cada uno, alegando que el cinturón negro más accesible o hacer caso omiso de lo que originalmente representaba para ellos, pero realmente es un ejercicio de incrementar miembros o no perder los ingresos de los estudiantes pero el que pierde al final, es realmente el estudiante que coloca su fe y esperanza en TI para empezar.

El valor de un cinturón negro no debe ser comprado, pero debe estar al alcance de todos, accesibles a través de trabajo duro, sudor, lágrimas y tal vez incluso un poco de sangre en ocasiones – como estos son los rasgos y ensayos de duros esfuerzos y nada de cualquier valor viene fácil. Al hacer la carretera a cinturón negro, duro aunque no imposible viaje, podemos conservar su valor y su importancia – ¡aunque siento que puede ser un poco tarde para eso, pero como dijo Gandhi *'debes ser el cambio que deseas ver en el mundo'* así que yo por lo menos intentaré en mantenerme firme!

Dentro del Taekwon-do, algunos piensan que el cinturón negro es simplemente una representación de alguien que tiene una buena comprensión de los fundamentos de nuestro arte y a pesar de lo que realmente representa lo básico es debatible, algunos incluso no parecen haber hecho eso para obtener el derecho a usar el cinturón negro alrededor de su cintura. Pero incluso entonces, diciendo que simplemente representa lo básico no se relacionan con el significado del cinturón negro de Taekwon-do, que dice que el portador debe ser *'impermeable a la oscuridad y el miedo'*: ¿Cuántos de seis años se sienten así? En mi mente, simplemente tener una comprensión de los conceptos básicos no correlaciona a ser impermeable a la oscuridad y el miedo, que me remite a los mencionados 3 atributos que deben hacer un cinturón negro. Y para mí es sólo los requisitos mínimos en mi mente, hay más en ser un cinturón negro que sólo eso. ¡Pero esto es una nueva discusión aparte!

El futuro

'Si no cambiamos la dirección pronto, acabaremos a donde vamos' -Profesor Irwin Corey

Es mi sincera esperanza de que los estudiantes y profesores por igual tengan a bordo los métodos de entrenamiento y aplicaciones que detallan dentro de este libro y que se conviertan en parte de su entrenamiento regular a lo largo del tipo de práctica de patrón normal o estándar. Haciendo esto, los aspectos de los patrones de Taekwon-do no sólo ganarán un impulso fresco pero también convirtiéndolos en mucho más que una herramienta de formación pertinente que significa Taekwon-do como un arte recupera uno de sus componentes más vitales para el nivel que debe ser-Patrones y su pertinencia para la autodefensa.

De hecho, si puedo ser tan atrevido como para dar un paso más, también es mi sincera esperanza de que los jefes de las diferentes federaciones y asociaciones de Taekwon-do incorporen la formación y el conocimiento de estas aplicaciones de patrón en el núcleo de sus programas de estudio, permitiendo que los instructores y los estudiantes utilizar y aprender de los patrones a más profundidad que lo que era posible previamente, lo que permite al estudiante hacer la conexión entre *patrones* y '*Hosinsol*'

Espero que cada cabeza de asociación quiera mejorar su asociación, sus estudiantes y sus métodos de entrenamiento y este libro es el medio por el cual hacerlo. No sólo pienso en las asociaciones más pequeñas, pero las grandes – la internacional que, como estoy seguro que, como yo, les encanta Taekwon-do y quieren ser reconocido por lo que debe ser, no un deporte, no un pasatiempo, sino el temible arte marcial coreano que una vez fue.

NOTAS FINALES

'Gloria es temporal.
Sabiduría dura para siempre.
Entrena para una comprensión más profunda de ti mismo'

Sus pensamientos son bienvenidos

Aunque este libro es impreso, no está más allá de la revisión que inevitablemente ocurrirá en el futuro. Como lector valorado, espero que hayan disfrutado de este libro y como tal acogería con agrado sus comentarios sobre el mismo. Sólo soy humano y como tal estoy abierto a errar y bienvenida la oportunidad de corregir los errores. Yo pudiera haber perdido una aplicación importante que deba ser detallada y si este es el caso, podría corregirse o incluirse en el futuro en una de las revisiones. Usted puede sentir que una parte del libro puede ser objetivamente incorrecta y que necesite enmendarse aunque he tratado de triple verificación todos los hechos contenidos en el mismo, todos estos pueden incluirse, corregirse o actualizarse en futuras revisiones.

Usted puede enviar un correo electrónico al autor directamente a: **instructor@raynerslanetkd.com**

IAOMAS
Alianza Internacional de escuelas de artes marciales

La 'Alianza Internacional de escuelas de arte marcial' o IAOMAS como conocido con cariño (siglas en del inglés), fue fundada en Mayo12 de septiembre de 2002, por el autor, Stuart Anslow de Inglaterra, David Melton desde los Estados Unidos de América y Tim Posynick de Canadá y primero se estableció como un ' *sistema de apoyo estudiantil* ' para que los estudiantes de las artes marciales entrenaran, de forma gratuita, donde quiera que viajen en el mundo.

No es principalmente una organización de Taekwon-do, aunque hay muchas escuelas de Taekwon-do e instructores involucrados con la ITF y WTF, más por lo que es una colección de artistas marciales afines, instructores de arte marcial y estudiantes de artes marciales de todos los estilos imaginables y disciplina, basada en el mundo. Es una organización apolítica, libre que está disponible para todas las escuelas de arte marcial e instructores de mente abierta por igual.

Ahora ha superado sus raíces y ofrece mucho más sobre el ' *sistema de apoyo estudiantil* ' fue desarrollado originalmente gracias a la contribución de sus miembros. Ofrece ayuda y apoyo a los instructores y los estudiantes a mejorar su formación y más tanto sus propios y su desarrollo de las escuelas, para discutir y obtener asesoramiento en todas las facetas concebibles de estudio de artes marciales y de formación, de cuestiones técnicas y capacitación en cuestiones de gestión de la escuela, así como construir muchas amistades fuertes.

Tiene instructores, profesores de tiempo parcial, propietarios de escuela de tiempo completo y estudiantes desde cintas blancas hasta cinturones negros, muchos de los cuales están en contacto constante con los demás gracias a la creación del Foro IAOMAS. Todos quienes conversan en un nivel de igualdad, con igual estándares, prácticamente todos los miembros dejando sus títulos, como maestro, sensei, sifu sabum etc. de nuevo en su lugar de entrenamiento.

No existen restricciones en el estilo que se entrena en que cuerpo de Gobierno, Federación o grupo que pertenezcas (o no como sea el caso), IAOMAS funciona con todos los artistas marciales, siempre y cuando se adhieren a los principios básicos que IAOMAS valora – que son amistad y amabilidad.

Notas Finales: IAOMAS

En el último recuento habían escuelas en IAOMAS en 72 países alrededor del mundo y es posiblemente la mayor organización mundial de artes marciales alrededor de hoy, en su último recuento fue acercando 700 escuelas en todo el mundo – las probabilidades son, que si haces artes marciales conoces a alguien que es parte de IAOMAS.

Además, desde su creación, ha sido y se ha mantenido de forma gratuita por el apoyo de miembros como Colin Wee, quien fue responsable de configurar y mantener el directorio central de IAOMAS como un regalo a la organización. Hay muchos otros demasiado numerosos para mención pero que pueden encontrarse a menudo en el foro, que han hecho contribuciones grandes y pequeñas para el funcionamiento de IAOMAS o proyectos básicos en IAOMAS, como la configuración, mantenimiento y ejecutando '*páginas de los países miembros*', ejecutando los '*premios de honor*, traducción de sitios IAOMAS en otros idiomas o auspiciando seminarios IAOMAS en todo el mundo. Y todo porque creen en IAOMAS, lo que significa y representa.

Muchas amistades se han formado como resultado de IAOMAS. El autor ha personalmente conocido, entrenado e incluso hospedado con (y tenía estancia) muchos de los instructores IAOMAS (y estudiantes) tanto cerca y lejos, todos de quien ha encontrado ser genuino, sal de la tierra, tipo de personas – busca poder, control de potencia simplemente no se unen a IAOMAS, pues es totalmente controlado por sus instructores y miembros en cuanto a su dirección y el desarrollo.

- Para saber más sobre IAOMAS por favor visitan: **www.iaomas.com**

En las páginas siguientes son unas cuantas fotos del autor con algunos amigos y compañeros instructores IAOMAS de alrededor de la palabra, aunque él ha reunido y formado con otros, no todos fueron capturados en cámara.

El autor con Colin Wee (IAOMAS Australia) Durante su visita a Inglaterra en Agosto, 2003

El autor con Heidi Hartmann y Axel Markner (IAOMAS Alemania) durante su visita a Inglaterra en Noviembre, 2003

Ch'ang Hon Taekwon-do Hae Sul
Aplicaciones reales de los patrones ITF

IAOMAS Inglaterra Instructores (Izquierda a derecha)
Wayne Timlin (Boxeo tailandés), **Robert Patton** (Ryukyu Kobudo), **Stuart Anslow and Michael Holden** (Atemi Jitsu) - tomado en el 1er IAOMAS REINO UNIDO seminario en Noviembre 2003

El autor con Fereidun Dariagard (IAOMAS Dinamarca) durante una de sus visitas a Inglaterra en Febrero 2004

El autor con Dave Melton (IAOMAS E.E.U.U.) durante su visita a Inglaterra en Agosto, 2004

El autor con Piotr Bernat (IAOMAS Polonia) durante su visita a Inglaterra en noviembre 2004

El autor con amigos instructores en el 2do IAOMAS Seminario Inglaterra en septiembre, 2004 (izquierda a derecha): Marc Jones, Andy Wright, Paul King, Alex Catterall, Oliver Van Overbeek, Stuart Anslow, Gary Hoptroff, Jason Davenport and Alan Cain

Notas Finales: IAOMAS

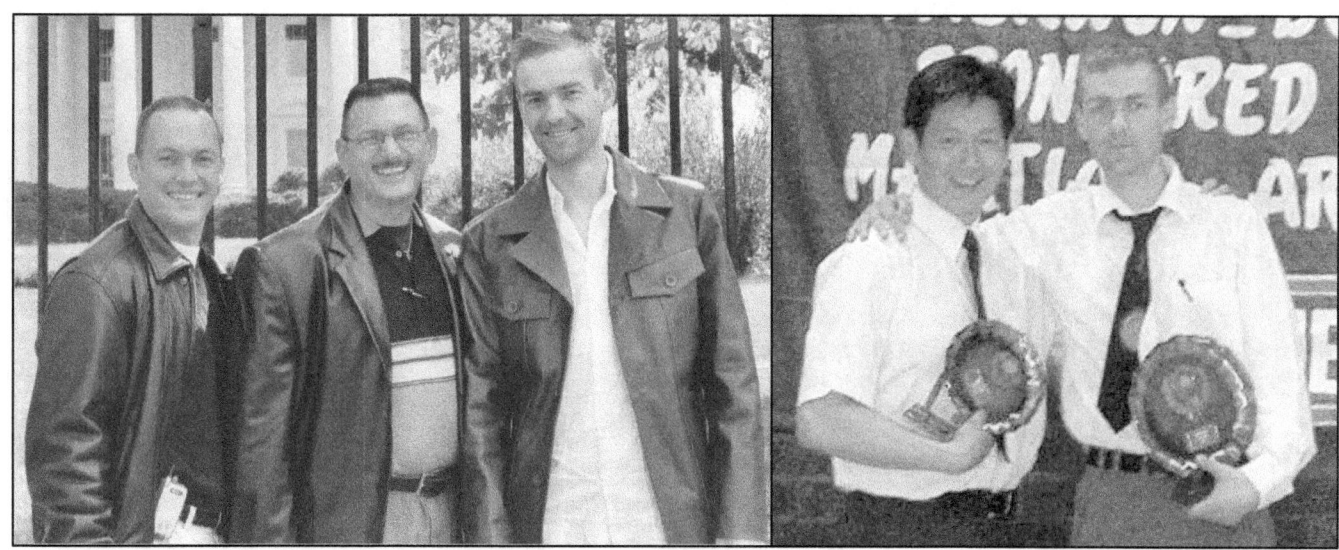

Dave Melton (E.E.U.U.), Tim White (E.E.U.U.) y Stuart Anslow (iNGLATERRA) En Washington DC Estados Unidos - Octubre, 2005

El autor con Gordon Slater, amigo instructor de Taekwon-do y miembro de IAOMAS Inglaterra, mayo 2003

El autor con Kevin Pell en los premios 'Salón de la Fama' de "Combat", Octubre 2003

El autor con Tim White (IAOMAS USA) Virginia USA, Octubre 2005

El autor con Jamie Ward seguido del Seminario IAOMAS, 2003

Estudiantes IAOMAS se reúnen - Lyndsey Reynolds y Like Pollard con el autor. Irlanda, 2004

Ch'ang Hon Taekwon-do Hae Sul
Aplicaciones reales de los patrones ITF

El autor con Andy Wright, Oliver Van-Overbreek y Alex Caterall en el seminario IAOMAS 2004

El autor con el fundador de IAOMAS Canadá, Tim Posynick, Mayo 2006

El autor con Matthew Reid, Marc Jones y Emma Brown, Mayo 2006

El autor con Dave Melton, fundados IAOMAS Estados Unidos de América, agosto 2004

El autor con amigo instructor en el tercer seminario IAOMAS En Inglaterra en mayo 2006 (izquierda a derecha): Oliver Van Overbeek, Anthony Whittaker, Garth Barnard, Fereidun Dariagard, Stuart Anslow, Tim Posynick, Andy Wright, Malcolm Watson, Marc Jones, Tom Bryans and Emma Brown

Notas Finales: IAOMAS

Aunque he sido afortunado de conocer y entrenar con algunos instructores IAOMAS en los últimos años y capturado algunas fotos en el camino, hay otros con los que suelo conversar regularmente, he competido con ellos, o nos hemos reunido y entrenado con los que no he logrado plasmar en cámara, pero merecen una mención por la amistad que hemos tenido en los últimos años.

Mi buen amigo Manuel Adrogue, IAOMAS Argentina

Mi buen amigo Chris Galea, IAOMAS Malta. 2002

Mi viejo compañero de combate y amigo Elliott Walker

Mi buen amigo Glen Docke, IAOMAS Australia

Andrew Morrell, IAOMAS England

Philip Fox, IAOMAS Ireland, 2000 and 2004

Ray Pullman, IAOMAS Northern Ireland

Karl Webb, IAOMAS IAOMAS England

Muchos de los miembros se han convertido en amigos íntimos en los años incluso con las grandes distancias entre ellos, de hecho a algunos de los miembros considero como muy buenos amigos.

'Un amigo escucha la canción en mi corazón y la canta para mí cuando mi memoria falla'

Ch'ang Hon Taekwon-do Hae Sul
Aplicaciones reales de los patrones ITF

Rayners Lane Academy de Taekwon-do

Academia Rayners de Taekwon-do de Lanefue fundada en abril de 1999 ha prosperado desde entonces. La Academia cumple con el programa original de la ITF, aunque ha sido ampliado para desarrollar las capacidades de los estudiantes en todas las áreas de defensa personal. La Academia enseña todos los aspectos importantes de Taekwon-do como patrones, combate y destrucción pero también enseña las áreas que son lamentablemente descuidadas en algunas escuelas. Estas áreas incluyen la interpretación de patrón, aplicación de patrón y autoprotección entre otros.

La ruta de 10º kup (cinturón blanco) a 1er nivel (cinturón negro) ve los estudiantes de la Academia de Rayners Lane aprender y ser capaz en todos los rangos de combates. De patadas, puñetazos y ataques, a barrer y lanzar, muñeca, inmovilizaciones de brazo y pierna, asfixias, estrangulaciones y lucha de agarres verticales y aunque no forma parte del plan de estudios original - técnicas de lucha en el suelo. Esto es acompañado de un programa integral de protección personal moderno que coexiste junto al programa principal de clasificación.

Aunque sus estudiantes entrenan duro en todas las áreas de Taekwon-do y no específicamente para la competición, han hecho muy buen papel, no obstante y constantemente traen a casa medallas de oro en cada torneo que entran, el pináculo de lo que fue y sigue siguiendo los propios pasos del instructor en 2004, cuando los 7 estudiantes se convirtieron en campeones del mundo en su propio derecho, dos dobles medallistas de oro mundial y muchos otros estudiantes de la Academia con medallas en sus respectivas posiciones.

Aunque fundada en 1999 casi 7 años antes de que un estudiante completara la ruta de 10th kup a 1st nivel cinturón negro en la Academia.

En marzo de 2006, tres de los estudiantes de la Academia ganaron el cinturón negro, así como el instructor Asistente Sr. Gautam ganando su 2do nivel después de 5 años como un nivel 1. ¡La clasificación fue más de 7 horas para los seis alumnos!

Para obtener más información sobre la Academia y los estudiantes, así como cientos de fotos, video clips y artículos puede encontrarse en el sitio de web de la Academia: www.raynerslanetkd.com

Vikram Gautam, Tomasz Kubicki, Dev Patel and Parvez Sultan a recibir sus resultados de su examinación de dan en marzo 2006

Notas Finales: Rayners Lane Academy de Taekwon-do

Requisitos de ejemplo para 1ˢᵗ y 2ⁿᵈ grado clasificación en Rayners Lane

Grado 1ᵉʳ kup

Patrones
- Saju Makgi
- Saju Jirugi
- Chon-Ji tul
- Dan-Gun tul
- Do-San tul
- Won-Hyo tul
- Yul-Gok tul
- Joong-Gun tul
- Toi-Gye tul
- Hwa-Rang tul
- Choong-Moo tul

Sparring y auto defensa
- 3 Paso
- De paso 2
- 1 Paso (tradicional)
- 1 Paso *con solo ataques singulares de todas las técnicas, en cualquier lado*
- 1 Paso relajado con cuchillo (2 veces)
- Hosinsul con los ataques frontales (2 veces)
- Hosinsul con ataques posteriores (2 veces)
- Combate Tradicional ** sobre 2 asaltos
- Combate Libre con ataques de cuchillo Combate tradicional libre con equipo protector, más 2 asaltos *(con más contacto permitido)*
- Idale Matsogi (combate 2 v 1)
- Combate de estrangulamiento (una forma de combate basado en el suelo)

Destrucción
- Twio Yop Cha Jirugi – 2 tablas *** - ambas piernas
- Puño recto - dos tablas
- Técnica de mano; lado débil - 1 tabla ***
- Rompimiento Sin medición ***
- Técnica demostrativa de destrucción

Nivele 1er Dan

Patrones
- Kwang-Gae tul
- Ge-Baek tul
- Po-Eun tul
- Selección de patrones de correa de color

Combate y auto defensa
- 3 Paso
- De paso 2
- 1 Paso (tradicional)
- 1 Paso *con un solo ataque de todas las técnicas, en cualquier lado*
- 1 Paso relajado con cuchillo (2 veces)
- Combate de piernas
- Hosinsul con los ataques frontales (2 veces)
- Hosinsul con ataques posteriores (2 veces)
- Defensas de cuchillo distancia corta *(delantero y trasero)*
- Describir y demostrar los ataques de punto de presión
- Combate Tradicional ** sobre 2 asaltos
- Combate Libre con ataques de cuchillo Combate tradicional libre con equipo protector, más de 2 asaltos *(con más contacto permitido)*
- Idale Matsogi (combate 2 v 1)
- Combate de estrangulamiento (una forma de combate basada en el suelo)

Destrucción
- Twio Dollyo Chagi - altura de la cabeza - ambas piernas
- Mano en cuchillo – 2 tablas
- Técnica con la mano débil - 1 tabla ***
- Bandae Dollyo Chagi – 2 tablas
- Rompimiento Sin medición ***
- Técnica demostrativa de destrucción

Notas: * elegido por examinadores / ** significa pueden patear, atacar, barrida, tumbar y tirar / *** 2 tablas es una negra y otra crema, mientras que roturas con una sola es necesario a través de un tabla negra / *** no medición o toma de distancia, el estudiante simplemente camina hacia el aguantador y ataca, con una técnica de patada básica elegida al azar para cada pierna. 1 para 1ʳᵒˢ kups 2 tablas para 1ʳᵒˢ dans

Ch'ang Hon Taekwon-do Hae Sul
Aplicaciones reales de los patrones ITF

Además de las pruebas físicas, los estudiantes también se someten a un completo 'Pre-examen' y tienen que completar un examen escrito que dura aproximadamente 2 horas. Además, 1ro niveles y superiores tienen que dar una demostración de *'clase'* de aplicaciones a un patrón de su elección.

Aunque algunos pueden mirar esta lista y eludir los requisitos, el simple hecho es, cuando el estudiante está permitido a niveles es porque están listos y que pueden realizar todo lo anterior a los estándares requeridos, pues el enfoque en Rayners Lane no es 'cinturones' sino 'conocimiento' – ¡lo que está detrás de la cinturón! Y esto creo que es como debe ser con todos en Taekwon-do. Créalo o no, con algunas modificaciones y adiciones, este programa de clasificación se basa en los originales requisitos para cinturones negros de la clasificación Ch'ang Hon.

Rayners Lane Taekwon-do Academy
Abril 26, 2006
Fotografía para commerorar la completación del volumen 1

fila de atrás: **Omid Sekanderzada, Ladi Oshunniya, Juzer Karimjee, Vijay Sood, Sharad Nakarja, Fayaz Latifi, Tomasz Kubicki, Vikram Gautam, Stuart Anslow, Dev Patel, Parvez Sultan, Colin Avis, David Lane, Kanai Brand, Marek Handzel and Dennis Potipako**

tercera fila: **Abdi Yassin, Hiral Chohan, Priya Shah, Paaras Tank, Lloyd Lewis, Lyndsey Sainsbury, Sonal Lakhman, Saphaa Simab, Gill Nightingale, David Westmore, Amir Massoumian, Vikram Bakshi, Qadir Marikar, Simon Courtenage and Richard Simon**

segunda fila: **Alex O'Neill, Joseph O'Neill, Mustafa Adam, Abhijay Sood, Ben Clarke, Joe Lewis, Sapwat Simab, Masoud Hamed, Milad Hamed, Josh McCormack, Avinish Bakshi, Anjali Bakshi and Zuhayr Chagar**

Front Row: **Anay Lakhia, Haajira Maxxamad, Amrit Lohia, Nikhil Chande, Mustafa Maxxamad, Charlotte Fox, Umar Marikar, Yassin Adam and Toby Calnan**

desaparecido: **Farhad Ahmad, Hershal Shah, Kate Barry, Jammal Yassin, James Barker, Krishan Singhal, Adnan Said, Mustafa Said, Danny Brown, Salahadin Mohamed, Ayomide Odunaiya and Adeoluwa Tokuta**

Notas Finales: Photo Album

álbum de fotos

En las próximas páginas se encuentran algunas fotos sobre la historia en taekwon-do del autor, muchas de las cuales nunca antes se habían publicado.

Entrenando en casa. *Circa 1991*

El autor ejecutando una patada descendente. *Circa 1992*

El autor compitiendo como cinta roja en la división de patrones. *Circa 1993*

El autor dando una demostración con su instructor, David Bryan. *Circa 1993*

Representando Taekwon-do en un evento de Kick-boxing. *Circa 1993*

Ch'ang Hon Taekwon-do Hae Sul
Aplicaciones reales de los patrones ITF

En una demostración. *Circa 1993*

Representando Taekwon-do otra véz en un ring the kick boxing. *Circa 1994*

David Bryan, VI – Dando una demostracion. *Circa 1994*

Twimyo Yop Cha Jirugi. *Circa 1994*

John O'Connor, David Bryan (instrucores del autor) con el autor. *Circa 1994*

Capítulo 17: En conclusión

John Pepper, uno de los primeros instructores de taekwon-do del autor. *Circa 1993*

John O'Connor y Stuart Anslow despues de pasar su exámen de 1er dan. *Circa 1994*

John O'Connor y Stuart Anslow entrenando como 1ros danes. *Circa 1994*

El autor ejecuta una patada de giro de talón con salto. *Circa 1994*

Derrick Clarke y Stuart Anslow. *Circa 1995*

El autor compitiendo en un torneo abierto. *Circa 1995*

Ch'ang Hon Taekwon-do Hae Sul
Aplicaciones reales de los patrones ITF

Patadas de piso. *Circa 1995*

El autor reciviendo una medalla off lau gar legend, Neville 'el diablo' Wray. *Circa 1995*

John O'Connor, Stuart Anslow and Derrick Clarke, en un torneo abierto. *Circa 1995*

El autor compitiendo en un torneo abierto. *Circa 1995*

Patada de costado voladora. *Circa 1995*

El autor con el fundador y leyenda del estilo libre de Karate, Alfie *'del animal'* Lewis. *Circa 1996*

Twimyo Doo Ap Cha Busigi. *Circa 1996*

Capítulo 17: En conclusión

División de combate de cintas negras. *Circa 1996*

El autor con el Maestro Mahai, 8vo dan, , Korean Taekwon-do Association (KTA). *Circa 1999*

Destrucción en el campeonato mundial, *2000*

Granmaestro Hee Il Cho presenta al autor con su medalla en el campeonato mundial, *2000*

Combatiendo en el campoenato mundial, *2000*

Combatiendo en el campoenato mundial, *2000*

Ch'ang Hon Taekwon-do Hae Sul
Aplicaciones reales de los patrones ITF

Gran maestro Cho 9no dan con el autor, John O'Connor and Rayners Lane students Kate Barry, Lyndsey Reynolds, Zoe y Toni Bennett. *2000*

Tomada durante una sesión de foto para el artículo *'Agarres para las patadas'* para la revista. *Circa 2000*

Los primeros días de Rayners Lane Taekwon-do Academy. Vikram Gautum (Derecha) como cinta roja *Circa 2000*

Tomada durante una sesión de fotos para revista el *artículo 'Agarres para patadas'*. *Circa 2000*

1er título del'Rey del cuadrilátero. *Circa 2001*

Capítulo 17: En conclusión

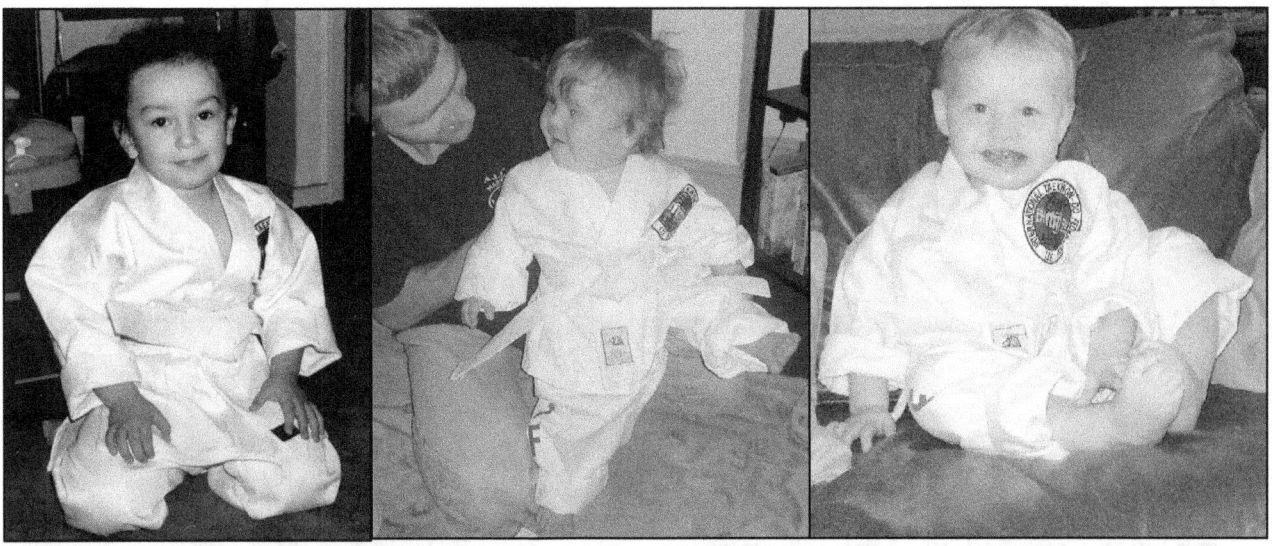

Chloe Anslow, edad 3, en dobok

Logan Anslow, edad 1½ practicando patadas frontales con su papa

Jorja Anslow, edad 1½, en dobok

El autor demostrando una patadas de costado voladora en una demostración. *Circa 2001*

El autor demostrando aplicaciones de patrón.. *Circa 2001*

El autor con Patrick McCarthy, VIII (entonces VI)
Taekwon-do Explosión 2002

Ataque descendente de canto de mano invertida atravéz de varias tejas. *Taekwon-do Explosión 2003*

Ch'ang Hon Taekwon-do Hae Sul
Aplicaciones reales de los patrones ITF

El autor (ejecutando patada) combate en el Taekwon-do Explosión, *2003*

El autor reciviendo su premio *'salon de la fama 2003'* de la revista Combat editor, Paul Clifton.

El autor con leyenda de Karate Unel Wellington. *Circa 2003*

El autor ejecutando una agarre de cuello. *Circa 2003*

El autor demuestra Yop Cha Jirugi. *Circa 2003*

El autor instruye técnicas de asfixia a la clase. *Circa 2003*

El autor instruye técnicas de tiradas a la clase. *Circa 2003*

Capítulo 17: En conclusión

El autor en la actividad "de piso a techo'. *Circa 2003*

Entrenando en el tope de St. Pauls Cathedrail durante una visita a Londres por Dave Melton, *2004*

El autor enseñando aplicaciones de patrones en el seminario IAOMAS, *2004*

Estudiantes de Rayners Lane Taekwon-do Academy con el Gran Maestro Cho, en el campeonato mundial, *2004*

Destrucción en el campeonato mundial, *2004*

El autor ejecutando patada de costado gemela voladora. *Circa 2005*

Ch'ang Hon Taekwon-do Hae Sul
Aplicaciones reales de los patrones ITF

Estudiantes de Rayners Lane Taekwon-do Academy demuestran las medallas que se llevaron luego del campeonato mundial en 2004

El autor con Mollie Samuals, 7 veces campeon mundial de karate..*2005*

Trabajo de piso. *Circa 2005*

El autor ejecutando en tarima en los premios logros juveniles, *2005*

El autor ejecutando patada de giro de talón con salto sobre la cabeza de su compañero en el East Coast Taekwondo Championships, Virginia USA – *Octubre 2005*

Capítulo 17: En conclusión

el buen amigo del autor, Lenny Ludlam, quién murió en noviembre, *2005*

Ataque descendente con el reverso canto de mano en East Coast Taekwondo Championships, Virginia USA – *Octubre 2005*

Una *divertida* llave de brazo con el Maestro White, VIII - *2005*

Equipado para tratar el combate estilo WTF, *2005*

Combate WTF con Dave Melton, *USA 2005*

'Rodando' con Dave Melton, *USA 2005*

Enseñando aplicaciones de taekwon-do en un club de Jung Shin Hapkido. *May 2006*

Ch'ang Hon Taekwon-do Hae Sul
Aplicaciones reales de los patrones ITF

Rayners Lane estudiantes con Jose Maidana VII, entrenador nacional ITF Argentina, *2005*

combate tradicional (con portección), *2006*

El autor despues de otras dos horas de sesión de fotos (lo cual es siempre seguido de una clase), *2006*

Riéndose explicando una aplicación, *2006*

En completo movimiento– *Taekwon-do Explosión, 2005*

Stuart y Gill en Stonehenge, *Mayo 2006*

Capítulo 17: En conclusión

Apéndice i
Técnicas de patrón de Taekwon-do
Cruz de guía de referencia

En las páginas siguientes he proporcionado una lista[56] de las técnicas encontradas en los patrones de cinta de color, de Chon-Ji a Choong-Moo incluyendo Saju Jirugi y Saju Makgi.

Puede ser utilizado como una referencia de técnicas y se denota cuando aparecen por primera vez y donde más aparecen. En general, si la misma técnica se realiza con una postura diferente no aparece como una técnica independiente a menos que cambie la aplicación considerablemente. Técnicas similares, tales como bloqueos de Palma por ejemplo, se han agrupado juntos para una fácil referencia.

Hay cuatro tablas:

1. **Técnicas de bloqueo** – todas las técnicas descritas como bloqueos.
2. **Técnicas de mano** – todos ataques realizados con las manos o el codo. Incluye agarres y soltadoras.
3. **Técnicas de patadas** – todas las técnicas descritas como patadas.
4. **Posiciones** – Todas las posiciones se detallan donde ellas aparecen por primera vez, aunque sólo las menos comunes se detallan en extra apariciones. Posición para caminar, posición de L y posición de jinete sólo se detallan y en los patrones de menor grado pues aparecen en cada patrón de ahí en adelante.

Leyenda
- # Denota posición lista o preparada
- x1 / x2 etc denota el numero en que aparece en el patrón
- *denota cuando (cual patrón) la técnica aparece por primera vez
- S/B S/M S/A denota baja, media o sección alta

---

[56] Estas gráficas fueron compiladas con la ayuda del asistente de la academia instructor, Vikram Gautam, III

Ch'ang Hon Taekwon-do Hae Sul
Aplicaciones reales de los patrones ITF

Técnicas de bloqueo

		Saju Jirugi	Saju Makgi	Chon-Ji	Dan-Gun	Do-San	Won-Hyo	Yul-Gok	Joong-Gun	Toi-Gye	Hwa-Rang	Choong-Moo
1	Bloque de antebrazo externo de L/S	x 6		x 4	x 2					x 3	2	2
2	Bloque de la mano de cuchillo de L/S		8 x *									
3	Bloque de antebrazo interno M/S		8 x *	x 4				x 2		x 2		1
4	M/S antebrazo protección bloque						2 x *		x 2			1
5	Bloque de protección de mano cuchillo M/S				2 x *	x 1	x 3		x 2	x 2	x 4	5
6	Doble bloqueo de antebrazo				2 x *			x 4			x 1	
7	Bloque Wedging H/S					2 x *						
8	Bloquear el levantamiento de antebrazo externo				x 4 *	x 2						1
9	Bloque circular						2 x *			x 4		
10	M/S Palm enganche bloque							x 4 *				
11	Bloque de la mano de cuchillo de doble							2 x *				x 1
12	Bloque lateral de antebrazo externo H/S					x 4 *		x 2				
13	Bloque de antebrazo doble H/S							2 x *	x 2	x 2		1
14	Inversa mano de cuchillo media cuadra								2 x *			
15	Bloque hacia arriba de la palma								2 x *			
16	Bloque prensado de Palma								2 x *			
17	Bloque de empuje de la palma										x 1 *	
18	Bloque ascendente doble palma											1
19	Bloque en forma de U									2 x *		1
20	Bloque X puño ascendente									x 1 *		
21	X puño presionando bloquear									2	x 1	
22	X bloque de control de la mano de cuchillo											1
23	Bloque W									6 x *		
24	L/S cuchillo mano protección bloque									2 x *		
25	Bloque de empuje del antebrazo doble L/S									x 1 *		
26	Bloque interno externo del antebrazo											1

Notas Finales: Apéndice i

Técnicas de mano

		Saju Jirugi	Saju Makgi	Chon-Ji	Dan-Gun	Do-San	Won-Hyo	Yul-Gok	Joong-Gun	Toi-Gye	Hwa-Rang	Choong-Moo
1	Anverso M/S para golpe de puño	8 x *		x 11				x 3		x 1	x 4	
2	Golpe doble					2 x *		x 4		x 1	x 1	
3	Invertir Mid Punch de sección					x 4 *	x 2	x 2			x 3	x 1
4	Sacador de reversa H/S								2 x *			
5	H/S para golpe de puño				8 x *							
6	Mid Punch en postura de L						x 4 *		x 2			
7	Cuchillo mano lado huelga				2 x *	x 2					x 1	
8	Huelga de la mano de cuchillo hacia adentro						x 4 *					x 1
9	Empuje de la yema del dedo recto					x 1 *	x 1	x 2			x 1	x 1
10	Técnica de liberación					x 1 *			x 1			
11	Golpe de puño trasero					2 x *	2 x *	x 1	x 2		x 3	x 2
12	Huelga codo delantero								2 x *			
13	Huelga codo ascendente								2 x *			
14	Puño Vertical doble								x 1 *	x 1		
15	Doble malestar Punch								x 1 *			
16	Sacador de ángulo								x 1 *			
17	Malestar de empuje de la yema del dedo									x 2		x 1
18	Lado doble codo empuje									x 1 *		
19	Gancho agarrador de la cabeza									x 1 *		x 1
20	Empuje de la yema del dedo plano									2 x *		x 1
21	Golpe hacia arriba										x 1 *	
22	Golpe de lado (en la postura de L)										x 1 *	
23	Huelga hacia abajo de la mano de cuchillo										x 1 *	
24	Gancho agarrador de brazo										x 1 *	
25	Parte posterior del codo huelga/ empuje										x 1 *	
26	Bloque de doble sección media/baja										2 x *	
27	Huelga de la mano de cuchillo inverso											x 1

Leyenda

- # Denota posición lista o preparada
- x1 / x2 etc denota el numero en que aparece en el patrón
- *denota cuando (cual patrón) la técnica aparece por primera vez
- S/B S/M S/A denota baja, media o sección alta

Ch'ang Hon Taekwon-do Hae Sul
Aplicaciones reales de los patrones ITF

Técnicas de patadas

		Saju Jirugi	Saju Makgi	Chon-Ji	Dan-Gun	Do-San	Won-Hyo	Yul-Gok	Joong-Gun	Toi-Gye	Hwa-Rang	Choong-Moo
1	Retroceso rápido delantero					2 x *	x 2	x 2	x 2	x 3		
2	Patada lateral de perforación					2 x *	x 2	x 2			x 1	x 3
3	Patada de rodilla									x 1 *		x 1
4	Patada de giro										2 x *	x 2
5	Patada voladora de lado											x 1
6	Nuevo Piercing Kick											x 1

Posturas

		Saju Jirugi	Saju Makgi	Chon-Ji	Dan-Gun	Do-San	Won-Hyo	Yul-Gok	Joong-Gun	Toi-Gye	Hwa-Rang	Choong-Moo
1	Postura listo paralelo	#1 *	#1 *	#1	#1	#1		#1				#1
2	Cerrada postura listo 'A'						#1 *					
3	Cerrada postura listo 'B'								#1 *	#1 *		
4	Cerrada postura listo 'C'										#1 *	
5	Poca actitud	*	*									
6	Postura de L			*	*							
7	Postura sentado					2 x *		x 2				
8	Flexión postura listo 'A'						2 x *	x 2				x 1
9	X postura							x 1 *		x 1		
10	Posición fija						x 4 *				x 1	x 1
11	Postura de pie trasero								2 x *			
12	Postura baja								2 x *			
13	Postura cerrada								x 1 *	x 2	x 1	
14	Posición vertical										x 1 *	

Leyenda

- # Denota posición lista o preparada
- x1 / x2 etc denota el numero en que aparece en el patrón
- *denota cuando (cual patrón) la técnica aparece por primera vez
- S/B S/M S/A denota baja, media o sección alta

Capítulo 17: En conclusión

Apéndice ii
Guía de referencia de patrones/Kata

Abajo hay una lista de los 24 patrones de Hon Ch'ang de Taekwon-do con referencia a Shotokan Katas y en qué grado aparecen.

Grado	Archipiélago Hon patrón	Shotokan Kata
10th Kup / Kyu	Saju Jirugi y Saju Makgi	Conceptos básicos (Kihon Kata) *
9th Kup / Kyu	Chon-Ji	Heian Shodan[2]
8th Kup / Kyu	Dan-Gun	Heian Nidan[57]
7th Kup / Kyu	-San	Heian Sandan[57]
6th Kup / Kyu	Won-Hyo	Heian Yondan[57]
5th Kup / Kyu	Yul-Gok	Heian Godan[57]
4th Kup / Kyu	Joong-Gun	Tekki Shodan[57]
3 Kup rd / Kyu	Toi-Gye	Bassai Dai[57]
2nd Kup / Kyu	Hwa Rang	Jion[57] / Kanku Dai[57]
1st Kup / Kyu	Choong-Moo	Empi[57] / Hangetsu[57]
1st grado / Dan	GE-Baek, Po-Eun, Kwang-Gae	Bassai Sho / Jitte[57]
2nd grado / Dan	EUI-Am, Choong-Jang, Juche **	Nijushiho / Kanku Sho / Tekki Nidan[57]
3 grado de rd / Dan	Yoo-Sin, Sam-Il, Choi-Yong	Ver notas a continuación

Hay un kata llamado "Taikyoku Shodan" que se considera muy básico y a veces se imparte en 10th nivel Kyu.

**Juche reemplazar patrón Kodang*

En Shotokan Karate, de 3er Dan adelante el estudiante aprende todas o la mayoría de las katas siguiente: Chinte, Ji´on, Shochin, Unsu, Naihanchi Dai y Gojushiho Sho. También hay una kata de grado Dan llamado 'Gangkaku' que a menudo no se enseña y otra llamada "Meikyo" aún menos se enseña. Algunas escuelas enseñan diferentes katas en diversos grados, dependiendo de su asociación.

Como nota adicional, en Shotokan, 4th dans o niveles de negra son generalmente a través de experiencia y 5th dan y por encima son nombrados por las asociaciones, mientras que en Taekwon-do un nivel de 4to debe saber Ul-Ji, Moon-Moo y Yong-Gae, un 5to nivel o dan debe saber Se-Jong y So-San y un nivel 6 deben saber el patrón final, Tong-Il. En Taekwon-do, 7mo, 8vo y 9no son grados sólo honoríficos, designados por dedicación al arte.

---

[57] Kata aprendida por el General Choi y detallada en su libro del 1965 'Taekwon-do' vea próximo apéndice para futuros análisis

Ch'ang Hon Taekwon-do Hae Sul
Aplicaciones reales de los patrones ITF

Apéndice iii
Análisis de Kata

General Choi aprendido y observado estos katas en su libro de 1965 "*Taekwon-do*`

Nombre de La Kata	Los detalles y notas del libro de 1965
Hei-an	En el libro de 1965, éstos se dividen en Hei-an I, Hei-an II Hei-an V – hay 5 Heian Katas en el Shotokan original.
Bat-Sai	Por referencia cruzada el texto del libro de 1965 con diseños del patrón de Shotokan, esto es en referencia a Bassai Dai (no Bassai Sho), dado a que el número de movimientos y el texto igualan a Bassai Dai.
En-Bi	Al parecer, esto es en referencia a la kata Empi. Aunque se ha interpretado las listas de libro de 1965 un movimiento menos que la kata presentada, parece que esto es debido a los movimientos de forma secuenciales al interpretarse.
Ro-Hai	Esto fue extraño, como el kata que Rohai es del sistema de Karate Wado-Ryu. En otras investigaciones encontré que es lo mismo que el Shotokan kata Meikyo. Sin embargo, en el libro del General Choi los movimientos enlistados para Ro-Hai encajan la kata de Shotokan Gangaku, no Meikyo. ¿Por qué? No sé, basta con decir, el sistema de Wado Ryu de Karate fue desarrollado por Hironori Ohtsuka (1892-1982) y fue un sistema separatista del Shotokan, como Hironori Ohtsuka aprendía directamente de Funakoshi originalmente.
Kouh-Shang-Kouh	Esto es realmente el kata Kanku-Dai (a diferencia de Kanku-Sho). Los movimientos (y el número de movimientos) coinciden exactamente.
Tet-Ki	Esta se divide en Tet-Ki I, Tet-Ki II y III de Tet-Ki y se refiere a katas Tekki Nidan, Tekki Sandan y Tekki Shodan.
Jit-Te	Esto es sin duda la kata Jitte, aunque el libro de 1965 enumera sólo 24 movimientos y las imágenes de la kata que tengo muestran 26, aunque parece que esto es otra vez debido a cómo secuencias de movimientos han sido interpretados.
Han-Getsu	Esta es definitivamente la kata Hangetsu. Los movimientos (y el número de ellos) coinciden exactamente.
Ji-on	Esto definitivamente es Jion Kata, aunque se ha interpretado en la lista del libro de 1965 un movimiento más que el diseño de kata tengo, parece que esto es debido a la interpretación en los movimientos secuenciales de la forma.

Capítulo 17: En conclusión

Apéndice iv
Referencia de Puntos de Presión

En las páginas siguientes son una lista de puntos vitales y puntos de presión contemplados en este libro. Como se mencionó, los aprendí no con nombres en específico, excepto tal vez una versión de tipo inglés como "side of the neck" *(lado del cuello)* de la arteria carótida, etc... Hablé con el experto en punto de presión Prof. Rick Clark[58] sobre esto y él lo denomina el *"sólo pega aquí"* punto de vista; y dijo que le gusta más bien el punto de vista SPA (sólo pega aquí), pues la acupuntura puede dar una oportunidad de hablar acerca de la mayor parte aunque algunos de lo que utilizamos no son muy en consonancia con los puntos de acupuntura - así que tenemos que decir *'cerca de pulmón 5'* o similar.

Sensei Clark demostrando aplicaciones de puntos de presión en la Academia Rayners Lane, Mayo 2003

Cabe señalar que los equivalentes Coreanos se encuentran en el libro del General Choi de 1965 de 'Taekwon-do' como puntos vitales y que los puntos MCT (medicina china tradicional) son simplemente la referencia de punto de presión más cercano al punto vital del área, así que pueden o pueden no haber sido efectivamente el punto original previsto. Los puntos se hacen referencia en el libro en dos diagramas de contorno del cuerpo humano y no son del todo claro con el fin de ser totalmente específicos para localizar un punto de presión real. También he incluido los puntos SPA (sólo pega aquí) que me enseñaron. He incluido los que yo llamaría *"puntos de presión"*, aunque Sensei Clark siente que no hay diferencias entre los puntos vitales y puntos de presión y piensa que no importa como los llames, son puntos débiles que se atacan, sin importar el tamaño o de qué genética sean.

Además, esta lista es para referencia solamente, el entrenamiento o ataques de puntos de presión deberán realizarse solamente bajo supervisión adecuada por un instructor con experiencia en esta área. Máxima moderación debe usarse en todo momento. Al practicar, aplicar sólo 5 a 10% de la energía en todo momento. Nunca golpee o manipule dos puntos de presión al mismo tiempo, ya que esto puede ser muy peligroso con efectos potencialmente catastróficos. Tenga en cuenta que sobre el uso de puntos de presión puede tener efectos sobre la condición natural del cuerpo. Por ejemplo *'pulmón'* puntos de presión puede afectar la respiración y el sistema respiratorio, *'corazón'* puntos de presión hablan por sí solos etc... La conclusión es, no tocar lo que no conoces! Ciertos puntos (como Triple calentador 23 - TC23 y vejiga 15 - V15) nunca deben ser atacados en lo absoluto!

Muchas gracias a Sensei Clark para darle un vistazo por encima a mis cartas, y hacer algunas enmiendas y agregar las notas en las cartas para hacer que los puntos sean más fácil de localizar.

---

[58] Sensei Rick Clark es el fundador del sistema de combate Ao Denkou Kitsu y un experto en puntos de presión y sus aplicaciones. Ha entrenado en Ryukyu kempo (8vo dan), chung Do kwan Taekwon-do (7th dan), ju-jitsu, juso, modern arnis y hapkido. http://www.ao-denkou-kai.org

Ch'ang Hon Taekwon-do Hae Sul
Aplicaciones reales de los patrones ITF

Descripción del libro	Inglés	Coreano	TCM
Sien	Temple	Kwanjanori	Triple calentador 23
Lado del cuello	Carotid Artery	Moktongmaek	Intestino delgado 16
Surco nasolabial	Philtrum	Injung	Vena principal 23
Quijada #1	Jaw/Point of Chin	T'ŏk	Conducto ó Vena 24 sería el mas aproximado (pero todavía esta distante)
Quijada #2/3	Side of jaw	T'OK	Lado de la mandíbula: bazo 5 Base de la mandíbula (el punto justo debajo de la oreja y la mandíbula): Triple calentador 17
Punto en el antebrazo, cerca del codo	Radial nerve		Pulmón 5 o 6 de pulmón
Punto en el antebrazo, cerca de la muñeca	Del diagrama en libro del Gen. Choi es imposible decir cuál punto el general Choi esta designando.	Sonmok	Hay 3 puntos cerca de la muñeca 5 del intestino grueso, Triple calentador 5/6 y 6 de intestino *La colocación del pulgar da una pista sobre qué meridiano sería. Tendría que ser el intestino (a lo largo de la línea del pulgar), calentador triple (parte media del brazo) y el intestino (en el lado del dedo meñique de la mano). Utilizo un punto justo arriba de LI 5, cerca de 1/2 pulgada y antes de llegar a LI 6 y un punto de cerca SI 6*
Interior del bíceps		Punto que no se muestra en el libro	Pulmón 3
Exterior del bíceps		Punto que no se muestra en el libro	Intestino grueso 14
Axila	Armpit	Kyŏdŭrang	Meridiano de corazón 1
Articulación del codo	Elbow joint *Este punto aparece ser situado "en el aspecto posterior de la articulación cubital, en una depresión entre el olecranon del cúbito y Punta del epicóndilo medial del húmero" p. 134 "un esquema de acupuntura China"* *La Academia de medicina tradicional China, prensa de los idiomas extranjeros: Pekín (1975)*	P'almok Kwanjŏl	Intestino delgado 8 *Hay 6 diferentes meridianos en el brazo - 3 en el interior del brazo y 3 en el exterior (parte posterior del brazo) el pulmón está en el interior del brazo a lo largo del hueso radial. Si nos fijamos en la gráfica se puede ver que el punto es en el codo en el exterior (de nuevo) del brazo - debido a la colocación del pulgar. Si el brazo hubiera convertido el pulgar estaría en una posición diferente y luego "podría" han dicho que podría ser un punto de pulmón. Pero porque esté el pulgar y la colocación del "punto" creo que sería intestino 8*

Notas Finales: Apéndice iv

Descripción del libro	Inglés	Coreano	TCM
Costillas flotantes	Floating ribs	Hyŏppok	(Muy probablemente) Bazo 16
Ingle	Groin	Nangsim	Normalmente no se da un número o nombre en acupuntura
Testículos	Testicules		Normalmente no se da un número o nombre en acupuntura.
Interior del muslo	Inside thigh	Ch'ibu	Hígado 9
Exterior del muslo	Outside thigh	Punto que no se muestra en el libro	Vesícula 31 o 32
Parte superior del pie	Instep	Palttŭng	Hígado 3

Como referencia final, en el libro de 1965 del General Choi "Taekwon-Do" (empresa de publicación Daeha: Seúl, Corea del sur) en las páginas 34 y 35 hace referencia a 35 puntos vitales (Kupso), representados por dos figuras de contorno del cuerpo humano, aunque menciona 54 en lo que respecta al Taekwon-do. Estos puntos aparecen en inglés y coreano. La lista completa de 35 es la siguiente:

No	Inglés (Español)	Coreano
1	Skull (Cráneo)	Taesinum
2	Bridge of Nose (Puente de la nariz)	Migan
3	Eyelid (Párpado)	Angŏm
4	Eyes (Ojos)	Anbu
5	Philtrum (Surco nasolabial)	Injung
6	Neck artery (Arteria del cuello)	Moktongmaek
7	Point of chin (Punto de barbilla)	T'ŏk
8	Clavicle (Clavícula)	Soegol Sang'wa
9	Adam's Apple (Manzana de Adán)	Kyŏlhu
10	Windpipe (Tráquea)	Sumt'ong
11	Chest (Pecho)	Kasŭm
12	Wrist (Muñeca)	Sonmok
13	Solar plexus (Plexo solar)	Myŏngch'i
14	Ribs (Costillas)	Chŏnggwŏng
15	Elbow joints (Articulaciones de los Codos)	P'almok Kwangjŏl
16	Floating ribs (Costillas flotantes)	Hyŏppok
17	Abdomen (Abdomen)	Habokpu
18	Groin (Ingle)	Nangsim
19	Inner Thighs (Interior de los muslos)	Ch'ibu

Ch'ang Hon Taekwon-do Hae Sul
Aplicaciones reales de los patrones ITF

No	Inglés (Español)	Coreano
20	Shins (Espinillas)	Kyŏnggol
21	Insteps (Plantillas ortopédicas)	Palttŭng
22	Temple (Sien)	Kwanjanori
23	Ear points (Puntos del oído)	Huibu
24	Jaw (Quijada)	Polttagwi
25	Upper neck (Parte superior del cuello)	Witmok
26	Upper back (Espalda alta)	Kyŏn Kap
27	Armpits (Axilas)	Kyŏdŭrang
28	Small back (Pequeña parte posterior)	Kyŏng ch'u
29	Kidney (Riñón)	K'ongp'en
30	Inner wrist (Muñeca interna)	Ansonmok
31	Coccyx (Coxis)	Mijŏbu
32	Hollow of knee (Hueco de la rodilla)	Ogŭm
33	Leg joint (Articulación de la pierna)	Murŭp Kwanjŏl
34	Calf (pantorrilla)	Changttanji
35	Heel achilles (Talón de aquíles)	Twitch'uk Yukchŏm

Capítulo 17: En conclusión

Apéndice v
¿Qué es *Ki*?
(En términos generales)
Por Yi Yun Wook, IV

Ki en japonés. *Gi* en coreano, *Chi* (o *qi*) en chino proviene de una pronunciación diferente de leer el carácter símbolo chino: 氣 significando el espacio que lo rodea a usted o el aire. El carácter chino para *ki* se traduce aproximadamente como "aire" o "el aire circundante que nos rodea en el espacio", también se traduce como "energía". Cultura occidental, a menudo se traduce "*ki*" a la "fuerza de la energía" como en las galaxias de Spielberg. (Para disminuir la confusión de intercambiar los términos *ki*, *gi*, *chi* o *qi*, se utilizará el término "*ki*" a lo largo de este artículo).

Ki es la energía vital que fluye en tu cuerpo y otras criaturas vivientes (y a veces en elementos como el metal que pueden conducir su *ki*). Esta energía vital, el *ki* puede venir a su cuerpo, permanecer en su cuerpo y también ser transferido de su cuerpo. El *ki* se aprovecha de los alimentos que usted come, de la fuente de energía en el aire que te rodea y de los seres vivos, incluyendo a otras personas. Una vez dominado, fluye en tu cuerpo vía "grandes canales" y a través de una red de sucursales de canales más pequeñas hacia cada parte del cuerpo.

Es una fuerza que mantiene y protege su cuerpo físicamente y espiritualmente (no la espiritualidad religiosa, pero más como *l'esprit de corps*-la preparación de la mente). En palabras simples, *ki* es la fuerza detrás de la vida.

¿Lo sabemos?

En el Éste, hay una actitud indiferente sobre *ki*: por lo que existe, siempre está ahí, lo utilizamos, vivimos en él, ¿cuál es el problema? El pensamiento oriental es que todo está interconectado, *ki* del hombre y la naturaleza es natural, por lo tanto *ki* es siempre una parte de nosotros.

Chinos, japoneses, coreanos y otras culturas asiáticas toman *ki* como parte de la vida cotidiana. Por ejemplo, en Corea se utilizan las siguientes expresiones en conversaciones cotidianas:

"*ki gah mahk hyuh*" utilizado cuando se enfrentan con situaciones irrazonables o cuando totalmente asombrado. Esto se traduce como, por ejemplo, "estas interrumpiendo mi *ki* e incapacitandome".

"*ki reul joo gyuh*" utilizado cuando se enfrentan con la completa supresión de hacer algo. Esto se traduce en "se está matando mi flujo de la energía *ki* completamente, negando mi "*raison d' être*".

"*ki gah sahl aht dah*" al enterarse de una sorprendente buena noticia o cuando se recuperó de un accidente o enfermedad. Significa "mi *ki* ha sido revivido".

Otras expresiones similares también existen en chino y japonés.

En cambio, en el Oeste, hombre y naturaleza están separados. Este concepto de separación es probablemente el por qué el *ki* sigue siendo un místico asiático en la cultura occidental.

¿La ves?

Pocas personas, con entrenamiento o ninguna formación han elevado sus sentidos de *ki*. Pueden ver auras (supuestamente iguales a los niveles de energía de *ki*) alrededor de la cabeza o cuerpos de personas y su propio *ki*. O cuando tienen un arma como una lanza, varas o una espada, el aura se extiende al arma. La energía resultante de *ki* aparece supuestamente por el poder físico que se encuentra a menudo en demostraciones de artes marciales. Pero esto no está probado científicamente.

¿Pueden sentirlo?

Algunas personas consideran *ki* como "sexto sentido", pero las personas que practican el *ki* afirman que usted puede experimentar físicamente *ki* de muchas maneras. Una manera de sentir es cerrar los ojos, y haga que la mano de alguien pase cerca de su oído. Lo sentirías sin que la persona realmente te toque la oreja. Es la detección de su *ki*. Cuando correctamente "sintonizado", uno puede aumentar la sensibilidad y sentir a alguien a distancia o sentir el entorno sin contacto visual. Algunos sienten el *ki* de otras entidades vivientes y cuando cerca de vecindad, las emociones también. Otros afirman sentir las emociones de los demás por tacto solamente sin ver las expresiones faciales. Innumerables historias de espadachines en China, Japón y Corea hablan del héroe espadachín que detectaba mal *ki* siendo asesinos en un campo abierto o taberna cerradas.

¿Cómo se usa en artes marciales?

Hay un interno *ki* y un externo *ki*. Interno *ki* lo mantiene usted mismo y su cuerpo con *"dan jun"* (un área por debajo de su ombligo) como el centro del cuerpo. *Ki externo* está pasando en su *ki* interior otros para aumentar de nivel de energía similar a un recargador de batería de coche débil. La cura es alcanzada a través de "puntos de recepción" en todo el cuerpo humano. Estos son puntos donde su *ki* se conecta a la persona que recibe su *ki*. Los puntos son llamados de diferentes formas: acupuntura; puntos de acupresión; puntos de acupuntura; puntos de presión; puntos del meridiano, *kyusho*, etc.. Estos son los puntos en los caminos del *ki* en el cuerpo directamente conectado a los canales más importantes de la vida del cuerpo, que incluye los órganos y su conciencia.

Dependiendo del nivel de transferencia de su *ki* y su mente, puede infligir dolor o dañar a una persona a través de estos puntos. Artistas marciales entrenados utilizaran este conocimiento para inmovilizar al oponente aplicando *ki* a un único o múltiples puntos. O incluso sentido la intención del oponente moviéndose antes de que él o ella ataca.

¿Comprensión de ki viene a usted?

Yo sólo puedo hablar de mi experiencia personal. Ha sido sólo en los últimos 3-5 años después de 30 años de entrenamiento TKD. Ha habido muchos ejercicios de respiración y ejercicios de *ki* que me enseñaron en TKD hace muchos años. Entonces un día, empecé a sentir el *ki* al ejecutar mis movimientos. Comencé a sentir el "poder" mediante la combinación de ciertas posturas y movimientos junto con una cierta mentalidad. No puedo describir esto verbalmente, es algo que se siente con su conciencia.

Para mí, comencé a ver "auras" alrededor de los cuerpos humanos como borrosas luces en su contorno. Empecé frotándome los ojos incrédulos la primera vez. Los tamaños de "auras" variados por las personas, independientemente de su tamaño de cuerpo. Algunos estaban rodeados de auras más grandes que otros y algunos no tenían alguna.

Cuando en el combate pude sentir más ki en mi cuerpo en ambos absorbiendo los ataques y técnicas de ejecución. Cuando llegué en contacto físico (incluso con el más mínimo toque de dedo) con personas que tienen líneas de contorno más grandes alrededor de su cuerpo, podía sentir su energía y a veces sus emociones. Cuando conduzco por debajo de un árbol con mis ventanas del coche cerradas pude sentir la brisa "revoloteando". Al principio, pensé que estaba perdiendo mi cordura. Sólo después de hablar con viejos maestros de *ki* GMs y chinos, me di cuenta que era *ki*. Yo había desarrollado la conciencia del *ki* como un descubrimiento personal. Estaba allí todo el tiempo. Pero estoy todavía afinándolo en el aprendizaje. Hay mucho más para aprender.

Nota final: los peligros de *ki* en seminarios de aprendizaje

Maestros asiáticos desaprueban la enseñanza de *ki* a los estudiantes con un conocimiento mínimo de *ki*. Enseñar a los demás por sólo fines de lucro con pocas horas de seminarios, cintas y DVD. Tarda más de un día para entender lo que está sucediendo y el aprendizaje continuo a lo largo de su vida es una necesidad. Enseñándolo y usándolo como una fuente de beneficio con algo que apenas entiendes no son los principios de enseñanza para un *ki* positivo en lo absoluto. Por todos los medios, los seminarios serían beneficiosos como punto de partida en la comprensión *ki*.

Verdaderos maestros chinos de *qigong* (*ki*) al pasar sus técnicas tienen un acuerdo con sus estudiantes a no usar o enseñar técnicas de *ki* con fines de lucro. Enseñanza "*ki*" de beneficio es muy estigmatizado y se consideraba que la "sinceridad del *ki*" se pierde en manos del "beneficiario". También es un aspecto de la razón por la cual *ki* tiene su místico. Maestros reales de *ki* rara vez se revelan o hablan de ello.

Hoy en día instructores pueden enseñar los aspectos superficiales del *ki* (donde que ataques son eficaces) con tarifas exorbitantes seminario con fines de lucro. Pero no serían capaces de decirle lo que los caracteres chinos para cada medio punto y cómo se relacionan entre sí. Comprensión del chino interpreta cada uno de los 300+ puntos y conduce a una comprensión más amplia de los puntos. El legado de *ki* sólo puede encontrarse sólo en la comprensión de los caracteres chinos de cada punto de presión, y cómo se conectan al flujo de *ki*. Los caracteres chinos de nombres de cada punto de acupresión indican no sólo lo que cada punto hace al flujo total, sino también la función de los puntos de presión. La etimología de los nombres y el carácter chino son la clave para la comprensión verdadera del *ki* y su interconexión con el cuadro entero de *ki*. Cierto individuo con total comprensión del ki siempre intentará aprovechar el buen *ki*. Gente que realmente sabe *ki*, no le enseñará con fines de lucro. Para entender el *ki*, uno debe comprender toda la imagen de la fuente, uso, aprovechamiento y el nivel del *ki* de la persona haciendo los ataques controlados o curación. La sinceridad de la persona haciendo *ki* también es importante.

Muchos estudiantes después de aprender algún aspecto del "*ki*" en cursos de arreglo rápido comienzan a ofrecerse a los demás o usarla imprudentemente para intimidar a otros. Egos y "*ki*" han sido siempre contraponentes mutuamente. Egos + *ki* no es una buena combinación. También hay una línea muy fina entre el ego y el beneficio. Sólo estoy señalando falacias de aprendizaje de mal *ki*. Si uno fuera a perseguir más lejos en la comprensión del *ki*, que es harina de otro costal.

¿Qué es ignorado en los seminarios de "ki".

Puede ser vago, pero hay más a *ki*. Lo más importante es la comprensión global. Los qué enseñan de uno o dos seminarios de enseñanza de *ki* empiezan con mal pie. Es más como se enseña a convertirse en un jugador de bueno de fútbol en pocas horas a algunas personas que no han experimentado los juegos. Algunas técnicas podrían funcionar, pero no contempla el aspecto entero del balompié. Usted tiene que alcanzar una cierta experiencia de entrenamiento con su propio cuerpo antes de que se pueden aplicar los consejos y las técnicas. También tienes que entender el significado en chino para cada punto de acupresión explicando la función, ubicación y el efecto del ataque. Tienes que seguir aprendiendo.

Ch'ang Hon Taekwon-do Hae Sul
Aplicaciones reales de los patrones ITF

Apéndice vi
Patrones: *¡Decir las cosas como son!*
La onda senoidal

Por Stuart Anslow (entonces) III
Publicado en Taekwon-do y Artes Marciales Coreanas Magazine, marzo de 2001[59]

Recientemente he asistido a un evento que me mostró una masa de patrones 'sine wave', que a su vez me impulsó a escribir este artículo.

¡Muchos estudiantes simplemente no entienden la importancia de la práctica del patrón, o por qué lo hacen, su propósito o para qué las técnicas son! General Choi establece en su manual, en la sección "*Información esencial*" con respecto a los patrones, que:

> **7. Los estudiantes deben saber el propósito de cada movimiento.**
> **8. Los estudiantes deben realizar cada movimiento con realismo.**

¡Este artículo no es para discutir técnicas individuales contenidas dentro de los patrones (no 7), aunque algunas podrían serlo dentro del contexto de este artículo, sólo a que ilumine a algunos estudiantes el ' por qué practicamos patrones'! ¡Sin embargo, el total, en general, la práctica de patrones fallan en el no.8: los estudiantes deben realizar cada movimiento con realismo y, por tanto, su patrón, que por supuesto contiene cada movimiento!

En esta nueva era de tres grupos principales de la ITF y muchos más independientes escuelas Taekwon-do Chang-Hon siendo tres las principales variaciones en los tuls ITF (cuando me refiero a la ITF no me refiero a ninguna organización, sino al estilo de Taekwon-do, es decir, Ch'ang-hon, que sobre todo se conoce como "Estilo ITF" siendo el término correcto o no).

Estas tres principales variaciones pueden considerarse:

1. Muy viejo, casi el rendimiento del tipo Karate – enfatizar un montón de giro de cadera, girando los hombros y sin movimientos de rodilla o movimiento sinusoidal

2. Original, enfatizando tanto giro de cadera y flexión de la rodilla, pero no ondas sinusoidales como tal.

3. Nuevo, destacando poca o ningún giro de cadera o flexión de rodilla y un montón de onda sinusoidal (¡como ahora se enseña!)

Primero, permítanme aclarar por qué me refiero a lo anterior como muy viejas, nuevas y originales.

Me refiero a los muy viejos como '*muy viejo* ' como siento estos patrones fueron estilizados mientras Taekwon-do todavía no encontraba su identidad y así conservando muchas influencias del Karate (que no es algo malo por cierto), pero en términos de Taekwon-do son viejos, la Fundación se puede decir, pero todavía necesitaba más pruebas, estudio y desarrollo.

Me refiero al original, como '*original'*, como eran versiones <u>refinadas</u> de la '*muy viejo'*, utilizando el giro de cadera aun, pero también con resorte de rodilla etc... Movimientos eran ahora más fluido

---

[59] Aunque este artículo reside exactamente como fue primeramente publicado, las fotos han sido re-tomadas para este libro

Notas Finales: Apéndice vi

y se espera que los estudiantes mantengan un movimiento rítmico en el rendimiento de su patrón. Esto es donde creo que Taekwon-do encuentra su verdadera identidad.

Me refiero al nuevo como nuevo como contrario a lo que muchos creen, la onda sinusoide o movimiento de ola sólo ha sido 'forzada' dentro del Taekwon-do en los últimos 5 años más o menos (tal vez menos que eso), tal vez más en otros países pero no en el Reino Unido. Así los patrones con movimiento de ola son una forma relativamente nueva de rendimiento.

¿Por lo tanto cual debe practicarse? ¡Bueno esto es una pregunta que sólo los instructores pueden responder, en cuanto a un estudiante que tiene que seguir su instructor, o un instructor que tiene que seguir su asociación según lo que ellos quieran!

Cuando yo o mis alumnos hemos hablado con otros estudiantes de otras escuelas sobre práctica de patrones a menudo escuchará a los estudiantes que dicen que la práctica de patrones es para equilibrio, balance, desplazamiento, suavidad, para desarrollar un movimiento rítmico, que permiten practicar técnicas peligrosas sin causar lesión etc., del cuerpo

Mientras que todo lo anterior puede ser cierto; son todos los beneficios de la práctica de patrones, no son la razón principal para la práctica del patrón; son beneficiarios adicionales de práctica del patrón.

En la Enciclopedia volumen 1 del General Choi, bajo la sección encabezada por nombre *'patrones'* (p.154), General Choi estipula *'patrones son varios movimientos fundamentales, la mayoría de los cuales representan técnicas de ataque o defensa, en una secuencia lógica o predeterminada'*. Más adelante luego menciona los otros beneficios de la práctica de patrones es decir, equilibrio, posturas etc... Por lo que debe tenerse en cuenta que antes de los beneficios adicionales, se indica que los patrones representan técnicas de defensa personal, establecidas lógicamente para facilitar la práctica a los estudiantes.

Si miramos en la declaración anterior y tomamos la información esencial de la no.8 sobre los patrones, que nosotros debemos practicar con realismo, entonces estos pocos hechos vienen a la vista:

1. Para ser realistas, una técnica tiene que ser rápida, una técnica lenta simplemente no funcionará en el 99% de los casos (entre los bloqueos y ataques)
2. Para ser realista una técnica debe dirigirse hacia (preferentemente un punto vital o punto de presión)
3. Para ser realistas una técnica tiene que ser potente
4. Para ser realistas una técnica debe ser instintiva (especialmente en relación con bloqueos)

Así que ahora nos metemos en la zona controvertida de la onda sinusoide. Como nota de interés sinusoidal fue presentado en un seminario en Derby por el General en 1983, pero sólo fue mencionado y no forzado tan enérgicamente como lo hacen ahora. Por lo que en realidad ha estado alrededor del Taekwon-do ITF por más de 20 años, pero mi instructor, ni el, ni yo fuimos advertido para realizar los patrones cómo se llevan a cabo ahora con la onda u ola, pero sobre esto más adelante.

En las manual tres ondas (de mociones /de movimiento) se dan espacio igual; onda sinuosa, onda horizontal y onda_dentada[60] (¿Cuándo fue la última vez que has practicado esto?). La onda horizontal es un movimiento de línea recta; la onda dentada es una escalera arriba y abajo del

---

[60] véa appendium

movimiento y la onda sinuosa se representa como un ligero arriba y abajo del movimiento en una curva, que fluye suavemente desde una posición a otra, como en el diagrama A a continuación (vol. 4, p.203)

diagrama 1

Así que usted básicamente aumentaría su cuerpo ligeramente cuando avanza y cuando entre en la postura. Es una transición suave de una técnica/postura a la siguiente. Pero he visto la onda sinuosa que se realiza hoy tan pesadamente cayendo primero, y luego levantando finalmente siguiendo la final de (más larga), curva hacia abajo a la técnica, haciendo lo que los estudiantes llaman ola pareciéndose a algo como esto (aunque no soy ningún artista):

diagrama 2

Ahora compara eso con la versión anterior (Figura 2). ¡Parece lejos de ser un flujo suave! De hecho es más parecido a la onda dentada que la onda sinuosa como describe el General Choi, también hay que señalar que el General Choi dijo en la misma página que "A la postura (sinusoidal) es el único movimiento utilizado en Taekwon-do". ¡Además, cabe señalar que el General Choi dijo *"una vez que el movimiento está en movimiento no se detiene"* que es por qué, después de ver el artículo que me enteré de Adam Porter, un Instructor de ITF actual siente que la mayoría de las personas de las ondas realizadas por los practicantes está mal y es más semejante a la onda dentada! Este instructor ITF dice *"General Choi ha tomado su variante de esta idea y lo ha etiquetado 'sinuosa.' Pero él no inventó este tipo de movimiento. ¡Realmente a mis alumnos les digo esto y los que entrenan con otros instructores ITF siempre sufren de apoplejía!* ", él también dice" *ejemplos de ideas similares a la onda sinuosa están en wing chun, Ed Parkers kenpo (tiene su propio término para él 'el matrimonio de gravedad') y por supuesto la gente como DSI hablan sobre "la forma de onda" como un jugador del juego. ¡Si tienes una oportunidad para comprobar lo promocionado de muchas artes marciales y videos de acondicionamiento 'poder golpear' la teoría presentada es también una idea similar a la onda sinuosa."* !Todo bueno para comida para el pensamiento!

Moción correcta usando el movimiento de onda, como originalmente fue expuesto por el General Choi como en el diagrama 1

Notas Finales: Apéndice vi

Hay más puntos a señalar:

Como he dicho anteriormente, la onda sinuosa no fue 'empujada' hasta hace pocos años, sin embargo, una leve caída de peso corporal en técnicas es. Esto no es lo mismo que el movimiento 'flotando' (como se ha descrito) tan excesivamente que se acentúa en los patrones de onda basado en hoy en día.

Aún más, si nos fijamos en buenos maestros profesionales/originales de patrón notará una ligera caída en técnicas de todos modos, un movimiento natural que se desarrolla a través de la formación, ya sea destacado o no, que está más en línea con el concepto original de la onda de sinuosa introducida en 1983.

Creo que los instructores están sobre enfatizando el movimiento real con el fin de resaltar el elemento de la onda por demostrar algo nuevo, pero estábamos cayendo en movimientos naturalmente de todos modos, realizándolo similar o igual como en el Diagrama 1 y siempre han sido así.

¡Sin embargo, si nos fijamos en el segundo diagrama, usted notará la primera caída, luego una subida y finalmente una abajo! ¿Cómo pueden ayudar todos estos movimientos a la técnica con velocidad? ¡Recuerde que para que una técnica sea eficaz tiene que tener velocidad! (Fuerza = masa x velocidad). Y ¿qué propósito sirve el primer movimiento de caída, si de hecho, y esto es discutible, la onda sinuosa añade más energía que los giros de cadera? De hecho, cualquier movimiento de caída añade energía utiliza tanto peso corporal del practicante y gravedad, y como he dicho anteriormente, esto naturalmente es adquirido a través de la formación.

En Taekwon-Do por el general Choi Hong Hi 1972. Publicado por ITF y 533 páginas. En la página 29 dice "*es la fórmula que podemos utilizar para calcular la potencia de cualquier técnica:* "

$P = 1/2\ mv^2$ (estoy intentando mostrar aquí es "cuadrado V")

P = potencia
1/2 = constante
m = masa
v = velocidad o rapidez

"*Esta ecuación claramente revela por qué el desarrollo de velocidad es el factor más importante en el desarrollo de la potencia: por ejemplo, si la masa en aumento por un factor de tres (con la velocidad que se mantiene constante) entonces la potencia también aumenta por el factor de tres. Pero si la velocidad se incrementa en un factor de tres (con masa mantenida constante) entonces el poder es aumento por un factor de nueve.* " La onda sinusoide (Figura 2), de hecho es contraproducente en el desarrollo de velocidad!

Si nos remontamos al Diagrama 1, creo que esto siempre se practica a ciertos grados antes de la onda sinuosa, por su nombre, fue el foco pero nunca contemplada como onda sinusoide. ¡Por lo tanto, que la 'nueva' onda sinuosa parezca como un concepto diferente al movimiento original, que ahora se empuja como una forma diferente de movimiento (Fig. 2), instructores que imparten algo diferente de lo que aprendieron o hicieron originalmente, cuando en realidad deben enseñar lo mismo! Y no es un movimiento natural. Alzándose mientras se mueve hacia delante y cayendo hacia atrás es natural, pues las piernas enderezan y doblan así, caer, levantarse y caer otra vez es antinatural y cuando los estudiantes tratan de emular, los resultados distan de ser buena en lo referente a ayudar a hacer patrones aplicables a la defensa personal.

Ch'ang Hon Taekwon-do Hae Sul
Aplicaciones reales de los patrones ITF

Otro punto importante tener en cuenta es que el General Choi dijo que al mover hacia delante los hombros debe estar en enfrentamiento parcial, esto va en consonancia con el movimiento natural de caminar, donde meces las caderas, así creando otro movimiento natural, el giro de cadera. ¡Tratar de aumentar la longitud de una postura para caminar de tkd (1 y ½ hombros anchos), con sus hombros a medio perfil y caderas frente completo, es muy incómodo y se siente muy innatural!

¿Por qué quitar giro de cadera de movimientos naturales, es decir, avanzando en un golpe básico. Seguramente para máxima velocidad y potencia, se requiere el movimiento leve de caída natural como se ha descrito anteriormente, junto con giro de cadera. ¡Ambos suman creando esto! En su artículo sobre la *"teoría del poder"*, que se encuentra en todas las versiones de la enciclopedia, bajo sub-título *'Masa'* General Choi declaró "*sin lugar a dudas el peso máximo se aplica con el movimiento de giro de la cadera.*"

También, la onda sinusoide pretendía sustituir el giro de cadera, pero giro de cadera agrega energía y cuando puedes hacer un giro de cadera correcto, pre-posturas largas de técnicas de bloqueo no son ya necesarias, como el poder proviene de la cadera, aumentando la velocidad de la defensa y efectividad, cómo se puede acortar el 'nuevo' movimiento de la onda en el tiempo, con formación!

Al parecer, el resorte de rodilla no se acentúa o se ha eliminado completamente a favor de la onda sinuosa (diagrama b), pero en el mismo sub-sección de la *'teoría del poder'* General Choi también declaró *'otra manera de aumentar el peso corporal es la utilización de una acción elástica de la articulación de la rodilla. Esto se logra mediante subir un poco la cadera al principio del movimiento y bajar la cadera en el momento del impacto cayendo con el peso del cuerpo en el movimiento'*, algo que me enseñaron desde el principio. ¡Nunca me enseñaron que la cabeza debe permanecer a la misma altura, como en muchas katas de Karate siempre se ha enseñado, una ligera subida y caída, pero nunca aprendí la onda sinuosa como se está demostrando ahora (fig. 2), nunca fui enseñado a bajar, luego levantar, entonces caer otra vez! General Choi también indica en la sub-sección *'equilibrio'* que *'flexibilidad y resorte de rodilla son también importantes para mantener equilibrio para un ataque rápido y la recuperación instantánea.`*

Hay otras diferencias entre el tipo "*original*" y "*nuevo*" de patrones. Algunas técnicas han sido alteradas y en mi opinión no necesariamente para mejor, pero eso es otro artículo.

Como instructor, es mi trabajo para mis alumnos beneficiarse del entrenamiento de la mejor manera posible. No es trabajo del instructor jefe o cualquier panel de clasificación, pero si responsabilidad del instructor. Los problemas surgen cuando lo que se considera en el mejor interés de los estudiantes no es lo mismo que lo que se necesita para pasar una clasificación. Efectivamente obligando a instructores enseñar algo que no puede ser en realidad en el mejor interés del estudiante.

Esto quedó de manifiesto recientemente cuando mis alumnos entraron en un torneo, que fue dirigido por un grupo de esos que enfatizan la onda sinuosa (al referirse a la onda de sinusoide, que me estoy refiriendo a la figura 2). Ahora no tengo ningún problema con lo que usted o cualquier persona quiere practicar, onda (A o B, 1 o 2) o no, pero fue anunciado como un torneo "abierto", por lo que los tres tipos de rendimiento del patrón deben ser tenidos en cuenta, pero lamentablemente no fue así. ¡Mis estudiantes realizaron sus patrones con fuerza, fluidez y gracia como se les habían enseñado; las técnicas parecían eficaces, como deberían ser, porque son eficaces, pues así se les enseñan! Pero cada uno salió en su 1ra ronda como no hicieron la onda sinuosa. Cuando le mencioné esto a alguien indicaron esta verdad ¡"*para poder ganar algo, usted tiene que realizarlo como ellos!*", pero para hacer eso sería para mí personalmente enseñar de una manera que no creo es beneficiosa para los estudiantes y así no se puede hacer. ¡Cabe señalar que los mismos estudiantes (a excepción de 2) pasaron a ganar la medalla de oro en cada una de sus divisiones de combate!

¿Por lo tanto, si tenemos en cuenta que lo que usted enseña debe ser lo que es más beneficioso para el alumno, qué estilo de formas (tuls) debe enseñar? La mayoría de los instructores tienen una opción entre "original" o "nuevo" (Excepto, por supuesto si usted sólo ha estado entrenando 5 años o menos). Por supuesto, cualquiera que conozca la relación entre Tul e Ilbo Matsogi (patrones y combate de un solo paso) se dará cuenta de que por el momento sinusoidal B se lleva a cabo usted ciertamente habría sido golpeado, incluso con un golpe de anverso básico.

movimiento de onda 'A' (Diagrama 1 - izquierda)

versus

movimiento de onda 'B'(Diagrama 2 - derecha)

- usando puño cruzado o frontal básico

- basado en velocidad de movimiento!

Cuando pensando en esto también considere lo siguiente:

Los patrones *'originales'* eran los mismos patrones que se les enseñaron a los militares coreanos. El mismo ejército que fue reconocido por sus técnicas efectivas durante la guerra de Vietnam, tanto así que apenas fueron atacados en absoluto.

Los patrones *'originales'* son los mismos patrones que enseñaron a todos los maestros originales y 1[ros] instructores del General Choi (aquellos que se quedaron con él a través de su desarrollo). ¡Estos fueron los pioneros que difundieron el arte al mundo!

Incluso el gran Maestro Ki Ha Rhee fue referido como "demasiado Karate' pues él no realiza como en el Diagrama B en uno de los último seminarios generales en RU y gran maestro Rhee era considerado estudiante número uno del General Choi y se lleva a cabo en muy alta estima por probablemente todos los instructores Taekwon-do en el Reino Unido por su poder y técnicas, si el no puede (o no quiere) Hazlo bien, qué esperanza existe para el resto de nosotros. ¡Además, gran maestro Rhee es un gran modelo a seguir para todos los estudiantes de Taekwon-do!

Aquellos que son 'pro' sinusoides, inclusive todos los demás modos de pensar a menudo afirman que *"haciendo el movimiento ondulatorio y estando en la organización (anteriormente) encabezada por el fundador, así que su manera es Taekwon-do y todos los demás no"*. A este recuerdo alguien

Ch'ang Hon Taekwon-do Hae Sul
Aplicaciones reales de los patrones ITF

respondió, "*que es incorrecto, como primero aprendimos los patrones pasados enseñados por el fundador, el General Choi, los patrones originales, ahora lo que están conociendo son una versión modificada*". Comida para el pensamiento! Aunque, si has leído este artículo correctamente han realizado realmente ondas, incluso sin usted nunca haberse dado cuenta.

Ejemplo de aspectos de la velocidad *usando*:
movimiento de onda B (Diagrama 2): izquierda
Onda horizontal - media
movimiento de onda A (Diagrama 1) - derecha
en posición de L con un ataque de canto de mano hacia afuera

Notas Finales: Apéndice vi

Otros pensaron que era un movimiento político para ganar miembros de regreso que dejaron organización de la ITF diciendo que si no aprendían patrones con la onda sinusoidal, no podrían ser practicar o enseñar Taekwon-do. ¿Por supuesto que es ridículo? Por desgracia, la política y el 'interés superior del estudiante' no a menudo van de la mano. ¡Y otra vez, probablemente ya estaban realizándolo cómo el General originalmente lo demostró!

Aunque obviamente hablo por mi propia formación en este artículo, con mis propias observaciones, pero como quería un punto de vista redondo de otros respetados estilistas de Taekwon-do, tanto dentro de la ITF como organización y fuera de ella y esto tenían que decir;

Adam Porter, un instructor ITF (así como lo que se menciona arriba) después de leer este artículo: *"en todos estos argumentos aunque cabe señalar siempre serán capaces de encontrar dos personas de igual tamaño, cada uno con diferentes métodos, uno de los cuales será capaz de Mostrar más poder que el otro."* ¡Lo cual me parece es un punto justo!

Otro instructor que conozco, quien es nativo de Corea y ha entrenado con no menos de cuatro de los instructores pioneros originales de 1ra generación del General Choi, tenía esto que decir: *"La onda sinuosa no es aceptada por todas las facciones de estilos ITF. Sucedió en algún lugar alrededor de los años 90. Es una cosa reciente. No aceptada por los grandes maestros."*

También dijo *"Taekwon-do es diferente de Karate (especialmente ITF TKD). General Choi encontrado que todas las técnicas tienen mucho más poder si aceleras más rápido en aceleración inicial. Es cómo las patadas y otros movimientos son tan potentes, rápidos y mortales en el verdadero Taekwon-do. Por ejemplo, prácticamente todos los movimientos de las técnicas originales de ITF Taekwon-do han añadido aceleración. Después de torcer el cuerpo o las caderas (aceleración 1) sus velocidades de técnicas de mano o pie más (2ª aceleración sobre su aceleración 1) para dar más poder no se encuentra en la mayoría de otras artes marciales. Principio de la onda sinuosa es otra versión de esto. Un poco de onda sinuosa siempre hubo incluso en las viejas técnicas de TKD, excepto que esta vez, en mi opinión; "fueron un poco demasiado lejos y consiguiendo se más exagerado."*

Hwa-Rangs puño ascendente

Otro respetado instructor de la ITF de Argentina tenía esto que decir sobreleer el artículo *"no puedo estar más de acuerdo sobre todo lo que has escrito. Excelente. Extraordinario. Tengo razones adicionales contra la exagerada ola moderna: no es compatible con la aplicación de ciertas técnicas que debían ser entregados hacia arriba (es decir, Hwa Rang y Ge-Baek puños por debajo) o casi horizontalmente (como Yoo-Sin directos puños inversos donde la mano contraria esta sobre el puño del brazo superior atrapando el ataque del rival yendo para la axila/caja torácica). Además, la exageración ha llevado a un ritmo poco realista que impide combinaciones. ¡Una cosa es saber que no son Karate, pero vamos a mantener las cosas buenas de nuestros antepasados!*

Yoo-Sins puño cruzado atrapando

Kwang-Gaes puños de gancho

¡En Resumen, no recuerdo que nadie, especialmente el General Choi decir "*espera un momento, lo tenía mal*" y cambiar el método del diagrama de A a B!

¿Qué es esta bien y que está mal? Ninguna si realmente sientes que funciona para ti (pero hay un largo camino entre *sentir* y *real*), aunque ciertamente tengo mis preferencias, pero sin duda, el viejo adagio de "**si no se rompió, no lo arregles**" ¡viene a la mente!

Patrones: *¡Decir las cosas como son!* La onda senoidal- Appendium

Movimiento de onda A, muchas veces llamado 'moción natural'

Movimiento de onda B (extra movimiento enfatizado)

Notas Finales: Apéndice vi

onda horizontal

Onda dentada

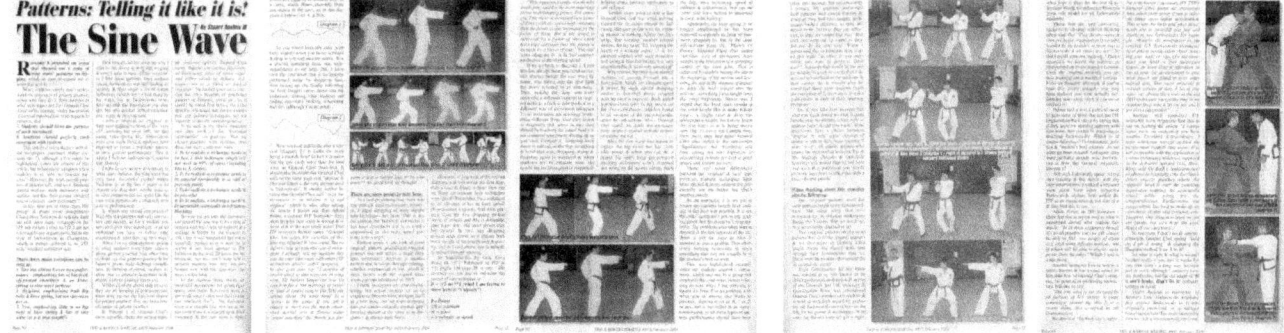

Artículo Movimiento ondulatorio - Primera publicación en Taekwon-dó y la revista de artes marciales coreanas, marzo 2001

Ch'ang Hon Taekwon-do Hae Sul
Aplicaciones reales de los patrones ITF

Apéndice vii
La Batalla de Tra Binh Dong
Reimpreso con el permiso de la *Marine Corps Gazette*

A comienzos de febrero de 1967, los comandantes del ejército vietnamitas del Norte (NVA-por sus siglas en inglés) aprovechaban la tregua después de la fiesta del Tet para iniciar los preparativos para un ataque importante. La 2da división de NVA se infiltraron en las tierras bajas costeras de la provincia de Quang Ngai. Usando elefantes para transportar morteros de 120mm, la división ensambló una fuerza de tamaño regimental, compuesta por dos batallones del régimen de la 1ra, 21va y un batallón de guerrilleros del Viet Cong para atacar la ciudad de Quang Ngai y la base Marine estadounidense en Chu Lai. Construido bajo la dirección del Lt. Gen Victor H. Krulak, Comandante General, flota Marina fuerzas Pacífico, la base fue crítica para la aviación y logística que apoya las operaciones en la "I Corps tactical zone". La base aérea fue hogar de nueve escuadrones de "fixed-wings" asignados a "Marine aviation group12" (MAG–12) y MAG–13, el primer servicio y 9 batallones de apoyo del ingeniero y la primera compañía del Hospital.

La 2d brigada de Marina ROK (por sus siglas en inglés de "republic of korea") había sido asignada un área táctica de operaciones dentro de la región de Chu Lai desde agosto de 1966. Aunque los dragones azules no estaban bajo el mando de la Fuerza anfibia Marina III (III MAF), Coreanos e infantes de Marina estadounidenses coordinaron sus acciones en defensa de la base. La brigada de dragón azul fue organizada alrededor de tres batallones de infantería, apoyados por un servicio (105mm y 155mm) batallón de artillería, compañía de mortero pesado, un destacamento de aviación y oficinas centrales, servicio, médicos y compañía de seguridad.

El 3er batallón compañía 11 le asignaron cerca de la aldea de Tra Binh Dong. Capt. Jung Kyung Jin, un graduado de la clase 15 de la Academia Naval de Corea (1961), mandó a 294 Marines posicionados en un área clara en la cima de una pequeña colina en las afueras de la aldea. Dentro de los 300-200 metros por perímetro en forma de corazón, los Marines construyeron trincheras conectando sus posiciones de combate, hoyos de mortero y puestos de mando. Habían rodeado las trincheras de alambres de púas y minas "claymore" y ametralladoras ligeras y pesadas se intercalaron en todo el perímetro. La compañía del Capt. Jung fue reforzada con una sección de morteros de 4,2 pulgadas, un destacamento de comunicaciones y apoyado por baterías de artillería de 105 mm y 155 mm de la brigada.

El 14 de febrero de 1967, en aproximadamente 2320, una fuerza enemiga acercó al perímetro de la compañía desde el oeste. Un infante de Marina en el puesto de observación detecta el movimiento e informó al 3er pelotón. Capt. Jung rápidamente colocó a la compañía en estado de alerta. Esperó hasta que la unidad de pelotón se acercara a 5 metros del perímetro de la compañía antes de ordenar a sus Marines abrir fuego. Bengalas iluminaron el cielo, revelando un cadáver enredado en los alambres y los vietnamitas restantes retirándose a la línea de árboles. Creyendo que el objetivo de este ataque era poner a prueba la defensa de los infantes de Marina, Capt. Jung inmediatamente preparó su compañía para el ataque más grande que seguramente seguiría, asignando infantes de Marina adicionales a los puesto escuchados, reasignar municiones, armas, comprobación y revisión de las armas otorgadas al equipo y revisando el plan de fuego. Usando el Identificativo "Seúl", Capt. Jung ordenó a sus comandantes de pelotón a permanecer alerta durante toda la noche.

En 0410, aproximadamente 2.400 soldados vietnamitas del norte comenzaron su ataque contra la compañía 11 con un intenso bombardeo de morteros y fuego de fusil sin retroceso. Un batallón avanzó desde el sureste, soplando silbatos, tocando tambores y gritando "Tai Han ra di, di

Notas Finales: Apéndice vii

ra" (salgan coreanos) a medida que avanzaban en la posición del 1er pelotón. Dos minutos después, dos batallones más atacaron desde el norte al sector del pelotón 3. Los Marines respondieron inmediatamente con fusiles y Ametralladoras. Bajo ataque desde dos direcciones, Capt. Jung ordenó al comandante de armas del pelotón dirigir el fuego de los morteros de la compañía y presentar un informe de la situación al comandante de batallón, mientras indicar hacia delante para comenzar a coordinar la ayuda de la artillería de las baterías de 105mm y 155mm de la brigada. Enfundados con una camisa corriente bajo su chaleco antibalas, Capt. Jung se movió sobre el perímetro de la compañía, evaluando la situación y alentando a sus infantes de Marina. A pesar de la intensidad de directos e indirectos de armas de fuego y minas claymore, los vietnamitas del norte continuaban avanzando sobre la posición de la compañía, atacando en olas humanas.

Rearmados y reequipados, la tercera ola de asalto atacaron la posición del pelotón 3 destruyendo el alambrado protector con torpedos Bangalore. Dirigido por soldados armados con lanzallamas y granadas de cohete propulsados, los vietnamitas del norte intentaron infiltrarse en un pelotón por una brecha aproximadamente en 0422. El 1er escuadrón de SSgt. Bae Jang Choon llevaba la peor parte del asalto. A pesar de una grave herida en el hombro derecho, SSgt. Bae se negó a abandonar su cargo, ordenando a sus Marines mantener su posición y prepararse para el combate cuerpo a cuerpo. Los combates cambiaron de rifles a granadas mientras los comandantes vietnamitas del norte continuaban empujando soldados a la brecha. Herramientas de trincheras, hachas de pico y puños se convirtieron en las armas de los infantes de Marina cuando los vietnamitas del norte entraron en las trincheras.

Frente a un enemigo implacable y abrumador, las acciones de la brigada se caracterizaron por la tenacidad y generosidad. PFC Kim Myoug Deok mató a 10 soldados enemigos con su fusil automático mientras que gateaba hacia su posición. A pesar de graves lesiones recibidas de combate cuerpo a cuerpo, Sgt. Lee Hak tomó granadas en ambas manos, esperando al enemigo a acercarse y detonó las granadas en un ataque suicida matándose a sí mismo y a cuatro soldados vietnamitas. PFC Lee Young Bok, que era el único miembro de la brigada sin ser asesinado o herido hasta este punto, engañó al enemigo hacia su posición, desapareciendo en un agujero de araña, luego liberado varias granadas en cuanto los soldados entraron en la zanja, obstruyendo temporalmente el ataque.

En el primer sector de pelotón, los vietnamitas del norte crearon una posición de fuego de mortero que ahora estaba disparando sobre el puesto de la compañía. 2do Tte. Shin Won Bae, primer comandante de pelotón, inmediatamente montó una fuerza de asalto para destruir la posición del mortero, situada detrás de un grupo de rocas de aproximadamente 100 metros frente a la posición de su pelotón. Ordenando a sus líderes de escuadrón a proporcionar fuego de cobertura, 2do Tte. Shin y su sargento de pelotón, sargento Kim Yong Kil, dirigió un equipo de fuego hacia las rocas en medio del fuego enemigo constante. Cuando cerraron a 20 metros del objetivo, sargento Kim lanzó dos granadas hacia el enemigo oculto. En el instante las granadas explotaron, los Marines se movieron adelante, repitiendo esta táctica hasta llegar a las rocas. Veinte soldados muertos rodearon los tres tubos amenazantes, que los Marines rápidamente capturaron y se retiraron a la posición del pelotón.

En el otro lado del perímetro, todo el pelotón 3 estaba involucrado en el combate cuerpo a cuerpo luchando para mantener su posición contra el ataque vietnamita. Descubriendo dos soldados intentando tomar morteros de 60mm de los infantes de Marina desde el foso de mortero, PFC Lee Ki golpeó ambos en la cara con la culata de su pistola, recuperó los morteros y mató a la pareja con granadas de mano. En lo que dos Infantes de Marina luchaban contra soldados enemigos dentro de los límites de la fosa de mortero de 4,2 pulgadas, un vietnamita del Norte armado con un lanzallamas avanzó en el hoyo, arrojando llamas. PFC Kim Bo Hyun y Yung Sang Yul continúan hacia el enemigo al amparo de fuego amigo, atacaron el Lanzallamas con granadas en una explosión espectacular y capturaron una ametralladora ligera.

Los vietnamitas del norte intentaron la misma táctica contra el primer pelotón, enviando soldados armados con dos lanzallamas a la brecha en las líneas del pelotón. 2d Tte. Shin y SSgt. Oh Sung Hwan continuaban hacia las llamas. Disparando ametralladoras y lanzando granadas, los dos Infantes de Marina mataron a los soldados, agarraron los lanzallamas de fabricación soviética y unieron al pelotón para restaurar el perímetro.

Dos horas en el ataque, los infantes de Marina se enfrentaron con una grave situación. Los vietnamitas del norte continuaron atacando desde dos direcciones, habían penetrado el perímetro en ambos puntos de ataque y ahora contaban con un tercio aproximadamente de la posición de la compañía. Creyendo que su posición podría ser invadida, Capt. Jung consideró pedir un ataque de napalm en su propia posición de la infantería de los aviones de la Marina de los Estados Unidos en la estación. Sin embargo, la espesa niebla y la lluvia hizo que la visibilidad fuera tan pobre que incluso esta medida desesperada no era una opción. Más significativamente, la ferocidad del ataque enemigo comenzaba a tambalear ante la desesperada resistencia del 3er pelotón de Marines. Capt. Jung ordenó al 2ndo comandante de pelotón proporcionar un escuadrón al 3er pelotón para ayudarles en su lucha.

A 0630 1er Tte. Kim Se Chang, el observador delantero apegado a la compañía, determina la probable ubicación de puesto de mando de regimiento y comenzó a dirigir fuego de las bombas de la Brigada105mm contra ellos. Los artilleros de "Blue Dragon" respondieron con incendios devastadores que pronto paralizaron la capacidad del enemigo para dirigir el ataque. Su asistente, SSgt. Kim Hyun Chul, se negó a quitarse los binoculares de sus ojos a pesar del intenso pequeño fuego de armas mientras rebuscaba entre los árboles en busca de los morteros enemigos. Localizando al enemigo 61mm, 81mm y morteros de 120mm, denunció sus ubicaciones a su teniente quien rápidamente los pasó al centro de dirección de fuego. La artillería de Marina rápidamente acaparó los morteros enemigos.

Aislados de su comandante y falta de ayuda de fuego, el ataque norvietnamita comenzaba a tambalear mientras las víctimas rápidamente incrementaban. Capt. Jung hizo entonces cuál sería la decisión crítica de la batalla, armar una fuerza de escuadrón de contraataque desde las secciones 1 y 2 y ordenando a entrar en la brecha para aislar a los soldados vietnamitas del norte dentro del perímetro. 1er Tte. Kim Ki Hong, comandante del pelotón de armas, se ofreció a llevar a los infantes de Marina en un contraataque atrevido y valiente. Mientras los soldados del 3er pelotón de Marina y vietnamitas del norte se enfrentaban cuerpo a cuerpo combate en las trincheras inmediatamente debajo del puesto de observación de la compañía, 1er. Tte. Kim llevó a su escuadrón en un doble envolvimiento de los vietnamitas del norte dentro del comienzo del perímetro en 0652. El teniente rápidamente mató a cinco soldados enemigos con su pistola y comenzó a empujar al enemigo de regreso a la brecha. Alentado y envalentonado por el ataque, SSgt. Kim Son Kwan, el sargento del 3er pelotón, llevó a sus Marines a unirse a la agresión, gritando y usando cualquier arma que estuviera disponible para atacar al enemigo. Con los vietnamitas del norte rodeados por la fuerza de asalto, fue el turno de los coreanos a gritar "di ra, ra di." Los vietnamitas del norte se negaron a escuchar los llamamientos de rendición y continuando una resistencia desesperada, sólo para ser asesinados a balazos por los Marines.

Los soldados que lograron escapar de los Marines se reunieron con unidades de apoyo vietnamita del norte. Para engañar a la fuerza de la compañía hacia la posición de la Marina, en 0724 Capt. Jung ordenó el pelotón 3 a destruir sus bunkers y retirarse hacia el puesto de observación de la compañía. El 1er y 2do pelotón fueron dirigidos a envolver los atacantes en orden. Con sensación

Notas Finales: Apéndice vii

de victoria, los vietnamitas del norte otra vez comenzaron a golpear gongos a medida que avanzaban sobre la compañía por una última vez. Cuando se acercaron dentro de 80 metros, Capt. Jung ordenó a sus Marines abrir fuego y comenzó a coordinar los fuegos de la compañía de la brigada de mortero pesado. Poco después, los cielos despejaron y cuatro "Skyhawks" de A-4 de infantería de Marina de Estados Unidos atacaron repetidamente la fuerza restante vietnamita. Helicópteros siguieron el ataque y aviones cortando su camino de retirada.

En 0800, 16 helicópteros llevando la compañía 6, el 2ndo batallón llegó desde la sede de la brigada de dragón azul. Avanzando hacia afuera desde las alambras, los refuerzos de la Marina comenzaron las operaciones de despeje. La huida de los vietnamitas del norte dejó 243 cuerpos de soldados atrás. Un adicional de 60 soldados se presume que han sido asesinados. Como un testimonio de la ferocidad de la batalla, más de 100 cadáveres de vietnamitas del Norte yacían dentro del perímetro la compañía, y 140 cuerpos yacían al lado del alambre protector. Uno de los dos prisioneros capturados durante los combates era un comandante de batallón norvietnamita. La compañía también capturó 3 lanzallamas, 5 lanzacohetes anti-tanque, 2 ametralladoras, 28 fusiles, 100 piezas de dinamita y más de 6.000 cajas de munición. La compañía 11 perdió a 15 Marines durante los combates, y 33 heridos. Tras la derrota, los vietnamitas del norte abandonaron los planes de ataques subsecuentes contra la base aérea de Chu Lai y la ciudad de Quang Ngai.

Noticias de la batalla viajaron por todo el país y el mundo. Los generales al mando de MAF III y 2da brigada de Marina ROK fueron a Tra Binh Dong y se reunieron con los Marines de la compañía 11 de marina la mañana de la batalla. Fueron seguidos rápidamente por los comandantes del "Ier Corps" fuerzas ROK de Vietnam y el Vietnam de comando ayuda militar de Estados Unidos. Después de ser informado de la batalla, Presidente Park Chung Hee dirigido a que todos los Marines alistados en la compañía 11 fueran promovidos un rango, la primera promoción de toda la unidad desde la guerra de Corea. También envió al primer ministro, Ministro de defensa y comandante de Marina a Vietnam. Kim Sung Eun Ministro de defensa — el más legendario comandante de Marina de la guerra de Corea, comandante de la sólo otra unidad promovida en masa y el ex comandante — promovió a los Marines en nombre del Presidente.

El gobierno de Corea otorgó más decorados por la batalla de Tra Binh Dong que cualquier otra acción de guerra de Vietnam. Capt. Jung y 2ndo Tte. Shin recibieron la medalla de Taeguk, equivalente de Corea a la medalla de Honor; el gobierno de Corea otorgó la medalla sólo 11 veces durante la guerra, y Tra Binh Dong fue la única batalla en la que la medalla fue otorgada a dos individuos. GySgt. Kim y SSgt. Bae recibieron la medalla Ulchi, segundo premio más de valor en Corea; la medalla de Chung Mu, la tercera más alta decoración militar, fue otorgada a 11 infantes de Marina. La compañía 11 recibió las citas de unidad presidencial de los Estados Unidos y

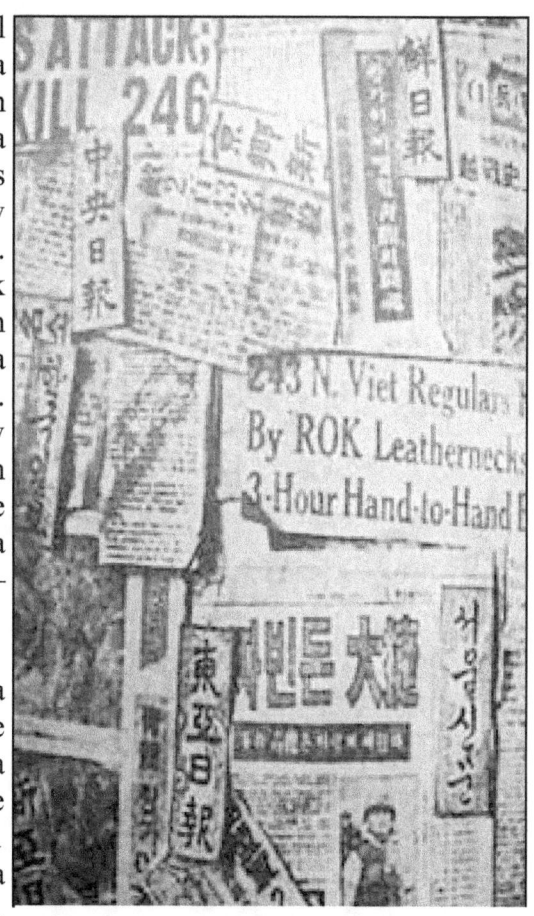

Titulares de los periódicos acerca de la batalla. Todos los principales periódicos de idioma coreano e inglés, incluyendo el Chosun Ilbo, Dong-A Ilbo, Seoul shinmin, korea Herald, Pacific Stars y Stripes, dieron primera plana en sus coberturas por lo de la batalla.

ROK en reconocimiento a su "eficaz equipo, agresiva lucha, espíritu de lucha y muchos actos individuales de heroísmo."

Ch'ang Hon Taekwon-do Hae Sul
Aplicaciones reales de los patrones ITF

Cuentas de la batalla fueron llevadas a los medios de comunicación en todo el mundo. *The New York Times* informó la batalla como "La mayor victoria de Corea del sur en sus 15 meses en Vietnam del sur.".[61] Después de una reunión informativa a periodistas extranjeros, la frase "Mitos-haciendo-Marines" comenzaron a aparecer en la prensa, continuando el legado de la "Captura de fantasma Marines" y "Marines invencible" de la guerra de Corea.

---

[61] *'Coreanos matan 242 en choque de Vietnam'*, The New York Times, 16 de febrero 1967

Bibliografía

- Abernethy, Iain, *métodos de ataque del Karate.* Neth editorial, edición 1st
- Clarke, Rick, *lucha contra el punto de presión.* Tuttle Publishing, 2001
- Clayton, Bruce.D, *secreto de Shotokan.* Ohara Publications, 2005
- Cho, Hee Il, *la completa Tae Kwon Do Hyung: Vol 1.* Maestro Cho, 1984
- Choi, Hong Hi, *Taekwon-do.* Deaha empresa de publicación, 1965
- Choi, Hong Hi, *enciclopedia de Taekwon-do.* ITF, 1993
- Choi, Hong Hi, *Taekwon-do y Vol I: 1.* ITF
- Durand, LtCol James F, " *La batalla de Tra Binh Dong y el origen coreano del programa de artes marciales de Marines de Estados Unidos* ". Marine Corps Gazette
- Hartman, Ron, "*Tutor de Taekwondo*". http://www.tkdtutor.com
- Él, joven, Kimm, Dr. "*Hong Hi – una lección de historia de Tae kwon do –Do*". Taekwondo Times Magazine, enero de 2000
- Garza, Maria "*entrevista con el General Choi Hong Hi, fundador del Taekwon-do*". Los tiempos, 1999
- McCarthy, Patrick, *artes marciales de Okinawa antigua: Set Korryu: Vol 2.* Tuttle Publishing, 1999
- Oyama, Masutatsu, *Karate esencial de Mas Oyama.* Sterling Publishing Company, 1978
- Prinz von Hohenzollern, Carl, *Meine Erlebnisse Wahrend Des Russisch-Japanischen Krieges, 1904-1905.* Berlín: Ernst Siegfried Mittler und Sohn, 1912
- Thompson, Geoff, *Dead or Alive.* Summersdale Publishers, 1997
- Thompson, Geoff, *defensa personal Real.* Summersdale Publishers, 1993
- Webb, Karl, "*árbol del linaje de Taekwon-do*". http://www.cska.co.uk
- Wee, Colin, *lucha contra el cielo y la tierra.* Borrador del manuscrito, 2004
- Autor desconocido, "*Extracto de una directiva del enemiga (VietCong)*". Agarró el 22 de julio de 1966 (publicado por la revista Time, 24 de febrero de 1967)
- Autor desconocido, "*Una semana salvaje*". Revista Time, 24 de febrero de 1967
- Autor desconocido, "*Los coreanos matan 242 en choque de Vietnam*". El New York Times, 16 de febrero de 1967
- Desconocido de autor, varios "*Entrevista con el General Choi Hong Hi*". Luchar contra la revista, de 1970, 1980, 1990
- Autor desconocido, "*Biografía de gran maestro Kong, Il joven, 9 º Dan*". http://

Bibliografía

www.ICTF.info/Biographies.html

- Autor desconocido, *"Memorial en línea Dosan"*. http://www.ahnchangho.or.kr

- Anslow, Stuart. *"Patrones: estamos nosotros no"*. Taekwondo y Artes Marciales Coreanas Magazine, marzo de 2001

- Anslow, Stuart. *"Luchando por diversión"*. Taekwon-do y Artes Marciales Coreanas Magazine, agosto de 2001

- Anslow, Stuart. *"Una entrevista con el gran maestro Kong Young Il"*. Taekwondo y Artes Coreanas Magazine, noviembre de 2004

- Autor desconocido, *"Una semana salvaje"*. Revista Time, 24 de febrero de 1967

- Autor desconocido, *"Los coreanos matan 242 en choque de Vietnam"*. El New York Times, 16 de febrero de 1967

- Desconocido de autor, varios *"Entrevista con el General Choi Hong Hi"*. Luchar contra la revista, de 1970, 1980, 1990

- Autor desconocido, *"Biografía de Gran Maestro Kong, Il Young, 9 º Dan"*. http://www.ICTF.info/Biographies.html

- Autor desconocido, *"Memorial en línea Dosan"*. http://www.ahnchangho.or.kr

- Anslow, Stuart. *"Patrones: estamos nosotros no"*. Taekwondo y Artes Marciales Coreanas Magazine, marzo de 2001

- Anslow, Stuart. *"Luchando por diversión"*. Taekwon-do y Artes Marciales Coreanas Magazine, agosto de 2001

- Anslow, Stuart. *"Una entrevista con el gran maestro Kong Young Il"*. Taekwondo y Artes Coreanas Magazine, noviembre de 2004

www.ingramcontent.com/pod-product-compliance
Lightning Source LLC
Chambersburg PA
CBHW082005220426
43669CB00016B/2722